AIによる紛争解決支援
——法律人工知能——

平田勇人 著

成 文 堂

はしがき

オックスフォード大学の AI 研究者 Frey & Osborne の共著論文『雇用の未来―コンピュータ化によって仕事は失われるのか』[1]が，世界中で話題となった。同論文の Appendix に 702 の職業がリスクの低い順に並べられており，それらの職業について，コンピュータ技術の進歩によって近い将来に自動化される可能性が分析されているが[2]，その確率が詳細に試算されており，「消える職業」「なくなる仕事」といった形で世界に衝撃を与えた。法律関係で高リスク順（Rank の数字が大きいほど高リスク）にいくつかピックアップすると，法律秘書（Legal Secretaries：Rank 672, Probability 0.98），パラリーガルとリーガルアシスタント（Paralegals and Legal Assistants：Rank 609, Probability 0.94），行政法裁判官・裁定人・審査官（Administrative Law Judges, Adjudicators, and Hearing Officers：Rank 353, Probability 0.64），裁判所のロー・クラーク（Judicial Law Clerks：Rank 276, Probability 0.41），弁護士（Lawyers：Rank 115, Probability 0.035）となっている。裁判所のロー・クラークは，わが国の最高裁調査官と一見似ているが，わが国の最高裁調査官がキャリア裁判官から選ばれるのに対して，ロー・クラークは（米）連邦裁判所などの裁判官のために文献や判例等法律問題を調査する法律家で，通常はロー・スクールを出たばかりの若い法律家がなり，厳しい感がある。ビッグデータをコンピュータが処理できるようになった結果，米国の e ディスカバリ・プロバイダーが，210 万点もの全情報開示用文書をレビューする時間も資金もないクライアントと弁護士に代わって，AI を利用してレビュー費用を 94％削減し，弁護士は，ランキングが上位の文書

---

1 ）Carl Benedikt Frey and Michael A. Osborne, "THE FUTURE OF EMPLOYMENT：HOW SUSCEPTIBLE ARE JOBS TO COMPUTERISATION?," *The Oxford Martin School at the University of Oxford*, September 17, 2013, pp. 1〜72.

2 ）*Ibid.*, pp. 57〜72.

ii　　はしがき

ばかりを集めた文書群からレビューを始めることができたのである[3]。

　本書に収めた論稿の殆どは，1993 年から科研費（重点領域研究）「法律エキスパートシステム」の研究開発プロジェクトに参加した中で，筆者の関心を捉えた諸問題で発表した論稿や，その他研究会等での報告資料等をもとに加筆・修正を加えたものである。本書の構成は「第 1 部　法的価値判断に関する研究」と「第 2 部　AI による紛争解決支援の基礎研究」とに大きく分けることができる。第 1 部では，科研費「法律エキスパート」において研究してきた内容に関連して，法的価値判断を研究することで得られた内容が収められている。第 2 部では，AI による紛争解決支援との関係で論じられた内容が収められている。読者にとって，「トポス」「トポイカタログ」といった言葉は耳慣れない言葉であり，違和感を覚えるかもしれない。トポス（Topos；複数形は Topoi）というのは，もともと場所を意味するギリシャ語であり，哲学上の概念である。哲学上の概念であるトポスに違和感を覚える方は，法的トポスを「法的観点（視座）」「法的論点」「法的価値」といった言葉に，そしてトポイカタログを「法的価値群」と読み替えていただければ幸いである。

　第 1 部の法的価値判断に関する研究は，信義則の構造化をトポイカタログと関連付けて行なってきたが，体系化の観点からみると，第 2 部第 5 章において述べたように MECE の手法で漏れダブリをなくすことが重要である。法的価値の体系化作業は，わが民法 329 条に見られるような明確な順位関係，例えばある法的トポスが，他のトポスに優先して適用されるというような明確な優先順位を確立するという課題が残されているものの，同僚の法哲学者の岡嵜修教授の助言・協力のおかげで体系化作業が一応の形として提示できるところまできたと考えている。今後も読者諸氏のご意見に率直に耳を傾けながら，引き続き MECE の立場から課題の克服と問題解決に向けて努力していきたい。

　第 2 部の AI による紛争解決支援の研究は，裁判所民事調停委員としての長年の実務経験ならびに法学部・大学院での模擬調停演習で感じてきた課題

3）本書第 2 部第 6 章「IT 先進国シンガポール」で本事例を紹介した。

の克服のために，東京工業大学で研究してきた調停支援システムの研究を中心に，2015〜2017年における科研費（研究代表：新田克己教授）基盤研究（B）「マルチモーダル情報に基づく議論エージェントの開発」の研究分担者を通して研究してきた内容や，2015年から参加してきた日本比較法研究所共同研究G（研究代表：大村雅彦教授）「司法アクセスの普遍化の研究」研究分担者としてシンガポールの司法アクセスを研究してきた中で得られた知見に基づくものである。

　複雑系であるが故にこれまで困難であると考えられてきた法律家の推論がどのように現出するかの科学的解明が進み，法律人工知能が法律隣接職のパラリーガルや，契約書専門，特許専門の弁護士の仕事を代替できるようになってきた。しかしながら，法律家の仕事が無くなると単純に考えるのではなく，むしろ法律家はAIにできる仕事はシステムに任せて，より高次でクリエイティブなことに集中できるような時代に入ってきていると見るべきであろう。その半面，これからの法律家は，情報処理や統計分析の勉強もしなければ，時代に取り残されるともいえよう。

　本書は，筆者の法学博士論文『信義則とその基層にあるもの』（成文堂）以来の2冊目の単著である。本書刊行に至るまで，多くの方々のお世話になった。この場をお借りして心よりお礼申し上げたい。最初に名前を挙げさせていただきたいのは恩師である。

　まず中央大学法学部時代から親身になって民事訴訟法を指導していただいた小島武司先生からは，民事訴訟の魅力，すなわち将棋やチェスと共通して非常に論理的で精緻な理論をご指導いただき，またケンブリッジ大学に留学するチャンスを与えていただいた。広島大学大学院時代は，故・福永有利先生，故・石外克喜先生，紺谷浩司先生，五百籏頭真先生，金澤文雄先生から親身になってご指導いただいた。名古屋大学大学院時代は，加賀山茂先生，加藤雅信先生，千葉恵美子先生から民法を指導していただき，また本間靖規先生，森際康友先生，田高寛貴先生からも指導や助言を受けたが，とりわけ加賀山先生は先生が明治学院大学に移籍後も継続してご指導くださり，筆者

iv　　はしがき

が 2016 年 10 月に論文博士号である，博士（法学・明治学院大学）を授与された
のは一重に加賀山先生のご指導のおかげである。さらに，東京工業大学大学
院総合理工学研究科博士後期課程では，人工知能の第一人者である新田克己
先生にご指導いただき，今日まで公私に渡って言葉では表せないほどのご指
導をいただいている。この場をお借りして，恩師の諸先生方に心よりお礼申
し上げたい。

　次に，わが国の法律人工知能研究の先駆者である吉野一先生には，科研費
（重点領域）「法律エキスパートシステム研究会」以来，大変お世話になり，こ
の研究会を通して，加賀山茂先生，新田克己先生，太田勝造先生，松本恒雄
先生，松浦好治先生，千葉恵美子先生，曽野和明先生，櫻井成一朗先生，角
田篤康先生，佐藤健先生といった超一流の研究者との出会いがあり，諸先生
方との出会いがなければ本書に収めた論考の多くは生まれることがなかった
であろう。学会関係では，故・中野貞一郎先生，鈴木正裕先生，大村雅彦先
生，山田文先生，笠井正俊先生，菅原郁夫先生，堤龍弥先生，畑宏樹先生，
菅野耕毅先生，伊藤真（弁護士・伊藤塾塾長）先生，大澤恒夫先生，葛生栄二郎
先生，高橋文彦先生，三苫民雄先生からも，著書・論文・手紙を通して有益
なアドバイスをいただくことができお礼申し上げたい。

　さらに，上記の関係者以外の方々にもお礼を申し上げたい。私が勤務する
朝日大学の，宮田侑相談役，宮田淳理事長，大友克之学長の寛大な計らいで，
ケンブリッジ大学への 2 度目の留学や，東京工業大学大学院博士後期課程へ
の社会人入学を許可していただき，この場をお借りしてお礼申し上げたい。
前述したように法学部同僚の岡嵜修先生には，筆者が法学部長・大学院法学
研究科長時代も含めて，法的価値判断をめぐり法哲学の観点から，議論・会
話のために多くの時間を割いていただき，法的価値に関する多くの知的刺激
をいただいた。裁判所関係では，調停委員会で，事前評議や事後評議で実践
的な生きた法をご教示いただいた多くの裁判官，書記官，弁護士，同僚調停
委員の先生方（特に鈴木泉弁護士）にもお礼申し上げたい。そして，本書の出版
に当たっては，筆者のこれまでの研究につき，このように纏めて著わす機会

を取り計らって下さった成文堂の阿部成一社長ならびに編集部の飯村晃弘氏，松田智香子氏に，ここに厚くお礼申し上げたい。

　最後に，いつも私のわがままを許し，協力を惜しまない妻・恭子に心から感謝するとともに，筆者の血縁者で法律と工学の双方から幼少期から知的刺激を与えてくれた故・合田繁雄裁判官と故・安達芳夫教授（東京大学工学部教授等を歴任）に深く感謝して本書を捧げたい。

2018 年 3 月　　　　　　　　　　　　　　　　　　　平 田 勇 人

目　　次

はしがき……………………………………………………………… i

初出一覧……………………………………………………………… xi

第 1 部　法的価値判断に関する研究………………………… 1

第 1 章　信義則をめぐる背景知識の体系的整理………………… 3

Ⅰ　はじめに………………………………………………… 3

Ⅱ　基本ルール……………………………………………… 4

Ⅲ　高次の法価値に関する法的トポス…………………… 5

Ⅳ　信義則に関するトポスほか…………………………… 12

Ⅴ　立法者や裁判官が法の定立・解釈・適用に当たって
考慮しなければならない観点を示す法的トポス……… 37

Ⅵ　法格言という法的トポス……………………………… 41

Ⅶ　まとめ…………………………………………………… 41

第 2 章　民事調停のあり方について──法乖離型と法志向型の対立を
めぐって………………………………………………………… 43

Ⅰ　はじめに………………………………………………… 43

Ⅱ　紛争解決基準について………………………………… 43

Ⅲ　裁判規範としての条理………………………………… 48

Ⅳ　調停規範としての条理………………………………… 67

Ⅴ　まとめ…………………………………………………… 79

第 3 章　判断における法的価値関数について──法創造教育への活用‥ 81

Ⅰ　はじめに………………………………………………… 81

Ⅱ　法的価値判断のプロセス……………………………… 82

viii 目 次

Ⅲ 信義則を中核とした法的価値判断プロセス…………… 84

Ⅳ 価値意識の理論における理論的鉱脈………………… 89

Ⅴ より高次・総合的なものへと配列されるべき
価値構造…………………………………………… 95

Ⅵ 正義を中核にした紛争解決システム………………… 96

Ⅶ 価値判断の先行性………………………………… 98

Ⅷ Brian Dalton 事件の分析 ……………………… 101

Ⅸ 法的価値関数について…………………………… 106

Ⅹ まとめ………………………………………… 111

第4章 民事調停の基層にあるもの……………………… 113

Ⅰ 日本における民事調停………………………… 113

Ⅱ 民事調停の理論及び実務の状況…………………… 116

Ⅲ 正義の総合システムの理論…………………… 125

Ⅳ まとめ………………………………………… 132

第5章 当事者の視点に立った調停技法………………… 135

Ⅰ はじめに……………………………………… 135

Ⅱ 民事調停の種類……………………………… 136

Ⅲ 紛争に対する当事者の姿勢……………………… 138

Ⅳ 調停実務における同席方式と交互方式…………… 138

Ⅴ 基本的な調停技術…………………………… 140

Ⅵ 実践的技術…………………………………… 149

Ⅶ おわりに……………………………………… 161

第6章 調停の科学——信義則と調停の基層……………… 163

Ⅰ はじめに……………………………………… 163

Ⅱ 紛争解決基準としての条理とは何か？……………… 163

Ⅲ 信義則の基層にある基本的価値体系の構造………… 175

Ⅳ 調停の基層にある基本的価値体系の構造………… 195

Ⅴ 信義則と調停の基層にある基本的価値体系における

目　次　ix

　　　　　　共通性……………………………………………213
　　　　Ⅵ　まとめ…………………………………………………219

第2部　AI による紛争解決支援の基礎研究 ……………… 221

第1章　オンライン ADR 対応型の法律エキスパートシステムの
　　　　展望……………………………………………………223
　　　　Ⅰ　はじめに………………………………………………223
　　　　Ⅱ　オンライン ADR サービス ………………………224
　　　　Ⅲ　オンライン調停教育支援システム
　　　　　　（議論をするエージェントの構築）………………232
　　　　Ⅳ　法律人工知能を搭載したオンライン ADR システム
　　　　　　の可能性……………………………………………238
　　　　Ⅴ　まとめ…………………………………………………247
第2章　論理法学とオンライン ADR ………………………248
　　　　Ⅰ　はじめに………………………………………………248
　　　　Ⅱ　論理法学………………………………………………248
　　　　Ⅲ　法的価値判断の構造…………………………………254
　　　　Ⅳ　論理法学に基づいたオンライン ADR の可能性 ………262
　　　　Ⅴ　まとめ…………………………………………………268
第3章　コンピュータによる調停支援の可能性……………269
　　　　Ⅰ　はじめに………………………………………………269
　　　　Ⅱ　ADR における紛争類型 ……………………………270
　　　　Ⅲ　民事調停実務における問題点…………………………272
　　　　Ⅳ　調停技法………………………………………………279
　　　　Ⅴ　まとめ…………………………………………………286
第4章　話題の流れに着目したリフレーミング検出………288
　　　　Ⅰ　序論………………………………………………………288

x　目　次

　　　　Ⅱ　リフレーミング……………………………………………290

　　　　Ⅲ　リフレーミング検出システムの概略……………………291

　　　　Ⅳ　模擬調停…………………………………………………296

　　　　Ⅴ　評価実験…………………………………………………298

　　　　Ⅵ　結論………………………………………………………301

　第5章　法的価値の重み付け……………………………………303

　　　　Ⅰ　価値の重み付け…………………………………………303

　　　　Ⅱ　法価値の衝突回避………………………………………307

　　　　Ⅲ　手続的正義………………………………………………311

　　　　Ⅳ　実体的正義………………………………………………324

　　　　Ⅴ　適法的正義（法的安定性）……………………………336

　　　　Ⅵ　個別的正義（衡平）……………………………………342

　　　　Ⅶ　おわりに…………………………………………………354

　第6章　IT 先進国シンガポール…………………………………364

　　　　Ⅰ　司法アクセスの理念……………………………………364

　　　　Ⅱ　シンガポール司法制度のインフラストラクチャ………364

　　　　Ⅲ　おわりに…………………………………………………378

　第7章　人工知能（AI）の活用可能性…………………………380

　　　　Ⅰ　プリーディングス・ゲーム（Pleadings Game）…………380

　　　　Ⅱ　事例ベース推論と対話事例推論………………………382

　　　　Ⅲ　法的論争システム HYPO………………………………383

　　　　Ⅳ　CATO 学習支援システム………………………………384

　　　　Ⅴ　おわりに…………………………………………………385

付録「英文論文のアブストラクト」………………………… 387

【初出一覧】

第1部第1章	平田勇人「信義則をめぐる背景知識の体系的整理」吉野一ほか編『法律人工知能―法的知識の解明と法的推論の実現』137〜145頁（創成社出版，2000年）。同書〔第2版〕137〜145頁（創成社出版，2003年）にも所収。
第1部第2章	平田勇人「民事調停のあり方について―法乖離型と法志向型の対立をめぐって―」小島武司編『ADRの実際と理論Ⅱ』179〜213頁（中央大学出版会・日本比較法研究所研究叢書〔68〕，2005年）。
第1部第3章	平田勇人「判断における法的価値関数について―法創造教育への活用―」267〜281頁，科研費2002〜2006年度特別推進研究『法創造教育方法の開発研究―法創造科学に向けて―』（課題番号14001003）研究成果報告書（2007年）。
第1部第4章	平田勇人「民事調停の基層にあるもの」朝日法学論集41号1〜23頁（2011年）。
第1部第5章	平田勇人「当事者の視点に立った調停技法」加賀山茂先生還暦記念『市民法の新たな挑戦』65〜91頁（信山社，2013）。
第1部第6章	平田勇人「調停の科学―信義則と調停の基層」朝日法学論集44・45号合併号1〜61頁（2013年）。
第2部第1章	平田勇人「オンラインADR対応型の法律エキスパートシステムの展望」法学新報113巻9・10号『小島武司先生古稀記念論文集』413〜444頁（中央大学出版部，2007年）。
第2部第2章	平田勇人「論理法学とオンラインADR」名古屋大学法政論集第227号29〜52頁『加藤雅信教授退職記念論文集』（2008年）。
第2部第3章	平田勇人「コンピュータによる調停支援の可能性」経営実務法研究第14号13〜24頁（2012年）。
第2部第4章	平田勇人「話題の流れに着目したリフレーミング検出」経営実務法研究第18号91〜101頁（2016年）。
第2部第5章	平田勇人「紛争解決の基層にある法的価値体系」『朝日大学法学部開設三〇周年記念論文集』（成文堂，2018年）及び，Hayato HIRATA, "Balance of Various Values in the Conciliation," *Jogelméleti Szemle* (*Journal of Legal Theory*) 2017/

xii 初出一覧

3 (September 27, 2017) pp. 112～117 (HU, ISSN 1588-080X) の
2 論文を基にして書き下ろし。

第2部第6章　平田勇人「シンガポールにおける司法へのアクセス」大村雅
彦編・日本比較法研究所研究叢書『司法アクセスの普遍化の
動向』（中央大学出版部，2018 年度刊行予定）から，主に司法手
続の IT 化に関連した部分を抽出して本稿に掲載した。

第2部第7章　書き下ろし。

第1部　法的価値判断に関する研究

第1章　信義則をめぐる背景知識の体系的整理

　本稿において，筆者は信義則に関する様々な背景的な知識の体系的整理を試みた。過去5年間（平成5~9年度）に抽出してきた多くのメタ知識は，4つに分類できる。信義則について考えるとき，この背景知識は相互に関連している。全体として，それらは信義則に基づく法的価値判断の制御を目的とした論理的集合体ともいえる。EXCEL を用いて，これまで抽出してきた知識を体系化した。

I　はじめに

　実体法と手続法は密接に関連している。すなわち民法と民事訴訟法は交錯し，また最近では国際取引に関する民事訴訟も急増しており，民事裁判におけるメタ知識の分析はますます重要性を帯びてきている。訴訟手続は，不誠実な悪意的訴訟当事者の技巧を凝らした計略によって相手方や裁判所が翻弄されることに対応・防止するための実定的規範を余りにも部分的かつ限定的にしか規定していないため，高次元の法理念である信義則に頼らざるを得ない。ところが，信義則は多義的なために濫用のおそれもあり，できるだけ個別的法命題に類型化されて対応されている。おりしも平成10年から新民事訴訟法が施行され，信義則規定が新設されることになった。

　筆者は，平成5・6年度は信義則を個別的法命題に分けて考察し，それらの個別的法命題に基づいて法的決定・判決形成に至る法的推論過程のメタ・ルールを抽出した。そして，信義則の個別的法命題が実はトポイカタログ[1]の中の法的トポスとよばれているものであり，それらは法規範の硬直した適用・思慮を欠く適用に対して指針的役割を果たし，それと同時に，より高次のメ

４　第１部　法的価値判断に関する研究

タ・ルールによって制御されていることが明らかになった。それとの関わりの中で，平成８年度はトピク的思考，体系思考，可動的体系，一般条項，そしてCISG（United Nations Convention on Contracts for the International Sale of Goods）における信義則に関するメタ知識の諸テーゼを抽出し，法的トポスが問題提起しているものが厳密に見れば何かを明らかにしようと試みた。平成９年度においては，これまで抽出してきたメタ・ルールや，法的トポス，可動的体系，一般条項，信義則，CISGにおける信義則，法的価値判断，信義則に関する様々なメタ知識の諸テーゼを体系的に整理した。

　ところで，これらの信義則をめぐる背景知識は次の４つのグループに分けることができる。すなわち，①高次の法価値に関するもの，②信義則それ自体に関するもの，③立法者や裁判官が法の定立・解釈・適用に当たって考慮しなければならない観点を示すもの，④法格言に関するもの，に大別できるであろう。そして，その中でより一般的なものと，そうでないものに分類しながら整理していったのが，"法的トポス.xls" というファイルである。

Ⅱ　基本ルール

　さてグルーピングを行って知識が体系化された際，異なるトポス間で衝突が生じた場合を考え，基本ルールについてまず述べておきたい。異なるトポス間での衝突の場合には，「当該事例に対してより重要であり，もっとも合理性のある解決に導くトポスが優先されるべきである[2]」というルールが基本的なものとなろう。

　ここで，以下における記号の意味を述べておきたい。

　　T：Topoikatalog

---

1 ）G. Struck : *Topische Jurisprudenz—Argument und Gemeinplatz in der juristischen Arbeit,* Athenäum Verlag, (Frankfurt, 1971), S. 20-34. Ch. ペレルマン（江口三角訳）『法律家の論理―新しいレトリック』160頁以下（木鐸社，1986年）参照。なお，ドイツ民法162条および254条の法思想については，神戸大学外国法研究会編『独逸民法(Ⅰ)(Ⅱ)』〔柚木馨〕（有斐閣，1955年復刊版）を参考にした。

2 ）Struck, a.a.O., S. 47.

Ca：Canaris 他におけるメタ知識

Cs：CISG におけるメタ知識

Pe：Perelman におけるメタ知識

Ⅲ　高次の法価値に関する法的トポス

1．正義（手続的正義）[3]

マーチン・ゴールディングによれば，恣意性の排除（T51）は，単なる平等より正義の概念にとってより基本的なものとされている。ここでは，ゴールディングの考え方に基づいて分類してみた[4]。

T51. 恣意性の排除[5]

　T51.1. 合理性

　　Pe127. どのような解決が公正，合理的で，人々に承認され得る解決かについての前理解が，裁判官の指針となる[6]。

　　Pe128. 前理解（ある特定の社会において社会的・倫理的に承認され得る解決につき人々が事前に抱いている考え）とは，非法律的な考慮に属するのではなく，決定の相当性に関する価値判断が指針となる[7]。

　　Pe137. 価値に関する思考は，前理解と判決の合理性についてのコンセンサスの形成とを通じて，法解釈学の努力に指針を与えている[8]。

　　T51.1.1. ロールズは完全合意性を合理性の証拠とみる[9]。

3）平田勇人「憲法と手続的正義をめぐる諸問題」木川統一郎博士古稀祝賀『民事裁判の充実と促進・上巻』161〜183頁（判例タイムズ社，1994年）。

4）M.P. ゴールディング（上原行雄＝小谷野勝巳共訳）『法の哲学』162頁（倍風館，1985年）。

5）ゴールディング・前掲注［4］162頁。

6）ペレルマン・前掲注［1］150頁。

7）ペレルマン・前掲注［1］150・151頁。

8）ペレルマン・前掲注［1］153・154頁。

6   第 1 部　法的価値判断に関する研究

T51.1.2. 対話的合理性[10]

T51.2. 中立性

T7. 反対当事者の言い分も等しく聴くべし。

T8. 何人も自己の争訟事件の裁判官となることはできない。

T51.3. 客観性

Pe129. 法的決定が社会の関心に応えるものである場合には，相当性は間主観的に判断されている[11]。

T51.3.1. ロールズは再現可能性を客観性の証拠とみる[12]。

T51.4. 一貫性

Pe138. 法的推論において，法体系を柔軟に理解しながらその統一性を維持し，また満足の行く解決を追求しなければならない[13]。

T51.5. 公（衡）平

Ca71. トピクは正義の個別化傾向（衡平）に属する[14]。

Ca96. 衡平には原則性が欠如している[15]。

Pe132. 法的推論は解決を現行法体系に組入れることができるかどうかを度外視しない。また法的推論は，単に衡平な解決を追求するだけのものではない[16]。

T22. 平等

T14. 疑わしいときは平等に分けなければならない。

---

9) John Rawls, *A Theory of Justice*, Harvard Univ. Press, (Cambridge, Mass., 1971), pp. 142-150.

10) 田中成明『法的思考とはどのようなものか』245〜258 頁（有斐閣，1989 年）。

11) ペレルマン・前掲注［1］151 頁。

12) Rawls, *op. cit.*, pp. 516-519.

13) ペレルマン・前掲注［1］154 頁。

14) C.W. Canaris, *Systemdenken und Systembegriff in der Jurisprudenz*：*entwickelt am Beispiel des deutschen Privatrechts*, 2. Aufl. (Berlin, 1983), S. 151 "die Topik ist der Billigkeit, also der individualisierenden Tendenz des Gerechtigkeitsgebotes zugeordnet；---".

C.W. カナリス（木村弘之亮代表訳）『法律学における体系思考と体系概念─価値判断法学とトピク法学の懸け橋─』（慶應義塾大学法学研究会，1996 年）でわが国にも紹介されている。

15) Canaris, a.a.O., S. 82 "So wehrt sich Wilburg denn auch nachdrücklich gegen Entscheidungen nach bloßer Billigkeit, weil --- dieser die 'Grundsätzlichkeit' fehle；---".

16) ペレルマン・前掲注［1］151 頁。

第1章　信義則をめぐる背景知識の体系的整理　　*7*

T15. 分割に際して他に方法がないときはくじ引きによる。

2．妥当（T41）

信義則は法の適用に際して，適用の結果が「妥当」であるかどうかを最終的にチェックする機能を有する[17]。

3．法的安定性（T63）

次に，法的安定性という法的トポスに関する背景的知識を列挙してみたい。

Ca80. 可動的体系は，固定的法律要件よりも法的安定性を欠く[18]。

Ca81. 可動的体系は，衡平条項よりもずっと強く法的安定性を保障する[19]。

Ca82. より高度な法的安定性が必要とされる領域では，無条件に不動的体系が優先されるべきである[20]。

Ca89. 法的安定性と並んで，正義という価値も可動的体系と矛盾する場合がある。正義の一般化傾向は平等条項から生じるが，この一般化傾向は個別事例の状況についてのあらゆる考慮や，一般的に確立している諸要素の衡量に際して妨げになる[21]。

---

17) 松浦好治「一般条項とエキスパートシステム」平成8年度科研費（重点領域研究）「法律エキスパート」研究成果報告会用報告レジュメ（1997年2月22日）。

18) Canaris, a.a.O., S. 82 "Was zunächst die letzteren betrifft, so liegt es auf der Hand, daß ein bewegliches System in geringerem Maße die Rechtssicherheit gewährleistet als ein unbewegliches, streng hierarchisches System mit festen Tatbeständen.".

19) Ebenda, S. 84 "--- auch die Rechtssicherheit ist ja immerhin noch in weit stärkerem Maß gewahrt als bei einer bloßen Billigkeitsklausel ---".

20) Ebenda, S. 82 "In Gebieten, in denen ein erhöhtes Rechtssicherheitsbedürfnis besteht, ist daher unbedingt letzterem der Vorzug zu geben, ---".

21) Ebenda, S. 83 "Und schließlich sollte man auch nicht verkennen, daß neben dem Wert der Rechtssicherheit außerdem noch der der Gerechtigkeit in Widerspruch zu einem beweglichen System geraten kann ; denn die 'generalisierende' Tendenz des Gerechtigkeitsgebotes, die sich aus dem Gleichheitssatz ergibt, wirkt jedem Abstellen auf die Umstände des Einzelfalles und damit auch einem Abwägen von -- wenn auch generell festliegenden -- 'Elementen' entgegen.".

4．均衡（T42）

バランスと読み替えると，利益衡量のみならず，衡平とも深く関わっていることがわかる。

5．目的性（合目的性）（T57）

合目的性は，目的合理性とも深い関係がある。

6．秩序の原則（T62）

次に，秩序の原則という法的トポスに関する背景知識について，体系的に整理してみたい。

T62.1.体系思考

Ca67.体系思考とトピク的思考は排他的に対立しているわけではなく，相互に補完・浸透している[22]。

Ca73.体系思考は正義の一般化傾向に属し，個別問題を抽象化し，議論の余地のある観点ははじめから除去する[23]。

Ca75.法律の欠缺（十分な法律上の価値判断が欠けている場合）の場合には，トピクが応急処置として機能する[24]。

Ca77.法律の欠缺の場合には，できるだけ速やかに不安定なトポイを明確な価値判断に置換し，体系に組み込むべきである[25]。

Pe135.法が体系として機能し得るためには，前法律的な，事前の価値判断を適宜介入させることが必要である[26]。

---

22) Ebenda, S. 160 "These 23".

23) Ebenda, S. 151 "bei der grundsätzlich kein irgendwie diskutabler Gesichtspunkt von vornherein als unzulässig zurückgewiesen werden kann, wie das für das abstrahierende, auf der generalisierenden Tendenz des Gerechtigkeitsgebotes aufbauende Systemdenken typisch ist.".

24) Ebenda, S. 160 "These 22".

25) Ebenda, S. 151-152 "--- in denen das positive Recht keine Wertungen für die Ausfüllung enthält：--- möglichst bald die unsicheren topoi durch klare Wertungen zu ersetzen, die Lösung also systematisch zu verfestigen.".

26) ペレルマン，前掲注［1］，153 頁。

T62.2. トピク的思考

Ca65. 法体系が発展する初期段階においてトポイが決定的役割を果たす[27]。

Ca66. 新しい法原則の成立において，例外なくトピク的構造が存在する[28]。

Ca68. トピク的思考においては，諸前提の正統性の根拠が社会通念・コモンセンスに置かれている[29]。

Ca69. ドイツの判例は「正しくかつ公平に思考するすべての者」という場合，社会通念に従う者を指す[30]。

Ca70. コモンセンスを引合いに出したり，衡平を理由として判断する場合はトピク的思考が適している[31]。

Ca72. トピクは個別事情を問題にする場合に適している[32]。

Ca76. トピクの応急処置とは，最初に手探りで様々な観点を摘出し，問題に対して試験的に適用し，相互に比較衡量するという手法である[33]。

T62.3. 不動的体系

Ca91. ある程度の個別化は，不動的体系を徹底的に細分化すること

---

27) Canaris, a.a.O., S. 153 "Sodann spielen auch bei einer systemorientierten Rechtsfortbildung praeter legem und insbesondere bei der Konkretisierung außergesetzlicher 'allgemeiner' Rechtsprinzipien -- mithin aber auch bei den durch diese bewirkten Systemänderungen -- bloße topoi zumindest in den Anfangsstadien der Entwicklung eine maßgebliche Rolle；---".

28) Ebenda, S. 153 "--- man kann dem Entstehen 'neuer' Rechtsprinzipien sogar in gewisser Hinsicht durchaus topische Struktur zusprechen ---".

29) Ebenda, S. 159 "These 20".

30) Ebenda, S. 150 "So ist z.B. die zur Konkretisierung des §138 BGB von der Rechtsprechung geprägte Formel von der Anschauung 'aller recht und billig Denkenden' nahezu eine Definition der $\varepsilon\nu\delta o\xi\alpha$ ---".

31) Ebenda, S. 150 "Die Topik als funktionsgerechtes Verfahren bei gesetzlicher Bezugnahme auf den 'common sense' und bei Billigkeitsentscheidungen".

32) Ebenda, S. 151 "sie stellt das adäuate Verfahren für eine am möglichst eng formulierten Einzelproblem, ja am Einzelfall orientierte Billigkeitsargumentation dar, ---".

33) Ebenda, S. 150 "Hier bleibt in der Tat nichts anderes übrig, als zunächst einmal mehr oder weniger tastend verschiedene Gesichtspunkte aufzugreifen, am Problem zu erproben und gegeneinander abzuwägen, d.h. topisch zu verfahren, ---".

10 第1部 法的価値判断に関する研究

でも可能である。逆に可動的体系も無制限の個別化を許すものではない[34]。

T62.4. 可動的体系

Ca78. 可動的体系は，固定的法律要件と一般条項の中間位置を占める[35]。

Ca79. 可動的体系は硬直した規範とも異なり，曖昧な衡平条項とも一線を画する[36]。

Ca83. 個別事例において，どの解決が優先されるべきかはその対象の構造と中核の価値に依存し，可動的体系が特に重要な役割を果たす[37]。

Ca84. 可動的体系においては，きわめて重要な諸要素の混合比率を変えることで，事例の状況に適合させる[38]。

Ca85. 人としての裁判官は，可動的体系の中で比較的多数の諸要素を比較衡量することは，荷が重すぎる[39]。

Ca86. 可動的体系は，正義の一般化傾向と個別化傾向の対極性を調

---

34) Ebenda, S. 83 "Denn zum einen ist eine gewisse Individualisierung auch durch starke Differenzierung eines unbeweglichen, streng hierarchischen Systems möglich, und zum anderen erlaubt auch das bewegliche System keine unbegrenzte Individualisierung, da es ja auf einer beschränkten Zahl von 'Elementen' aufbaut.".

35) Ebenda, S. 157 "These 11".

36) Ebenda, S. 84 "---; von den Rigorismen starrer Normen hält es sich gleichermaßen fern wie von der Konturlosigkeit reiner Billigkeitsklauseln.".

37) Ebenda, S. 85 "Welche Lösung jeweils zu bevorzugen ist, läßt sich allerdings nicht generell sagen, sondern hängt von der besonderen Struktur der betreffenden Regelungsmaterie und dem für sie im Vordergrund stehenden Wert ab. Dem beweglichen System kommt dabei insofern eine besonders wichtige Aufgabe zu, als es, wie gesagt, in sehr glücklicher Weise die Mitte zwischen festem Tatbestand und Generalklausel hält und der generalisierenden wie der individualisierenden Tendenz der Gerechtigkeit Raum gibt.".

38) Ebenda, S. 82 "Wilburgs Bestreben ist demgegenüber darauf gerichtet, die maßgeblichen 'Elemente' nach Inhalt und Zahl generell zu bestimmen und nur ihr 'Mischungsverhältnis' variabel zu gestalten und von den Umständen des Falles abhängen zu lassen.".

39) Ebenda, S. 83 "Weiter ist zu bedenken, daß der Richter einfach überfordert wäre, wenn er sich ausnahmslos einem beweglichen System gegen übersähe und damit in jedem Fall vor den Schwierigkeiten der Abwägung zwischen der oft verhältnismäßig großen Zahl von 'Elementen' stünde.".

整する[40]。

Ca87. 可動的体系は，法理念の様々な要請の中に均衡点を見出すことを可能にする[41]。

Ca88. 可動的体系は正義の判断諸基準を一般的に確定することができる反面，個別事例において様々な観点を考慮に入れることも可能にする[42]。

Ca90. 正義は一般化傾向のみならず個別化傾向も同時に有しており，可動的体系の正統化のために個別化傾向を引合いに出すこともできる[43]。

T62.5. 一般条項

Ca92. 一般条項は価値の充填を必要とする[44]。

Ca93. 一般条項の特徴は，①その具体化に必要な判断基準を示していないこと，②判断基準が原則として個別具体的事例に関してのみ確定されることである[45]。

Ca94. 一般条項の具体化に際しては，トピクは単なる応急処置以上のものである[46]。

Ca95. 一般条項は，必ずしも全面的に衡平やトピク的思考に委ねら

---

40) Ebenda, S. 157 "These 11".

41) Ebenda, S. 84 "das bewegliche System stellt einen besonders glücklichen Kompromiß zwischen den verschiedenen Postulaten der Rechtsidee dar --- und bringt deren 'Polarität' in einer abgewogenen, 'mittleren' Lösung zum Ausgleich ; ---".

42) Ebenda, S. 83 "es berücksichtigt die generalisierende Tendenz, indem es die maßgeblichen Gerechtigkeitskriterien allgemein festlegt, und es trägt der individualisierenden Tendenz Rechnung, indem es die konkrete Rechtsfolge vom Zusammenwirken dieser Gesichtspunkte im Einzelfall abhängig macht.".

43) Ebenda, S. 83 "Die Gerechtigkeit weist allerdings nicht nur eine generalisierende, sondern auch eine individualisierende Tendenz auf, und es liegt daher nahe, sich zur Rechtfertigung des 'beweglichen' Systems auf diese zu berufen.".

44) Ebenda, S. 82 "Denn für die Generalklausel ist charakteristisch, daß sie wertausfüllungsbedürftig ist, ---".

45) Ebenda, S. 82 "Denn für die Generalklausel ist charakteristisch, --- daß sie die zu ihrer Konkretisierung erforderlichen Kriterien nicht angibt und daß diese sich grundsätzlich nur im Hinblick auf den jeweiligen konkreten Fall festlegen lassen ; ---".

46) Ebenda, S. 152 "Aber auch bei der konkretisierung wertausfüllungsbedürftiger Generalklauseln, bei der die Topik weit mehr als ein bloßer Notbehelf ist, ---".

12　第 1 部　法的価値判断に関する研究

れているわけではない[47]。

Ca97. 一般条項は「衡平への入り口」と呼ばれ，この呼び方は部分的には正当である[48]。

Ca98. 一般条項においても，正義の個別化傾向と一般化傾向の両傾向を持ち，一般化傾向は絶えず体系化を指向する[49]。

Ca99. 一般条項もまた常に，全法律秩序の観点から，それゆえ体系を背景として解釈されなければならない[50]。

Ca100. 一般条項は社会通念に基づいて解釈されるべきではない[51]。

Ca101. 一般条項の具体化は，体系的な確定を指向しながら類型化を通して行われ，部分的には明確な法律要件の構築によって行われる[52]。

Cs117. 各規定の適用において信義則が顧慮されなければならないとすると，裁判官が一般条項へ逃避する虞がある[53]。

Ⅳ　信義則に関するトポスほか

1．民法における信義則機能[54]

信義則は具体的事案の解決を妥当なものにするために，制定法の規定を補

---

47) Ebenda, S. 153 "So ist auch die Generalklausel keineswegs gänzlich der Billigkeit und damit dem topischen Denken überlassen.".

48) Ebenda, S. 82 "--- die Generalklauseln werden dagegen immer wieder, und mindestens teilweise mit Recht, als 'Einbruchsstellen der Billigkeit' bezeichnet.".

49) Ebenda, S. 153 "Vielmehr macht sich auch in ihr die Gegenläufigkeit der individualisierenden und der generalisierenden Tendenz der Gerechtigkeit bemerkbar, und letztere drängt wie immer zur Systematisierung.".

50) Ebenda, S. 152 "--- die Generalklauseln stets im Lichte der Gesamtrechtsordnung, also vor dem Hintergrund des Systems zu interpretieren sind ---".

51) Ebenda, S. 152 "--- mithin systemgebunden und nicht aus der $\varepsilon\nu\delta o\xi\alpha$".

52) Ebenda, S. 152 "--- vor allem geschieht die Konkretisierung auch weitgehend durch Typenbildung, ja z.T. durch klare Tatbestandsbildung und drängt dadurch zur systematischen Verfestigung.".

53) 曽野和明＝山手正史『現代法律学全集第 60 巻・国際売買法』73 頁（青林書院，1993 年）。

正ないし是正する機能を有すると言われたり，規定の欠陥を補充する機能と，規定の解釈適用を修正する機能とに分けて説明されている。さらに信義則の機能は以下のように類型的に細分化して検討され，適用範囲の限定や機能の明確化がなされてきた（分類名は菅野耕毅教授による）。

(1) 法具体化機能

(2) 正義衡平的機能

(3) 法修正的機能

(4) 法創造的機能

2．民法上の権利濫用機能[55]

次に権利濫用法理も，一般条項としての濫用の危険が早くから指摘され，機能の差異により以下のように類型化されている（分類名辞は菅野耕毅教授による）。

(1) 不法行為的機能

(2) 権利範囲明確化機能

(3) 権利範囲縮小化機能

(4) 強制調停的機能

3．民法上の個別的法命題[56]

機能の類型化によって，濫用の危険はかなり低減できると言われているが，さらに進んで一般条項のストレートな適用のみに依存せず，適用場面ごとに特殊化された個別的法命題ないし下位概念を構成していく努力もなされてきた。

(1) 信義則の個別的法命題

　(a) 禁反言の原則

---

54) 菅野耕毅『信義則および権利濫用の研究』7〜9頁（信山社，1994年）。

55) 菅野・前掲注［54］9〜11頁。

56) 菅野・前掲注［54］11・12頁。

14   第1部　法的価値判断に関する研究

　　(b)　権利失効の原則

　　(c)　クリーンハンズ（clean hands）の原則

　　(d)　事情変更の原則

　(2)　信義則・権利濫用双方からの個別的法命題

　　(a)　背信行為論（信頼関係理論）

　　(b)　法人格否認の法理

　(3)　権利濫用法理の個別的法命題

　　(a)　受忍限度論・環境権論・日照権論

　　(b)　背信的悪意者排除論

　　(c)　相関関係理論

4．民法上の学説[57]

(1)　信義則の法修正機能否認説

　法律等の適用できる事件に信義則を適用し，①法律等と同一の結論を導くことは「一般条項への逃避 Flucht in die Generalklauseln」であり，②法律等と反対の結論を導くことは「法律等の軟化 Verweichlichung」であり，許されないとする。

(2)　信義則の立法者的機能否認説

　この説は，立法者的機能は危険性があり，その存在理由が不明確で，範とすべきドイツ民法の立法者の考えには依存しないと説く。したがって法具体化機能および正義衡平的機能は，信義則の行為規範的側面に相当し妥当とされるが，他方，法修正的機能と法創造的機能は立法者的機能に当たり，否認されることになる。また，信義則の法修正機能否認説に対しては，「一般条項への逃避」や「法律等の軟化」を否認する点には賛同するが，信義則が制定法の欠缺補充の機能を営むことに対しては反対する。

---

57)　菅野・前掲注［54］12〜14頁。

（3）　**権利濫用のシカーネ要素再評価説**

　シカーネ的要素を強調する説も有力に主張されている。

5．民事訴訟における信義則

（1）　**横断的分類**

　民事訴訟における信義則を考える場合まず，横断的に，あらゆる事項を通じて信義則発現のタイプを定立した上で，各個の信義則適用事例の類別を行って行く方法[58]

（2）　**縦断的分類**

　訴訟の経過を追って縦断的に訴えの提起，裁判官の忌避等の訴訟現象を取り上げて逐次検討する方法[59]。

6．民事訴訟における信義則の個別的法命題

　信義則の働く場については，さらに「当事者・裁判所間」および「当事者間」に分けて論ずる立場が多数説であるといってよいであろう。

　（1）　「当事者・裁判所間」の信義則[60]

　　(a)　司法の濫用の禁止

　　(b)　手続形成に際しての悪意的行為の禁止

　　(c)　裁判所に対する信頼保護

　（2）　「当事者間」の信義則[61]

58）松浦馨「訴訟の承継と信義則」続民事訴訟法判例百選（別冊ジュリ 36 号，1972 年）148 頁以下，中野貞一郎「民事訴訟における信義則および禁反言」民事訴訟法の争点 42 頁以下（1979 年）。

59）山木戸克己「民事訴訟と信義則」末川古稀『権利の濫用・中』270 頁以下（有斐閣，1962 年），林屋礼二「民事訴訟における権利濫用と信義則(1)～(4)」民商法雑誌 71 巻 1 号（1974）60 頁以下，71 巻 3 号（1974 年）64 頁以下，71 巻 4 号（1975 年）52 頁以下，71 巻 6 号（1975 年）87 頁以下。

60）Baumgärtel, *ZZP* 69. Bd., S. 101ff. 中野貞一郎「民事訴訟における信義誠実の原則」民商法雑誌 43 巻 6 号（1961 年）83 頁以下，山本卓『民事訴訟における信義誠実の原則』司法研究報告書 14 集 1 号 90 頁以下（1962 年）。

61）Baumgärtel, *ZZP* 69. Bd., S. 108ff. 竹下守夫「訴訟行為と信義則」『判例演習講座・民事訴訟法』143 頁以下（世界思想社，1973 年），山本・前掲注［60］123 頁以下。

16   第1部　法的価値判断に関する研究

(a)　訴訟上の権能・状態の悪意的創出の禁止

(b)　訴訟上の権能濫用の禁止

(c)　訴訟上の禁反言

(d)　訴訟上の権能の失効

(e)　相手方の訴訟行為妨害の禁止

(3)　「当事者・裁判所間」「当事者間」不問の信義則[62]

(a)　**悪意的訴訟状態創出の禁止**　　訴訟当事者が相手方の権利を害する意図のもとに，作為または不作為によって相手方が訴訟手続に関与することを妨げ，あるいは虚偽の事実を主張して裁判所を欺罔する等の不正な行為を行ない，その結果本来ありうべからざる内容の確定判決を取得し，かつこれを執行した場合においては，「訴訟上の法律状態の悪意的創出の禁止」という民事訴訟における信義則の個別的法命題が，この法的トポスとして登場する。典型的な例として，一般に裁判籍の盗取（管轄原因の不当取得）が挙げられる[63]が，そのほか悪意的訴訟当事者に関するわが国の判例を紹介すると，最高裁判決によれば「訴訟当事者が，相手方の権利を害する意図のもとに，作意または不作為によって相手方が訴訟手続に関与することを妨げ，あるいは虚偽の事実を主張して裁判所を欺罔する等の不正な行為を行ない，その結果本来ありうべからざる内容の確定判決を取得し，かつこれを執行した場合においては，右判決が確定したからといってそのような当事者の不正が直ちに問責しえなくなるいわれなく，これによって損害を被った相手方は，かりにそれが右確定判決に対する再審事由を構成し，別に再審の訴を提起しうる場合であっても，なお独立の訴によって，右不法行為による損害の賠償を請求することを妨げられないものと解すべきである。」[64]とか，「当事者の訴訟活動に不法な動機，目的が存し，これにより一方

---

62)　Zeiss, Walter, *Die arglistige Prozesspartei*, Berlin (1967) S. 16ff. 松浦・前掲注 [58] 148 頁以下，中野貞一郎「民事訴訟における信義則」中野貞一郎ほか編『民事訴訟法講義』30-32 頁（有斐閣，補訂版，1980 年）。

63)　札幌高決昭和 41 年 9 月 19 日㈱ TKC LEX/DB 文献番号 27621919。

64)　最判昭和 44 年 7 月 8 日㈱ TKC LEX/DB 文献番号 27000800 の判例全文 2〜3 頁より抜粋。

第1章　信義則をめぐる背景知識の体系的整理　17

当事者の権利が侵害せられたときは正しく訴訟上における不法行為が成立し損害賠償が許されるものと解さなければならない。」[65]といった判断がなされている。

　ところで，この「訴訟上の法律状態の悪意的創出」は「法律の迂回」とも言い換えることができるが，法律の迂回には2種類ある[66]。まず，①構成要件の回避であるが，これは当事者の一方が奸策を弄して，訴訟法規の要件に当たる状態の発生を故意に妨害して法規の適用を不当に回避する場合，信義則により初期の効果が否定されるとする[67]。次に，②構成要件の騙取であるが，これは当事者の一方が奸策を弄して，訴訟法規の要件に当たる状態を故意に作出して法規の不当な適用をはかる場合，信義則により初期の効果が否定されるとする[68]。ここで本法理に基づく法的推論過程を論理流図で図示してみよう。

《訴訟上の法律状態の悪意的創出禁止法理に基づく論理の流れ》
【構成要件の回避】

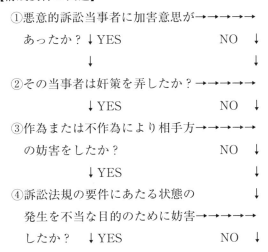

---

65) 最判昭和44年7月8日㈱ TKC LEX/DB 文献番号27000800の判例全文8頁より抜粋。
66) Zeiss, Walter., a.a.O., S. 57f.
67) 中野・前掲注［58］43頁。
68) 中野・前掲注［58］43頁。

18　第1部　法的価値判断に関する研究

　　　　　↓　　　　　　　　　　　　　↓
⑤訴訟法規の要件にあたる状態の→→→→→
　発生を故意に妨害したか？　　　　NO　↓
　　　　↓YES　　　　　　　　　　　　↓
⑥法規の適用を不当に回避したか？→→→→
　　　　↓YES　　　　　　　　NO　↓
「初期の効果は否定される」　　　　　↓
　　　　　　　　　　　　　　　　　　↓
　　　　　　　「悪意的創出とはいえない」

【構成要件の騙取】
　①悪意的訴訟当事者に加害意思が→→→→→
　　あったか？↓YES　　　　　　NO　↓
　　　　↓　　　　　　　　　　　　　↓
　②その当事者は奸策を弄したか？→→→→→
　　　　↓YES　　　　　　　　NO　↓
　③作為または不作為により相手方→→→→→
　　の妨害をしたか？　　　　　NO　↓
　　　　↓YES　　　　　　　　　　　↓
　④訴訟法規の要件にあたる状態の　　　↓
　　発生を不当な目的のために創出→→→→→
　　したか？　　↓YES　　　　NO　↓
　　　　↓　　　　　　　　　　　　　↓
　⑤訴訟法規の要件にあたる状態の→→→→→
　　発生を故意に創出したか？　　NO　↓
　　　　↓YES　　　　　　　　　　　↓
　⑥法規の適用を不当に図ったか？→→→→→
　　　　↓YES　　　　　　　　NO　↓
「初期の効果は否定される」　　　　　↓

第 1 章　信義則をめぐる背景知識の体系的整理　*19*

↓

「悪意的創出とはいえない」

　さて，訴訟上の法律状態の悪意的創出の禁止法理に基づく法的推論に対して，その推論を制御するメタ・ルールを今回は 2 つ抽出した。いずれも訴訟法独自のものであるが，より詳しい論理分析は今後の課題として，今回抽出したメタ・ルールについて挙げてみよう。

→メタ・ルール 1

　「訴訟状態の不当形成の排除について，『奸策を弄し』たとか『不当な目的のためにわざと』やったという事実認定はしばしば困難であろう[69]が，事実認定が判決の基礎になるので主観的・恣意的・感情的に判断してはならない[70]。」

→メタ・ルール 2

　「訴訟状態の不当形成は大抵の場合，訴訟外の裁判所の影響力の及ばない所で行われるので，裁判所がいかに緊張した巧みな訴訟指揮を行ってもその抑制が困難であり，他の個別的法命題の場合に比べて相手方の保護の必要性が特に大きい。」[71]

(b)　訴訟上の矛盾挙動禁止（禁反言）

　民事訴訟における禁反言の法命題は一般に以下のように定義されている。すなわち「当事者が訴訟前または訴訟外で一定の先行行為を行い，後でそれと矛盾する訴訟上の行為をしようとし（行為矛盾），かつ，当事者の先行行為を相手方当事者が信頼して，それに基づいて自己の法的地位を決め（相手方の信頼），かつ，矛盾行為を許容すれば相手方当事者の利益を不当に害する結果となる（相手方の不利益）場合には，その後行行為（矛盾行為）は不適法とされ，またはその効力を否定される。」[72]平成 10 年から施行された新民事訴訟

---

69)　中野・前掲注 [58] 43 頁。
70)　渡辺洋三『法律学への旅立ち・リーガル・マインドを求めて』68 頁（岩波書店，1990 年）。
71)　山本卓・前掲注 [60] 138 頁。
72)　中野貞一郎「民事訴訟における禁反言」『過失の推認』180・181 頁（弘文堂，1978 年）を参考にした。

法では，攻撃防御方法に関して随時提出主義から適時提出主義へと変更されたが，それと禁反言との関わりについての詳しい検討は今後の課題としたい。

《訴訟上の禁反言に基づく法的推論過程の論理の流れ》

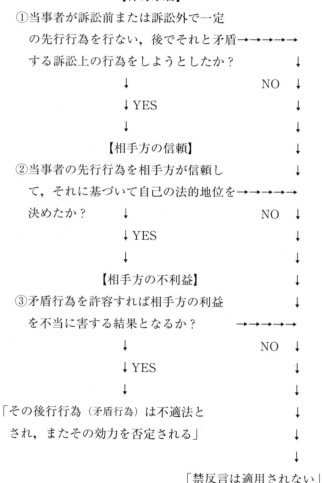

(i) 禁反言の法命題内部構造の論理分析

　訴訟上の禁反言に基づく法的推論過程の論理の流れを明示したが次に，禁

反言の論理分析を行なう。ここで以下のように記号化の約束をする。

F(x)：x は訴訟当事者である。

F(y)：y は訴訟当事者である。

T(t)：t は時間である。

t1：t1 は訴訟前または訴訟外におけるある時点である。

t2：t2 は x が矛盾行為を行った時点である。

t3：t3 は y が x を信頼して自己の法的地位を決定した時点である。

t4：t4 は矛盾行為許容の時点である。

t5：t5 は矛盾行為排除の時点である。

t1＜t2＜t3＜t4＜t5：t1 は t2 に先立ち，t2 は t3 に先立ち，t3 は t4 に先立ち，t4 は t5 に先立つ。

Vor(x, t1)：x は t1 において先行行為をする。

VOR(x1, x, t1)：x1 は x が t1 において行った先行行為。

Wid(x, t2)：x は t2 において矛盾行為（後行行為）をする。

WID(x2, x, t2)：x2 は x が t2 において行った矛盾行為。

H(y, x, t3)：y は x を信頼して t3 において自己の法的地位を決める。

J(y, t4)：y は t4（矛盾行為許容時）に不利益を受ける。

J(x, t5)：x は t5（矛盾行為排除時）に不利益を受ける。

J1(z, y, t4)：z は t4 において y が受ける不利益である。

J1(z1, x, t5)：z1 は t5 において x が受ける不利益である。

Su(z, z1)：z は z1 よりも保護に値する。

Bz(u)：u は一つの権利関係である。

Eq(v)：v は当事者間の衡平である。

Wr(w)：w は実体的真実である。

Nt(u, v, w)：u という権利関係は，v よりも w に即して規整されることを特に必要とする。

Er(x2)：x2 は許される。

Ub(y)：y にとっての法的救済が途絶する。

22 第1部 法的価値判断に関する研究

La(x1)：x1 は長期に渡って持続される。

Gl(y1)：y1 は相手方当事者 (y) の信頼と対応である。

Su(y1)：y1 は保護に値する。

K(x)：x はその後行行為（矛盾行為）を不適法とされ，またはその効力を否定される。

Hu(x, t2)：x は t2 において，その矛盾行為により不正な目的を追求していた。

Te(x)：x は矛盾行為を生ずるにつき重大な手落ちがあった。

を上の記号化の約束に従って記号化すれば，

$$\forall x \forall y \forall t1 \forall t2 \forall t3 \forall t4 \quad \{F(x) \& F(y) \& T(t1) \& T(t2) \& T(t3) \& T(t4)$$
$$\& (t1 < t2 < t3 < t4) \& Vor(x, t1) \& Wid(x, t2) \& H(y, x, t3) \& J(y, t4) \rightarrow K(x)\}$$

となる。

(ii) 禁反言のメタ・ルールの論理分析

次に，禁反言の適用に当たって考慮しなければならない具体的諸要素（メタ・ルール）の論理分析を行なう。禁反言に基づく法的推論過程のメタ・ルールを抽出するに際して，判例・学説等を参考にして比較検討したが，私の知り得る範囲で最も信頼性の高いものとして，中野貞一郎教授が析出されたルール[73]が最適であると考える。中野教授が判例分析を通じて析出された，禁反言の適用に当たって考慮しなければならない具体的諸要素を，メタ・ルールとして位置づけることが許されるならば，上の記号化の約束に従って論理分析してみたい。

→メタ・ルール1

「矛盾行為を許す場合に先行行為を信頼していた相手方に生ずる不利益と，矛盾行為を排除した場合に行為者自身に生ずる不利益を比較し，前者が後者より保護に値する場合であってこそ，禁反言の適用が是認されうる。」

上の記号化の約束に従えば，

J1(z, y, t4)：z は t4 において y が受ける不利益である。

---

73) 中野・前掲注 [72] 188 頁以下。

J1$(z1, x, t5)$：$z1$ は $t5$ において x が受ける不利益である。

Su$(z, z1)$：z は $z1$ よりも保護に値する。

であるから，

　$\forall x \forall y [\exists z \exists z1 \{J1(z, y, t4) \& J1(z1, x, t5) \& Su(z, z1)\} \rightarrow \exists x(F(x) \& K(x))]$

となる。

→メタ・ルール 2

　「問題となる権利関係が当事者間の衡平よりも実体的真実に即して規整されることを特に必要とする性質のものである場合には，禁反言は後退せざるを得ない。」

　上の記号化の約束に従えば，

　Bz(u)：u は 1 つの権利関係である。

　Eq(v)：v は当事者間の衡平である。

　Wr(w)：w は実体的真実である。

　Nt(u, v, w)：u という権利関係は v よりも w に即して規整されることを必要とする。

であるから，

　$\forall u \forall v \forall w \{Bz(u) \& Eq(v) \& Wr(w) \& Nt(u, v, w) \rightarrow \exists x(F(x) \& K(x))\}$

となる。

→メタ・ルール 3

　「矛盾行為を許容すれば，先行行為を信頼した相手方にとって法的救済を求める途が途絶する結果となるおそれがある場合には，矛盾行為を禁反言により排除する強い理由がある。」

　上の記号化の約束に従えば，

　Er$(x2)$：$x2$ は許容される。

　WID$(x2, x, t2)$：$x2$ は x が $t2$ において行った矛盾行為。

　Ub(y)：y にとっての法的救済が途絶する。

であるから，

　$\forall x [\{\exists x2(WID(x2, x, t2) \& Er(x2)) \& \exists y(F(y) \& Ub(y))\} \rightarrow \exists x(F(x) \& K$

$(x))$]

となる。

→メタ・ルール 4

「先行行為が長期に渡って維持された場合には，これに対する相手方の信頼と対応も，その長期の持続のゆえに保護の必要が相対的に増大する限りにおいて，その後の矛盾行為を禁反言の適用により排除する，より強い理由を与えることになる。」

上の記号化の約束に従えば，

VOR(x1, x, t1)：x1 は x が t1 において行った先行行為。

La(x1)：x1 は長期に渡って持続される。

Gl(y1)：y1 は相手方当事者（y）の信頼と対応である。

Su(y1)：y1 は保護に値する。

であるから，

$\forall$ x ｛$\exists$ x1(VOR(x1, x, t1) & La(x1)) & $\exists$ y1(Gl(y1) & Su(y1)) → $\exists$ x(F(x) & K(x))｝

となる。

→メタ・ルール 5

「矛盾した後行行為を排除されることによって行為者が著しい不利益を蒙る場合でも，行為者がその矛盾行為によって不正な目的を追求していたとか，矛盾行為を生ずるにつき行為者側に重大な手落ちがあるため，いわば自業自得といえる事情がある時は，先行行為に対する相手方の信頼の保護を重くみる理由となる。」

上の記号化の約束に従えば，

Hu(x, t2)：x は t2 において，その矛盾行為により不正な目的を追求していた。

Te(x)：x は矛盾行為を生ずるにつき重大な手落ちがあった。

であるから，

$\forall$ x ｛$\exists$ x(F(x) & Wid(x, t2) & Hu(x, t2)) $\vee$ $\exists$ x(F(x) & Te(x)) → $\exists$ x(F(x) & K （x））｝

となる。

(iii) 訴訟上の権能の失効

権利の失効（の原則）は新法律学辞典（第3版）によれば、「権利者が長期間権利の行使を怠り、その結果、相手方もその権利が行使されないことを期待するのが正当であると認められる場合には、時効期間が経過していなくてもその権利の行使は法律上許されないこと」をいう[74]。

民事訴訟において失権という法的トポスは、信義則の個別的法命題の1つと言われているが、訴訟上の権能の失効（失権）とは、「訴訟上の権能が行使されずに放置されたため、行使されないであろうとの正当な期待が相手方に生じ、相手方がそれに基づいて行動している場合には、その後に至って権能を行使しようとしても、信義則上、その権能はすでに失効したものとして許されない」というルールである[75]。

失効の原則についての最高裁判決の判示する要件を以下列挙してみよう[76]。

①　多年権利を行使しなかったこと。

②　これを行使しなかったことにつき少なくとも権利者にその責めに帰すべき事由があること。（これは不作為でもよい「例えば債務者より権利を行使すべき旨の催告を受けながら放置した如き」）

③　責めに帰すべき事由を云々する以上、権利者が権利のあることを知っていたこと。

④　権利の不行使により債務者において、もはや権利を行使しないものと信じたこと。

⑤　かく信じるにつき正当事由のあること。

---

[74] 竹内昭夫ほか編『新法律学辞典』380頁（有斐閣、第三版、1989年）。

[75] 中野・前掲注 [58] 44頁。

[76] 最判昭和51年4月23日㈱ TKC LEX/CD 文献番号 27000325 の判例全文28頁より抜粋。なお、本判決は最判昭和30年11月22日㈱ TKC LEX/CD 文献番号 27002976 をベースにして、要件を詳細に分類している。

⑥ いまさら権利を行使することが信義則に反すること。

以上の要件のどれを落としても失効の原則を適用することは弁論主義違背となるとされる。すなわち以上の要件が主要事実（法律効果発生の要件事実）として明白に主張されなければならない。ただし，この最高裁の示した要件の中で，「⑥いまさら権利を行使することが信義則に反すること」については，信義則の個別的法命題として失効の原則があり，その個別的法命題の更に細則として信義則を再び援用するのは論理的に順序が逆になるので，「⑥'いまさら権利を行使することに特段の事情はないか」という表現に置き換えてみた。

《失効の原則に基づく法的推論過程の論理の流れ》

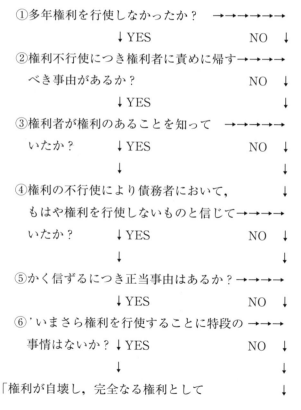

行使することは許されない」　　　　　　　↓
　　　　　　　　　　　　　　　　　　　↓
　　　　　　　　　　　「失効の原則は適用されない」

　より詳しい論理分析は今後の課題として，失効の原則に基づく法的推論過程を制御するメタ・ルールについて以下列挙したい。
→メタ・ルール1
　「失効に対しては補充の原則が妥当する。同じ様な解釈を可能にする特別の規定がある場合，この規定が優先する。」[77]
→メタ・ルール2
　「失効の原則が適用されるのは，主として期間の定めのない各種の申立て（通常抗告や異議など）についてであるが，その適用に当たって慎重たることを要する。すなわち，各個の場合につき失効を独立の不適法事由と見るのが正しいかどうか，救済を求める法的利益や不服の欠缺を理由として却下できる場合でないかどうかを慎重に検討しなければならない。」[78]
→メタ・ルール3
　「訴える権能（訴権）については，失効を認める見解と，認めない見解に分かれている。」[79]

　(iv)　訴訟上の権能の濫用禁止

　前述したように，民法とは異なり民事訴訟においては，権利濫用法理は信義則の個別的法命題の1つと考えられている。権利濫用とは新法律学辞典（第3版）によれば「形式上権利の行使としての外形を備えるが，その権利の本来の使命を逸脱するために，実質的には権利の行使とみられず，違法とされる行為」を指す[80]。いかなる場合に権利濫用となるかは，各場合について判断しなければならないが，単に行為者の主観だけでなく，その権利行使によって生ずる権利者個人の利益と，義務者または社会全体に及ぼす害悪とを比較

---

77) Zeiss, a.a.O., S. 124.
78) 中野・前掲注［58］45頁。
79) 中野・前掲注［58］44・45頁。
80) 竹内ほか・前掲注［74］381頁。

衡量して決めるのが相当であると考えられている。また権利濫用の効果も，権利の種類によって異なる。一般には権利行使の効果がなく，濫用となる権利者の要求に従わなくても責任を生じない。濫用者の行為が他人の利益を侵害すれば，不法行為となって損害賠償義務を生ずる。特別の場合には濫用者はその権利を剥奪される。

《権利濫用法理の法規範文》

「権利行使の必要度が小さく（権利者個人の利益が小さく）かつ，損害程度が大きい（相手方の不利益または社会全体に及ぼす害悪が大きい）【客観的要件】」かつ「権利行使者が加害意思あるいは加害目的を持っている【主観的要件】」ならば，「権利の濫用が成立」し「権利の行使は無効あるいは違法となる」。この法規範文の構造を論理流図で図示すると次のようになる。

《権利濫用法理に基づく法的推論の論理の流れ》

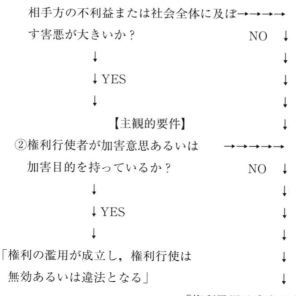

権利行使は有効となる」

　こうした権利濫用法理のルールに基づく法的推論に対して，その推論を制御するメタ・ルールがいくつか存在する。民法一般のものから，訴訟法独自のものまで存在するが，より詳しい論理分析は今後の課題として，今回抽出したメタ・ルールについて列挙してみよう。

→メタ・ルール1

　「権利濫用法理に基づく法的推論に際して，権利濫用法理の持つ具体的機能のうちどれが問題とされるかを考慮に入れなければならない。具体的機能としては，①不法行為ないし妨害排除の成立前提たる行為の違法性に説得性を持たせるレトリック的機能，②規範創造機能，③一種の強制調停機能，が挙げられる。」[81]

→メタ・ルール2

　「客観的要件による法的推論に関連して，主観的要件が権利濫用を補強する形で作用する。」

→メタ・ルール3

　「権利濫用における両利益の比較考量に際して，資本利益か生活（生存）利益かという点も考慮に入れ，単に『公共の福祉』を名目にして，企業利益や国家利益を一方的に擁護すべきではない。」[82]

→メタ・ルール4

　「権利濫用と判定した場合に権利者が著しい不利益を蒙る場合でも，権利者がその権利行使によって不正な目的を追求していたとか，シカーネすなわち単に他人を害する目的のみを持ってなされたとか，いわば自業自得といえる事情がある時は，相手方の保護を重くみる理由となる。」

→メタ・ルール5

　「他人所有地の無権原使用者に対する妨害排除請求権行使において権利濫

---

81) 谷口知平ほか編『新版　注釈民法(1)　総則(1)』126頁以下〔安永正昭〕（有斐閣，1988年）による権利濫用の要件（濫用と判断する一般的・抽象的基準：考慮すべきファクター）を参考にした。
82) 森達「権利濫用」三和一博編『演習ノート　民法総則・物権法』5頁（法学書院，1981年）。

用が成立するためには，原則として権利行使者に害意・不当図利のあること
が求められ，それがない時でも客観的利益衡量のみによらず，①侵害者にお
いて権利濫用法理適用により保護を主張しうる倫理的な資格があり，②所有
者において侵害を受忍すべき特別の事情のある場合に限定されるべきであ
る。」[83]

→メタ・ルール6

「当該行為が権利範囲に属するかどうかが問題とされる場合，相隣関係の
規定の根本原則を考慮すべきである。考慮すべきファクターとして，①加害
行為が与えた損害の性質と程度，②その損害は人の生存にとって重要な利益
に関するかどうか，③その損害は財産的賠償で償われ得るかどうか，④加害
行為によって行為者が得た利益の性質と程度，⑤その行為によって生ずる損
害を予防・軽減する手段はどの程度可能か，⑥加害行為ならびに被害が諸般
の条件の下において相当と認められるかどうか，が挙げられる。」[84]

次に，民事訴訟上の権利濫用の法理に関するメタ・ルールについて列挙し
よう。

→メタ・ルール7

「訴訟上の権利濫用法理の適用対象は，裁判所・当事者間において，その権
利が本来認められている目的を逸脱して行使されている場合である。」[85]

→メタ・ルール8

「訴訟上の権利濫用法理は，適正・公平よりも迅速・経済の理念に奉仕し，
訴訟制度運営の必要性から要請された原理であることを考慮に入れなければ
ならない。従って当該権利関係が適正・公平に即して規整されることを特に
必要とする場合には，訴訟上の権利濫用法理は後退せざるを得ない。」[86]

---

83) 安永・前掲注［81］131 頁を参考にした。
84) 川島武宜『法律学全集 17 巻・民法総則』55 頁（有斐閣，1965 年）。
85) 林屋礼二「民事訴訟における権利濫用と信義則の関係」鈴木忠一・三ヶ月章監修『新・実務民
　　事訴訟講座 1』176 頁（日本評論社，1981 年）。
86) 林屋・前掲注［85］190 頁。

第1章　信義則をめぐる背景知識の体系的整理　　*31*

→メタ・ルール9

　「特定の目的のための個別的権利（EX.管轄選択権，忌避権，期日指定申立権等）においては，その権利が訴訟制度運営上認められている本来の目的との関係で権利濫用かどうかの判断をする。包括的権利（EX.訴権等）においては当事者間の公平を考慮に入れ，信義則を基準として権利濫用かどうかの判断をする場合もあり得る。」[87]

　以上が権利濫用法理に基づく法的推論過程の今回抽出したメタ・ルールであるが，この研究に関連して，強制執行が権利の濫用になるかどうかを判断するに当たって裁判所が考慮しているファクターの野村豊弘教授による分析（メタ・ルールの抽出）があるので紹介しておく[88]。

→メタ・ルール10

　「債務名義の種類は，確定判決か調停判決か」「債務名義が確定判決であり，かつ，その判決がいわゆる詐害判決でない場合は他の債務名義による強制執行に比べて権利の濫用になる余地は少ない。なぜなら，それが一応訴訟の場を経ているのであるから。」

→メタ・ルール11

　「債務名義取得の経緯」「両当事者間で真の争訟が存在せず，単に判決を利用して第三者の権利を侵害し，自己において不法の利得を得ることを目的とするもので，かかる判決を債務名義として第三者に対し強制執行する事は不法行為に属すること勿論であって，判決を執行すること自体が不法な場合，権利の濫用または信義則違反として，第三者は請求異議の訴により口頭弁論終結後の事由に限定されずに異議の事由を主張し得る。」

→メタ・ルール12

　「強制執行の態様は，不動産執行か動産執行か」

→メタ・ルール13

　「権利の濫用を基礎づける事実の発生した時点はいつか」

87）林屋・前掲注［85］188頁。
88）野村豊弘〔判批〕法学協会雑誌87巻1号（1970年）115頁。

32 第1部 法的価値判断に関する研究

→メタ・ルール 14

「執行債務者が債務名義の相手方の承継人であるかどうか」

→メタ・ルール 15

「債務名義を取得してから強制執行するまでの期間」

　以上要約すれば，権利濫用法理に基づく法的推論は主観的要件と客観的要件に照らして行われる。そしてさらに，この法的推論を制御する，換言すれば権利濫用法理のルールに対してメタの関係にあるルールを用いて法的推論が行われていると言える。

7．信義則に関する法的トポス

(1)　悪意の抗弁

　　　Ca103. 一般悪意の抗弁はローマ法で誕生し，当初は原告の請求原因に害意がある場合に認められたが，後に原告の意思に関係なく，客観的な衡平を目的とした抗弁になった[89]。

　　　Ca104. ローマ法においては，法務官が一般悪意の抗弁を使っていた[90]。

　　　Ca105. 悪意の抗弁には，相手方の法倫理行為の人的要請が表現されている[91]。

　　　Ca106. 信義則の体系化作業の中で，悪意の抗弁は依然として下位の一般条項にとどまっている[92]。

　　　Ca107. 悪意の抗弁の内部においては，①確固とした法律要件，②可動的法律要件，③トピク的に把握される領域，が共に作用している[93]。

　　　Ca108. 過去の悪意の抗弁は，確固とした法律要件である[94]。

89）竹内ほか・前掲注［74］2頁の「悪意の抗弁」の項目から抽出。

90）後藤静思『商法及び信義則の研究』49頁（信山社，1993年）。

91）後藤・前掲注［90］34頁。

92）Canaris, a.a.O., S. 152 "--- hier die 'Arglisteinrede' verselbständigt, und innerhalb dieser, die ja noch immer eine wertausfüllungsbedürftige 'Untergeneralklausel' bleibt, ---".

93）Ebenda, S. 152 "--- hat sich ein Zusammenspiel von festem Tatbestand, beweglichem Tatbestand i. S. Wilburgs und gänzlich offenem, nur topisch zu erfassendem Restbereich ergeben：---".

Ca109. 現在悪意の抗弁は，権利行使の時点における原告の行為の中に存在し，法倫理的非難と結合していない[95]。

Ca110. 現在悪意の抗弁は，法律行為における悪巧みや奸智を要件としない[96]。

(2) 禁反言 (T28)

　ドイツおよびわが国においては，前述したように禁反言（矛盾挙動の禁止）の法命題は，信義則の個別的法命題の１つであると考えられている。これに対しイギリスでは，禁反言を信義則の個別的法命題とは見ず，禁反言に関する判例を通して当該事案についての個別具体的判断をしつつ，将来の事案に対する抽象的かつ一般的な価値判断の原理を内包しながら，その判例を蓄積し，禁反言は細かく類型化されてきている。今では「禁反言と呼ばれる家」には非常に多くの部屋があるが，それらはすべて１つ屋根の下にあるとも言われている[97]。

　禁反言に基づく法的推論過程のメタ・ルールを抽出する前に，各種の禁反言について概観しておこう[98]。

　Coke の時代には，わずかに３つの部屋しかなかった。それが次の３つである。

　(a)　記録による禁反言 (Estoppel by matter of record)

　(b)　証書による禁反言

　(c)　公示行為による禁反言 (Estoppel by matter in pais)

---

94) Ebenda, S. 152 "Der Einwand des ʻdolus praeteritusʼ dürfte bereits ein fester, wertungsgemäß weitgehend ausgefüllter Tatbestand sein ---".

95) 後藤・前掲注［90］19, 48 頁。

96) 後藤・前掲注［90］32 頁。

97) Lord Hailsham of St. Marylebone, *Halsbury's Laws of England*, 4th edn. Vol. 16, para 1501： Meaning of "estoppel".

98) 本文中の内容は主に John B. Saunders eds., *WORDS AND PHRASES, legally defined*, 3rd ed. (London, Butterworths, 1989) Ⅱ, p. 178-183 に基づいて紹介した。なおこれ以外に，田中英夫ほか編『英米法辞典』（東京大学出版会，1991 年），住吉博「イギリス法における民事判決の拘束力」法学新報 75 巻 4・5 号（1968 年）58 頁以下も参考にした。

34　第1部　法的価値判断に関する研究

　しかし，現在では多くの部屋を持った大きな家に増築されてきた。以下，各部屋を概観してみよう。

(a)　記録による禁反言（Estoppel of record/Estoppel by record）

(a1)　記録による準禁反言

(b)　捺印証書による禁反言

(c)　公示行為による禁反言（Estoppel in pais）

(d)　判決による禁反言

(e)　既判力による禁反言

(f)　コウズ・オブ・アクション・エストッペル

(g)　イシュー・エストッペル

(h)　選択ないし権利放棄による禁反言

(i)　一部是認と一部否認による禁反言

(j)　行為による禁反言

(k)　エストッペル・バイ・アグリーメント

(l)　表示による禁反言

(m)　沈黙による禁反言

(n)　黙認による禁反言

(o)　過失による禁反言

(p)　代理についての禁反言

(q)　禁反言の補給

(r)　エストッペル・バイ・コンベンション

(s)　契約による禁反言

(t)　譲渡人の禁反言

(u)　コモン・ロー上の禁反言

(v)　エクイティー上の禁反言

(w)　財産権主張の禁反言

(x)　約束的禁反言

(y)　訴訟上の禁反言

Ca112. 禁反言の抗弁は，可動的法律要件とトピク的に開かれた一般条項との境界線上にある[99]。

(3) シカーネ禁止 (T33)

このシカーネ（他人に損害を与えることのみを目的とする権利行使）の禁止という法的トポスは，権利濫用の最も明白な場合であり，この法理の古典的形態である。そして，権利濫用法理の根底にはこの法格言が横たわっている。

T34. 武器の目的に反すること（有用でない武器）

T56. 濫用の危険

T56-1. 権利濫用の法理

Cs120. CISG においては，権利濫用の問題を論じる余地はない[100]。

T43. 最も被害の少ない方法を用いる義務がある。

(4) 失権 (T52)

Ca111. 失権の抗弁は，可動的法律要件である[101]。

(5) その他，関連するトポス

T31. ドイツ民法第 162 条の法思想[102]

T38. 法は正当なことに味方する。

T39. 信頼は保護に値する。

信義則の個別的法命題のうちで，禁反言（矛盾挙動の禁止），失権といっ

---

99) Canaris, a.a.O., S. 152-153 "--- der Einwand des 'venire contra factum proprium' schließlich dürfte heute noch auf der Grenze zwischen 'beweglichem' Tatbestand und topisch-offener Generalklausel stehen；---".

100) 曽野＝山手・前掲注［53］74 頁。

101) Canaris, a. a. O., S. 152 "--- der Einwand der Verwirkung stellt demgegenüber einen beweglichen Tatbestand dar, bei dem zwar die 'Elemente' feststehen, die Rechtsfolge sich aber erst aus ihrem von Fall zu Fall variablen 'Mischungsverhältnis' ergibt, ---".

102) 条件の成就または不成就の擬制：当事者が条件の成就を妨げる（または逆に条件を成就せしむる）権利を有したりや否や，あるいは，かかる行為が信義誠実に反するや否やは，行為締結当時における当事者の意思に依存するものであり，従って解釈問題である。神戸大学外国法研究会編『独逸民法(II)』〔柚木馨〕（有斐閣，1955 年復刊版）を参考。

36 第1部 法的価値判断に関する研究

た法的トポスとも深く関係している。

T40. 権利は権利侵害に譲歩してはならない。

T45. 時宜を得た行為は許される。

失権の理論と深く関係している。

T47. 法においては明確に定められたことのみが適切である。

現在のように階層分化や職業分化が著しく細分化され，それに伴う
さまざまに交錯するもろもろの利益の対立が複雑化し，それにも拘
らず財産取引が頻繁かつ迅速に行われている状態の下では，一応，
利益の対立や取引形態を類型化し，それぞれを一定の枠にはめ画一
的に法律効果を与える必要が生じてくる。極めて一般的・抽象的な
一般条項だけしかないということになれば，予測がつかず，そのた
めに取引の安全を損ない，現在の社会体制にひび割れを生じさせる
危険が出てくる。細かい具体的な規定ではどうしても処理できない
場合に，最後の手段として一般条項による解決が図られる[103]。

8．信義則援用時のキーワード

(1) 社会的な正義感情

(2) 社会的な窮状

(3) 行為の社会的妥当性

(4) 軽微なミス

(5) 相手の行為の不当さ

9．信義則に関するその他の知識

Ca102. 信義則はローマ法における一般悪意の抗弁および誠意訴訟に
起源を持つ，権利行使の制約原理から発展してきた[104]。

---

103) 石田喜久夫「一般条項の役割」水本浩ほか編『民法を学ぶ―基本テーマの解説とゼミナール』
45頁（有斐閣，1972年）。

104) 菅野・前掲注［54］35，81頁。

Cs113. CISG においては信義則は解釈の次元で働き，適用の次元では働かない[105]。

Cs114. 契約の解釈の次元にも信義則は入り込む[106]。

Cs115. 信義則を国際レヴェルに波及することは望ましい[107]。

Cs116. 信義則の一般条項的側面を認めると，各国により異なった適用がなされる虞がある。公正な取引への言及は発展途上国から見れば公正とは言えない[108]。

Cs118. 各規定の意味を確定するにあたって，当該解釈が国際取引における信義の遵守を促進する必要性に反しないかという観点から常に吟味されるべきである[109]。

Cs119. CISG のほとんどの規定は任意規定であり，補充規定的性格を有しているので，解釈にあたって国際取引における信義の遵守を促進する必要性に反しないかという点の吟味が特に重要となる[110]。

Cs125. CISG の基礎にある一般原則として，①表示への信頼保護への要求，②重要な局面での通知，③応答ないし情報開示の要求，④当事者相互間の協力義務および損害軽減義務がある。これらは信義則を反映したものとも認めうる[111]。

V　立法者や裁判官が法の定立・解釈・適用に当たって考慮しなければならない観点を示す法的トポス

ここで，立法者や裁判官が考慮しなければならない観点を示す法的トポス

---

105) 曽野＝山手・前掲注［53］74 頁。
106) 曽野＝山手・前掲注［53］74 頁。
107) 曽野＝山手・前掲注［53］72 頁。
108) 曽野＝山手・前掲注［53］72・73 頁。
109) 曽野＝山手・前掲注［53］73 頁。
110) 曽野＝山手・前掲注［53］73 頁。
111) 曽野＝山手・前掲注［53］78 頁。

38　第1部　法的価値判断に関する研究

に関する背景知識について整理してみたい。

1．法的トポスほか

T3. 例外は厳格に解釈されなければならない。

T13. 補償

T20. 発生原因との対応の原則

T24. ドイツ民法第254条の法思想

T26. 意思の独立

T32. 法は制裁を必要とする。

T36. 標準（日常用いる判断基準）

　　　公序良俗とか借家法における正当事由などのように，それ自体が法律効果発生の要件とされていながら，抽象的な内容を持つ一般条項の場合，大体の見当は常識でつけられる。ただし，境界線上にある微妙なケースも少なくないため，どんな場合に公序良俗に反するかを社会における行為類型ごとに，具体的にその内容を定めることが必要である。そして，その際，社会情勢なり意識の変化を考えなければならない[112]。

T37. 取引の保護

T30. 重要なのは何が意欲されたかであって，何が望ましかったかではない。重要なのは表示された意思であって，表示されない目的ではない。

T44. 必要なことは許される。

T46. 極めて不幸な場合には例外が許される。

T49. 大まかな判断

　　　T5. 法務官は些事を配慮しない。

T50. 何人も不可能なことは義務づけられない。

　　　T54. 人として耐え難いことを法は求めることができない。

---

112) 石田・前掲注［103］46頁。

第1章　信義則をめぐる背景知識の体系的整理　*39*

T53. (不適切で) 要求できないことは要求されるべきではない。

T48. 実行可能な事柄

T58. 利益

T21. 優先権 (最初に来た者が最初に利益にありつく)

T59. 一般利益

T61. 経済的利益

T60. 社会の保護

T64. 明白な場合における訴訟手続簡略化の可能性

Ca74. 法適用は現行法に基づいて正統化されなければならず，社会通念やコモンセンスに基づくべきではない[113]。

Pe140. 証明方法がない場合や不十分な場合は，同意という観念が中心の位置を占める[114]。

２．CISG 関係

Cs121. 条約解釈の問題と欠缺補充の問題は明確に区別することは困難であり，両者は重複することが多い[115]。

Cs122. CISG 9 条は一定の要件を充たす慣習や慣行に拘束力を認めるので，契約内容はこれらにより補充される。CISG 7 条 2 項は欠缺補充の問題を CISG によって規律される事項に限定しているので，条約の規律対象外の問題については欠缺の問題をもともと論ずる余地がない[116]。

Cs123. CISG 7 条 2 項が挿入された背景には「本法の基礎にある一般原則」への言及は曖昧で適用の際の不確実性をもたらすという考えがある[117]。

---

113) Canaris, a.a.O., S. 159-160 "These 21".
114) ペレルマン・前掲注 [1] 182 頁。
115) 曽野＝山手・前掲注 [53] 75 頁。
116) 曽野＝山手・前掲注 [53] 75・76 頁。
117) 曽野＝山手・前掲注 [53] 76 頁。

40 第1部 法的価値判断に関する研究

Cs124. 明示規定がない場合に裁判所がすぐに国家法に拠るべきではない[118]。

Cs126. 条約において各規定の解釈の方法について共通の了解を念入りにしておくことは，その適用における統一を確保するためにも特に重要である[119]。

3．法的推論関係

Pe130. 法的推論は単なる三段論法的演繹ではあり得ない[120]。

Pe131. 三段論法的演繹では，たとえ結論が不合理と思われる場合であっても，その結論を受け入れざるを得ない[121]。

Pe133. 裁判官は，解決の価値と法適合性とを同時に尊重しながら両者の総合を探求しなければならない[122]。

Pe134. 適用（抽象的規範から具体的事案への移行）は，単なる演繹的プロセスではなく，法廷論争において衝突している諸価値に法律の規定を不断に適合させる作用である[123]。

Pe136. 法的思考は価値判断抜きに理解することはできない[124]。

Pe139. 種々の考察は法的トポスによって総合が可能になる[125]。

Pe141. 価値が論争の対象になる場合，価値とその適用についての同意を得ることを目的とする推論を，弁証論的推論という[126]。

---

118) 曽野＝山手・前掲注［53］77頁。
119) 曽野＝山手・前掲注［53］79頁。
120) ペレルマン・前掲注［1］151頁。
121) ペレルマン・前掲注［1］151頁。
122) ペレルマン・前掲注［1］151頁。
123) ペレルマン・前掲注［1］153頁。
124) ペレルマン・前掲注［1］153頁。
125) ペレルマン・前掲注［1］158頁。
126) ペレルマン・前掲注［1］182頁。

VI 法格言という法的トポス

以下において，法格言に関する法的トポスについて列挙したい。

T1. 後法は前法を廃止する。

T2. 特別法は一般法に優先する。

T4. 既判物は真実と考えられる。

T6. 訴えを越えて審判せず。

T9. 疑わしいときは被告人の利益に。

T10. 1度しか無いことは無きに等しい。

T11. 単に疑われただけでは決定的とはいえない。

T12. 法的な理由なくして得たものは返還しなければならない。

T16. 何人も自分が所有する以上の権利を他人に移転できない。

T17. 第三者に義務を負わすような契約の締結は禁じられている。

T18. 味方になる者は同時に敵にもなる。

T19. 事故による損害は所有者が負担する。

T23. 過失を犯した者はその結果について責任を負わなければならない。

T25. 沈黙は何事も義務づけない。

T27. 人はすべて善良（または無実）であると推定される。

T29. 法律は注意深い者のために書かれている。

T35. いかなる同権者も他の同権者を最終的に排除することは許されない。

T55. 限界のない請求は認めることができない。

VII まとめ

これまで信義則に関する多くの背景知識を体系化してきた。前述したように，法的トポス，可動的体系，一般条項，CISG における信義則，法的価値判

断といったものに関するメタ知識は，信義則の背景的知識といえる。前述のように，これらの背景的知識は，①高次の法価値に関するもの，②信義則それ自体に関するもの，③立法者や裁判官が法の定立・解釈・適用に当たって考慮しなければならない観点を示すもの，④法格言に関するもの，に大別できるが，今後さらにより精緻化したいと考えている。

　トピク的思考は体系的思考と排他的関係にあるのではなく，相互に補完し合っている。トポイカタログの体系化を通して，体系的思考とトピク的思考の相互補完の関係について見つめていきたい。信義則について考えるとき，信義則の個別的法命題が実は法的トポスであるということを忘れてはならない。法的トポスは法的推論に対して適当な指針を与え，また，裁判官が合理的で公平な解決を模索するとき利用できる知的方法を増やす。もし体系的なトポイカタログを参照できるなら，相互に関連した知識は信義則に基づく法的価値判断をコントロールするであろう。

【付記】

　述語論理の量化子の括弧の使い方の流儀は様々であり，ある人は∀xを（∀x）と書き，∃xを（∃x）と書く。本書における量化子の括弧の使い方は，初出原稿で用いた表記法に従った。

第2章　民事調停のあり方について
——法乖離型と法志向型の対立をめぐって

Ⅰ　はじめに

　民事調停は，法乖離＝合意尊重型の紛争解決制度であるのか，それとも法志向型の紛争解決制度であるのか。民事調停委員として日頃からこうした問題意識を持ちながら調停実務に取り組んできたが，本稿において，法的価値体系の観点からアプローチしてみたい。条理にかない実情に即した紛争解決制度である民事調停は，両当事者の互譲，妥協を重んじて当事者間の合意を目指すにしても，法から何処まで乖離できるのであろうか。民事調停は，条理に基づく互譲の精神の上に成り立つといっても，基本的には法規範を根底にすえるべきではないのであろうか。裁判規範の背景にある基本的価値体系と，調停規範（民事調停で用いる紛争解決規範）の背景にあるそれとはどういった関係にあるのか，以下において考察していきたい。

Ⅱ　紛争解決基準について

1．種々の紛争解決規範

　法は規範であり，社会規範であるといわれている。また，いったん紛争が起こったときは，法は裁判規範として機能する前に，紛争解決規範として機能を発揮する。紛争解決のために用いることが正当化される基準を紛争解決規範と定義すると，法はまさしく紛争解決規範である[1]。このような紛争解

1）廣田尚久『民事調停制度改革論』49頁（信山社，2001年）。

44　第1部　法的価値判断に関する研究

決規範の定義に従えば，紛争解決規範は法だけに限定されないことになる。すなわち，実定法のほかに，判例，訴訟上の和解ならびに調停・仲裁におけるこれまでの解決例，学説，技術的な判定，慣習，自然法等，様々なものが紛争解決基準として挙げられる。しかし民事調停の場合に，法に適った紛争解決規範が存在しなければ，紛争の真最中に，法から大きく乖離した新たな紛争解決規範を作ったり，発見したりして解決してよいのであろうか。そういった問題意識に基づき，以下において考察していきたい。

2．民事調停における紛争解決基準

(1)　法律拘束性

　わが国の調停が，裁判における紛争の法的解決とは若干乖離することが認められた紛争解決手続であることについては，争いはないであろう。このことはその他の ADR についても一般的にいえることである。ただ，石川教授が指摘されておられるように，調停が Court Annexed ADR であることを考えると，Court Annexed である以上，それは初めから法から乖離することを前提とした紛争解決であってはならないはずである[2]。この考え方に立てば，民事調停においては，紛争解決の法律拘束性は当然のこととして要求されることになる。民事調停において，基本的には法律拘束性を根底に置きつつ，法律から乖離する根拠になっているのは，どういった法原理・法価値なのかについて以下，考察してみたい。

(2)　条理ということば

　条理という用語は抽象的であり，多義的である。「条理」を，小学館『国語大辞典』(1981年)で引いてみると「物事のすじみち。もののことわり。物事の道理」とある。岩波『広辞苑 (第五版)』(1998年)によれば「物事の道理。すじみち。自然を支配する，対立物統一の法則性」とある。有斐閣『法律学小辞典 (第3版)』(1999年)を引いてみると，「物事の道理」とし，「孟子」の万章

2）石川明『調停法学のすすめ—ADR 私論』34 頁（信山社，1999 年）。

編が出典であるとされている。条理という用語は確かに多義的である。川島教授は条理を定義して、「実定法体系の基礎となっている基本的な価値体系である」とされる[3]。また川島教授は、裁判所の判決の中で、「制定法の条文がないから慣習法で裁判する」とか、「慣習もないから条理で裁判する」という理由を書いたものは、きわめて稀であり、また、「公序良俗」とか「信義誠実」とかを理由とする判決は戦後は非常に多くなったが、これは、戦後の民法改正で「信義誠実」とか「権利濫用」が条文（民法第1条）に書かれたので、いわば第一順位の法源たる「制定法」を法源としているのであって、「条文が欠けているから」信義誠実とか権利濫用というような「条理」を法源としているのではないと分析される[4]。

　ところで、民事調停法1条によれば調停規範として条理と実情に即した解決が挙げられている。石川教授は、条理の意味については川島教授の定義によりつつ、上記の意味での条理は、①実体法の解釈にあたって指針を与えるもので解釈された実体法規それ自体でもあること、②実体法に欠缺がある場合、条理が実体法規範になること、③実体法が時代の変化につれて著しく現状に適合しなくなった場合は、②の場合に準じて条理が実体法規範になることを意味するとする。①②③いずれの意味においても、特に②③の意味においては条理は実体法と並んで調停規範になるとされる[5]。

　日本の条理というものは、外国にはない。東洋と西洋の法文化の違いから、条理にピッタリと該当する言葉がないのはやむを得ないであろうが、強いて挙げるとすれば、まず "Natural Justice" が該当するであろう。また、ヨーロッパ諸国では "Ex Aequo et Bono"（衡平と善）、"Ultima Ratio Legis"（法に内在する基本的な考え方）、ドイツでは "Gesundes Rechtsgefühl oder Rechtsempfinden"（健全な法感情あるいは法感覚）が条理に近い言葉であるといえよう。日本人の法意識では、「衡平と善」よりは「条理」の方が容易に理解さ

3）川島武宜『民法総則』（法律学全集17）25頁（有斐閣、1965年）。
4）川島武宜『「科学としての法律学」とその発展』228・229頁（岩波書店、1987年）。
5）石川・前掲注［2］23頁。

46 第1部 法的価値判断に関する研究

れるのではないだろうか。

　いずれにしても，わが国においては調停で条理が利用されるが，条理は法律でなくても，調停という法律制度の枠内で解釈されており，その際「いい加減な内容が条理として安易に利用されるべきではない」という認識が共有されていると考える。

(3)　条理の位置づけ

　ところで，調停規範としての条理を，実定法の基本的価値体系とは異なる基準とみる見解も多い。裁判規範と調停規範を区別しようとする考え方はそのような見解を前提としているように思われる。もっとも，裁判規範としての条理も調停規範としての条理もその本体は同一のものであるが，その発現形態を異にするとの見解も有力である。すなわち，条理は裁判規範としては最も補充的なものにすぎないけれども，調停規範としては法と併存し，強行法規に反しないかぎり任意法規を排除して機能しうるとする結論は学説の一般に支持するところであると評されている[6]。しかし，条理を現行法の基本的価値体系と解するならば，現行法と離れた価値体系を示す条理が調停規範になるわけではないことに注意しなければならない。当該事件について任意法規の適用を排除したからといって（任意法規とは異なる内容であっても），適用されるべき条理は現行法の基本的価値体系とは調和するものであって，現行法の価値体系と異なるものであってはならないと考える。あくまでも，現行法体系の背後にある基本的価値体系の域を出ない条理が調停規範になるといえよう。調停は何よりも第1段階として法志向型の紛争解決でなければならず，第2段階として実情に即した解決という面で何処まで法から乖離できるかが問われなければならないということになる[7]。逆にいえば「条理にかない」という処で法乖離型の紛争解決制度であってはならないわけである。

　6）石川明＝梶村太市編『注解 民事調停法〔民事調停規則〕』62頁〔萩原金美〕（青林書院，改訂版，1993年〔初版1986年〕）。

　7）石川・前掲注［2］24頁。

3．法乖離型と法志向型の対立

　調停規範に関していえば，法との乖離が許されるのは（調停が訴訟と異なる長所を発揮できるのは），実情に即した解決という部分である。たとえば，民事調停においては，調停債権者の資産状況と債務者の支払能力を照し合せながら判断したり，不動産からの立退請求にあたり代替地・代替家屋の存否等の事情を考慮したり，交通調停においては，治療の必要性・相当性を，医師である調停委員の医学的知見を活用しつつ，双方の置かれた状況を考慮して，合意を目指していく。しかし，調停は基本的には条理を調停規範とする法志向型の紛争解決制度であって，実情に即した解決というかぎりで法乖離＝合意尊重型であるといっても，具体的事例において純粋な法乖離＝合意尊重型と何処でどのように異なってくるのかが問題となる。

　調停の本質を法志向型とみれば，Court Annexed な制度であることから，調停が機能を発揮できる範囲は狭くなる。しかし，調停は Court Annexed であるがゆえに法志向型でなければならず，調停規範としての条理は法の条理であって，これとは別に調停の条理があるわけではないと考えて，法からの乖離は「実情に即した解決」の要請の範囲においてのみ認められるにすぎないとすれば，調停の機能は現在の機能より大幅に縮小されざるを得なくなる（調停〔機能〕縮小論）[8]。石川教授の調停〔機能〕縮小論は，調停が Court Annexed な制度であることに由来するのであり，法乖離＝合意尊重型紛争解決制度を一般的に否定しようとするものではないし，その存在の必要性を認めないわけでもない。ただ，利息制限法違反の超過利息の支払を内容とする合意や，まだ裁判所に認知されていない生成中の権利を前提とするがごとき合意も一定範囲で認めるような法乖離＝合意尊重型の ADR は存在しないとは言い切れないであろう。しかし，調停制度は条理の解釈を拡大し，本来の聖域をこえて事件処理をしているのか否かを考えるためにも，以下において，裁判規範としての条理と，調停規範としての条理とを対比することで，その

8）石川・前掲注［2］28・29頁。

48　第1部　法的価値判断に関する研究

相関関係について明らかにできればと考えている。

Ⅲ　裁判規範としての条理

　実定法体系の基礎にある基本的価値体系と，調停規範としての条理とは異質なものであろうか，それとも部分的に重複するのであろうか，あるいはまったく同じものであろうか。「条理を基本的価値体系とする法」の裁判規範としての側面からみていこう。こうした問題について考察する前に，読者にとって初めて耳にするかもしれないトポイカタログという考え方について紹介してみたい。筆者は平成5年度から9年度において，科研費「法律エキスパートシステム」研究において，信義則に関する様々な背景的な知識の体系的整理を試みてきた[9]。そして，信義則の個別的法命題が実はトポイカタログの中の法的トポスとよばれているものであり，それらは法規範の硬直した適用・思慮を欠く適用に対して指針的役割を果たし，それと同時に，より高次のメタ・ルールによって制御されていることが明らかになった。そのほか，

　9）平田勇人「信義則に基づく法的推論過程のメタ・ルール抽出について―法律知識ベース構築のために」科研費（重点領域研究）「法律エキスパートシステムの開発研究―法的知識構造の解明と法的推論の実現―」平成5年度研究成果報告書190～197頁（1994年）。平田勇人「信義則に基づく法的推論過程のメタ・ルール抽出について―法律知識ベース構築のために」科研費「法律エキスパート」平成6年度研究成果報告書137～144頁（1995年）。Hayato HIRATA, "On the Extraction of Meta-rules of Legal Reasoning Process On the Basis of Fair and Equita-ble Principle―For the Construc-tion of Legal Knowledge Base"（英文）科研費「法律エキスパート」平成6年度研究成果報告書145～149頁（1995年）。平田勇人「メタ知識の観点からの法的トポス―国連売買条約における信義則の理解のために」科研費「法律エキスパート」平成8年度研究成果報告書139～147頁（1997年）。Hayato HIRATA, "Legal Topic in terms of Legal Meta-knowledge―Toward a better Understanding of Good Faith in CISG"（英文）科研費「法律エキスパート」平成8年度研究成果報告書148～155頁（1997年）。平田勇人「信義則をめぐる背景知識の体系的整理」科研費「法律エキスパート」平成5～9年度研究成果報告書149～156頁（1998年）。Hayato HIRATA, "A Systematization of Back-ground Knowledge of the Fair and Equitable Principle", Yoshino, Hajime (ed.), Research on Development of Legal Expert System―Clarification of Legal Knowledge Structure and Implementation of Legal Reasoning―, Study Report 1998, pp. 74-89. 平田勇人「信義則をめぐる背景知識の体系的整理（改訂版）」科研費「法律エキスパート」平成5～9年度研究成果報告書（改訂版）189～204頁（2000年）。平田勇人「信義則をめぐる背景知識の体系的整理」吉野一ほか編『法律人工知能―法的知識の解明と法的推論の実現―』137～145頁（創成社出版，2000年）（なお，加筆修正された同書137～145頁（創成社出版，第二版，2003年）にも所収）。

法的価値判断，トピク的思考，体系思考，可動的体系，一般条項，CISG（国連動産売買条約）における信義則，といった諸概念に関して諸テーゼを抽出し，それらを体系的に整理し，法的トポスが問題提起しているものが厳密に見れば何かを明らかにしようと試みた。本稿における研究は，それらの研究の延長線上にあるともいえよう。

　まず，条理という価値体系を分析する際，法的トポスという観点から整理して比較検討してみたい。法的トポス（Topos：トポスというのは本来，場所とか，動物が水などを求めて集まる狩場を意味するギリシャ語である）という言葉は，哲学上の概念である。簡単に説明すると，これはアリストテレスのいわゆる特殊なトポス，すなわち特殊なテーマに関するトポスに属している。アリストテレスは論議の際の「論点」「観点」を表す際にトピカ（Topica）という言葉を用いていた。彼によれば一般に推論には論証的推論と弁証術的推論があり，前者が最初の確実な真理から出発するのに対して，後者はエンドクサ（多くの人々に信じられた通念）に基づいているとされる。そして，トピカの行使の際に必要なことは，扱う問題を，定義，特有性，類，付帯性の４つに分類し，あらかじめ作られた議論点（topoi：トポイはトポスの複数形）のカタログ（トポイカタログ）を役立てることにあるとされる。こうしてようやく，扱われる問題やテーマについて，発見・配列・設問という作業が行われる。アリストテレスにおいても，「ひとはもし，問いを発しようとすれば，第１には，弁証術的推論を導き出す論点の所在（トポス）を発見すること，第２には，様々な問いを１つ１つ心の内で配列してみること，そして最後の第３には，これらの問いを多くの人々の前で提示すること」と発見・配列・設問というプロセスが重要だと説いている[10]。

　ところで，法的トポスの役割と重要性とを明確にするのに貢献したゲルハルト・シュトルック教授によるトポイカタログがある[11]。このカタログには64個のトポスが集められている（体系的網羅的ではない）が，法的トポスを実例で示すことで基本的価値体系をイメージとしてつかむことを容易にしてくれ

---

10) 村治能就＝宮内璋訳『アリストテレス全集2　トピカ・詭弁論駁論』（岩波書店，1970 年）参照。

50 第1部 法的価値判断に関する研究

るであろう。

すなわち，以下のものがあげられている。

「後法は前法を廃止する (Topos-1)」，「特別法は一般法に優先する (Topos-2)」，「例外は厳格に解釈されなければならない (Topos-3)」，「確定判決における判断内容は真実とみなされなければならない (Topos-4)」，「法務官は些事を配慮しない (Topos-5)」，「訴えを越えて審判せず (Topos-6)」，「反対当事者の言い分も等しく聴くべし (Topos-7)」，「何人も自己の争訟事件の裁判官となることはできない (Topos-8)」，「疑わしいときは被告人の利益に (Topos-9)」，「1度しか無いことは無きに等しい (Topos-10)」，「単に疑わしいだけでは決定的とはいえない (Topos-11)」，「法的な理由なくして得たものは返還しなければならない (Topos-12)」，「補償 (Topos-13)」，「疑わしいときは平等に分配しなければならない (Topos-14)」，「分割に際して他に方法がないときはくじ引きによる (Topos-15)」，「何人も自己が有する以上の権利を他人に移転することはできない (Topos-16)」，「第三者に義務を負わすような契約の締結は禁じられている (Topos-17)」，「味方になる者は同時に敵にもなる (Topos-18)」，「事故による損害は所有者が負担する (Topos-19)」，「発生原因との対応の原則 (負担の適正配分決定のためのドイツ所得税法上の原則) (Topos-20)」，「優先権 (最初に来た者が最初に利益にありつく) (Topos-21)」，「平等 (Topos-22)」，「過失を犯した者はその結果について責任を負わなければならない (Topos-23)」，「自己の利益をなおざりにして有責的に損害惹起に協力した者は保護されない (Topos-24)」，「沈黙は何事も義務づけない (Topos-25)」，「意思の独立 (Topos-26)」，「人はすべて善良 (または無実) であると推定される (Topos-27)」，「禁反言 (矛盾挙動の禁止) (Topos-28)」，「法律は注意深い者のために書かれている (Topos-29)」，「重要なのは何が意欲されたかであって，何が望ましかったかではない。重要な

---

11) G. Struck : *Topische Jurisprudenz—Argument und Gemeinplatz in der juristischen Arbeit,* Athenäum Verlag, (Frankfurt, 1971), S. 20-34. Ch. ペレルマン (江口三角訳)『法律家の論理—新しいレトリック』160 頁以下 (木鐸社, 1986 年) 参照。なお，ドイツ民法 162 条および 254 条の法思想については，神戸大学外国法研究会編『独逸民法(I)(II)』〔柚木馨〕(有斐閣, 1955 年復刊版) を参考にした。

のは表示された意思であって，表示されない目的ではない（Topos-30）」，「条件の成就・不成就の権利を有したか否か，当該行為が信義則に反するか否かは，行為時の当事者の意思に依存する（Topos-31）」，「法は制裁を必要とする（Topos-32）」，「シカーネ（他人に損害を与えることのみを目的とする権利行使）の禁止（権利濫用の法理の根底にはこの法格言が横たわっている）（Topos-33）」，「闘争手段の目的に反すること（Topos-34）」，「いかなる同権者も他の同権者を最終的に排除することは許されない（Topos-35）」，「標準（日常用いる判断基準）（Topos-36）」，「取引の保護（Topos-37）」，「法は正当なことに味方する（Topos-38）」，「信頼は保護に値する（Topos-39）」，「権利は権利の侵害に対して譲歩してはならない（Topos-40）」，「妥当（Topos-41）」，「均衡（Topos-42）」，「最も被害の少ない方法を用いる義務がある（Topos-43）」，「必要なことは許される（Topos-44）」，「時宜を得た行為は許される（Topos-45）」，「極めて不幸な場合には例外が許される（Topos-46）」，「法においては明確に定められたことのみが適切である（Topos-47）」，「実行可能な事柄（Topos-48）」，「大まかな判断（Topos-49）」，「何人も不可能なことは義務づけられない（Topos-50）」，「恣意は禁じられている（Topos-51）」，「失権（Topos-52）」，「不適当で要求できないことは要求されるべきではない（Topos-53）」，「人として堪えがたいことを法は求めることができない（Topos-54）」，「限界のない請求は認めることができない（Topos-55）」，「濫用の危険（Topos-56）」，「目的性（Topos-57）」，「利益（Topos-58）」，「一般利益（Topos-59）」，「社会の保護（Topos-60）」，「経済的利益（Topos-61）」，「秩序の原則（Topos-62）」，「法的安定性（Topos-63）」，「明白の場合における訴訟手続簡略化の可能性（Topos-64）」。

　シュトルック教授の説く法的トポスは，①法が保護し推進しようとしている基本的価値に関するもの（Topos-7，21，22，26，37，39，41，42，58，59，60，61，62，63 等），②信義則あるいはその個別的法命題に関するもの（Topos-28，31，33，39，52，56 等），③立法者や裁判官が法の定立・解釈・適用に当たって考慮しなければならない観点を示すもの（Topos-1，2，3，4，6，8，9，12，16，19，20，23，27，30，34，36，41，46，57，58，62，63 等），④法の一般原則に関するもの（Topos-

52　第1部　法的価値判断に関する研究

1, 2, 4, 9, 23, 27 等), ⑤ラテン語で表現された格言ないし古諺に関するもの
(Topos-4, 5, 6, 7, 9, 19, 27, 29, 38 等), に大別できる (もちろん, 重複するもの
もあるが)。

　法的トポスは法的推論に対して適当な指針を与え, また, 裁判官が合理的
で公平な解決を模索するとき利用できる知的方法を増やすことが, これまで
の研究で明らかになった。もし体系的なトポイカタログを参照できるなら,
相互に関連した法的トポスは法的価値判断をコントロールするであろう。こ
のことは前述したように, 条理が①法解釈に指針を与え, ②解釈された実体
法規それ自体でもあり, ③法に欠缺がある場合, 条理が法規範になり, ④実
体法が時代の変化に著しく適合しなくなった場合に, 条理が実体法規範にな
ることと, 符合する点が多いのではないだろうか。

　次に, カール・ラーレンツ教授の後継者であり, 今日なお有力なドイツの
法学者や裁判官に多大な影響を及ぼし続けている, クラウス-ウィルヘルム・
カナリス教授の体系的目的論解釈に基づく法解釈理論の構築方法を取り上げ
てみたい。カナリス教授が考えるように, 法律学における体系が考慮される
ことなく紛争事案ごとに利益衡量が行われ, その紛争解決の結果, 理論が構
築されるとすれば, そのような個々の紛争解決を目指す利益衡量論は相互に
整合性も一貫性も無いことになる。立法者が下した基本的価値判断および原
則に即して徹頭徹尾考え抜く方法論がカナリス教授により明らかにされてい
る[12]。ただ, カナリス教授も説くように, トピク的思考は体系的思考と排他
的関係にあるのではなく, 相互に補完し合っているのである。

　既存の価値体系の構造やそれに基づく諸々の価値判断の相互関係を明らか
にすることによって, 人は, どのような価値判断が特定の価値体系 (および価
値判断の体系) と矛盾するかしないかを判断し, さらに将来, 裁判所によって
与えられるであろう価値判断を予見することができるのである[13]。

---

12) C.W. Canaris, *Systemdenken und Systembegriff in der Jurisprudenz : entwickelt am Beispiel des*
deutschen Privatrechts, 2. Aufl. (Berlin, 1983), S. 151.　C.W. カナリス (木村弘之亮代表訳)『法律
学における体系思考と体系概念―価値判断法学とトピク法学の懸け橋―』(慶應義塾大学法学研
究会, 1996 年) でわが国にも紹介されている。

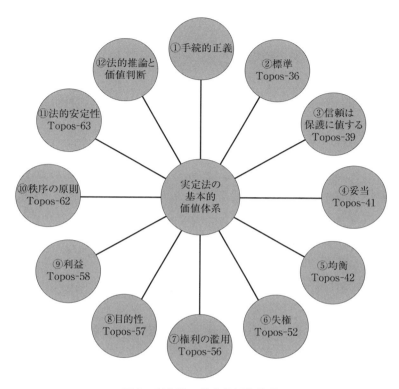

図1. 実定法の基本的価値体系

　今回は，シュトルック教授ならびに後で述べるマーチン・ゴールディングの考え方に従ってトポイカタログを配列したが，今後，高次の価値としては，人間の尊厳・平等・精神的自由といったものを挙げ，それに続く価値として，取引の安全・信義則・生存権といったものをあげ，価値判断命題のヒエラルヒアをトポイカタログに持たせていきたいと考えている。ただ，太田教授が法規範について指摘された言葉を借りれば，常にフォローアップ調査を行って，本来の目的を果たしているか，重大な副作用をもたらしていないか，等の検討を続け，必要とあれば修正・改正を繰り返す必要がある[14]ことはいう

13）川島・前掲注［4］51頁。

54　第 1 部　法的価値判断に関する研究

までもない。

1．（手続的）正義[15)]

　正義観念は多義的である。人々が実定法の内容・実現について正義・不正
義を論じる場合，議論のレヴェルは，①適法的正義（法の内容そのものの正・不
正は問わず，実定法の規定するところが忠実に遵守され適用されているか否かを問う），
②形式的正義（「等しきものは等しく，等しからざるものは等しからざるように取り扱え」
に代表される考え方），③実質的正義（実定法の一定の内容やそれに基づく決定などの
正当性を判定する実質的な価値規準というレヴェルで問われる）の 3 段階がある[16)]。
紛争解決手続（訴訟のみならず民事調停も含む）におけるに正義の役割について
考える場合，手続的正義が問題にされなければならないであろう。手続的正
義の要請は，自然的正義の観念として発展し，民事訴訟法の根本思想と言わ
れている手続保障およびアクセスの確保と深い相関関係にある。この手続的
正義は，形式的正義をその中に含みつつ，一定の実質的正義の考慮も入り込
んでいるといわれている[17)]。実質的正義の諸要求は，一定の場合には一般条
項・憲法条項などの法原理・法価値を媒介として，衡平の要請に従って一定
の実質的正義の要求を個別的に取り入れるという形で，法適用過程に内在化
されうるチャンネルが開かれているといわれている[18)]。

　マーチン・ゴールディングによれば，恣意性の排除（Topos-51）が，単なる
平等よりも正義にとってより基本的なものとされている[19)]。ここでは，ゴー
ルディングの考え方に基づいて分類してみた[20)]。「手続的正義」という法価値
の中には，まず「恣意性の排除（Topos-51）[21)]が含まれる。そして，それ（Topos-

---

14)　太田勝造「法規範の定立と社会規範の創発」人工知能学会誌 18 巻 4 号（2003 年）409 頁。

15)　平田勇人「憲法と手続的正義をめぐる諸問題」木川統一郎博士古稀祝賀『民事裁判の充実と促
　　進（上巻）』161～183 頁（判例タイムズ社，1994 年）。

16)　井上茂ほか編『講義・法哲学』185・186 頁（青林書院新社，1982 年）。

17)　田中成明『現代法理論』165 頁（有斐閣，1984 年）。

18)　田中・前掲注 [17] 170 頁。

19)　M.P. ゴールディング（上原行雄＝小谷野勝巳共訳）『法の哲学』162 頁（倍風館，1985 年）。

20)　ゴールディング・前掲注 [19] 162 頁。

21)　ゴールディング・前掲注 [19] 162 頁。

51）はさらに，「合理性」，「中立性」，「客観性」，「一貫性」，「衡平」，「公平」，「平等」といった法価値に分類できる。

（1）　合理性

　まず「合理性」の中には，まず「異なるトポス間で衝突が生じた場合，当該事例に対してより重要であり，最も合理性のある解決に導くトポスを優先すべし」[22]という法的価値判断が含まれる。すなわち，グルーピングを行った結果，異なるトポス間で衝突が生じた場合に，基本ルールになるのがこのルールである。

　その他，「合理性」の中には，「特定社会で社会的，倫理的に承認され得る解決につき人々が事前に抱いている前理解は非法律的な考慮に属するのではなく，決定の相当性に関する価値判断が指針となる」[23]，「どのような解決が公正，合理的で，人々に承認され得る解決についての前理解が裁判官の指針となる」[24]，「価値に関する思考は，前理解と判決の合理性についての合意を通じて，法解釈学に指針を与える」[25]，「完全合意性は合理性の証拠となる」[26]，「対話的合理性」[27]といった内容のものが含まれる。

（2）　公正

　国際契約法（ユニドロア国際商事契約法原則［UNIDROIT 原則］1.7 条等，ヨーロッパ契約法原則［PECL］1：102 条等）においては，「信義誠実および公正な取引」をセットで規定しているが，信義則が Fair and Equitable Principle とも訳されるように公正と信義則は密接な関係にあるといえよう。

　「公正」の中には，「公正ということが解決を推進する」[28]，「各当事者は手

22）Struck, op. cit., S. 47.
23）ペレルマン・前掲注［11］150・151 頁。
24）ペレルマン・前掲注［11］150 頁。
25）ペレルマン・前掲注［11］153・154 頁。
26）Rawls, John., *A Theory of Justice*, Harvard Univ. Press, Cambridge, 1971, pp. 142-150.
27）田中成明『法的思考とはどのようなものか』245～258 頁（有斐閣，1989 年）。
28）ゴールディング・前掲注［19］166 頁。

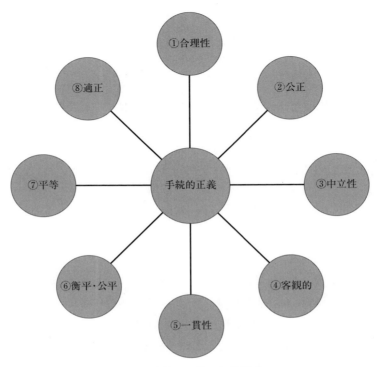

図 2. 手続的正義の価値構造

続につき，公正な告知を与えられなければならない」[29]，「各当事者は相手方当事者の弁論および証拠に抗弁する公正な機会を与えられなければならない」[30] といった法命題が含まれる。

(3) **中立性**

　紛争解決者は中立的でなければならず，いずれか一方の肩を持つような態度・判断は許されない。ADR においても中立性は強く要求される。この紛争解決者に期待される中立性は，公正の主要な要素の1つとも言われている[31]。

---

29) ゴールディング・前掲注［19］165 頁。
30) ゴールディング・前掲注［19］165 頁。

「中立性」の中には，「反対当事者の言い分も等しく聴くべし（Topos-7）」，「何人も自己の争訟事件の裁判官にはなれない（Topos-8）」といった法命題が含まれる。

⑷　客観性

「客観性」の中には，「法的決定が社会の関心に応える場合，相当性の判断は間主観的になされている」[32]，「再現可能性は客観性の証拠となる」[33]といった内容のものが含まれる。

紛争解決基準の客観性から見ると，裁判においては法という客観的な紛争解決基準があるのに対して，調停にあってはわが民事調停法1条に「条理にかない実情に即した」解決という極めて抽象的な紛争解決基準が示されているにすぎず，それは決して客観的で具体的な基準とはいえない。

⑸　一貫性

「一貫性」の中には，「例外は厳格に解釈すべし（Topos-3）」，「極めて不幸な場合には例外が許される（Topos-46）」，「法的推論において，法体系を柔軟に理解しながらその統一性を維持し，また満足の行く解決を追求しなければならない」[34]といった法命題が含まれる。一貫性は法的安定性へと繋がるため，非常に重要な法価値である。

⑹　衡平・公平

「衡平」とは，法をそのまま適用することが妥当でない場合，各事件の個別性を考えて，道徳律に従ってバランスをとり修正する原理であり，「妥当」とも深く関わる。一方「公平」とは，判断や行動が公正で偏っていないことと定義され，「公正」「中立性」とも深く関わる。便宜上，ここでは同じ項目で

31）ゴールディング・前掲注［19］146頁。
32）ペレルマン・前掲注［11］151頁。
33）Rawls, op. cit., pp. 516–519.
34）ペレルマン・前掲注［11］154頁。

58 第1部 法的価値判断に関する研究

扱うが，両者は別の概念である。

　ポンポニウス（Pomponius）の平均的正義の命題「何人も他人の損失におい
て利得せざることは，自然に従い衡平である」[35]からもわかるように，衡平の
観念が平均的正義の中核に位置している。

　「衡平・公平」の中には，「トピクは正義の個別化傾向（衡平）に属する」[36]，
「衡平は原則性を欠く」[37]，「正しく公平に思考する者とは，社会通念に従う者
を指す」[38]，「常識や衡平を理由に判断する場合はトピク的思考が適する」[39]，
「一般条項は衡平やトピク的思考以外にも関わる」[40]，「一般条項には衡平へ
の入口という側面がある」[41]，「法的推論は衡平だけに偏らず，現行法体系に
基づくべし」[42]，「法的推論は解決を現行法体系に組入れることができるかど
うかを度外視しない。また法的推論は，単に衡平な解決を追求するだけのも
のではない」[43]，「衡平の語によって問題処理の基準を曖昧にすべきではなく，
裁判などにおいても，現実的な判断基準である具体的な実定法に密着した判
断を示すべきである」[44]といった内容のものが含まれる。

（7）　平等（Topos-22）

　哲学の支配的伝統は正義の核心的意味を平等の観念に結びつけているが，
アリストテレスによれば，正義は等しいものを等しく，等しくないものを等
しくなく扱うことは有名である。平等は正義の形式的要素である。この「平
等（Topos-22）」という法価値が「恣意性の排除（Topos-51）」の下位階層にく
る。「平等」の中には，「疑わしいときは平等に分けなければならない（Topos-

35）　加藤雅信『民法ゼミナール』291 頁（有斐閣，1997 年）。
36）　Canaris, a.a.O., S. 151.
37）　Ebenda, S. 82.
38）　Ebenda, S. 150.
39）　Ebenda, S. 150.
40）　Ebenda, S. 153.
41）　Ebenda, S. 82.
42）　ペレルマン・前掲注［11］151 頁。
43）　ペレルマン・前掲注［11］151 頁。
44）　加藤雅信『財産法の体系と不当利得法の構造』843 頁（有斐閣，1986 年）。

第 2 章　民事調停のあり方について　*59*

12)」,「分割に際して他に方法がないときはくじ引きによる(Topos-15)」といった内容のものが含まれる。

(8)　適正

　「適正」手続は，デュー・プロセス・オブ・ローといわれ，アメリカ合衆国憲法の修正第 5 条「何人も法の適正な過程によらなければ，生命・自由又は財産を奪われることはない」，日本国憲法第 31 条において定められている。また，民事訴訟制度の理想として適正があげられる。この場合，適正とは裁判の内容に過誤がないことを意味し，裁判にとって最も重要な要求である。適正であるためには，事実の認定が事実に合致し，法規の解釈適用が正当でなければならない。たとえば，訴訟審理における口頭主義，直接主義，釈明権，上訴，再審などの制度は，主として適正の要求に応えるためのものである。民事調停は簡易迅速性という価値が前面に出てくるが，裁判においても，お互いに対立しやすい理念である適正と迅速を調和させることが必要とされている。新民事訴訟法において適時提出主義や上告受理制度が採用された。

2．標準（Topos-36　判断基準：Standards）

　紛争解決制度はその社会の文化的発展度を反映するものであるといわれている。裁判において用いる判断基準(Standards)と，調停において用いる調停の基準(Mediation Standards)は，重複している部分とそうでない部分があるが,判断基準を明確にしていくことは法的安定性や一貫性に繋がるであろう。

3．信頼は保護に値する（Topos-39）

　権利者といえども権利を無条件に自由に行使できるわけではなく，たとえば取引の当事者は権利の行使や義務の履行において，お互いに相手方の信頼を裏切らないで誠意をもって行動しなければならず，取引社会全体の秩序を守る上からも当然のことといえる。私人の法律関係において相手方からの信頼に応え，誠意をもって行動すべきであるという信義則と共通の法価値を表

60　第1部　法的価値判断に関する研究

明したものである。

４．妥当（Topos-41）

この法価値の中には，「法的に妥当なルールだけが，妥当性のある結論に導く」，「信義則は法の適用に際して，適用の結果が『妥当』であるかどうかを最終的にチェックする機能を有する」[45]という法命題が含まれる。「具体的妥当性」という法価値もこの「妥当」という法的トポスの中に含まれる。

５．均衡（Topos-42）

この法価値の中には，「可動的体系は，法理念の諸要請の中に均衡点を見出させる」[46]という法命題が含まれる。

６．失権（Topos-52）

失権は，民事訴訟では信義則の個別的法命題の１つである。この失権に関しては，「失権の抗弁は，可動的法律要件である」[47]という法命題が含まれる。

訴訟上の権能の失効（失権）とは，「訴訟上の権能が行使されずに放置されたため，行使されないであろうとの正当な期待が相手方に生じ，相手方がそれに基づいて行動している場合には，その後に至って権能を行使しようとしても，信義則上，その権能はすでに失効したものとして許されない」というルールである[48]。失効の原則についての最高裁判決の判示する要件を以下列挙してみよう[49]。①多年権利を行使しなかったこと。②これを行使しなかったことにつき少なくとも権利者にその責めに帰すべき事由があること（これ

45）松浦好治「一般条項とエキスパートシステム」科研費（重点領域）「法律エキスパート」平成8年度研究成果報告会用報告レジュメ（1997年2月22日）。

46）Canaris, a.a.O., S. 84.

47）Ebenda, S. 152.

48）中野貞一郎「民事訴訟における信義則および禁反言」民事訴訟法の争点（1979年）44頁。

49）最判昭和51年4月23日㈱ TKC LEX/CD 文献番号 27000325 の判例全文 28 頁より抜粋。なお，本判決は最判昭和30年11月22日㈱ TKC LEX/CD 文献番号 27002976 をベースにして，要件を詳細に分類している。

は不作為でもよい「例えば債務者より権利を行使すべき旨の催告を受けながら放置した如き」)。③責めに帰すべき事由を云々する以上権利者が権利のあることを知っていたこと。④権利の不行使により債務者においてもはや権利を行使しないものと信じたこと。⑤かく信じるにつき正当事由のあること。⑥いまさら権利を行使することが信義則に反すること。以上の要件のどれを落としても失効の原則を適用することは弁論主義違背となるとされる。すなわち以上の要件が主要事実（法律効果発生の要件事実）として明白に主張されなければならない。

7. 権利の濫用（Topos-56）

　権利の濫用も，民事訴訟では信義則の個別的法命題の1つである。これには，「信義則はローマ法における一般悪意の抗弁および誠意訴訟に起源を持つ，権利行使の制約原理から発展してきた」[50]という法命題が含まれる。いかなる場合に権利濫用となるかは，各場合について判断しなければならないが，単に行為者の主観だけでなく，その権利行使によって生ずる権利者個人の利益と，義務者または社会全体に及ぼす害悪とを比較衡量して決めるのが相当であると考えられている。また権利濫用の効果も，権利の種類によって異なる。一般には権利行使の効果がなく，濫用となる権利者の要求に従わなくても責任を生じない。濫用者の行為が他人の利益を侵害すれば，不法行為となって損害賠償義務を生ずる。特別の場合には濫用者はその権利を剥奪される。

8. （合）目的性（Topos-57）

　この法価値の中には，「裁判官は，解決の価値と法適合性の総合を目的とする」[51]，「法的推論において，法体系を柔軟かつ統一的に捉え，満足行く解決を追求しなければならない」[52]という法命題が含まれる。

50）菅野耕毅『信義則および権利濫用の研究』（信山社，1994 年）35，81 頁。
51）ペレルマン・前掲注［11］151 頁。
52）ペレルマン・前掲注［11］154 頁。

62 第1部 法的価値判断に関する研究

9．利益（Topos-58）

利益考量（衡量）を行う際に，利益という法的トポスが重要なことはいうまでもない。たとえば，権利濫用法理に基づく法的推論の場合，「権利行使の必要度が小さく（権利者個人の利益が小さく）かつ，損害程度が大きい（相手方の不利益または社会全体に及ぼす害悪が大きい）【客観的要件】」かつ「権利行使者が加害意思あるいは加害目的を持っている【主観的要件】」ならば，「権利の濫用が成立」し「権利の行使は無効あるいは違法となる」[53]。この法規範文において，利益という法的価値が重要な役割を果たしている。

10．秩序の原則（Topos-62）

この法価値の中には，「体系思考」，「トピク的思考」，「不動的体系」，「可動的体系」，「一般条項」といった内容のものが含まれる。ここでは，前述したカナリス教授の考え方を紹介したい。

(1) 体系思考

「体系思考」の中には，「体系思考とトピク的思考は排他的に対立しているわけではなく，相互に補完・浸透している」[54]，「体系思考は正義の一般化傾向に属し，個別問題を抽象化し，議論の余地のある観点ははじめから除去する」[55]，「法律の欠缺（十分な法律上の価値判断が欠けている）の場合，トピクが応急処置を施す」[56]，「法律の欠缺の場合，速やかに不安定なトポイを明確な価値判断に置換し，体系に組み込むべきである」[57]，「法体系は，前法律的な事前の価値判断の適宜介入を求める」[58]といった内容のものが含まれる。

53）平田・前掲注［9］「信義則をめぐる背景知識の体系的整理（改訂版）」196 頁。
54）Canaris, a.a.O., S. 160.
55）Ebenda, S. 151.
56）Ebenda, S. 160.
57）Ebenda, S. 151f.
58）ペレルマン・前掲注［11］153 頁。

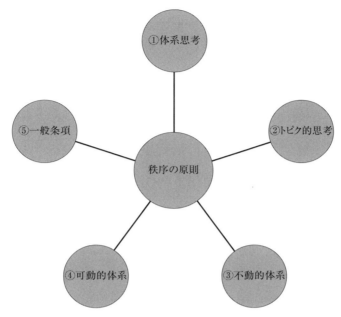

図3. 秩序の原則（Topos-62）

(2) ピクク的思考

「トピク的思考」の中には，「法体系・法原則の成立発展段階においてトポイが決定的役割を果たす」[59]，「トピク的思考は社会通念・常識に根拠を置く」[60]，「ドイツの判例は『正しくかつ公平に思考するすべての者』という場合，社会通念に従う者を指す」[61]，「トピク的手法では，まず手探りで様々な観点を摘出し，問題に対して試験的に適用し，比較衡量する」[62]，「コモンセンスを引合いに出したり，衡平を理由として判断する場合はトピク的思考が適している」[63]，「トピクは個別事情を問題にする場合に適している」[64]といっ

---

59) Canaris, a.a.O., S. 153.
60) Ebenda, S. 159.
61) Ebenda, S. 150.
62) Ebenda, S. 150.
63) Ebenda, S. 150.
64) Ebenda, S. 151.

64　第1部　法的価値判断に関する研究

た内容のものが含まれる。

(3)　不動的体系

「不動的体系」の中には，「不動的体系の徹底的な細分化で，ある程度の個別化は可能である。可動的体系も無制限な個別化を許さない」[65)]という法命題が含まれる。

(4)　可動的体系

「可動的体系」の中には，「可動的体系は，固定的法律要件と一般条項の中間に位置する」[66)]，「可動的体系は硬直した規範とも異なり，曖昧な衡平条項とも一線を画する」[67)]，「個別事例でどの解決を優先すべきかは，対象の構造と中核の価値に依存し，可動的体系が特に重要な役割を果たす」[68)]，「可動的体系は，きわめて重要な諸要素の混合比率を変えて事例の状況に適合させる」[69)]，「人としての裁判官は，可動的体系の中で比較的多数の諸要素を比較衡量することは，荷が重すぎる」[70)]，「可動的体系は，正義の一般化傾向と個別化傾向の対極性を調整する」[71)]，「可動的体系は，法理念の様々な要請の中に均衡点を見出すことを可能にする」[72)]，「可動的体系は正義の判断諸基準を一般的に確定することができる反面，個別事例において様々な観点を考慮に入れることも可能にする」[73)]，「正義は一般化傾向のみならず個別化傾向も同時に有しており，可動的体系の正統化のために個別化傾向を引合いに出すこともできる」[74)]，といった内容のものが含まれる。

---

65) Ebenda, S. 83.
66) Ebenda, S. 157.
67) Ebenda, S. 84.
68) Ebenda, S. 85.
69) Ebenda, S. 82.
70) Ebenda, S. 83.
71) Ebenda, S. 157.
72) Ebenda, S. 84.
73) Ebenda, S. 83.
74) Ebenda, S. 83.

(5) 一般条項

「一般条項」の中には，「一般条項は価値の充填を要する」[75)]，「一般条項は，その具体化に必要な判断基準を示さず，判断基準が原則として個別具体的事例に関してのみ確定される」[76)]，「一般条項の具体化に際しては，トピクは単なる応急処置以上のものである」[77)]，「一般条項は，必ずしも全面的に衡平やトピク的思考に委ねられているわけではない」[78)]，「一般条項は『衡平への入り口』と呼ばれ，この呼び方は部分的には正当である」[79)]，「一般条項も正義の個別化ならびに一般化の両傾向を持ち，一般化傾向は絶えず体系化を指向する」[80)]，「一般条項もまた常に，全法律秩序の観点から，それゆえ法体系を背景として解釈されなければならない」[81)]，「一般条項は社会通念に基づいて解釈されるべきではない」[82)]，「一般条項の具体化は，体系的な確定を指向しながら類型化を通して行われ，部分的には明確な法律要件の構築によって行われる」[83)]，「各規定の適用において信義則が顧慮されなければならないとすると，裁判官が一般条項へ逃避する虞がある」[84)]，「制度目的，構成要件の内容を茫漠としたものにすることにより，紛争解決の結論を裁判官等に白紙委任することは望ましいことではない」[85)]といった法命題が含まれる。

11. 法的安定性（Topos-63）

法的安定性の法価値は，同種の紛争は同一に解決することを要請する。法的安定性を保つために，英米法系の「一定の紛争を解決したときに，後の紛争については，前の紛争と同一かどうかを判断して，同一と判断したときに

---

75) Ebenda, S. 82.
76) Ebenda, S. 82.
77) Ebenda, S. 152.
78) Ebenda, S. 153.
79) Ebenda, S. 82.
80) Ebenda, S. 153.
81) Ebenda, S. 152.
82) Ebenda, S. 152.
83) Ebenda, S. 152.
84) 曽野和明＝山手正史『現代法律学全集第 60 巻・国際売買法』73 頁（青林書院，1993 年）。
85) 加藤雅信『新民法体系Ⅴ：事務管理・不当利得・不法行為』97 頁（有斐閣，2002 年）。

66 第1部 法的価値判断に関する研究

は前の判断を踏襲する」というやり方と，大陸法系の「紛争の同質性に着眼しながら一定の同質的なものを，概念を抽象化しながら取り出していき，抽象的な法規範の体系を構築した上で，個々の具体的紛争解決にそれを適用する」という方法がある[86]。調停の場合，紛争解決内容ないし解決基準の安定性という観点からみて問題がある。調停について解決事例集が公刊されれば，かなり違ってくるであろう。いずれにしても，調停の場合は，調停理論及び調停者の実務感覚の両面から紛争解決基準の安定性を検討しなければならない。

　法的安定性という法価値の中には，「可動的体系は固定的法律要件よりも法的安定性を欠く」[87]，「可動的体系は，衡平条項よりもずっと強い法的安定性がある」[88]，「より高度な法的安定性が必要とされる領域では，無条件に不動的体系が優先されるべきである」[89]，「法的安定性と並んで，正義も可動的体系と矛盾する場合がある。正義の一般化傾向は平等条項から生じるが，この一般化傾向は個別事例の状況についてのあらゆる考慮や，一般的に確立している諸要素の衡量に際して妨げになる」[90]といった内容のものが含まれる。

12. 法的推論と価値判断

　法的推論と価値判断に関する法命題の中には，「法的推論は単なる三段論法的演繹ではあり得ない」[91]，「三段論法的演繹では，たとえ結論が不合理と思われる場合であっても，その結論を受け入れざるを得ない」[92]，「裁判官は，解決の価値と法適合性とを同時に尊重しながら両者の総合を探求しなければならない」[93]，「法適用は現行法に基づいて正統化されなければならず，社会

86）加藤・前掲注［35］278・279頁。
87）Canaris, a.a.O., S. 82.
88）Ebenda, S. 84.
89）Ebenda, S. 82.
90）Ebenda, S. 83.
91）ペレルマン・前掲注［11］151頁。
92）ペレルマン・前掲注［11］151頁。
93）ペレルマン・前掲注［11］151頁。

第2章　民事調停のあり方について　*67*

通念やコモンセンスに基づくべきではない」[94]，「適用（抽象的規範から具体的事案への移行）は，単なる演繹的プロセスではなく，法廷論争において衝突している諸価値に法律の規定を不断に適合させる作用である」[95]，「法的思考は価値判断抜きに理解することはできない」[96]，「種々の考察は法的トポスによって総合が可能になる」[97]，「価値が論争の対象になる場合，価値とその適用についての同意を得ることを目的とする推論を，弁証論的推論という」[98]といった内容のものが含まれる。

　訴訟とADRについて比較した場合，訴訟は三段論法（より正確には，『法律人工知能』参照[99]）である。小前提の事実を大前提の法規範に当てはめ，結論の判決を出すという構造になっている。もし，こうした構造に適さない事案ではうまく機能しないといわれている[100]。それに比べて，ADRでは三段論法にこだわらず，さまざまな試みがなされている[101]。

Ⅳ　調停規範としての条理

　前述のように，民事調停が，裁判における紛争の法的解決とは若干乖離することが認められた紛争解決手続であることについて争いはないであろう。それでは，調停規範としての条理と，裁判規範としての条理はどういった点で違っているのか，以下において考察していきたい。

---

94) Canaris, a.a.O., S. 159-160 "These21".
95) ペレルマン・前掲注 [11] 153 頁。
96) ペレルマン・前掲注 [11] 153 頁。
97) ペレルマン・前掲注 [11] 158 頁。
98) ペレルマン・前掲注 [11] 182 頁。
99) 吉野ほか・前掲注 [9] 『法律人工知能―法的知識の解明と法的推論の実現―』 23, 27, 358 頁。
100) 廣田・前掲注 [1] 51 頁。
101) 廣田・前掲注 [1] 53 頁。

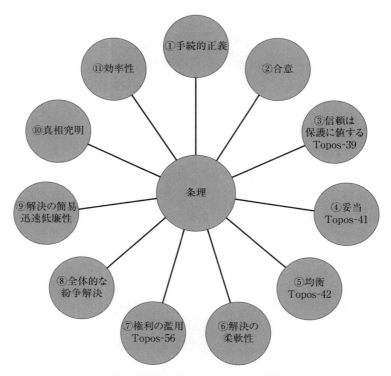

図4. 調停規範としての条理の構造

1．（手続的）正義

(1) 解決の合理性

　調停は，比較的簡易で当事者の対立もそれほど深刻ではない紛争解決に特に適している。日常生活での種々の紛争を，できる限り理性的，合理的に解決するために調停制度は十分に活用されるべきである。民事調停においても当然，合理性は重視される。

第2章　民事調停のあり方について　*69*

⑵　公正

「調停における妥当なる解決とは，生活現象たる紛争自体を直接かつ全体的に対象とし，条理を判断基準とした公正な解決であるといえる。その解決に公正が担保されているといえるかは，調停における当事者の合意ないし意思の機能によってその公正を担保せしめる」[102]。この法命題からもわかるように，公正という法価値は裁判における場合だけでなく，調停においても重要な位置を占める。

民事訴訟法においても民事調停法においても，正義に立脚し公正なる解決を図るという共通の理念の上に成り立っているといえる。そして，調停による解決は，両当事者の誠意（Good Faith）と調停委員の能力によって両当事者が公正かつ正当な解決（Fair and Just Solution）をはかるものでなければならない。当事者が民事調停にとって余りにもフェアーでない行動をとり，明らかに正義に反していると思われる場合，調停委員会は当事者にその事実を告知して，調停を終結することができる。

Good Faith という言葉が出たので，ここで民事調停における信義則について述べてみたい。「民事調停においては,不誠実な駆け引きをしてはならない」という法命題を挙げることができる。調停委員が調停を成立させるために，調停委員会が考えている案より不利益な案を，双方にそれぞれ示して，最終的に調停委員会の案に近づけるというケースを想定してみたい。申立人には「相手方から100万円を出させようと思うが」と意向を尋ね，相手方には「120万円支払うという約束はできないか」と申し出る。すると今度は，申立人には「もう少し上乗せしてもらいたい」と譲歩させ，相手方からは「もう10万円減額してもらいたい」という了承を取り付けて，最終的には110万円で合意させるというような方法である。説得する相手の出方を見ながら，多少の駆け引きはやむを得ない場合もあるかもしれないが，このようないわば「掛け値」をする方法は，それが余りに極端であり，前述した事例の場合，申立人には「50万円」，相手方には「200万円」と提示するようなことは，調停委

102）佐々木吉男『増補民事調停の研究』137頁（法律文化社，1982年）。

70 第1部 法的価値判断に関する研究

員会としては不誠実な行為であり，たとえ結論が妥当であっても，信義則に反して許されないというべきであろう。

(3) 中立性

前述したように，「中立性」の中には，「反対当事者の言い分も等しく聴くべし（Topos-7）」，「何人も自己の争訟事件の裁判官にはなれない（Topos-8）」といった法命題が含まれる。

(a) 実情聴取の方式

調停で実情を聴取する場合，当事者双方を同席させて行う場合（同席方式あるいは対席方式）と，相手方のいない席で別々に聞く場合（交互方式あるいは個別方式）とがある。当事者が対話をすることによって相互理解と解決促進をするのが真の合意に到達する道であるから，当事者双方の同席のもとで調停を進めるべきであると考えるのが同席方式である。欧米では，公正，中立性を重視して，同席方式へのこだわりが強いとも言われている。この同席方式が重視する価値が，公正と中立性である。交互方式では相手方が何を調停人に話したかわからず，調停人が偏った情報で心証を形成する危険性があると，同席方式の立場からは評される。さらに交互方式では，当事者が調停人を説得しなければならなくなったり，ときには調停人が当事者を無理やり説得するといった問題点も指摘される。

(b) 中立・不偏主義から後見主義への推移[103]

調停委員が余裕のある態度で接していれば，当事者の気持ちも自然となごみ，冷静な判断が可能になる。つねに調停委員は当事者と同じ立場に立たず，冷静な第三者的立場を維持すべきであるといわれている。特に，調停委員として熱心さの余り，意気込みすぎて，無意識のうちに一方の当事者の立場に偏ったり，強引に調停委員会の案を押しつけるような形になって，当事者に余裕のない気持ちを持たせ，調停の場を堅苦しい雰囲気のものとしてしまうことのないようにするためにも中立性は重要である。第三

---

103) 石川・前掲注［2］39～41頁。

者的立場から中立性という価値に繋がっているが，調停委員は実務に当たって中立・不偏であることを自ら認め，かつ，当事者にも中立・不偏であると語るのが常である。

しかし，調停委員が相当に後見的に当事者の攻撃防御に介入することによって調停の適切な運用が可能になるという側面もある。調停委員は，客観的に事実を確定し法的判断をする裁判官とは違っているとみる立場からは，調停委員の本来の役割は，当事者の理解を援助し，可能な紛争解決を探ること（後見的司法）であり，当事者をもっぱら中立・不偏の立場から感化すること（応報的司法）ではないとされる。

⑷　平等（Topos-22）

当事者の一方の本人や代理人とは，他方のいる前で親しそうな態度で話すようなことは避けるべきである。当事者や代理人の呼び方についても，双方を同じように扱わなくてはならない。一方にのみ弁護士の代理人がついている場合には，調停委員が平等に両当事者を見ていないのではないかという疑義を持たれないためにも，「○○代理人」という呼び方をするのが適当であるといわれている。

実情聴取の時間にも，ほぼ同じくらいの時間配分にするとか，一方を長く待たせなければならないときには，その旨を連絡し了解を得ておくこととか，同一期日には，両当事者から同じ回数だけ事情を聞くように配慮すべきである。

⑸　適正

合意を過度に優先させて，一方当事者の強い主張に押されて，客観的に妥当性を欠く内容の調停は許されない。当事者が納得すれば，解決の内容は弾力的でよいといっても，適正の確保が優先する。調停が当事者の合意を不可欠とするのは，紛争解決方法としては弱点でもある。そこで，調停機関が条理を尽くして説得に当たっても合意成立の見込みがないときは，早期に手続

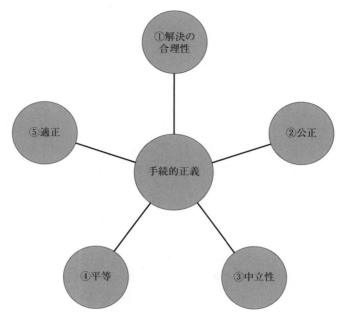

図 5. 調停規範における手続的正義

を打ち切り，訴訟による解決を選ばせる場合もある。裁判においては適正が前面に出て，民事調停では迅速性が前面に出るが，民事調停においても，適正という価値が重要なのはいうまでもない。

2．合意

当事者間には，利害や感情の対立がある。合意という価値を導く説得の方法は，ある程度パターン化することはできても，定石は存在しないように思われる。説得を上手に行い合意に至るためには，対立当事者間の相互理解の促進，対立する主張を合意に向けて調整した解決案の提示と討議，そして討議のための環境づくりが重要であるが，調停委員が当事者のよき理解者であり，公正な第三者であるという信頼を当事者双方から得ることが最も大切である。その意味で，公正，中立性，信頼という価値と密接不可分な関係にあ

第 2 章　民事調停のあり方について　*73*

るといえよう。ただ，調停の本質は合意であるにしても，合意の成立によって調停条項それ自体の違法性がカバーされ，すべての法乖離が許されると解することはできないと考える。

(1)　和

　合意という価値は，和の精神からも導かれる。和の精神が調停実務において，どのように発現するか見てみよう。「調停は当事者の互譲と合意による円満な紛争解決方法である」という法命題の背景にある基本的価値体系の中には，和の精神が存在しているといえよう。実情聴取の際に和の精神がどのように現われるかといえば，感情的な面の強い紛争に関しては，双方の感情の融和に重点を置く形で現れる（もちろん常に感情の融和だけを重視するわけではなく，利害得失を考える人には，この解決方法がいかに有利であるかを重点的に説明し，筋を通すことを重視する人に対しては，その解決方法がいかに理にかなっているかを丁寧に話すといったように，当事者の性格に合わせて実情聴取されていることは言うまでもない）。本稿執筆当時，筆者は，民事調停は解決の円満性のみをもって存在理由とする紛争解決制度ではないと考えていたが，調停経験を積むにつれて，「和」にはとても深い意味があることを痛感するに至った。加賀山教授の言葉を借りると，法の手段は『和』を前提とする議論と説得である和の精神であることに気づかされるようになった[104]。

(2)　当事者意思の尊重

　民事調停における合意は，あくまでも当事者の自由意思によるもので，調停機関が強制することはできない。調停機関は，当事者に対して自主的な紛争解決への意欲を呼び起こして自発的な合意へと導くために説得すべきである。強制を当事者に感じさせる説得による場合は，客観的に妥当な解決であっ

---

104)　加賀山茂「民事法への招待─法科大学院で学ぶ前に知っておくべき知識とものの考え方」2012年4月4日（仮想法科大学院　http://lawschool.jp/kagayama/material/civi_law/introduction/intro_law2012.pdf, 2頁，2018年3月9日最終閲覧）。先輩民事調停委員の鈴木泉弁護士からもWin-Win の考え方にも通じる和の精神の大切さを教えられた。

74　第1部　法的価値判断に関する研究

ても調停として成功したとはいえない。真に納得した合意にこそ価値があ
る[105]。ただ裁判においても，事案にもよるが，一般には和解は判決よりもベ
ターであると考えられ，その理由として，判決が画一的な法律の適用である
のに比べて，個々の事件の具体的な内容・状況に応じた適切な解決を柔軟に
構成することができ，当事者間にしこりを残さず，迅速に権利の実現を図る
ことができることから[106]，裁判所は訴訟がいかなる程度にあるかを問わず和
解を試みることができる（民訴89条）。そのため，当事者意思の尊重，真に納
得した合意という法価値は，実定法である民事訴訟法の基本的価値体系にも
組み込まれており，これをもって調停の法律乖離性の根拠とすることはでき
ない。

3．信頼は保護に値する（Topos-39）

　調停は調停委員および両当事者の信頼と協力に基づくものでなければなら
ない。調停を行う者との応対のうちにおのずから当事者の信頼感が醸成され，
胸きんを開いて，ともに紛争解決の方途を見出そうという雰囲気が生まれれ
ば，調停は半ば成功したともいわれている。そのためには，調停に当たる者
の側に当事者を尊重する誠意があり，当事者の抱える問題を自分の問題とし
て解決に努めようとする熱意がなければならない[107]。

　一般に紛争当事者は，自分の言い分を十分に聞いてもらうことを強く望ん
でいる[108]。自分が話しをしているときは，誰でも相手に反応を求め，理解し
てほしいと思っている。相手の人から理解されたと思うとき，①感情的理解
（自分の感情を理解してもらったと感じるとき）と②理性的理解（自分の言っている内
容を理解してもらったと思ったとき）という分け方があるという[109]。要所で話の
要点を整理して当事者に確認することで当事者が安心し，自ずと調停委員へ

---

105) 最高裁事務総局民事局『民事調停委員のための民事調停法規の概説』5頁（2002年）。
106) 中野貞一郎『民事裁判入門』165・166頁（有斐閣，2002年）。
107) 最高裁民事局・前掲注［105］48頁。
108) 最高裁民事局・前掲注［105］47頁。
109) ロバート・M．ブラムソン（鈴木重吉・峠敏之訳）『「困った人たち」とのつきあい方』62頁（河
　　出書房新社，1997年）。

の信頼感も生まれてくる。レビン久子氏の言葉を借りれば，傾聴（アクティブ・リスニング）の中のパラフレイジング（話を聞いたら，その要旨をまとめ，内容を変えずに言い換える）という調停技法の1つである[110]。また，当事者と真正面に向き合い，開いた姿勢をとり（腕や足を組まない），体を前に乗り出し，視線の接触は当事者を自然に見つめ，緊張せず，継続的に行うことで信頼という価値を生み，また楽な姿勢をとることで，当事者に対して心を開いているということのシグナルになる[111]。こうした理解が信頼へとつながる。

　また，調停中に解決方針などについて，いくつかの異なった考えが出てくることがある。このような場合にはいったん当事者を退席させて，間をおいて評議し，調停委員会としての意思統一を確認したうえで進行するのが効果的である。この調停委員会の意思統一というのは当事者に与える信頼という面で重要な役割を果たすと考える。

4．妥当（Topos-41）

　「妥当（Topos-41）」が民事調停でどのように考えられているか見てみよう。民事調停においては，「解決の具体的妥当性」という形で重要視されている。裁判の基準となる法律は，一般的・抽象的な法規範として制定されているため，様々な事情の下で発生する具体的な紛争に法規範を適用した結果，実情に即した結果とならないことがある。法律の制定当時は合理的であった法律も，社会の進展とともに現実に適合しなくなり，あるいは，新たに社会に生起した問題を適切に規律する法律が存在しないという場合に，個々の紛争の具体的な実情に応じて問題を解決する際，この妥当（具体的妥当性）という法価値が前面に出る。ただ，「妥当」という法的トポスは調停においてのみ真価を発揮するわけではなく，訴訟においても真価を発揮することは前述したとおりであり，調停一般における紛争解決の具体的妥当性を根拠にして，無制限に法から乖離することが許されるわけではない。

---

110) レビン小林久子『調停者ハンドブック―調停の理念と技法』69～72頁（信山社，1998年）。
111) 石川・前掲注［2］147～154頁。

76   第1部　法的価値判断に関する研究

5．均衡（Topos-42）

　調停手続における両当事者の手続権保障の観点から均衡の問題について考えてみたい。当事者間に明らかに力の差があると考えられる場合，この格差を解消のために弱者たる当事者に積極的に助力すべき義務を負うか否かが問題となる。すなわち，互角に主張を提出する機会の保障が必要となってくるのである。調停委員又は当事者が，調停を効果的に継続するための力の均衡（バランス）が著しくとれていないことを認めた場合，調停委員は当事者にその事実を告知して，調停を終結することができるであろう。両当事者に力の不均衡があって，しかも調停委員が消極的立場をとれば，強者が弱者を圧倒するのは当然だからである。

6．解決の柔軟性

　当事者の合意を基礎とする調停にあっては，紛争解決の内容を自由に定めることが可能である。紛争をいかに解決するかを当事者の自由意思で幅広く柔軟に選択することができるので，個々の事件の実情に即して具体的に衡平妥当な解決を図ることができる。たとえば交通事故による損害賠償事件で1000万円の賠償が相当とされる場合，裁判ではその金額の即時支払を命ずることしかできないのに比べて，調停では，加害者の支払能力を考慮して長期の分割弁済を認める（ただし支払総額は増やす）などして，具体的な事情に即した柔軟な解決方法をとることが可能である[112]。

7．権利の濫用（Topos-56）

　当事者が誠実（Good Faith）なネゴシエーションをしなかったことによって，調停の手続を濫用していることが調停委員に明らかである場合，あるいは当事者が重要な情報を提供しないか，よりよき理解または解決を達成しようとする意図をもたずに，もっぱら何らかの目的外の利益を得ようとして手続を

112) 最高裁民事局・前掲注［105］2・3頁。

利用するような場合，調停委員は調停を続けることが適切であるか否かを問題にしなければならない。権利濫用の禁止は，調停においても重要な位置を占める。

8．全体的な紛争解決

民事紛争は，必ずしも経済的な利害の対立のみからなるものではなく，感情の対立等も伴いがちなため，合意の成立を目的とする調停による紛争解決は，人間関係の面をも含めて，争いを全体的に解消させ，実効性のある安定した解決をもたらすことが可能とされている[113]。全体的な紛争解決という法価値においては，キーワードとして，感情，人間関係，全体的解決，実効性ある解決，安定，といったものが挙げられるが，訴訟においても，人間関係の面をも含めて争いを解決することは基本的法価値に組み込まれているといえよう。

9．解決の簡易迅速低廉性

訴訟においては，内容面からも手続面からも，適正が重視されるため，手続が複雑かつ技術的になり，主張を法律的に整理・構成し，それを裏付ける証拠の提出は当事者の責任とされている。これに対し，調停では訴訟のような厳格な規制はなく，自由な形で主張を述べることが可能であり，事件の実情を明らかにするための事実の調査等も，調停機関が必要と認めるものを職権で行うとされている。このため，特に法律の知識を持たなくても自分で調停を申し立て，手続を進めることが可能であり，費用負担も比較的軽く，事件終了までの期間が長期に渡らない[114]。確かに，訴訟における複雑性（煩雑性）・緩慢性・高価性は，その性質上，ある程度は避けられないであろう。しかし，簡易性・迅速性・低廉性をもって直ちに民事調停の理論的存在理由とすることはできない。なぜならば，現実の訴訟における手続の複雑性・緩慢

---

113) 最高裁民事局・前掲注［105］3 頁。
114) 最高裁民事局・前掲注［105］4 頁。

78   第1部　法的価値判断に関する研究

性・高価性をもって訴訟の性質上避けられない範囲に属するものではなく，簡易性・迅速性・低廉性は調停制度に固有のものではなく，紛争解決制度全体に内在する理念というべきだからである[115]。

10.　真相究明

　事件の実情に即した解決を得るためには，事案の真相が十分に把握されていなければならない。合意への説得を急ぐあまり，事実関係の究明が軽視されると，真に事案に適切な解決策を見出すことができなくなり，当事者の信頼を得ることはできないであろう。精密に事実認定し判断を下す訴訟とは趣を異にするが，調停においても，紛争に関連する諸般の事情を幅広く調査，検討して，これを総合勘案して，客観的に妥当な解決案を探求する努力を怠ってはならない[116]。適正，信頼，客観性，妥当といった法価値と相通じるものがある。

11.　効率性

　民事調停において交互方式が重視する価値が，この効率性である。交互方式を支持する立場からは，調停人が親身になって個別に当事者の主張や事情を聞くことができ，それによって当事者から本音を聞くことができ，解決を促進できるとされる。さらに，同席方式では当事者の力関係に左右されるばかりか，無口な人や対話の上手でない人が不利になって，かえって不公平になると主張する。わが国では効率性を重視して交互方式を支持する人が多いが，最近では欧米が交互方式を一部採り入れ，わが国でも同席方式にウィングを伸ばし，いずれも調停技法の能力を高めている傾向があると指摘されている。すなわちケース・バイ・ケースで，交互方式と同席方式双方の利点を使って解決する志向が強まってきたというのである[117]。私自身の経験からい

---

115)　佐々木・前掲注［102］124頁。
116)　最高裁民事局・前掲注［105］5頁。
117)　廣田・前掲注［1］59・60頁。

えば，利害の対立や，感情上の問題を配慮して，原則として相手方のいない席で別々に聞くことにしている。もちろん，当事者が過敏に反応して自分が不公平に扱われているのではないかという不安を抱かないように注意していることは言うまでもない。また，相手に他方が譲歩したことを伝える場合にも，「先方が非を認めて譲歩した」というような言い方をしないで，双方の体面を保つような形で合意が成立するように心掛けている。

V　まとめ

これまで，裁判規範としての条理と，調停規範としての条理とを比較検討してきたのであるが，結論を先にいえば両者は同一のものであると考える。すなわち，両者は決して異質なものではなく，当該民事調停事件において，たとえ任意法規の適用を排除したからといって，あくまでも実定法の基本的価値体系の域を出ない条理が調停規範になるのである。条理は，裁判規範としては補充的なものにすぎないという場合，実定法は基本的価値体系という氷山の一角に過ぎないことを指しているのであり，現行法と離れた価値体系を示す条理が調停規範になるのではないといえよう。民事調停においては，裁判規範としては氷山の水面下にある価値規範が，水面上に出てきているに過ぎないのである。

もちろん法乖離＝合意尊重型の ADR を一般的に否定したり，その存在を認めないわけではないが，ADR における法律乖離性の根拠について，和の精神とか当事者意思の尊重の納得づくの真の紛争解決性，紛争解決の具体的妥当性等々をもってその根拠を説明しきれるものではないと考える。

基本的価値体系の中で裁判規範と調停規範とでは価値の重きの置き方が当然異なるにしても，条理を現行法の基本的価値体系と解するならば，現行法とは異なる条理というものはありえない。任意法規の対象とする事項について，その適用を排除して条理による解決をはかる場合，右条理は任意法規とは内容を異にするものの，現行法の基本的価値体系とは調和するものであっ

80　　第 1 部　法的価値判断に関する研究

て，現行法と特段に異ならない条理であるというべきではないだろうか。

第3章 判断における法的価値関数について
——法創造教育への活用

I はじめに

　今日，脳高次機能の研究から，これまで困難とされてきた人間の価値判断の客観的なメカニズムが解明されようとしている。わかりやすく説明するために，最初に生命科学と法律科学とを対比してみたい。生物学の分野では，20世紀後半に入って DNA の二重らせん構造が提唱され生化学的研究に革命的な変化が起きたことは有名である。その後，生命現象を規定する生体分子が次々と発見され，生物学は生命科学（ライフサイエンス）と呼ばれるようになったのである。

　他方，法律学はというと，法的知識情報は法律・判例・学説の集積と共に膨大で複雑なものとなってきているが，法分野への科学的方法の応用は，他の分野に比べて必ずしも進捗していない。しかし，人工知能研究の進展と共に，法はその格好の応用研究の分野となり，知識に関する科学及び工学の方法を法の分野に導入し，法的知識構造を解明し，法学の科学的方法の確立を図ることが可能となってきたのである。その一連の成果が，法学教育や法律実務に役立つ人工知能としての法律エキスパートシステムであり，法創造教育であるといってもよいであろう。

　さて，分子生物学に視点を戻すと，いよいよ生命現象の本質に迫ってきており，今日その動きは加速され，「システム生命情報科学」という新たな領域の科学が誕生し，複雑系であるが故にこれまで困難とされてきた，人が人である所以の脳高次機能，すなわち価値判断のプロセスとその多様性がどのようにして現出するかが科学的に解明されつつあるのである[1]。他方，法律の

82 第1部 法的価値判断に関する研究

分野に視線を転じると，「法律学における理論は，とりたてて根拠があるとは限らないドグマ（教義）の体系であり，法律学は科学ではない」と断言できるのであろうか。筆者は，法律は科学ではないという批判は当たっていないと考える。法的価値判断に関しても，もはや法律家の高度専門的な職人技に近いブラックボックス化された状態のままであってはならないと考えるのである。むしろブラックボックスから開放されることで，その高度専門的職人技に含まれる暗黙知の体系化を通して，法学教育や司法試験，さらには ADR の実務等にも役立つと考えている。法律家の洗練された洞察や直感といった脳高次機能のプロセスから，客観的な価値評価軸を抽出することこそが重要であるとの考え方に基づいて，日頃の民事調停実務における紛争解決事例における法的価値判断の価値評価軸を分析しつつ，法的価値関数という考え方に至ったのである。

したがって，システム生命情報科学が，人が人である所以の脳高次機能，すなわち価値判断のプロセスとその多様性がどのようにして現出するかを科学的に解明しつつあるように，筆者は複雑系であるが故にこれまで困難であると考えられてきた，法律家が法律家である所以の脳高次機能，すなわち法的価値判断のプロセスとその多様性がどのようにして現出するかを，科学的に解明することこそが，法律エキスパートシステムの更なる飛躍的発展へとつながり，また，法創造教育にとってもきわめて有効であり，ひいては法律学が法律科学と一般に呼ばれる日が来ると確信している。

II　法的価値判断のプロセス

人が拠り所とする価値観は，①人間の個々の行為において現れるもの，②一連の諸行為のパターンとしてのパーソナリティー構造に依存して現れるも

1）日本学術会議生命科学の全体像と生命倫理特別委員会報告書『生命科学の全体像と生命倫理―生命科学・生命工学の適正な発展のために―』3頁（日本学術会議生命科学の全体像と生命倫理特別委員会，2003年）。

の，③一群の諸個人によって担われる文化の構造に依存するもの，④文化・政治・経済などを含む総体としての社会構造を意識する場合に現れるといった具合に，歴史，文化，宗教，政治，経済などさまざまな要因によって左右され，そこでは様々な価値判断基準が存在している。特に，社会が変動する中で，多様な問題意識が出現し，まさに複雑系であるが故に，より普遍的な価値判断基準を求めることは困難であるといった側面があるのも確かである。しかし，だからといって法律は科学ではないと断定する前に，より客観的価値評価軸を抽出する努力を放棄すべきではないであろう。

　生命倫理をめぐる議論に視線を戻すと，配慮しなければならない新技術の応用が招く負の効果は複雑となり，そのすべてを個人で予測することは不可能になってきた。そのため，人が集団で生活する社会では，個人の限界を超えてより広い視点から検討され，多くの人が納得し共有できる行動の指針・原則が必要となるといわれている。ある時は，法によって規制することが必要になるかもしれない。しかし，これらの指針・原則や法的規制，とくに法的規制が，生命科学の進歩や生命工学の利用の適正な推進までも阻害することがあってはならないといわれているのも事実である。こうした問題への対応のための価値判断基準は国あるいは社会によって異なっている。グローバル化が急速に進んでいく中で，社会的背景の異なる国々が出来る限り価値観を共有できるように様々な国際機関が指針・原則を提示し，それに基づいて各国が適正に対応しようとしているのも事実である。しかし，南北問題が依然として存在している状況を省みるとき，その行動さえも多くの困難さが付きまとうともいわれている[2]。

　筆者は，今後，オンライン ADR において法的助言や法的価値判断の支援をする「オンライン ADR 対応型の法律エキスパートシステムの展望」（法学新報『小島武司先生古稀記念論文集』（2007 年 3 月）という題の論文において，法的価値関数（Legal Value Function）に基づくアドバイス，すなわち価値判断・思考支援を行うシステムの展望について考察した。価値判断をする際，我々は世

---

　2 ）日本学術会議特別委員会報告・前掲注［1］4・5 頁。

84 第1部 法的価値判断に関する研究

界を把握するために価値構造を必要とする[3]。紛争解決において求められる判断も，同様に法的価値構造を必要とする。ただ，法的価値構造を考えた場合，法律家は形式分析に基づく法的推論に先行して，法律家独自の法的直感や洞察といったものから結論を得ていると言われている。

Ⅲ　信義則を中核とした法的価値判断プロセス

1．紙幣の「透かし」のような存在である信義則

　筆者はこれまで科研費補助金研究により，信義則の個別的法命題が実はトポイカタログ（法的価値群）の中の法的トポス（法的価値・観点）とよばれているものであり，それらは法規範の硬直した適用・思慮を欠く適用に対して指針的役割を果たし，それと同時に，より高次のメタ・ルールによって制御されていることを明らかにしてきた。その後，さらに研究を進め，抽出した法命題として，次のようなものがある。

　法命題1「信義則は，明示・黙示を問わず，すべての条文の但書の中に存在する」，法命題2「信義則は，明示・黙示を問わず，常に各条文に存在する特別規定である」，法命題3「一般条項による解決こそが，大陸法において具体的妥当性と，論理の整合性を調和しうる最も特色ある解釈方法である」，法命題4「信義則は，特別法的であれ，一般法的であれ，その形を法的トポス（法的価値・観点）の形で現わしつつ，法解釈が間違った方向に向かないための，実践的かつ主体的な法解釈の指針として機能する」，法命題5「成文法と信義則とは相互に補完し合い，もし信義則がなければ成文法は機能不全に陥り，逆に成文法が充実していなければ信義則もその影響を受けるという関係にある」。

　そして，拙稿「トピク的思考の観点からの信義則の法解釈学的考察」[4]で行った前掲法命題の分析の結果，成文法を紙幣に喩えると，信義則は紙幣の

3）F. ハフト（平野敏彦訳）『レトリック流法律学習法』71頁（木鐸社，1992年）。

中に明示・黙示を問わず但書として存在する「透かし」のような存在であり，二にして一如のものであり，法を組成する2つの不可欠の構成要素と考えられるとの結論を導き出した。

　人の場合は「ストーリー性」「流れ」のあるものに非常に強く，体系化した法的価値群の構造的知識を用いる者が，法的価値体系にかなった筋・構想を持たせながら，組み合わせて用いる点に着目したい。この筋・構想こそが，論理の補助線の役目を果たし，具体的妥当性を求めつつ，法的トポスを結合させて，具体的妥当性のある解決を導き，説得性を持たせると考える。ここで，「判断基準 Topos-36」という法的トポスを軸にして信義則に基づく法解釈のメカニズムを考えてみたい。間主観的である具体的妥当性が合目的性を持つと，客観化が進む。より客観化が進むと，秩序化し，体系化する。判断基準として，「ボトム・アップ」と「トップ・ダウン」の思考がある[5]。下から汲み上げるボトム・アップ思考は当事者間の利益を均衡させ，その際に信義則が重要な役割を果たす。上から降りてくるトップ・ダウン思考は秩序全体から眺める体系思考により，当事者の主張に基づき具体的妥当性を探り，その際に信義則が重要な役割を果たす。このボトム・アップとトップ・ダウンの両方のバランスを保ちつつ，正義が実現される。信義則は，ボトム・アップ思考とトップ・ダウン思考のバランスを保つ際に，さらに大きな包括的メタ概念として存在し，両方の判断基準に入り込んでいるのである。

2．法的価値群の体系化

　シュトルック教授のトポイカタログ（法的価値群）や，その他の法的トポス（価値・観点）も取り入れながら体系化するにあたって，シュトルック教授の説く法的トポスを，①法が保護し推進しようとしている基本的価値に関するもの（Topos-3, 7, 8, 12, 15, 22, 36, 39, 41, 42, 46, 51, 52, 56, 57, 58, 62, 63 等），

4）平田勇人「トピク的思考の観点からの信義則の法解釈学的考察」名古屋大学法政論集 207 号（2005 年）47〜94 頁。

5）加賀山茂「法科大学院における法曹教育の基本的な考え方」2000 年 11 月 8 日（仮想法科大学院 http://lawschool.jp/kagayama/basic_idea/lawschool_ed.html, 2018 年 3 月 9 日最終閲覧）。

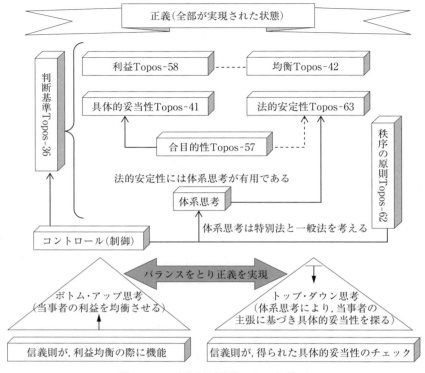

図1. メタ的な判断基準である信義則

②信義則あるいはその個別的法命題に関するもの（Topos-28, 31, 33, 34, 39, 52, 56 等），③立法者や裁判官が法の定立・解釈・適用にあたって考慮しなければならない観点を示すもの（Topos-16, 20, 21, 22, 36, 41, 42, 51, 57, 58, 59, 61, 63 等），④法の一般原則に関するもの（Topos-1, 2, 4, 9, 23, 27 等），⑤ラテン語で表現された格言ないし古諺に関するもの（Topos-4, 5, 6, 7, 9, 19, 27, 29, 38 等），に大別した（各分類にまたがっているものもある）。

　法律の分野で問題となる法的トポスは，法文を実質的かつ具体的に個別的に理解することを重視し，形式的な熟練のみを重んじ，実質的知識，事柄についての知識をもたらさない旧来のトピクとは明らかに一線を画している。

第3章　判断における法的価値関数について　*87*

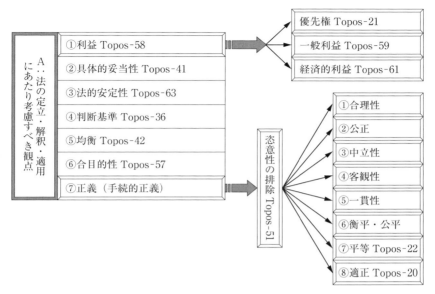

図2．法の定立・解釈・適用にあたり考慮すべき観点

　トピク的思考と体系思考は相互補完の関係にあり，法的トポスは法的推論に対して適当な指針を与え，また，裁判官が合理的で公平な解決を模索するとき利用できる知的方法を増やすことが，これまでの研究で明らかになった。体系的なトポイカタログ（法的価値群）を上手に活用すれば，相互に関連した法的トポスは法的価値判断をコントロールするであろう。

3．法的トポスの構造化

　具体的事例を解くには，構造化された知識に法的トポスを整理する必要があるが，その構造化に際して，シュトルック教授のトポイカタログだけでなく，他の法的トポスも取り入れながら構造化を試みた。長期記憶に格納された知識も，実際に推論をするためには，短期記憶で扱える Magical Number 7 ±2 の独立項目に編成し直さなければならない[6]。前掲の拙稿「トピク的思考の観点からの信義則の法解釈学的考察」において，法的トポスの構造化を行っ

88　第1部　法的価値判断に関する研究

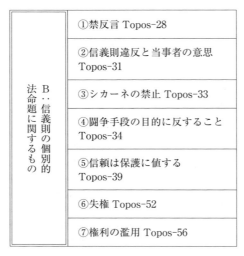

図3. 信義則の個別的法命題に関するもの

たが，推論に使える知識にするため，認知科学における成果を取入れ，本稿においては新たに7±2の独立項目に編成し直し，それを図2〜4にまとめた。

A 「法の定立・解釈・適用にあたり考慮すべき観点」

　Aとして7つの法的トポスに再編成した。

B 「信義則の個別的法命題に関するもの」

　Bとして，7つの法的トポスに再編成した。

C 「法の一般原則に関する法的トポス」

　Cについても，Magical Number 7±2の枠内に収まるよう5つに再編成した。

　以上の法命題，法価値を，筆者は信義則を理論上のコアにして体系化してきたが，そのグルーピングに客観性を持たせる，その理論的根拠になるもの

6）佐伯胖「認知科学の誕生」渕一博編著『認知科学への招待―第5世代コンピュータの周辺』16頁（日本放送出版協会，1983年）。加賀山茂「法教育改革の理論と実践」2003年12月14日（仮想法科大学院 http://lawschool.jp/kagayama/basic_idea/lawreform_theory_practice.ppt, 2018年3月9日最終閲覧）。

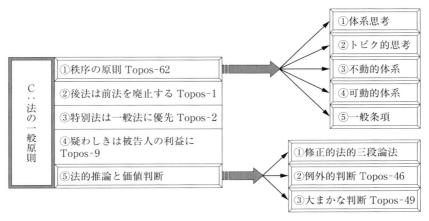

図 4. 法の一般原則

を同時に捜し求めてきた。それが，次に述べる価値意識の理論である。

Ⅳ　価値意識の理論における理論的鉱脈

以下において，見田教授のあげる4つの価値意識のレヴェルについて具体的に見て行きたい。

前述したように，価値判断をするには価値構造が必要となる。筆者はこれまで，Struck (1971) によって提示されたトポイカタログ[7]を基にして，信義則の観点から法的価値のグルーピングを行い，体系化に努めて来たが，前述したように，その後「価値意識の理論」[8]を見出すことができた。見田教授の理論は，法的価値に限定されない，いわば価値意識全般にまたがるものであるため，法的価値に的を絞れば，その要素は修正されるかも知れないが，1966年の文献であるにもかかわらず，現存する多くの価値に関する文献の中

---

7) G. Struck, *Topische Jurisprudenz—Argument und Gemeinplatz in der juristischen Arbeit*, Athenäum Verlag, Frankfurt, 1971, S. 20-34.
8) 見田宗介『価値意識の理論』（弘文堂，1966年）。

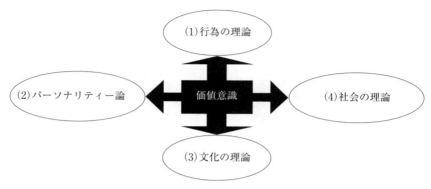

図5. 価値意識の4つの理論的鉱脈

で,価値判断の構造の設計図として参考にすべき点が多いといえるであろう。

1. 4つの理論的鉱脈

見田教授は,問題提起や図式や仮説を比較的豊富に包含しているという意味で,利用しうる理論的鉱脈を4つに分類している。それらは,(1)行為の理論,(2)パーソナリティー論,(3)文化の理論,(4)社会の理論と名づけられ,価値意識はこれら4つの角度から照らし出された時にはじめて,その全貌を明らかにできるとされる。逆に言えば,価値意識はこれら4つの領域を統合する戦略高地としての意味を持っているとする[9]。

結論から言えば,(A)個々の行為の場における価値の問題をそれ自体として考察する場合は(1)の諸次元のみ,(B)個々のパーソナリティーにおける価値の問題をそれ自体として考察するときは(2)を中心として(1)および(2)の諸次元が,(C)個々の時代の文化における価値の問題をそれ自体として考察するときは(3)を中心として(1)(2)(3)の諸次元が,(D)個々の価値判断・価値意識・価値体系を総体としての社会的・歴史的文脈の中で考察するときは(4)を中心として(1)(2)(3)(4)すべての諸次元が考慮に入れられるべきであるとされている。

---

9) 見田・前掲注[8] 45頁。

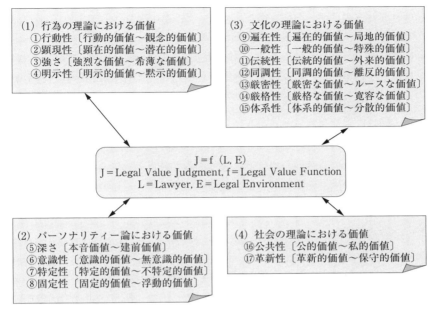

図6. 価値の17次元と法的価値関数

(1) 行為の理論における価値

　価値意識・価値体系・社会的価値などさまざまな価値現象の，いわば原基形態として分析の最初の単位となるべきものが個々の価値判断である。価値判断は人間の個々の行為において現れる。価値判断は行為の規定要因である。まず，行為の構造における価値判断の位置や機能を把握しておく必要があるとされる。

　個々の行為の構造における価値ないし価値意識の機能を一般的に考察する際，すでに問題となってくる次元として以下のものがある。

① 行動性〔行動的価値～観念的価値〕

　価値主体の現実の行為の方向付けに対する影響力の比較的大きい価値を行動的価値といい，比較的小さい価値を観念的価値という。行動的価値は価値主体の現実の行動から推論され，観念的価値は価値主体の言語による表明な

どによってのみ知ることができる。

② 顕現性〔顕在的価値～潜在的価値〕

行動性が，行為に影響を与えうる一般的な能力ないし可能性に関係するのに対して，顕現性は，現在問題となっている個々の行為の価値空間に組み入れられているか否かに関係する。

③ 強さ〔強烈な価値～希薄な価値〕

行為の現在において，他の価値もしくは状況の側にある障害との拮抗において，それらを打ち負かして行為として実現される力と考える。

④ 明示性〔明示的価値～黙示的価値〕

明示的価値とは行為者によって言語的に表明された価値であり，その逆が黙示的価値である。

(2) パーソナリティー論における価値

一連の諸行為のパターンとしてのパーソナリティー構造における価値ないし価値意識の機能を考察する際に，初めて問題となってくる次元として以下のものが挙げられる。

⑤ 深さ〔本音価値～建前価値〕

欲求性向の層にまで根を下ろしている価値を本音価値といい，規範意識の層にのみ存在する価値を建前価値と呼ぶ。

⑥ 意識性〔意識的価値～無意識的価値〕

まったく無意識の価値観が果たして価値意識の名に値するかは疑問とされるが，「なかば無意識」「ほとんど無意識」の価値というものは考えられる。建前価値は原則として比較的明確に自覚されているが，本音価値はほとんど無意識な場合もあれば，きわめて明確に自覚されている場合もあり，したがってこの2つの次元も一応区別されるべきである。

⑦ 特定性〔特定的価値～不特定的価値〕

ある種の特定の状況下でのみ顕在化する価値を特定的価値，多くの異なった状況において等しく顕在化する価値を不特定的価値と呼ぶ。

⑧　固定性〔固定的価値～浮動的価値〕

　いわゆる固い信念という考え方を一般化したもの。価値判断法学で高い評価を得ている Canaris[10] は，不動的価値体系と可動的価値体系という形で法命題を創設している。

(3)　文化の理論における価値

　一群の諸個人によって担われる，文化の構造における価値ないし価値意識の機能を考察する際に，はじめて問題となる次元として以下のものがある。

　⑨　遍在性〔遍在的価値～局地的価値〕

　価値主体の地理的，または社会的な分布の広がりに関する次元である。

　⑩　一般性〔一般的価値～特殊的価値〕

　その遵守がすべての人々に期待されるような価値，より厳密には，すべての人々によって行動的価値であることが期待されているような価値が一般的価値である。逆に，特定の地位にある人々に対してのみ，その遂行を期待されるような価値は特殊的価値である。

　⑪　伝統性〔伝統的価値～外来的価値〕

　伝統に価値を置くか，それとも伝統とは異なる外来的なもの価値を置くかといった次元の問題である。

　⑫　同調性〔同調的価値～離反的価値〕

　一定の集団に支配的な価値体系を原点として，そこからの距離の大小によって把握される。すべての価値体系は，具体的な状況，個性，役割に基づいた解釈のために許容範囲を持っているが，許容範囲内での（比較的同調的な）離反を支配的価値の変奏とよび，許容範囲を外れたものを，支配的価値の逸脱と呼ぶ。同調的価値～離反的価値は，連続的な次元の上での相対的な程度を示すが，支配的価値・変奏的価値・逸脱的価値は，非連続的なタイプの問題である。

---

10)　C.W. Canaris, *Systemdenken und Systembegriff in der Jurisprudenz：entwickelt am Beispiel des deutschen Privatrechts*, 2. Aufl., Berlin, 1983.

94　第1部　法的価値判断に関する研究

⑬　厳密性〔厳密な価値〜ルースな価値〕

前述の変奏の許容範囲の広さに関する次元である。

⑭　厳格性〔厳格な価値〜寛容な価値〕

前述の逸脱に対する制裁の厳しさに関する次元である。

⑮　体系性〔体系的価値〜分散的価値〕

　法体系・教義体系・道徳理論体系として，どの程度決疑論的に結晶しているかに関する次元である。一方の極には分散的・断片的な価値判断があり，他方の極には，西欧中世の決疑論的な教義体系や，近代の法体系に見るような，高度に結晶化した価値規定がある。

　Canaris によれば，体系的価値の中には，「体系思考」，「トピク的思考」，「不動的体系」，「可動的体系」，「一般条項」といった内容のものが含まれる。以下において，体系思考，トピク的思考，一般条項について，数ある個別的法命題の中からいくつかを抽出して述べてみたい。(a)「体系思考」の中には，「体系思考とトピク的思考は排他的に対立しているわけではなく，相互に補完・浸透している[11]」，「法体系は，前法律的な事前の価値判断の適宜介入を求める[12]」といった内容の法命題が含まれる。(b)「トピク的思考」の中には，「法体系・法原則の成立発展段階においてトポイが決定的役割を果たす[13]」，「トピク的思考は社会通念・常識に根拠を置く[14]」といった内容の法命題が含まれる。(c)「一般条項」の中には，「一般条項は価値の充填を要する[15]」，「一般条項は，その具体化に必要な判断基準を示さず，判断基準が原則として個別具体的事例に関してのみ確定される[16]」，「一般条項の具体化は，体系的な確定を指向しながら類型化を通して行われ，部分的には明確な法律要件の構築によって行われる[17]」，といった内容の法命題が含まれる。

---

11)　Ebenda, S. 160.

12)　Ch. ペレルマン（江口三角訳）『法律家の論理―新しいレトリック』153 頁（木鐸社，1986 年）。

13)　Canaris, a.a.O., S. 153.

14)　Ebenda, S. 159.

15)　Ebenda, S. 82.

16)　Ebenda, S. 82.

17)　Ebenda, S. 152.

⑷　社会の理論における価値

　文化・政治・経済などを含む総体としての社会構造における，価値ないし価値意識の機能を考察する際に初めて問題になる諸次元である。

　⑯　公共性〔公的価値～私的価値〕

　価値客体，すなわち，価値判断を求められている問題の社会的意義に即した次元である。

　⑰　革新性〔革新的価値～保守的価値〕

　現在の社会体制を基点として，これを維持しようとする価値意識を保守的，これを変革しようとする価値意識を革新的という。

　Haft（1992）が述べているように，価値判断をする場合に，我々は世界を把握するために，価値構造を必要とする[18]。民事紛争処理において求められる判断も，それゆえに法的価値構造を必要とする。ただ，法的価値構造を考える場合，形式分析にのみ基づく推論は厳密性を欠き，法律家の直感や洞察と，着実な経験科学の方法を融合させることで，法的価値判断の問題を考えていく必要があるのではないだろうか。

Ｖ　より高次・総合的なものへと配列されるべき価値構造

　前述したように，筆者は，着実な経験科学の方法によって価値の問題をできる限り追求し解明していく社会学者・見田宗介教授の「価値意識の理論」に着目してきた。そこで挙げられた17次元の価値の大部分は，新しく考え出されたものではなく，従来の価値現象の研究の中で，明示的あるいは黙示的に想定されてきた分類基準を，主として一義性と相互排他性の観点から見田教授が理論的に精錬して獲得されたものであり，その大部分は，具体的研究における有効性が大なり小なり検証済みの次元といわれている[19]。見田教授は，価値意識の４つのレヴェルを，特定の思想体系や学説史に拘泥すること

---

18)　ハフト・前掲注［3］71頁。
19)　見田・前掲注［8］37頁。

96   第1部　法的価値判断に関する研究

なく，少しでも手掛かりとなる問題提起や図式や仮説を，掘り起こしてきて，問題解決のために活用するといった戦略をとっており[20]，法的価値判断の構造を探る上で参考にすべき点が多い。

　筆者は前述したように，信義則の観点からトポイカタログ（法的価値群）の構造化を試みてきたが，見田教授の提示する価値の 17 次元との相関関係については，今後，厳密にその対応関係を明らかにして行きたいが，価値の 17 次元から学ぶべきことは，一言で言えば，価値の諸類型は，伝統的な「真・善・美」図式のように，相互に無関係な概念として単純に並列されるべきでなく，より高次の，より総合的なものへと配列されるべきであるという点である[21]。「高次」といわれる価値は，「低次」といわれる価値を，自己の基礎とし「モメント」として統合し止揚していてはじめて真に「高次」なのであって，この基礎を失って自己を自己目的化したものは空虚な価値にすぎないという点が重要である[22]。今後，こうした観点から，さらに，信義則を核とした法的価値構造を，より洗練したものにして行きたい。

VI　正義を中核にした紛争解決システム

　法律学の分野においては，正義という法価値がより高次・総合的であると一般に考えられているが，ここで正義という法的価値判断基準について考察してみたい。

　立証責任の祖とも言うべき Rosenberg の『証明責任論』を見れば，その後半部分は，あたかも民法の概説書のような様相を呈している。現に末尾の条文索引を見れば，ドイツ民法典 2385 ヶ条の内の 556 ヶ条，すなわち 4 分の 1 近く（23.3%）が，この『証明責任論』で取り扱われているのである。Rosenberg（1965）によれば，法適用は「抽象的法規を大前提とし，真実と確

　20）見田・前掲注［8］45 頁。
　21）見田・前掲注［8］32 頁。
　22）見田・前掲注［8］33 頁。

定された具体的事実関係を小前提とする三段論法の所産である」[23]とみなされ，法的推論が小前提となる事実が真偽不明のため止まった場合，すなわち，推論停止の状態を回避する基準が証明責任ということになる。さらにRosenberg は，「裁判官が個々の訴訟という小舟の舵をとるに当たって正義の星だけを頼りにしようとすると，大海原の荒天や危難の数々に陥って難破してしまい，訴訟の本体は根底から破壊されるであろう。各人が正義に則って自由に判決するということは，原則ではなく自分の感じに従って裁判するということになるが，これでは法的安定性は期しえられない。けだし，各人のいだく正義の像は各様であるからである。当事者にとってはその判決は恣意的なものと思えようし，それも無理はないであろう。裁判官の規矩準縄たりうるものは，何世紀にもわたって精錬され，立法者によって作られた正義すなわち法律のみなのである」とされる[24]。

この点において，Rosenberg の法命題（実質的考慮の排除）と小島武司教授の提唱される「正義の総合システム」[25]は認識を異にする。すなわち，「正義の総合システム」においては，形式的に把握された実定法規ではなく，法の究極にある正義を中核にした紛争解決の全体システムが構想されているからである。さらに，Calamandrei（1954）の考え方も，Rosenberg のこの法命題とは認識を異にしている。Calamandrei によれば，「正義感とは変わりやすい主観的な錯覚なのではなく，練磨された精神の働きである」とされる[26]。

法解釈において，実定実体法規が大切なことは言うまでもないが，条文の文言に過剰に反応することなく，より広い観点から，多様な紛争を利益状況に応じて分析し，バランスよく解決するルールを発見し，それを民法等，実

---

23) Leo Rosenberg, *Die Beweislast* (fünfte, durchgeschene Aufl.), München und Berlin, 1965, S. 6.
24) Ebenda, S. 93.
25) 小島武司「紛争処理制度の全体構造」新堂幸司編集代表『講座民事訴訟①：民事紛争と訴訟』355-380 頁（弘文堂，1984 年）。小島武司「正義のシステム」『民事訴訟の基礎法理』115-123 頁（有斐閣，1988 年）。
26) Ｐ．カラマンドレーイ（小島武司＝森征一訳）『訴訟と民主主義』85 頁（中央大学出版部，1976 年）。なお，Calamandrei の原典は Piero Calamandrei, *PROCESSO E DEMOCRAZIA*, CEDAM—Padova, 1954 である。

体法の規範に矛盾なく位置づける体系的な構想力が大切であると考える。こうした考え方が法創造教育にとって重要であることは言うまでもないであろう。

「正義の総合システム」において，裁判は，社会に密着した合理性を不断に汲み上げつつ（ボトム・アップ），法を正義へと近づけていく柔軟な法実現の創造的装置として位置付けられ，裁判と調停は，正義を見据えての法的対話のプロセスの両極に位置し，裁判所の設定した法的基準は調停の場に「波及効」（トップ・ダウン）を発揮し，また，調停は調整活動のプロセスのなかで法的基準を基礎に Win-Win の方向でルールの成長を図るという協力関係を見出す。

以上のように，裁判と調停は，法的基準をめぐって波及と汲み上げ（トップ・ダウンとボトム・アップ）を核とする双方向的なプロセスが円滑に働いていて，両者は一団の法の成長に必要不可欠なパートナーシップを形成しているとされる。さらに，「正義の総合システム」のなかで，調停は，司法と活性化された仲裁との2つの主柱の周辺にあって波及と汲上げによって織りなされる官と民の各アリーナにおけるサブ・システムの成長に寄与し，多中心的に拡がっていく「正義の総合システム」の一翼を担っていると位置づけられる[27]。このように，「正義の総合システム」において，裁判と調停は究極の「正義という価値」に向けて法の成長をそれぞれの角度から推進する原動力であり，よき裁判とよき調停の組合せは，独自の魅力を発揮して統合的に機能し合うとされる。

Ⅶ　価値判断の先行性

次に，価値判断の先行性について見て行きたい。正義の女神の持つ剣が，切れ味鋭い論理を表現しているとも言われていることからもわかるように，

---

27) 小島武司「仲裁 ADR 法の将来展望（序説）―基礎法理と制度戦略の方向転換を目指して―」『仲裁と ADR』創刊準備号（2005 年）18 頁。

第3章　判断における法的価値関数について　*99*

法解釈は基本的には論理を尊重し，条文の文言の論理的解釈を重視している。そして，法解釈は一般的に論理的であると信じられており，ふつうは論理的かどうかなど疑われることさえないといえよう。

　正義の女神に象徴されるように，条文の論理的解釈の結果自明であるということが法的正義の根拠として機能し，政治や宗教等の圧力に対する護身剣となってきたとも言えるであろう。論理的であること自体が正義の実現とまではいかないにしても，肯定的な価値を実現していることは間違いなく，法律の論理が論理として成り立つこと自体が1つの価値の実現になっているとも考えられる。こうした問題に対して，Calamandrei が興味深いことを述べているので紹介したい。

1．法律家の直感によって生成される仮説

　Calamandrei によれば，裁判官は判決を下す際に，直感がひらめいて採るべき命題が示され，ついで，それを基礎付ける法的な理由を探す検証が行われるとされる。弁護士も同様に，依頼者の話す，法的な構成の手掛かりさえ容易に見出せないような生の事実の塊の中から，我慢強く一定の選択を行い，ばらばらの事実の断片を探索して，それらを結びあわせる。そして，形のない混沌が純化され統一体に構成されていくと，突然この混沌の中に，Leonardo da Vinci（1452-1519）が，古い壁の湿気によるしみの中に人間の像を見たように，一連の事実に法的な意味づけを与える典型像の輪郭を認識すると説明されている[28]。

　法律家の持つこの洗練された法感覚は，多年の法廷経験から徐々に獲得され，ついには，一種の洞察にまでなり，この法感覚によって解答を出した後で，論文や判例集にあたって，その解答の正しさが推論と理性によって確証されるときこそ，法律家の至福の時と Calamandrei は述べている[29]。

　Calamandrei はさらに，意思表示としての判決は，このような意思へと裁

28）カラマンドレーイ・前掲注［26］84・85頁。
29）カラマンドレーイ・前掲注［26］85頁。

100　第1部　法的価値判断に関する研究

判官を導いたところの論理的理由がいかなるものであるかを裁判官が表明する前に，すでに生まれていると指摘し，三段論法の結論は，前提が構成される前に，すでに取り消し不能なまでに確定してしまっていると喝破している[30]。すなわち，「法律家の法的価値判断は論理に先行する」ということが示されているのである。

2．関係的・構造的思考

Haft によれば，関係的思考とは，構造的に思考することである[31]。そして，構造的思考は，直感的に行使されることも指摘されている[32]。Calamandrei の考え方と，Haft の説く直感的構造思考の両者に共通するのは，「法律家の直感」という概念である。関係的思考では，1度考え得る限りのすべての解決を並べ立てて，不断に要素と関係を探求し，様々な組み合わせの可能性を徹底的に検討する[33]。

換言すると，関係的思考においては，1度考え得る限りのすべての解決を「列挙」して，常に可能なバリエーションの完全性を目指して「選択」を行うことが大切であるといえるだろう。Haft は，これを行うためには直感に頼れば良いとする[34]。

2005年度においては，関係的思考に関して，前述のように理解し，最小限の論理的まとまりを可能な限り「列挙」し（自説に反対の立場も含めて），そこから全体の脈絡を意識しつつ自分の立場の「選択」を重ねていくことで，全体の論理が成立する点に注目して分析してきた。ただ，法的価値判断は列挙と選択の作業の最中に，直感的にひらめいて採るべき命題が示され，次いでこれを基礎付ける法的な理由を探す検証が行われる点が重要であると考えている。すなわち，採るべき法命題は，論理の積み重ねの結果として出てくるの

---

30) カラマンドレーイ・前掲注［26］82頁。
31) ハフト・前掲注［3］94頁。
32) F．ハフト（植松秀雄訳）『法律家のレトリック』196頁（木鐸社，1992年）。
33) ハフト・前掲注［3］99頁。
34) ハフト・前掲注［3］102頁。

ではなく，法律家の直感によって，論理よりも先に成立している点に注意しなければならない。

2006年度は，こうした理解をさらに一歩進め，不断に要素と関係を探求する関係的思考と，法的価値関数の考え方には関連性があるのではないかと考え，研究を進めてきた。法廷で裁判官や当事者を説得するためには，法的判断が論理的に構成されている必要があるが，法的判断がもっぱら論理だけで構成されていると考えると，我々は法的判断が本質的に価値判断であるという事実を見逃してしまうおそれがある。後で詳しく述べるが，筆者は法律家や法律エキスパートシステムが，優れた法律家の価値判断に近づきたいという，この目標を法的価値関数（Legal Value Function）と定義したい。

優れた法律家は，彼の置かれた環境の中で，客観的で公正であるべき法的判断を目指し，論理だけによって自動的に法的判断を下すのではなく（すなわち，論理の奴隷になり自らの論理に自縄自縛となり，論理の外に立つ視点を失うということが決してなく），法的価値判断を行っているはずである。以下においては，具体的事例（信義則に関する）において，法的価値判断がどのようになされているか見て行きたい。

Ⅷ　Brian Dalton 事件[35]の分析

【事例】Brian Dalton は，Holy Cross ハイスクールの3年生であるが，彼は大学進学適性試験（SAT）を受験した。SAT は，アメリカの大学では，入学試験の評価に広く用いられている。それは教育研究団体（ETS）が運営していた。Brian の受験当時，毎年240万人の志願者に対して，「ETS は，もし得点の妥当性に問題があると考える場合，あらゆるテストの得点を取り消す権利を有している」との文言に同意するように求めていた。

Brian の最初の試験結果は620点であったが，受験指導を受けた後，SAT

35）Dalton vs. Educational Testing Service 588 N.Y.S. 2d 741, at 747-8（Supreme Court, Queens County, 1992），aff'd, 614 N.Y.S. 742（Supreme Court Appellate Division 1994）.

102　第1部　法的価値判断に関する研究

に再度チャレンジしたところ，2度目の結果は410点も劇的にアップして1030点をとった。テストの信頼性を保障する担当官と，筆跡鑑定人は，前後2回のテストは同一人物によって書かれたものではないと結論付けた。再調査の結果，ETS は Brian に彼の2度目に出した得点の取消しの仮決定を伝え，提示している追加情報を含め，Brian の得点の妥当性を確認するためもう一度受験するように求めた。Brian は，最初の試験のときは単核症に罹っており，さらに ETS 側の証拠には矛盾点があるとして争い，また試験監督官の女性は Brian が2度目の試験を受験していたと証言したことや，Brian 側の証拠書類と ETS 側の結論には齟齬があると主張した。ところが，ETS は Brian が2度目に出した得点を最終的には取り消したため，Brian は再試験を迫られた。しかしながら，Brian は再試験を受けず，裁判所に提訴し，ETS の処置に対して救済を求めた。

　アメリカの裁判所は，契約上の義務の履行における Good Faith（信義則）の要請は，単に抽象的な法理論ではないと判示した。SAT の替え玉受験かそれとも Brian 自身が受験したのかという，2つの相互に排他的な事実に基づく前提にもかかわらず，ETS は単に筆跡鑑定のみに頼る独断的な選択をした（「手続的正義」の中の「中立性」が問題になるであろう）。Brian によって提出された情報を評価ないしは調査するという初歩的な努力を怠り，ETS は内容を超えた形で契約による約束を果たそうとしなかった。ETS は，Brian の SAT における得点の妥当性に問題ありや否やを決定する過程において，Good Faith に従って行動することを怠って，Brian との附従契約に違反したと結論付けたのであった[36]。

　ところで英米法といっても，イギリス法では Good Faith に信義則の意味を付加することは困難であるといわれているが，アメリカ法ではまったく逆の状況にあり，非常に多くの意味を持たせるようになってきている[37]。アメ

---

36) E Allan Farnsworth, "Good Faith in Contract Performance," in Jack Beatson and Daniel Friedmann ed., *Good Faith and Fault in Contract Law*（Oxford, 1995）pp. 153・154.
37) *Ibid.*, p. 161.

リカの裁判所は，この事件で信義則は，当該契約によって一方当事者に与えられた自由裁量権の行使を制限すると判断したわけである。

アメリカ合衆国における Good Faith（信義則）の意味をめぐる論争を概観すると，まず，Antonin Scalia 判事が連邦控訴裁判所判事であった時期に表明した，Good Faith の義務は「契約法の根本諸原則の単なる言い換え（再命名）」という考え方である。Scalia 判事も Farnsworth 教授同様に，Good Faith の意義は合意における黙示条項にあると考えた[38]。この点，前述した法命題 1 と共通する。

次に，Robert Summers 教授は，Good Faith は排除手段（Excluder）であると考えた。すなわち Good Faith は，それ自体は一般的な意味や種々の意味を持っていない言葉であるが，Bad Faith の多くの異質な形態を排除するのに役立つと考えた。Bad Faith の諸類型の完全なカタログを作るのは不可能であるにしても，次の諸類型が判例を通じて形成されてきた。売買契約の精神の回避，注意義務の欠如と怠慢，不完全履行を故意に行うこと，契約条件を明細に記す権限の濫用，他方当事者の履行の妨害ないしは協力をしないことといった類型である[39]。このリストは，Summers によってかなり正確に作られた。Summers のアプローチに対して，Good Faith の義務は裁判官が信義則違反と判定したときは，常に違反があったというのと同じであり，しかも知的審理を行った根拠となる正当な理由をほとんど述べることなく，リストの明確なケースと完全に一致する場合を除いて，将来の事案のガイドラインになることは絶対に無いとの批判もあるが，Priestly J.A. は，Summers のアプローチは，Good Faith の義務は役に立たないという仮作の話を持ち出すことなく，裁決の際に実際に起きていることを反映する，実現可能な大きなメリットがあると Summers を擁護している[40]。

1980 年に，アイオワ大学の Steven Burton 教授は，裁判所も注釈者も

---

38) *Ibid.*, p. 161.
39) *Ibid.*, p. 161.
40) *Ibid.*, p. 162.

Good Faith を Bad Faith から区別する操作上の基準を明瞭にしてこなかった
と Summers を強く批判し，当事者の期待に基づく基準を形成するよう企て
た。彼は，Good Faith は契約によって一方当事者に与えられた，履行におけ
る自由裁量権の行使を制限すると考えるので，契約上見合わされた機会を取
り戻すために自由裁量権を行使することは Bad Faith であるとする。しかし，
それに対して，見合わされた機会を取り戻すという概念は，契約違反の全範
囲をカバーしておらず，Burton の定式は適用範囲が非常に狭いとの批判が
なされた。Summers は Burton の定式が今までにない Good Faith が機能す
るケースにおいて，必ずしも第2次リステイトメント以上に焦点が合ってい
ないと Burton を攻撃した。これに対して，Burton は排除手段との分析は，
合意した契約条件を強制的に不可能とするために，あるいは，成立に至った
合意と両立しがたい義務を押し付けるために Good Faith の法理を裁判所が
典型的に用いることを暗に意味している点で，欠点があると応戦している[41]。
そして，Burton と Summers は，ロー・レビューにおいて最後まで論争した。

　Good Faith はときには，当事者に与えられた自由裁量権が行使される際に
制限を加える根拠として（Burton 説），ときには礼儀の基となる基準を破る行
為を禁止する根拠として（Summers 説），ときには，契約における合意で漏れ
たケースとのギャップを埋める黙示条項の根拠になったりする（Farnsworth
説）[42]。アメリカの裁判所は，これらの見解の対立を考慮してこなかったが，
どの考え方が本事例問題を解決する場合に最も妥当であろうか？　具体的妥
当性（Topos-41）がここでも考慮される。本事例において信義則を考える場合，
判断基準（Topos-36）の具体的な内容として，「ETS の自由裁量権行使を制限
する意味」，「ETS に交渉（訳者注：意見・立場の食違いを前提に対話や協議をするこ
と）の回避を禁じる意味」，そして「ETS に紛争解決に協力することを命じる
黙示条項としての意味」が含まれる。ここまで用いられてきた要素をまとめ
ると，①具体的妥当性，②判断基準，そして②がさらに3つに分かれ，②a「自

41)　*Ibid.*, pp. 162・163.
42)　*Ibid.*, p. 163.

由裁量権行使の制限」，②b「話し合いを回避することの禁止」，②c「紛争解決に協力することを命じる黙示条項」，③附従契約違反，④手続的正義，⑤中立性の8つである。

　ここで，この8つの諸要素を基に本事例を考察してみると，信義則を但書の中に存在する黙示条項と見る考え方に従えば，Farnsworthの見解がそれに一番近いことになる。そして，附従契約違反については次のように考える。資本主義経済の高度な発達に必然的に付随する独占化と大規模取引の結果として，契約自由の原則が変質し，それによって生じた歪みは，労働契約をはじめ，あらゆる分野に及んでいる。代表的なものの1つにBrian Dalton事件で問題になった附従契約（附合契約）がある。取引が大規模・集団化した場合，経営側は，取引の簡易・迅速化のために，あらかじめ設定した特定の契約約款により，機械的・一律的取引を行おうとする。しかも，電気，ガス，保険，運送等の公共性の強い分野においてこうしたことが多くみられるため，利用者側は，契約自由の原則に従って「契約内容について協議する機会」を奪われ，契約自由の原則は完全に形骸化されることになる。ここで，「手続的正義」の中に含まれる「手続保障」というトピク的思考がなされているのである。Brian Dalton事件の場合，Brianは実質的にETSが提示した契約内容に合意することを強制され，そこに契約があっても，それは名前ばかりの契約にすぎず，そこにはETS側の単独意思の排他的支配があり，Brianは3度目の受験を要請するETS側の決定に対して，受諾の附従しか選択肢がないといった弊害が起こっている。こうした附従契約をそのまま放置した場合，大企業ないし独占企業によって国民は思いのままに契約締結を強制されることになるため，今日においては，附従契約に対して，料金許認可制度等により国家機関による干渉や介入が行われているが，アメリカの裁判所が信義則を援用してこのBrian Dalton事件を解決しようとしたことは，国家の介入行為と並んで，私的自治の原則を修正するための裁判所の一表現であるとも考えられる。

106 第1部　法的価値判断に関する研究

IX　法的価値関数について

　具体的事例における法的価値判断のプロセスを，科学的に解明するための
ツールが，筆者がいうところの法的価値関数である。前述したように，法的
価値判断をする際に，法律家は形式分析に基づく法的推論に先行して，法律
家独自の法的直感や洞察といったものから結論を得ていると言われている。
2006年度は，法的価値判断において，関数という形で数学的に表現できない
かについて研究を進めてきた。

1．法的価値関数

　法的価値関数の数式については，数学的知識を必要とするため，数学者の
木村秀幸博士の協力を得て，筆者の法的価値関数に関するイメージやアイデ
アを数式化すべく，現在検証中である。ところで，関数という言葉を最初に
使用したのは，G.W. Leibniz（1646-1716）であるといわれているが，彼は変動
する量，すなわち変数 x を考え，変数 x とともに変動するものを x の関数と
呼び，それを表現するのに f (x) などの記号を用いた。その後，L. Euler（1707-
1783）が，1つの変数の関数とは，その変数と単なる数または定数とから組み
立てられた解析的な式であると定義したことは有名である。その後，A.L.
Cauchy（1789-1857）が，オイラーの定義した「関数は解析的な式である」とい
う考え方を批判し，「いくつかの変数の間にある関係があり，そのうちの1つ
の値が与えられると，他のものの値がすべて定まるならば，普通その1つの
変数によって，他の変数が表されると考えられ，この1つの変数を独立変数
とよび，他のものをその関数と名づける」と定義した。現代まで，この定義
が関数の一般的定義であった。しかし，現代数学において用いられる関数は，
P.G.L. Dirichlet（1805-1859）によって次のように定義されている。すなわち
Dirichlet は，関数は必ずしも式で表現する必要はなく，対応そのものである
ことを主張したのである。したがって，筆者は，当面の目標として，数学者

の協力を得て法的価値関数の数式化を目指しているが，もしそれが，数学者の立場から見ても困難であると判明した場合は，Dirichlet が説くように，法的価値判断における価値との対応関係を明らかにするという2段構えのアプローチで今後研究を推進して行きたいと考えている。

　前述したように，法的価値関数を数学的に表現することは，数学者の協力を得ても，法律家の法的価値判断が複雑なためにかなりの時間を要し，今回，不完全な形で数式を提示することは差し控えたいが，今後も吉野教授の研究会に参加して，継続的に研究を推進して行きたいと考えている。筆者は，まずは，民事裁判（Civil Trial）における価値について考察し，それを足掛りとして今後さらに研究を進めて行きたい。

　本題に入るが，筆者は「法的価値判断は①法律家と，②法的環境，という2つの変数の関数である」と現在考えている。法的環境の中には，裁判，ADR（裁判外紛争解決制度）における仲裁や調停等，そして，ロー・スクール等における法学教育環境，さらには，サイバーコートやオンライン ADR も入ってくる。筆者が，本稿の副題として「法創造教育への活用」としたのは，法創造教育環境もその射程内に入っていると考えたからである。前述した法的価値判断，法的価値関数，法律家，法的環境といったものを記号化すると次のように表現できるであろう。

$$J = f\ (L,\ E)$$

　J = 法的価値判断（Legal Value Judgment）

　f = 法的価値関数（Legal Value Function）

　L = 法律家（Lawyer）

　E = 法的環境（Legal Environment）

ここで示された L と E は互いに無関係であるとはいえず，相互に影響を及ぼし合っているため，いずれも独立変数とはいえない。そのため，法的環境や法律家の状態を規定する条件を抽出し，法的価値判断と，法律家の置かれた環境，そして法律家の状態を規定する諸条件との間で，一定の関係，すなわち法的価値判断の法則性を見出すことも目標になるであろう。以下にお

108　第1部　法的価値判断に関する研究

いて，民事裁判（Civil Trial）における価値関数について考察してみたい。

2．民事裁判における価値関数

民事裁判においては，「適正」「公平」「迅速」「経済」の4つの価値が一般に認められている。これらの4つの価値は独立したものではなく，変数である。このことを記号化すると次のように表現できるであろう。

$$T = F \diamond I \diamond S \diamond Ec$$

T＝民事裁判の価値（Civil Trial）

F＝適正価値（Fairness）

I＝公平価値（Impartiality）

S＝迅速価値（Speedy）

Ec＝経済価値（Economy）

F，I，S，Ec はそれぞれの価値評価軸に対する重み，$\diamond$ は法的価値関数の演算子と定義したい（こうしたアイデアは神恭仁「価値のモデル化」[43]参照）。

演算子として＋（加算）を選択すれば，個々の価値評価軸を独立に扱っていることになる。演算子として×（乗算）を選択すれば，個々の評価値と他の評価値は絡み合いながら総合的な評価が計算されることになる。ただし，これは各価値評価軸を完全に等価なものと仮定した場合であり，もし，他の価値評価軸を上回る価値評価軸があるとすると，価値評価軸間に優先順位を導入しなければならない。

---

43) 神恭仁「価値のモデル化」2002年2月14日（http://aeneis.haun.org/janus/d/200202.html#20020214.000, 2003年5月5日最終閲覧）では，「ある1個の作品」を評価する場合の評価関数を$\diamond$演算子を用いて考えており，そこでは，α, β, θ はそれぞれの評価軸に対する重み，$\diamond$ は演算子と定義されている。演算子として＋，つまり加算を選択すれば個々の評価軸を独立に扱っていることになり，一方，×，乗算を選択すれば，個々の評価値は他の評価値と絡み合いながら総合的な評価が計算されることになる（これは各評価軸を完全に等価なものとして扱った場合）と説明されている。ここで私が注目したのは，神氏が，ある作品を見たときに，心の中で直感的に　作品の価値＝F（作品）　という評価を行っているのではないかと述べ，さらに，これだけではどういう過程で評価を行っているかブラックボックスで外からは観測できないため理解できない。そこで説明のための変数を導入して，F（作品）＝α 誤読に関する評価（作品）$\diamond$ β 話の面白さ（作品）$\diamond$ θ 価格$\diamond$その他‥といった評価関数を考えるとしている点である。この考え方は，法的価値判断のブラックボックスからの開放という筆者の考え方と通底する。

神氏によれば「ある1個の作品」を評価する場合の評価関数を◇演算子を用いて考えており，α, β, θはそれぞれの評価軸に対する重み，◇は演算子と定義されている。演算子として＋を選択すれば個々の評価軸を独立に扱っていることになり，一方，×を選択すれば個々の評価値は他の評価値と絡み合いながら総合的な評価が計算されることになる（これは各評価軸を完全に等価なものとして扱った場合）と説明されていた。私が考えていることと似たようなことが書かれていて参考になったが，特に注目したのは，ある作品を見たときに，心の中で直感的に，作品の価値＝F（作品）という評価を行っているのではないかと述べられている点であり，さらに，これだけではどういう過程で評価を行っているかブラックボックスで外からは観測できず理解できないため，説明のための変数を導入して，F（作品）＝α誤読に関する評価（作品）◇β話の面白さ（作品）◇θ価格◇その他‥といった評価関数が導入され，ただし，これは各価値評価軸を完全に等価なものと仮定した場合であり，もし，他の価値評価軸を上回る価値評価軸があるとすると，価値評価軸間に優先順位を導入しなければならないとされている[44]点であり，法的価値関数においてもまったく同様のことがいえるであろう。

　ところで，前述した J＝f (L, E) における E（法的環境）の中に，先ほど述べた民事裁判における価値関数が包摂されている。すなわち，適正・公平・迅速・経済といった民事裁判において理想とされ重視される法的環境の中で，法律家は法的判断をしなければならないのである。法的価値評価軸のバランスをいかにとるか，言い換えれば，法律家が「スジ，スワリ」という言葉で表現している感覚（クオリア）をいかに数学的に表現するかが重要となってくるであろう。

3．法的価値関数の最大化

　機械学習と呼ばれている手法，特に強化学習と呼ばれる手法は，機械が試行錯誤を行いながら，経験を蓄積して，賢く動作できるようになるための手

───────────────
44) 神・前掲注「43」。

110　第1部　法的価値判断に関する研究

法で，動物が食べ物を手に入れたり，体に電気刺激の痛みを受けたりすることで，自ら学習していく仕組みを工学的に模倣したものといわれている。

　機械のエージェントにも自分の目標がある。たとえば，筆者がいつもお世話になっている交通信号機について考えてみた場合，信号機制御システムは自分が管理する交差点で，車や歩行者の待ち行列をいかに減らすかという目標を持たされているはずである（ただし，こうした一つの価値評価軸だけではなく，通行する車両や人等の安全確保といった価値評価軸も複合的に目標の中に当然含まれるのではないだろうか）。また，人間に似せた2足歩行ロボットでは，ロボットが転倒せずに歩行したり，階段を上り下りしたりするという目標を持たされているであろう。さらに，新田克己教授が研究されておられる，オンライン ADR における助言エージェント（高機能化した場合は調停エージェント）の目標は，いかに人間のベテラン調停委員に近づけるかといったことが目標になっている[45]。

　このエージェントの目標を価値関数（Value Function）という。

　法律の分野に目を転じると，法律エキスパートシステムを，いかに優れた法律家の法的価値判断に近づけるかという目標を法的価値関数（Legal Value Function）と定義したい。

　前述したように，ロボット工学の分野でも有名な強化学習は，試行錯誤をうまく使って，価値関数を最大化する動かし方を学習させる方法である。これは機械に自己修復機能を持たせる方法であり，法的価値判断について考える場合に，参考になる点が多い考え方である。たとえば，6足歩行ロボットに，各脚が独立して強化学習で歩き方を学習できるような実験を行った結果，ロボットは実験中に生じた1脚の故障に対して，それをカバーするような新しい歩き方を自動的に発見することができたという話を，Web 上で見たことがある。その他にも，間合いを見て，次に他のエージェントが何をするかを知り，その状態で自分の目的（価値関数）を最大化する行動を探すことで，

───────────────

45) 新田克己「議論をするエージェントの構築」Simposium 成果報告書『模擬裁判と法創造教育』4-1〜21頁（2006年）。

第 3 章　判断における法的価値関数について　　*111*

エージェント同士の連携も期待できるということも研究されていると聞いている。

X　まとめ

　法命題創造の推論の論理構造についてみた場合，法命題の創造は，仮説法命題の生成と検証とからなるといわれている。

　検証は反証推論で行われ，その論理構造は

　$\{(A \Rightarrow B) \ \& \ \neg B\} \Rightarrow \neg A$

で表される。ある仮説法命題（A）が採用されるとその適用がある帰結（B）をもたらす。

　しかし，その帰結は正しくないと評価される（¬ B），故にその仮説法命題は正しくないと反証される（¬ A）。

　反証推論を通じて反証されなかったものが採用される[46]。

　ここで，その帰結は正しくないと評価される（¬ B）という場合，法的価値判断がなされていることに注目したい。どういった価値評価軸で，その帰結は正しくないと評価される（¬ B）のか。その構造解明のために，法的価値関数の概念を導入してさらに研究を進めて行きたい。

　そして，何よりもこの法的価値関数の考え方を推進しようと考えた動機は，加賀山茂教授の「答案の公正かつ厳格な採点システム」における卓越した見識と，答案の価値評価軸に対する一貫した考え方のおかげであることを述べなければならないであろう。すなわち，成績の客観的評価は○×式や，選択式に頼らなければならないという従来の常識を打破し，自由記述式の試験問題に対して，客観的かつ公正で透明な採点を見事に実現しているからである。

---

46) 吉野一「正義と論理—正義推論における演繹的方法の役割」法哲学年報 1974 年（有斐閣，1975）38-68 頁，Hajime Yoshino, "Die Logische Struktur der Argumentation bei der Juristischen Entscheidung", in：Aarnio, Niiniluoto, Uusitalo（Hrsg.），*Methodologie und Erkenntnistheorie der juristischen Argumentation*, Rechtstheorie Beifefts 2, Duncker & Humblot Verlag, Berlin, 1981, S. 235-255. 吉野一「法的決定に至る推論の論理構造」『慶應義塾創立 125 年記念論文集・慶應法学会法律学関係，慶應義塾大学法学部』3〜32 頁（1983 年）。

112　第1部　法的価値判断に関する研究

脳高次機能の研究から，人間の価値判断の客観的なメカニズムが明らかにされようとしている今，すでに，加賀山教授によって，客観的な価値評価軸への扉が開かれていることを強調しておきたい。法創造の科学を推し進める場合，純粋な論理で作られた「生命のない存在」というモンテスキューの裁判官ではなく，裁判することの重大な責任の重みを，注意深い人間的配慮をもって背負うことのできる，参加する裁判官[47]を模範とした法的価値関数について，法学系だけでなく，理工学系，医学系等の研究者の意見も取り入れながら，研究を進めて行きたいと考えている。

　また，吉野教授の展開する論理法学 (Logical Jurisprudence, Logishe Rechtslehre) の目指す「法の科学」の確立のために，「論理法学から見た知的財産権紛争とADR」[48]，ならびに，2007年8月に中華人民共和国で報告した学会発表のテーマである「サイバー ADR：インターネットを介した電子紛争処理システム（仮題）」[49]において，積極的に論理法学を紹介し，さらにこの研究を発展させて行きたい。

47）カラマンドレーイ・前掲注［26］47・48頁。

48）平田勇人「論理法学とオンライン ADR」名古屋大学法政論集 227号『加藤雅信教授退職記念論文集』（2008年12月）29〜52頁。

49）李偉群（編）『中日民商法律制度比較研究』（上海：学林出版社，2009年12月）所収の論文中，平田勇人「网络ADR—电子商务纠纷处理机制」（日本大江法律事務所上海代表：周敏弁護士翻訳）161〜172頁及び，平田勇人「サイバー ADR〜インターネットを介した電子紛争処理システム」392〜406頁。

第4章　民事調停の基層にあるもの

Ⅰ　日本における民事調停

　第161回国会において，「裁判外紛争解決手続の利用の促進に関する法律」（いわゆる ADR 法）が可決・成立し，2004年12月1日に公布された（平成16年法律第151号）。ADR 法は，2007年4月1日に施行された。この ADR 法施行当初に強調されていた特徴は，①紛争解決事業者の認証（民間の紛争解決事業者は，申請により，法務大臣の認証を受けることが可能），②利用者への情報提供（認証を受けた紛争解決事業者は，業務に関する一定の情報提供を行い，法務大臣はこの情報を公開して利用者に提供），③法律上の効果の付与等（(ⅰ)時効中断：認証を受けた紛争解決手続終了後，1ヶ月以内に訴訟手続に移行するなど，一定要件を満たす場合は時効中断の効力発生。(ⅱ)訴訟手続中止：当事者間に紛争解決を図る合意があり，共同の申立てがあるなどの要件を満たす場合は，裁判所は一定期間を定めて訴訟手続を中止することが可能），④調停の前置に関する特例（認証紛争解決手続を経ているなどの一定要件を満たす場合は，原則として調停前置が不要）であった。

　ADR 法が施行されて今年（2011年）で4年目になるが，まず司法型として地裁・簡裁・家庭裁判所で調停が行われている（筆者は名古屋地裁・簡裁に所属）。次に，行政機関・行政委員会によるものとしては，総務省公害等調整委員会，独立行政法人国民生活センター紛争解決委員会，労働委員会（中央労働委員会・都道府県労働委員会），紛争調整委員会（都道府県労働局ごとに設置），労働相談情報センター，建設工事紛争審査会（国土交通省内の中央建設工事紛争審査会・各都道府県内の都道府県建設工事紛争審査会）が機能している。第3に民間機関であるが，すでに認証事業者はかなりの数に登り，一般財団法人日本スポーツ仲裁機構

を始めとして，日弁連交通事故相談センター，一般社団法人日本商事仲裁協会，社団法人日本海運集合所，財団法人交通事故紛争処理センター，PL センター，事業再生実務家協会，そして医療紛争相談センター等が機能している。

このように ADR と一口に言っても多様性があり，本稿においては司法型の民事調停に焦点を当てて述べることにしたい。

1．民事調停手続の概説

調停という紛争解決方式は決してわが国独自・固有のものではないが，ここで裁判所が主宰する民事調停について述べてみたい。民事調停は，民事調停法の定める手続により，調停機関が斡旋・仲介して，当事者の互譲により，条理にかない実情に即した解決を図ることを目的とした紛争解決制度である（民事調停法１条）。原則として調停委員会があり，例外的に裁判官だけで調停を行うことも可能である（同法５条，20条）。調停委員会は，調停主任裁判官と２名以上の民事調停委員で構成され，原則として簡易裁判所に（当事者の合意があれば地方裁判所に）申立てをして手続が開始する（同法２条，３条）。また，訴訟係属中に受訴裁判所が適当と認めたとき，職権で事件を調停に付することにより，調停の手続が開始される（付調停事件。同法20条１項）。

調停委員会は，職権で事実の調査及び必要と認める証拠調べをすることができ（民事調停規則12条１項），調停主任又は当該調停委員会を組織する調停委員に事実の調査をさせたり（同規則12条２項，３項），その構成員以外の民事調停委員から専門的知識経験に基づく意見を聴取することもできる（同規則14条）。事実関係把握のために，当事者及び関係人等からの事情聴取，当事者の提出した証拠資料等の検討，現地調査（検分）等が活用されている。

当事者間に合意が成立すれば，調停調書に記載して調停が成立し（民事調停法16条），付調停事件については，訴えの取下げがあったものとみなされる（同法20条２項）。調停調書は，裁判上の和解と同じ効力，すなわち確定判決と同一の効力を有するため執行力がある。これに対して，合意成立の見込みがなく，調停に代わる決定（同法17条）もされないときは，事件は不成立として終

第4章　民事調停の基層にあるもの　　*115*

了する（同法14条）。付調停事件については，訴訟手続が進行する。調停に代わる決定は，紛争解決の内容に関して当事者双方の意見が大筋で一致しながら，わずかの相違のために合意に至らない場合や事実調査等が不十分なために，事件の実情が明らかになったにもかかわらず，当事者の一方が自己の主張に固執するため合意を成立させられない場合等に，調停条項に代えて，決定という形で示し，紛争解決を図るものである。ただし，決定告知の日から2週間以内に当事者の一方から異議の申立てがあれば，決定は効力を失う（同法18条）。なお，決定が確定すれば裁判上の和解と同一の効力を有する（同法18条3項）。

　民事調停事件の種類として，①民事一般調停事件，②宅地建物調停事件，③農事調停事件，④商事調停事件，⑤鉱害調停事件，⑥交通調停事件，⑦公害等調停事件，⑧特定調停事件がある。

2．特定調停

　債務整理を，通常の民事調停で行う事もできるが，①裁判所の管轄が異なる債権者が多数いる場合は，それぞれの簡易裁判所に調停を申立てなければならず，②給料差押え等の民事手続を停止させることができないといった民事調停のマイナス面を克服して，債務整理に特化した調停として特定調停は生まれた。特定調停のプラス面として，①裁判所の管轄が異なる債権者が多数いる場合でも，1つの簡易裁判所に調停申立てができ，②貸金業者に対して，取引経過等の資料の提出を命令することができ，③費用は，収入印紙代のみ，④引直し計算を裁判所で行ってくれ，⑤専門の調停委員が話合いによる解決をはかり，⑥過払いがあれば，法定利息に引直し計算し過払い分は元本に充当される等があげられる。ただし，①債権者全員が合意しなければ，実効性が上がらず，②調停成立後に返済が行き詰まれば破綻する可能性があり，③3年（特別の事情があれば5年）以内に返済する必要がある。

116　第 1 部　法的価値判断に関する研究

3．民事調停官及び家事調停官制度

　平成 15 年 7 月の通常国会で，民事調停法・家事審判法等の一部改正がなさ
れ，民事調停官・家事調停官制度が創設され，平成 16 年 1 月からこの制度が
スタートした。民事調停手続・家事調停手続において，改正前は裁判官が手
続を主宰していたが，改正後は裁判官に加え，5 年以上の経験を有する弁護
士から最高裁判所が任命した民事調停官・家事調停官（任期は 2 年で，再任可）
も，裁判官と同等の権限をもって手続を主宰できるようになった（いわゆる非
常勤裁判官制度）。

II　民事調停の理論及び実務の状況

　日本における民事調停の理論及び実務の状況について概観したい。

1．民事調停の対象

(1)　民事の意義

　民事とは「一般に『刑事』に対する意味の最広義の概念であって，いわゆ
る『商事』および『家事』の関係の紛争を含むことはもちろん，広く法律的
な処理が可能であり，かつ，当事者の合意的解決に親しむ一切の紛争を包含
するもの」[1]とされている。これに対し，小山説は，刑事紛争や行政事件紛争
は民事調停法の民事には含まれないと解する[2]。梶村説も，刑事や行政に関
する紛争は，民事調停の対象にはならないとする[3]。さらに，萩原説は，司法
エネルギーの合理的配分，行政事件の処理の迅速化の見地からも，民事調停
法 1 条・2 条の対象の中に行政紛争が含まれると解する[4]。

　1）最高裁判所事務総局民事局編『民事調停法逐条解説』6 頁（民事裁判資料 98 号，1970 年）。
　2）小山昇『民事調停法（新版）・法律学全集 38-II』119 頁（有斐閣，1977 年）。
　3）梶村太市（北見民事調停研究会）「民事調停法規・調停委員規則の逐条解説」判タ別冊 4 号（1977
　　　年）283 頁。
　4）萩原金美「調停対象論序説」（《ミニ・シンポジウム　調停について》における第三報告）民訴
　　　雑誌 32 号（1986 年）196・197 頁。

⑵ 家事紛争との関係

家事紛争については，家事審判法3章が存在するので，本条にいう民事から除外されると解されている[5]。

⑶ 自然債務

自然債務を民事調停の対象にできるか否かについては，小山説は，民事訴訟が許されない紛争は民事調停も許されないとしながら，例外的に自然債務については調停によることも認める[6]。しかし，萩原説は，民事調停は民事訴訟と密接な関係を有するため（民調19条・20条，民調規5条等），無条件に自然債務を調停の対象とすることに対して疑問視する。すなわち，あえて一般的にいえば，自然債務から通常の債務への復元ないし移行が可能ならば，その限度において調停の対象となると解する[7]。

2．多様な紛争解決の連続性

「回避・無視」（両当事者の話し合いが行われていない状態）→「交渉」（両当事者の話し合いが行われる）→「調停」（初めて三者関係になる）→「仲裁」「裁判」（それぞれの当事者が，仲裁人や裁判官という第三者に向かって主張・立証していくプロセスに至る）→「自力救済」（両当事者が実力行使する紛争状態になり，ここでは暴力が振るわれる場合もある）[8]。ただし，自力救済は禁止されている。

3．民事調停の規範

民事調停は，「条理にかない実情に即した解決を図る」ことを目指すため，その拠るべき規範は「条理」ということになるが，条理の意味ないし条理と

5）小山・前掲注［2］119頁以下。梶村太市＝深沢利一『〔新版〕和解・調停の実務』（新日本法規出版，2001年）197頁以下。

6）小山・前掲注［2］121頁はこれを「調停事件適格」の問題とする。

7）石川明＝梶村太市編『注解 民事調停法〔民事調停規則〕』57頁〔萩原金美〕（青林書院，改訂版，1993年）。

8）経済産業省（著作）・㈳日本商事仲裁協会ならびに日本仲裁人協会「調停人養成教材作成委員会」（制作）『調停人養成教材・基礎編』4頁（2004年度版）。

118   第1部　法的価値判断に関する研究

法規との関係については，必ずしも明確にされていない部分がある[9]。川島説は，裁判規範としての条理を，実定法体系の基礎となっている基本的な価値体系であるとする[10]。小山説は，裁判規範としての条理も調停規範としての条理も，その意味するところは同じであるが，その適用の範囲が異なるとする[11]。三ヶ月説は，紛争解決規範の構造を円錐にたとえ，水平に切断された最上部が実定法，中間の部分が仲裁，その底部が条理とされ，法の中にも条理は宿っているが，条理はその外延が法よりも広く，たえず法への距離を縮めて行く一般的傾向があると解する[12]。梶村＝深沢説は，条理にかなった解決とは，①条理が法規そのものの場合，②任意法規適用では妥当な解決が得られない場合，③法の欠缺・不備の場合に拠所とされるものの総称であると解する[13]。小島説は，衡平な解決とは，専門の英知と素人の常識のブレンドの所産であり，その具体的解決例は，将来の法創造にあたって貴重な資料となり，調停における判断の枠組は，制定法から出発する純法律的な判断というよりは，むしろ市民の常識から出発して制定法との衝突を避け得るかぎり最大限に民間の感覚を生かすものとする[14]。

　民事調停の規範をめぐって，民事調停を法乖離＝合意尊重型の紛争解決制度とみるのか，法志向型の紛争解決制度であるとみるのかは難しい問題であり，筆者は，価値観がものの考え方や判断の基準になることに着目して，法的価値体系の観点からアプローチを試みた[15]。すなわち，条理にかない実情に即した紛争解決制度である民事調停は，両当事者の互譲，妥協を重んじて当事者間の合意を目指すにしても，法から無制限に乖離できるわけではない

　9）　梶村＝深沢・前掲注［5］131〜136頁。
　10）　川島武宜『民法総則』〔法律学全集17〕25頁（有斐閣，1965年）。
　11）　小山・前掲注［2］105頁以下。
　12）　三ヶ月章「紛争解決規範の多重構造」法学協会編『法学協会百周年記念論文集（第1巻）』469頁（有斐閣，1983年）。
　13）　梶村＝深沢・前掲注［5］134〜136頁。
　14）　小島武司「民事調停における国民の参加」別冊判タ4号（1977年）37頁。
　15）　平田勇人「民事調停のあり方について―法乖離型と法志向型の対立をめぐって―」小島武司編『ADRの実際と理論Ⅱ〔日本比較法研究所研究叢書68〕』179〜213頁（中央大学出版部，2005年）。

と解する。民事調停は，条理に基づく互譲の精神の上に成り立つといっても，基本的には法規範を根底に据えるべきであって，裁判規範の背景にある基本的価値体系と，調停規範（民事調停で用いる紛争解決規範）の背景にあるそれとは同一のものであると考える。すなわち，両者は決して異質なものではなく，当該民事調停事件において，たとえ任意法規の適用を排除したからといって，あくまでも実定法の基本的価値体系の域を出ない条理が調停規範になるのである[16]。もちろん法乖離＝合意尊重型の ADR を一般的に否定したり，その存在を認めないわけではないが，ADR における法律乖離性の根拠について，和の精神とか当事者意思の尊重の納得づくの真の紛争解決性，紛争解決の具体的妥当性等々をもってその根拠を説明しきれるものではないと考える。基本的価値体系の中で裁判規範と調停規範とでは価値の重きの置き方が当然異なるにしても，条理を現行法の基本的価値体系と解するならば，現行法とは異なる条理というものはありえない。任意法規の対象とする事項について，その適用を排除して条理による解決をはかる場合，右条理は任意法規とは内容を異にするものの，現行法の基本的価値体系とは調和するものであって，現行法と特段に異ならない条理であるというべきではないだろうか。

4．民事調停の本質

調停の本質については，任意性と判断性であるといわれている。民事調停手続の第 1 の特質は当事者の任意性であり，第 2 の特質は条理にかない実情に即した解決かどうかを見る調停機関の判断性である[17]。この当事者の任意性と調停機関の判断性は二律背反の性質を持っているため，どちらの特質を調停の本質と見るかによって，調停合意説と調停裁判説がある。

調停の本質は調停手続における当事者の任意性，すなわち当事者間の合意

---

16) 条理は，裁判規範としては補充的なものにすぎないという場合，実定法は基本的価値体系という氷山の一角に過ぎないことを指しているのであり，現行法と離れた価値体系を示す条理が調停規範になるのではないといえよう。民事調停においては，裁判規範としては氷山の水面下にある価値規範が，水面上に出てきているに過ぎないのである。

17) 梶村＝深沢・前掲注［5］136～138 頁。

120　第 1 部　法的価値判断に関する研究

がなければ調停は成立しないとする考え方（調停合意説）と，調停委員会が相当と認めなければ調停は成立せず，常に相当性の判断があるとする考え方（調停裁判説（調停判断説））とが対立している[18]。従来の通説は調停合意説であったが，両説の対立は民事調停の本質を解明する上で多大の貢献をなしたと評価されている[19]。そして，調停合意説に立脚しつつ，さらに調停裁判説の主張する事実認定や法的判断を現行法の枠内で可能な限り強化すべしとの，両説を止揚する説（梶村説）が説得力を持って主張されている[20]。また家事調停の領域においても，大塚判事は，裁判官・書記官・事務官の連携により，合理的な実体的かつ手続的運営が保障され，また必要に応じて医師等の専門家が関与し，調停委員の良識がよい形で反映され，当事者に十分な意見陳述の機会や反論の機会を与えて，当事者が積極的に受容できる合意と相当性のある判断が実現できるならば，これらの解釈の違いは乗り越えられると，両説の止揚を説いている[21]。

5．民事調停の機能・存在理由

　民事調停の存在理由として，従来，合意による紛争解決の円満性，妥当性，その簡易・迅速・低廉性が主張されてきた。これに対して，佐々木説では，簡易・迅速・低廉性は調停制度固有のものではなく，調停制度の存在理由は紛争自体を直接の対象としてその公正な全体的根本的解決を図るところにあるとする[22]。また小山説も，簡易・迅速・低廉は調停制度の目的ではなく属性と解し，合意による解決の円満性を調停制度の存在理由とする[23]。以上に対して，萩原説は調停の存在理由を，①紛争選別機能，②簡易・迅速・低廉な

18）梶村＝深沢・前掲注［5］139〜143 頁。
19）梶村＝深沢・前掲注［5］143 頁。
20）梶村＝深沢・前掲注［5］143〜145 頁。
21）大塚正之判事「日本における家事事件処理手続と裁判官・調査官・調停委員等の役割〜離婚及び子の監護を中心として〜」日本家族《社会と法》学会第 21 回学術大会レジュメ 2004 年 11 月 13 日（http://www.geocities.jp/nihon_kazoku/otuka.pdf, 2018 年 3 月 9 日最終閲覧）。
22）佐々木吉男『増補調停制度の研究』122〜124 頁（法律文化社，1974 年），127 頁。
23）小山・前掲注［2］52〜61 頁。

いし個別の紛争に即応した具体的妥当な解決をはかりうる紛争解決方式を利用者＝国民に提供すること，③民主主義的機能，④権利形成〔創造〕機能の4点にあるとする[24]。さらに，梶村説は，調停の機能・存在理由について，①訴訟補充的機能，②簡易裁判的機能，③取引仲介的機能，④事件振分け的機能，⑤法創造的機能，⑥民主主義的機能の6つを挙げている[25]。

また，小島説は，正義へのアクセスの多元制を強調する立場から，従来の調停の存在理由を整理したうえで，さらに①法調整的衡平法的機能（保証人の責任の調整，消滅時効の効果の緩和など）や②手続リスク緩和機能（証明や手続選択の困難に対処）を挙げられる[26]。

6．民事調停の種類

前述したように，調停の主宰者の観点から分類すると，まず司法型として地裁・簡裁・家庭裁判所で調停が行われている。次に，行政機関・行政委員会によるものとしては，総務省公害等調整委員会，独立行政法人国民生活センター紛争解決委員会，労働委員会（中央労働委員会・都道府県労働委員会），紛争調整委員会（都道府県労働局ごとに設置），労働相談情報センター，建設工事紛争審査会（国土交通省内の中央建設工事紛争審査会・各都道府県内の都道府県建設工事紛争審査会）が挙げあられる。第3に民間機関については，一般財団法人日本スポーツ仲裁機構，日弁連交通事故相談センター，一般社団法人日本商事仲裁協会，社団法人日本海運集合所，財団法人交通事故紛争処理センター，PLセンター，事業再生実務家協会，そして医療紛争相談センター等が挙げられる。4年前は司法型調停は盛況であったが，今日，行政型調停や民間型調停も着実に整備されてきており将来を期待されている。

調停のあり方については，3種類ある。①評価型調停（Evaluative Mediation）は，専門的知識を持つ調停人が結論に強く介入し，法的評価を背景として合

---

24) 萩原・前掲注［7］53〜55頁。
25) 梶村＝深沢・前掲注［5］146〜152頁。
26) 小島武司「民事調停の存在理由」石川明＝梶村太市編『民事調停法〔現代実務法律講座〕』18・19頁（青林書院，1985年）。

意に導くプロセスを指し，伝統がある。②妥協要請型調停は，互譲の名の下に，当事者の主張の「中」を取り，両当事者の利益についてほどほどにバランスをとり，③促進型調停（Facilitative Mediation：対話促進型調停，自主交渉援助型調停）では，調停人の役割は，当事者の自主的な交渉を援助し，対話を促進することにある[27]。

　調停のあり方については，理論・技法の両面で新たな動きが生じており，とりわけアメリカのミディエイションの影響が大きく，様々な提案がなされている。日本の司法調停は，これまで評価型の色彩が強かったが，権威的押付けや無原則の妥協という欠点に前向きに取り組んできているのも事実である[28]。評価型調停の欠点に対し，批判や懐疑も表明され，当事者間の交流の促進を基調とする種々の調整手法が開発され，評価型調停と促進型調停の境界が次第に流動化してきている[29]。ただ，紛争当事者からよく事情を聴き，客観的資料を慎重に吟味し，法的基準を基本に，証明において解明度の低いことを考慮して，幅のある調停案を提示する評価型調停の存在意義[30]を否定するのではなく，当事者のニーズにあった選択肢を出来る限り用意するべきであろう。小島教授が指摘するように，評価型調停に対するニーズは，とりわけ大都市以外のところでは相当程度存在するであろうし，大都市等においても新種のニーズが生まれているとも考えられ[31]，評価型調停に期待する当事者の割合が，民間調停と比べて，司法調停の場合により多いものと推測される。これに対し，促進型調停は，民間組織においてもニーズが高く，そこでは当事者間の交渉が中心となる[32]。ADRの機能を充実し，利用しやすくすれば，国民が，様々な紛争解決手段の中から最も適当なものを選択できるようになり，国民の満足度が高まると考える。

27）経済産業省・前掲注［8］8頁。
28）小島武司「仲裁ADR法の将来展望（序説）—基礎法理と制度戦略の方向転換を目指して—」『仲裁とADR』創刊準備号（2005年）17頁。
29）小島・前掲注［28］17頁。
30）小島・前掲注［28］17頁。
31）小島・前掲注［28］17頁。
32）小島・前掲注［28］17頁。

7．紛争に対する当事者の姿勢

①「回避」とは，関係性重視（小）・自己利益重視（小）であり，紛争から逃げる態度であるが，自分も相手も得られるものはないので望ましい状態ではない。②「相手に従う」という態度は，関係性重視（大）・自己利益重視（小）であるが，相手に利益があるが，自分の利益をあきらめる態度であり，これもまた望ましいものではない。③「競争」は，関係性重視（小）・自己利益重視（大）であり，双方が競争的である。④「妥協」は，関係性重視（中）・自己利益重視（中）であり，両当事者の利益に関して，ほどほどにバランスをとるする考え方であり，双方共に満足しない。⑤「協調」は，関係性重視（大）・自己利益重視（大）であり，自分の利益も重視し，相手の利益も重視する考え方（Win-Win の関係）である。促進型調停では，この協調的解決を目指す[33]。互譲の名の下に，「回避」「妥協」「相手に従うこと」に説得して向かわせるのではなく，両当事者がそれぞれの利益を重視し，両方が満足できる解決策を見つけようとするのが，促進型調停である。

8．利害に基づく交渉の理論

裁判等の通常の紛争観では，ゼロサム（足してゼロになる）の交渉をイメージしている場合が多い。一方が取れば，相手方が失うという関係である。こうした紛争では，両当事者は競争的にならざるをえない。一方，Win-Win の交渉では，解決案を創造し，選択肢を開発することでパイの大きさを拡げる。また，双方の価値観の違いを利用して，一種の取引を行い，双方が納得する解決を見出すことも可能である。よく引用される例[34]として，姉妹が1個のオレンジをめぐって対立するというケースで，法律的には，どちらか一方が独占できる権利がない以上，半分ずつ分けるということになるが，話を聞く

33）経済産業省・前掲注［8］。
34）ロジャー・フィッシャーほか著（金山宣夫＝浅井和子訳）『新版ハーバード流交渉術』88 頁（TBS
　ブリタニカ，1998 年）を基にして，経済産業省＝調停人養成教材作成委員会の前掲注［8］11 頁
　でも用いられている。

と，姉は実を食べたいと思っているのに対して，妹は，皮を使ってケーキを作りたいと考えているということであれば，調停委員会としては，実は姉に，皮は妹にという解決案を示して双方が満足する解決を図ることができる。促進型調停では，双方が Win-Win の交渉をできるように力を引き出す。

9．調停実務における同席方式と交互方式

同席方式は両当事者が対面し，そこに調停委員がかかわって対話を進めていくやり方である。これに対して，交互方式は1人ずつ交互に紛争当事者を呼んで話を聞く方式である。日本では，裁判所の調停を始め，ほとんどのADR で交互方式が採用されており，基本的には対席型が中心であるアメリカと対照的である。しかし最近，家事調停において，対席で向き合って対話をさせる同席方式（対席方式）が注目されている（同席調停の第一人者の井垣判事が，その推進者である）。

交互方式の長所は，①当事者から本音を聞くことができ，②紛争解決のため調停委員主導で解決する場合は，やりやすく効率的であり，③早く解決しやすく，④感情的な対立が過度に激しく，場合によっては暴力沙汰になりそうなケースでも抑制しやすい等があげられる。逆に，交互方式の短所は，①調停委員に情報が集積されて情報を独占し，偏った情報で心証を形成するおそれがあり，②当事者は相手が調停委員に何を話したか分からず疑心暗鬼になり，③時には当事者が調停人を説得しなければならなくなったり，時には調停人が当事者を無理やり説得するといった問題があり，④公正さ，予断・偏見の排除の点から見て問題がある。

同席方式の長所は，①対話による相互理解と解決促進が真の合意に到達する道であり，②対面しているため，嘘や大げさな情報の制御が可能になり，③誤った理解，膨らみすぎた解釈を訂正する機会が得られ，④欧米では公正性・中立性を重視して同席調停へのこだわりが強い。しかし，同席方式の短所としては，①同席した両当事者がエキサイトして喧嘩になり話し合いにならない，②相手方当事者が見ている前で弱みを見せまいとして，殊更に突っ

張ったりして本音が引き出せない，③当事者間の力関係に左右されるばかりか，無口な人や対話の下手な人が不利になって，かえって不公平になるといったことが言われている。

　ただ，当事者から事情等を聴く場合，交互方式がいいのか，同席方式がいいのかについては，事情によってずいぶん異なるため，余り画一的な結論は当面出さず，ADR の経験の中で思索を深めていくのがよいといわれている[35]。

Ⅲ　正義の総合システムの理論

1．羅針盤としての正義の総合システム

　小島武司教授の提唱される「正義の総合システム」(Universal System of Access to Justice) の構想は，トータルな視点から法律家が法的空間における自らの位置付けや役割を自覚し，理論的のみならず実務においても羅針盤となる，きわめて重要な座標軸を提供しており，その理論の学問的・実務的な寄与は非常に大きいものがある。「正義の総合システム」の理論は，法治国家であればどの国においても，公共の哲学の基礎となりうる考え方である。筆者は民事調停に臨む際，この「正義の総合システム」を常に念頭において調停に取り組んでいる。

　ここで「正義の総合システム」について，その要点をまとめておきたい。「正義の総合システム」は紛争解決方法の多様化・合理化，衡平による法の持続的刷新によって普遍的正義の実現を目指し，正義の最大化をはかることを目標にしている。紛争解決は最終的かつ中核的には訴訟＝判決という法に準拠した裁断によって行われるが，その周辺には裁判上の和解のほか，当事者の自律的解決を支援する各種機関における仲裁，調停，和解斡旋，苦情処理，

---

35) 小島武司「特集：裁判外紛争処理制度」公害等調整委員会広報誌・ちょうせい 14 号（1998 年）4 頁。

126 第1部 法的価値判断に関する研究

相談などが存在し，また当事者間の任意の話し合い（相対による紛争解決交渉）が日常的に行われている。また，契約締結交渉や予防法務活動もこのシステムの幅広い裾野を構成している。したがって，紛争をめぐる法システム全体のなかで，訴訟＝判決を中心にして同心円が外周輪のように取り巻き，相互に「波及と汲上げ」の作用を及ぼし合いながら正義＝法の内実を刷新し，その全体が有機的・総合的に「法の支配」を実現するために稼動していると説明される[36]。

　そして，小島教授は21世紀型の紛争解決制度を考える際に，正義の総合システムをさらに進化させ，次のように説かれる。すなわち，正義の総合システムの第1の柱は訴訟であり，第2の柱は活性化された仲裁に求められるとする。強行的装置である訴訟と真に実効的で活性化された仲裁とが，公正さを支える2本の柱として確立し，様々な紛争を受容する開放的なフォーラムとなって法の支配を支えるとき，「正義の総合システムの理論」を抜きにして考えることはできないとされる[37]。小島教授が述べておられるように，訴訟を中心に，2種の仲裁と2種の調停が周辺で作動し，訴訟と仲裁を中心に調停がその解決力を高めていくならば，官と民の2つの領域からなる21世紀型紛争解決システムのトゥィン・タワーは，その主体的力量を育む当事者の選択を通じてその姿を変幻自在に造形していく[38]。そこでは，訴訟と仲裁というトゥィン・タワーを支えて2つの領域に調停，斡旋が幅広く拡がり，その下に相対交渉の広大な裾野がさらに横たわるという構図が現れると説かれる[39]。

　いずれにしても，前述したように，民事調停委員は「正義の総合システム」のなかで位置づけられた場において，いかに自覚的に活動をすべきかを考えて常に行動すべきであろう。

36）小島武司「紛争処理制度の全体構造」新堂幸司編集代表『講座　民事訴訟①：民事紛争と訴訟』355〜380頁（弘文堂，1984年）。小島武司「正義のシステム」『民事訴訟の基礎法理』115〜123頁（有斐閣，1988年）。
37）小島・前掲注［28］18頁。
38）小島・前掲注［28］18頁。
39）小島・前掲注［28］18頁。

2. 正義へのユビキタス・アクセス

小島教授の「正義の総合システム」は，憲法理念としての「正義への普遍的アクセス」を現実のものとするための理論である。それは，正義への多元的ルートの創造・刷新，及び，不断に変容し成長する，より適切な正義の具現化を目標とする。「正義への普遍的アクセス」は，今様に表現すれば「正義へのエビキタス・アクセス」(Ubiquitous Access to Justice) すなわち自律的アクセス環境を指す。自律的アクセス環境とは，誰でも，いつでも，どこでも，気軽に，分り易く，法律サービスや法的救済を受けられる環境を指す[40]。そのためには，できる限り多くの選択肢が存在し，それらの中から最もベストと思える方法を任意に選択できる環境作りが必要不可欠となる。

(1) 訴訟と ADR の相互補完

ADR のメリットとして，①簡単な申立手続，②低コスト，③迅速性，④相互の合意に基づく解決，⑤非公開性，⑥柔軟性，⑦専門性，⑧国際越境取引に係る紛争についても現実的な処理が可能，⑨将来指向型（両当事者の将来の関係をも考慮した解決案を選択可）等があげられる。しかし，訴訟も制度改革により，③迅速性，⑦専門性の点で ADR に肉薄してきており，今後は，訴訟と ADR が切磋琢磨して相互補完の関係を築くことが，紛争解決サービスの向上につながると考えられている。

(2) 基軸としての仲裁

各種の ADR の中で仲裁こそが真に実効的な紛争解決サービスを提供できる装置であるという認識は大切である。調停と仲裁を比較した場合，仲裁は中立的判断者によって解決されるべき紛争解決にとってより効果的な手続である。さらに仲裁は，一方当事者が信義誠実に反する態度をとった場合や，

---

40) 小島武司「正義へのユビキタス・アクセス」2003 年 12 月 14 日 司法制度改革と先端テクノロジィ第 1 回シンポジウム資料 (http://www.legaltech.jp/ppt1a.pdf, 2004 年 12 月 1 日最終閲覧)。

128　第1部　法的価値判断に関する研究

紛争解決に非協力的な場合に，調停より効果的である。こうしたことに加え
て，正義の総合システムの観点から考えると，小島教授が指摘されるように
仲裁こそが基軸となるとの認識は正しいと考える。現在は，民間型仲裁が主
で，司法型仲裁は影の薄い存在といわれているが，小島教授によれば，将来
的には司法型仲裁の導入が重要であると指摘されている[41]。さらに，広義の
仲裁概念を画定してその外延のなかで定型分類を進めることが有用との指摘
がなされている。アメリカ合衆国における「強制仲裁」(Compulsory Arbitration)
や，民間において消費者仲裁などの場合における「片面的仲裁」，さらに「無
拘束仲裁」ともいうべき概念が台頭してきており[42]，調停と比較して，より
迅速で法的基準に基づき，裁断的・実効的な紛争解決の道が仲裁には期待さ
れているのである。

(3)　周辺としての調停

　小島教授は，形式的に把握した実定法規ではなく，法の究極にある正義を
中核にした紛争解決の全体システムを構想され，裁判により設定される法を
柔軟に応答的な形で捉え直し，これを尺度としつつ紛争を解決する「応答的
な法受容装置」として調停を位置付けておられる。また裁判を，社会に密着
した合理性を不断に汲み上げつつ法を正義へと近づけていく柔軟な法実現の
創造的装置として位置付け，裁判と調停は，正義を見据えての法的対話のプ
ロセスの両極に位置し，裁判所の設定した法的基準は調停の場に「波及効」
を発揮し，また，調停は調整活動のプロセスのなかで法的基準を基礎に Win-
Win の方向でルールの成長を図るという協力関係が見られるとされる。
　以上のように，裁判と調停は，法的基準をめぐって波及と汲み上げを核と
する双方向的なプロセスが円滑に働いていて，両者は一団の法の成長に必要
不可欠なパートナーシップを形成しているとされる。裁判と調停は，究極の
正義に向けて法の成長をそれぞれの角度から推進する原動力であり，よき裁

---

41)　小島・前掲注［28］16頁。
42)　小島・前掲注［28］16・17頁。

判とよき調停の組合せは，独自の魅力を発揮して統合的に機能し合うであろう。

「正義の総合システム」のなかで，調停は，司法と活性化された仲裁との2つの主柱の周辺にあって波及と汲上げによって織りなされる官と民の各アリーナにおけるサブ・システムの成長に寄与し，多中心的に拡がっていく「正義の総合システム」の一翼を担っていると位置づけられる[43]。

調停は正義の総合システムの理論においては，基軸としての地位を仲裁に譲っているものの，仲裁よりも優れた点が2つあると言われている。WIPO調停・仲裁センター事務局長のフラシス・ガリー氏によれば[44]，世界中で長い歴史を有している調停に対しては，ヨーロッパではその価値について懐疑的に見られている反面，ガリー氏は調停による中立的な仲介が持っている価値によって当事者間に道ができ，情報の流れが促進される点に着目し，紛争解決の初期の段階では，調停には仲裁よりも優れた点が2つあると指摘する。第1は，調停では，当事者が他により適当な選択肢があると判断した場合は，調停による解決を受け入れる必要はなく，調停手続・解決内容のいずれについても，当事者が実質的にコントロールできる点である。第2は，仲裁では解決内容は準拠法によって決まるが，調停では両当事者は準拠法以外の利益（たとえば，当事者の法的立場を基礎づけている企業の利益）を考慮することができる点である。ガリー氏は仲裁と調停のメリットを生かすには，当事者はまず調停を試みて，一定期間内に調停による解決に至らなかった場合に，仲裁によることを考えることが有益であるとし，調停と仲裁の混合方式（Med-Arb）の重要性を説く。手続を連続的に組み合わせることによって，調停手続における両当事者の誠実な協力が得やすくなるということも正義の総合システムから見れば，よく理解できるであろう。

---

43) 小島・前掲注［28］18頁。

44) Francis Gurry 著（田邊誠訳）「知的財産権紛争の仲裁および調停による解決」日本工業所有権法学会第 20 回記念シンポジウム講演原稿 1996 年（http://www.kclc.or.jp/japanese/law/wipo/gurry.htm, 1997 年 8 月 1 日最終閲覧）。

3. 正義の女神

(1) 正義の女神と目隠し

日本の最高裁判所の大ホールに,『正義の像』がある。これは,ギリシャ神話に出てくる女神テミス (Themis) に由来するといわれ,右手に剣を掲げ,左手に天秤を持ち,目を閉じている (目隠しの像も多い)。一般に,正義の女神の名前はユスティティア (ローマ神話) だったりテミス (ギリシャ神話) だったりするが,ヨーロッパの多くの裁判所には,この正義の女神像が置かれている。女神は法廷を象徴しており,正義は法や裁判の目指すべき理想とされる。目隠し (閉眼) は,貧富や姿形等の予断あるいは,愛憎や私的関係からの絶縁を意味し,天秤は公平 (衡平) を,そして剣は判決の実力による貫徹 (権威,権力) や (切れ味鋭い) 論理を表現しているとも言われている。

ピエロ・カラマンドレーイの名著『訴訟と民主主義』の中で,評議室の秘密という「この秘密の儀式には,裁判官の答え――人間の顔を持たずに高い所からやって来るシビュラの声――をかつて包んでいたあの神秘的な光の伝統の名残りがある。このため,いくつかの古い絵においては,正義の女神は目隠しをして描かれている。それは,正義の女神が見てはならないためにというよりも,自分が見られないと信じこむためにであった」[45]という箇所がある。一般に,評議の秘密には,裁判官たちが評議で述べた意見の内容やその数と,評議がどのような進行過程を経て結論に至ったかの道筋の両方が含まれる。これは,裁判官たちが思ったことを自由に言えることを保障するためである。評議の経過についても,どのようなテーマを取り上げて話し合いをしたのかを,後で批判されないようにするため,秘密にする必要がある。正義の女神の目隠しをめぐっては,いろいろな解釈があるが,カラマンドレーイは,正義の女神が「見てはならない」という能動態においてではなく,「自分が見られていないと信じ込む」という受動態にこそ,その核心があるとす

---

45) P. カラマンドレーイ,小島武司＝森征一訳『訴訟と民主主義』65 頁 (中央大学出版部,1976 年)。

る。このことに関して，最近，注目すべき判決が下された。

(2) 調停手続における非公開性

　正義の女神は，調停手続においても象徴的な意味を持つ。高松地方裁判所
は，平成15年1月20日，調停手続に関する違法を問う損害賠償事件に対し
て判決を言い渡した[46]。本件は，多重債務に陥った自営業者が特別調停を申
し立てたところ，第2回調停期日で調停不成立となり，今度は一般調停を申
し立てたところ，調停委員の違法行為・不当な発言をされたとして，調停を
取下げ，特別調停・一般調停の手続で受けた損害賠償（精神的苦痛を含む）の申
立てをした事件である。高松地裁は，調停委員会に与えられた手続運営につ
いての裁量権を越えていないと判断して，調停委員の行為は違法ではないと
し，また不当な発言についても原告の主張を退け，さらに録音テープに関し
ては次のように判断した。

　「本来非公開である調停委員のやりとりを違法に録音テープに録取した上
で，当該テープの反訳文が提出された。民事調停手続は非公開とされている
ところ（民事調停規則10条），その趣旨は，調停制度が当事者が自由に意見を述
べ会い，互譲によって平和的に紛争を解決しようとする手続であることから，
手続を公開してその公正を担保するという要請がそれほど強くなく，かえっ
て，当事者に外部の人間に気兼ねすることなくじっくりと話合いをさせると
ともに，調停委員会にも事案に即した紛争解決方法を柔軟に検討させた上で，
当事者と忌憚のない意見交換をさせることが相当であるという点にあるもの
と解される。そうすると，民事調停手続については，調停期日における発言
が録音され，それが他の民事訴訟手続等において利用されるなどということ
は全く予定されていないのみならず，そのようなことを許すことは，基本的
に，上記のような民事調停規則10条の趣旨を没却することになるものとい
わなければならない。（途中省略）また，調停委員会の許可を得ることなく本件
調停期日における自己及び調停委員の発言を録音した原告の行為は，強く非

46）判例体系 ID28090857，訟務月報50巻3号（2004年）927頁。

難されるべきものである」と判断した。

　あくまで個人的な見方であるが，ADR においては，正義の女神の目隠し
は ADR の非公開性を象徴するとともに，その天秤は正義の総合システムの
中で，裁判と ADR のバランスを象徴しており，さらにその剣は，鋭い論理
としなやかさを象徴しているように思える。

Ⅳ　まとめ

　ここ半世紀余りの間，日本の法律界において，仲裁の振興については概ね
積極的な意見が大勢を占めていたのに比べて，調停については懐疑的意見が
むしろ多かったのは，小島教授が指摘されるように，法との距離というとこ
ろに原因があるという認識が，その根底をなしていたといえよう[47]。「まあま
あ調停（争点整理・事実認定があまりなされず，調停委員が当事者を適当に折り合わせ
る）」，「折半調停」，「和」という価値への言及があり，さらには，社会の封建
的ないし非民主的な気風とのかかわりという疑念も表明されており，調停に
は，法の無視や権利主張抑圧の危険があるのではないかとの危惧もあった[48]。

　かつて先輩の調停委員から，「日本古来の『和』という価値は，社会全体の
暗黙の基本的な了解事項であり，和を乱すことを日本人は嫌い，和を乱す人
は協調性のない人として，社会や組織から排斥されるという負の側面を持っ
ている。だからこそ，調停委員会の案に反論しにくい雰囲気にならないよう
に心がけよう」と言われたことがある。法律から乖離して，協調することが
過度に重視されると，法律の原理原則は無視され，判断基準に一貫性が無く
なり，反論できない雰囲気になってしまい，正論で反論する人を協調性のな
い人とみなしてしまう危険性を孕んでいると考える。もちろん，法の重視を
強調するあまり，社会の実情を無視して法の文言の形式的・機械的適用を説
くことは論外である。

47）小島・前掲注［28］13 頁。
48）小島・前掲注［28］13・14 頁。

第4章　民事調停の基層にあるもの　*133*

　筆者は，拙稿「トピク的思考の観点からの信義則の法解釈学的考察」[49]において，「判断基準」という法的論点・視座を軸にして信義則に基づく法解釈のメカニズムについて考察した。判断基準として，「ボトム・アップ」と「トップ・ダウン」の思考がある。下から汲み上げるボトム・アップ思考は当事者間の利益を均衡させ，その際に信義則が重要な役割を果たす。上から降りてくるトップ・ダウン思考は秩序全体から眺める体系思考により，当事者の主張に基づき具体的妥当性を探り，その際に信義則が重要な役割を果たす。この「ボトム・アップ」と「トップ・ダウン」の両方のバランスを保ちつつ，正義が実現されるということを明らかにした。信義則は，ボトム・アップ思考とトップ・ダウン思考のバランスを保つ際に，さらに大きな包括的メタ概念として存在し，両方の判断基準に入り込んでいるわけである。正義の総合システムにおける波及と汲み上げのメカニズムと「ボトム・アップ」と「トップ・ダウン」の思考との相関関係について，今後さらに研究を進めて行きたい。

　調停手続は前述したように，さらに洗練されたものへと進化していかなければならないであろう。そうした意味でも，調停技法を工学的手法で解析する取り組みを紹介したい。筆者は本務先の許可を得て，東京工業大学大学院博士後期課程に 2011 年 4 月 1 日から在籍し（知能システム科学専攻），コンピュータを用いた「事例を利用した調停者支援システム」実現のための研究してきた[50]。裁判では，判例という形でデータが集積され公開されている。しかし，調停では一般にはデータは非公開の原則に阻まれ集積・公開されていない。筆者は長年，地方裁判所ならびに簡易裁判所民事調停委員を務め（現在も担当），各種の調停事例を数多くこなしてきた。裁判所のデータは非公開のため安易に利用できないが，同じ研究仲間が所属する ADR 機関の了解・協力を得て集積してきたデータを研究・教育用に，個人情報を最大限配慮し

---

49) 平田勇人「トピク的思考の観点からの信義則の法解釈学的考察」名古屋大学法政論集 207 号
　（2005 年）47〜94 頁。
50) 筆者は 2017 年 3 月 31 日，東京工業大学大学院・総合理工学研究科（知能システム科学専攻）
　博士後期課程を単位取得満期退学。

て修正・加工を加えて，知能システム科学の立場から解析し，①調停現場の実用に耐えうる支援システム，さらに②法学教育（学部・大学院）にも役立つ支援システムの開発を目指している。こうした試みが，調停教育の発展の一助になれば望外の喜びである。

参考文献
・小島武司編著『ADR の実際と理論Ⅰ』（日本比較法研究所研究叢書㉒ 中央大学出版部，2003 年）。
・小島武司編著『ADR の実際と理論Ⅱ』（日本比較法研究所研究叢書㉘ 中央大学出版部，2005 年）。
・植木哲編著『医療裁判から医療 ADR へ〜動き始めた新たな医療紛争処理システム』（ぎょうせい，2011 年）。
・石川明著『調停法学のすすめ―ADR 私論―』（信山社，1999 年）。
・仲裁 ADR 法学会誌『仲裁と ADR』第 5 号（商事法務，2010 年）。

第5章　当事者の視点に立った調停技法　*135*

第5章　当事者の視点に立った調停技法

I　はじめに

　筆者は，裁判所の民事調停実務を法学教育・研究に生かすべく長年取り組んできた[1]。その中で，当事者の視点に立った調停の大切さを痛感している。

　ここ半世紀余りの間，日本の法曹界において，仲裁の振興については概ね積極的な意見が大勢を占めていたのに比べて，調停については懐疑的意見がむしろ多かったのは，小島教授が指摘されるように，法との距離というところに原因があるという認識が，その根底をなしていたといえよう[2]。「まあまあ調停（争点整理・事実認定があまりなされず，調停委員が当事者を適当に折り合わせる）」，「折半調停」，「和」という価値への言及があり，さらには，社会の封建的ないし非民主的な気風とのかかわりという疑念も表明されており，調停には，法の無視や権利主張抑圧の危険があるのではないかとの危惧もあった[3]。かつて先輩の調停委員から，「日本古来の『和』という価値は，社会全体の暗黙の基本的な了解事項であり，和を乱すことを日本人は嫌い，和を乱す人は協調性のない人として，社会や組織から排斥されるという負の側面を持っている。だからこそ，調停委員会の案に反論しにくい雰囲気にならないように心がけよう」と言われたことがある[4]。法律から乖離して[5]，協調することが過度に重視されると，法律の原理原則は無視され，判断基準に一貫性が無く

1）平田勇人「民事調停のあり方について―法乖離型と法志向型の対立をめぐって―」小島武司編『ADR の実際と理論II〔日本比較法研究所研究叢書 68〕』179～213 頁（中央大学出版部，2005年）。

2）小島武司「仲裁 ADR 法の将来展望（序説）―基礎法理と制度戦略の方向転換を目指して―」『仲裁と ADR』創刊準備号（2005 年）13 頁。

3）小島・前掲注［2］13・14 頁。

136　第 1 部　法的価値判断に関する研究

なり，反論できない雰囲気になってしまい，正論で反論する人を協調性のない人とみなしてしまう危険性を孕んでいると考える。もちろん，法の重視を強調するあまり，社会の実情を無視して法の文言の形式的・機械的適用を説くことは論外である。

　ADR のメリットとして，①簡単な申立手続，②低コスト，③迅速性，④相互の合意に基づく解決，⑤非公開性，⑥柔軟性，⑦専門性，⑧国際越境取引に係る紛争についても現実的な処理が可能，⑨将来指向型（両当事者の将来の関係をも考慮した解決案を選択可）等があげられる。しかし，訴訟も制度改革により，③迅速性，⑦専門性の点で ADR に肉薄してきており，今後は，訴訟と ADR が切磋琢磨して相互補完の関係を築くことが，紛争解決サービスの向上につながると考えられている。そして，裁判所の調停だけでなく，民間型の ADR も注目を浴びてきている[6]。

　本稿では，日々の調停業務の中でその重要性を感じてきた「当事者の視線」に立った調停のあり方，そしてそのための調停技法について考察していきたい[7]。

Ⅱ　民事調停の種類

　調停のあり方については一般に 3 種類あげられる。①評価型調停は，専門的知識を持つ調停人が結論に強く介入し，法的評価を背景として合意に導くプロセスを指し，伝統がある。②妥協要請型調停は，互譲の名の下に，当事者の主張の「中」を取り，両当事者の利益についてほどほどにバランスをと

---

4 ）吉田勇『対話促進型調停論の試み（熊本大学法学会叢書 11）』77・78 頁（成文堂，2011 年）も同旨。
5 ）石川明『調停法学のすすめ―ADR 私論―』22 頁（信山社，1999 年）。
6 ）植木哲（編）『医療裁判から医療 ADR へ～動き始めた新たな医療紛争処理システム』（ぎょうせい，2011 年）。静岡県司法書士会調停センターふらっと（編）『実践 ADR―調停センター"ふらっと"の挑戦』（民事法研究会，2011 年）。日本弁護士連合会 ADR センター（編）『建築紛争解決と ADR（日弁連 ADR センター双書 3）』（弘文堂，2011 年）。日本弁護士連合会 ADR センター（編）『医療紛争解決と ADR（日弁連 ADR センター双書 4）』（弘文堂，2011 年）。
7 ）レビン小林久子『Mediation Training』（日本加除出版，2011 年）。

るものである。③自主交渉援助型調停（対話促進型調停，促進型調停）では，調停人の役割は，当事者の自主的な交渉を援助し，対話を促進することにあるとされる[8]。

調停のあり方については，理論・技法の両面で新たな動きが生じており，とりわけアメリカのミディエイションの影響が大きく，様々な提案がなされている。日本の司法調停は，これまで評価型の色彩が強かったが，権威的押付けや無原則の妥協という欠点に前向きに取り組んできているのも事実である[9]。評価型調停の欠点に対し，批判や懐疑も表明され，当事者間の交流の促進を基調とする種々の調整手法が開発され，評価型調停と自主交渉援助型調停の境界が次第に流動化してきている[10]。

ただ，紛争当事者からよく事情を聴き，客観的資料を慎重に吟味し，法的基準を基本に，証明において解明度の低いことを考慮して，幅のある調停案を提示する評価型調停の存在意義[11]を否定するのではなく，当事者のニーズにあった選択肢を出来る限り用意するべきであろう。小島教授が指摘するように，評価型調停に対するニーズは，とりわけ大都市以外のところでは相当程度存在するであろうし，大都市等においても新種のニーズが生まれているとも考えられ[12]，評価型調停に期待する当事者の割合が，民間調停と比べて，司法調停の場合により多いものと推測される。これに対し，自主交渉援助型調停は，民間組織においてもニーズが高く，そこでは当事者間の交渉が中心となる[13]。ADRの機能を充実し，利用しやすくすれば，国民が，様々な紛争解決手段の中から最も適当なものを選択できるようになり，国民の満足度が高まると考える。

8）経済産業省（著作）＆（社）日本商事仲裁協会ならびに日本仲裁人協会「調停人養成教材作成委員会」（制作）『調停人養成教材・基礎編』8頁（2004年度版）。吉田勇「対話促進型調停の制度化可能性」吉田勇（編）『紛争解決システムの新展開（熊本大学法学会叢書9）』28〜60頁（成文堂，2009年）。
9）小島・前掲注［2］17頁。
10）小島・前掲注［2］17頁。
11）小島・前掲注［2］17頁。
12）小島・前掲注［2］17頁。
13）小島・前掲注［2］17頁。

138 第1部 法的価値判断に関する研究

Ⅲ 紛争に対する当事者の姿勢

第1部第4章Ⅱの7でも述べたように，①「回避」とは，関係性重視（小）・自己利益重視（小）であり，紛争から逃げる態度であるが，自分も相手も得られるものはないので望ましい状態ではない。②「相手に従う」という態度は，関係性重視（大）・自己利益重視（小）であるが，相手に利益があるが，自分の利益をあきらめる態度であり，これもまた望ましいものではない。③「競争」は，関係性重視（小）・自己利益重視（大）であり，双方が競争的である。④「妥協」は，関係性重視（中）・自己利益重視（中）であり，両当事者の利益に関して，ほどほどにバランスをとるとする考え方であり，双方共に満足しない。⑤「協調」は，関係性重視（大）・自己利益重視（大）であり，自分の利益も重視し，相手の利益も重視する考え方（Win-Win の関係）である。自主交渉援助型調停では，この協調的解決を目指す[14]。

互譲の名の下に，「回避」「妥協」「相手に従うこと」に説得して向かわせるのではなく，両当事者がそれぞれの利益を重視し，両方が満足できる解決策を見つけようとするのが，自主交渉援助型調停である（対話促進型調停，促進型調停）。

Ⅳ 調停実務における同席方式と交互方式

第1部第4章Ⅱの9でも述べたように，同席方式は両当事者が対面し，そこに調停委員がかかわって対話を進めていくやり方である。これに対して，交互方式は1人ずつ交互に紛争当事者を呼んで話を聞く方式である。日本では，裁判所の調停を始め，ほとんどの ADR で交互方式が採用されており，基本的には対席型が中心であるアメリカと対照的である。しかし最近，家事調停において，対席で向き合って対話をさせる同席方式（対席方式）が注目さ

---

14) 経済産業省＆調停人養成教材作成委員会・前掲注 [8] 10頁。

れている[15]。

　交互方式の長所は，①当事者から本音を聞くことができ，②紛争解決のため調停委員主導で解決する場合は，やりやすく効率的であり，③早く解決しやすく，④感情的な対立が過度に激しく，場合によっては暴力沙汰になりそうなケースでも抑制しやすい等があげられる。逆に，交互方式の短所は，①調停委員に情報が集積されて情報を独占し，偏った情報で心証を形成するおそれがあり，②当事者は相手が調停委員に何を話したか分からず疑心暗鬼になり，③時には当事者が調停人を説得しなければならなくなり，時には調停人が当事者を無理やり説得するといった問題があり，④公正さ，予断・偏見の排除の点から見て問題があるとの見方もある。

　同席方式の長所は，①対話による相互理解と解決促進が真の合意に到達する道であり，②対面しているため，嘘や大げさな情報の制御が可能になり，③誤った理解，膨らみすぎた解釈を訂正する機会が得られ，④欧米では公正性・中立性を重視して同席調停へのこだわりが強い。しかし，同席方式の短所としては，①同席した両当事者がエキサイトして喧嘩になり話し合いにならない，②相手方当事者が見ている前で弱みを見せまいとして，殊更に突っ張ったりして本音が引き出せない，③当事者間の力関係に左右されるばかりか，無口な人や対話の下手な人が不利になって，かえって不公平になるといったことが言われているし，④DVに耐えかねた妻が，夫と同席することにとても不安を覚え，同席方式を極度に嫌がるケースもある。

　当事者から事情等を聴く場合，交互方式がいいのか，同席方式がいいのかについては，事情によってずいぶん異なるため，余り画一的な結論は当面出さず，ADRの経験の中で思索を深めていくのがよいと考える[16]。

15）レビン小林久子『解説・同席調停—その流れと技法』（日本加除出版，2011年）。
16）小島武司・特集「裁判外紛争処理制度」公害等調整委員会広報誌・ちょうせい14号（1998年）4頁。

V　基本的な調停技術

1．パラフレイジング（Paraphrasing）

　パラフレイジングとは，話を聞いたら，その要旨をまとめて内容を変えず，分かりやすく言い換えることである。パラフレイジングの目的は，話し手が何を話しているのかを，調停委員と当事者自身で確認することにある。当事者は自分が話した内容の言い換えを聞き，言い換えが自分の話したかったことと違ってないかを確認する。他方，調停委員は，自分の理解が正確かどうかを確認することが目的である。

　この調停技法はあたかも外国語の翻訳作業に似ており，コンピュータでパラフレイジングを機械的に翻訳できれば，コンピュータの調停支援ツールとしての機能が増え，より大きな力を発揮できると考えている。プロの翻訳者や特許事務所が翻訳時間や人件費を浮かすため，翻訳ソフトを上手に活用して仕事に生かしているように，調停教育等においてコンピュータを活用することで効果を高めることが出来るであろう。

⑴　パラフレイジングの原則[17]

　聞く⇒角を取る⇒返す，という段階を踏んで当事者の興奮を鎮静化し，当事者の発言内容をさりげなく再確認でき，当事者に満足感を与えて信頼関係を構築できる。

　聞く⇒角を取る⇒返す，というプロセスをより詳しく分析すると，①調停委員は当事者の話をよく聞き，その攻撃的表現を除去し，要旨を当事者に話す，②調停委員と当事者は，パラフレイズされたことが正しいかどうかを確かめる，③もし正しければ，調停委員は当事者が話し続けられるように促す，④もし正しくパラフレイズされていない場合は，再度，当事者に説明しても

---

17)　レビン小林久子『調停者ハンドブック―調停の理念と技法』69〜72頁（信山社，1998年）。

らう，⑤調停委員自身が次に何を言おうかとか，当事者が次に何を話すだろうか，と調停委員が考えてはならない。

そして，パラフレイジングの基本3原則と言われているものとして，

　　㋐　言葉の角（攻撃的表現）を除去

　　㋑　特定の名前をできる限り一般の言葉に置換

　　㋒　感情的表現を客観的表現に置換

という原則がある。ベテラン調停委員はこうした調停技法を駆使して傾聴している。

⑵　パラフレイジングの実際

【具体例1】

当事者：「私は，A氏に車を追突されたので，彼を注意したら，A氏は謝るどころか睨み返してきたのです。私はしゃくに障って，どこに目がついているんだと言ったら，A氏は保険業者に任すから勝手にしろと言ってきたんです。」

調停委員【パラフレイジング】：「つまり，車の追突事故でお互いに不快を態度に表わして，それがエスカレートしたというわけですね。」

【具体例2】

当事者：「隣のB氏は古タイヤなどのゴミを集めてきて，何度頼んでも撤去してくれないのです。隣家からの悪臭や火事の心配もあり，我慢にも限界がある。市役所に相談しても一向に改善しません。」

調停委員【パラフレイジング】：「お隣のBさんとのトラブルでお怒りの様子はわかります。もう少し，これまでの経緯を説明してください。」

【具体例3】

当事者：「隣家のC氏は，我が家の庭先の塀越しから見えるように，故意に墓石を並べて建て，墓石の移動を頼んでも，所有地で何をしようと勝手との一点張りなのです。」

調停委員【パラフレイジング】：「所有権を盾に，墓石を目立つように建て

られたあなたのお気持ちはわかります。今日はその善後策を話し合いたいのですね。」

【具体例4】

　当事者：「今回もまたD氏は注文通りの品物を納品してくれなかったのです。D氏の契約違反は明白です。私としては，D氏の言い訳をこれ以上聞く気はありません。」

　調停委員【パラフレイジング】：「あなたはD氏が注文通りの品物を納品しなかったことに苛立っているのですね。そうしたことが以前にもあり，あなたはD氏が契約違反をしたと思っており，もう注文の通りに納品できなかったことに対する理由を受け付けないということですね。」

　当事者：「そうです。契約解除して損害賠償請求をしたいです。」

　調停委員【パラフレイジング】：「あなたは，損害賠償請求権があり，契約を解除すべきであるとお考えですね。」

2．リフレーミング（Reframing）[18]

　よく使われる手段であり，当事者がよりポジティブに状況把握できるように，調停委員が言い換えや言葉の構成，状況構成・順序の並び替えを行う調停技法である。

　調停委員は，当事者の話をよく聞かなければならないと最初に先輩調停委員から教えられる。調停委員は，当事者の話し言葉を傾聴する中で，当事者の伝えたい意味を理解し，当事者の不満や怒りの言葉を額面通りに取らず，なぜネガティブな言葉を当事者が口にするのかを考えなければならない。こうした分析をもとに，否定的表現を肯定的表現に変換するため，事情聴取したことをまとめ，まとめ作業を通して，的確で，前向きで，協調的な表現に置換して当事者に返す調停技法が，リフレーミングである。

18）リチャード・バンドラー＆ジョン・グリンダー著（吉本武史＝越川弘吉共訳）『リフレーミング―心理的枠組の変換をもたらすもの』（星和書店，1988年）。

(1) リフレーミングの原則

リフレーミングは以下の4つのステップを踏む。すなわち，調停委員が当事者の発言をよく聞いて，当事者が伝えたい真意を的確に理解し，前向きで協調的な表現に言い換えるため，聞く⇒理解⇒まとめる⇒返す，の4段階を経てリフレーミングを行うのである[19]。

当事者の発言の真意（言葉の奥にある気持ち）をつかみ，否定的な発言を，肯定的な発言に変換する際に，さまざまな要素を考慮しなければならないが，多くの調停事例を活用し，また否定的な言葉を肯定的な言葉に置き換える，いわばリフレーミング辞典を搭載することで，コンピュータでリフレーミングを行うことも，コンピュータによる調停支援の大きな可能性の一つである。

実はリフレーミングは調停だけではなく，ビジネス，教育，セラピーと様々な領域で注目されており，NLP（Neuro Linguistic Programming：神経言語プログラミング）[20]とも関連している。たとえば，L・マイケル・ホール＆ボビー・G・ボーデンハマーによれば，リフレーミングの技術は次の様に体系化されている[21]。7つの技術とは，①解体フレーミング（Deframing），②内容フレーミング（Content Reframing），③対抗フレーミング（Counter-Framing），④事前と事後のフレーミング（Pre-Framing. Post-Framing），⑤アウト・フレーミング（Out-framing），⑥類似フレーミング（Analogous Framing），⑦その他のフレーミングの7つである。

解体フレーミングは，コミュニケーション内容の具体化・詳細化を進めてフレームを解体し，演繹的思考が含まれる[22]。

---

19) レビン小林・前掲注［17］72～75頁。
20) L・マイケル・ホール著（橋本敦生監訳，浅田仁子訳）『NLPハンドブック―神経言語プログラミングの基本と応用』9～91頁（春秋社，2006年）。リチャード・バンドラー著（酒井一夫訳）『神経言語プログラミング―頭脳をつかえば自分も変わる』13～17頁（東京図書，1986年）。ジョセフ・オコナー＆ジョン・セイモア著（橋本敦生訳）『NLPのすすめ―優れた生き方へ道を開く新しい心理学』164～204頁（チーム医療，1994年）。スティーブ・アンドレアス＆コニリー・アンドレアス著（橋本敦生監訳，浅田仁子訳）『こころを変えるNLP―神経言語プログラミング基本テクニックの実践』255～280頁（春秋社，2007年）。高橋慶治『NLP―超心理コミュニケーション：神経言語プログラミング』12～37頁（第二海援隊，1997年）。
21) L・マイケル・ホール＆ボビー・G・ボーデンハマー著（ユール洋子訳）『NLPフレーム・チェンジ―視点が変わる〈リフレーミング〉7つの技術』（春秋社，2009年）。

144　第1部　法的価値判断に関する研究

　内容フレーミングは，「それは A を意味せず，B を意味します」と言うことにより，意味の結合を水平方向に掛け替える技法である[23]。

　対抗フレーミングは「この考え方をあなた自身に適用すると，あなたの考えはどうなりますか？」と質問して，当事者の心が該当の思考について考えられるようにする技法である[24]。

　事前と事後のフレーミングは，時間を行き来するリフレームであり，出来事が起きる前と起きた後の状況に心を移動させることで，意味の構造を眺める技法である。事前フレーミングでは「この考えをあなたの心に置いたとき，その信念にどのような影響を与えますか？」と質問し，事後フレーミングでは「あの信念に関するこの考えを心に置いたとき，あなたの未来にどのように現れますか？」と質問する技法である[25]。

　アウト・フレーミングは，高次のフレームや視点を持って，幅広い選択肢を提供し，帰納的思考が含まれる。一般に「その信念を心で包み込んで，別の新たな視点でそれを見るとき，物事にどのように影響しますか？」と質問する技法である[26]。

　類似フレーミングは類似している思考（仮説的推論：アブダクション）にシフトし，基本的には「そのことは置いておいて，あるお話を聞かせよう」という技法である[27]。

　リフレーミングは，このように思った以上に奥深い内容があり，今後さらに研究を進めて行きたい。

　以下において，リフレーミングの実際について紹介してみたい。

22）ホール＆ボーデンハマー・前掲注［21］93〜110 頁。
23）ホール＆ボーデンハマー・前掲注［21］111〜116 頁。
24）ホール＆ボーデンハマー・前掲注［21］117〜132 頁。
25）ホール＆ボーデンハマー・前掲注［21］133〜157 頁。
26）ホール＆ボーデンハマー・前掲注［21］159〜194 頁。
27）ホール＆ボーデンハマー・前掲注［21］195〜205 頁。

(2) リフレーミングの実際

【具体例1】

当事者：「私は派遣社員として働いています。正規雇用の社員たちから無視され，同じ仕事をしていながら，まるで他人扱いされます。こうした気持ちが，調停委員さんにわかりますか。こうした侮辱に対して，法的措置を講じてもらいたいのです。」

調停委員【リフレーミング】：「あなたは職場内で孤立し，寂しい思いをされてこられたのですね。そして，裁判所の調停の場で解決策を模索したいのですね。」

当事者：「そうなのです。みんなからは，感情の浮き沈みが激しいと言われています。どうしたら，こうした怒りの気持ちから開放されるのか，私にはわかりません。」

調停委員【リフレーミング】：「怒りの気分でい続けるのは，お辛いと拝察します。感情の浮き沈みが激しいということは，あなたが心豊かで，表情豊かであるということの裏返しの表現です。この調停の場で，焦らずに解決策を模索して行きませんか？」

【具体例2】

当事者：「私だって，追突したAさんに申し訳なく思っています。しかし，Aさんは何度も病院を変えて様々な検査・投薬を受け続け，その度に医療費は世間の常識を超える膨大な額に膨れ上がっているのです。」

調停委員【リフレーミング】：「申し訳ないと思っているお気持ちと，今後のAさんの出方を心配なさっているのですね。」

当事者：「周りからは，あなたは騙されやすいと言われ，裁判に発展するかもしれないとも言われ，とても不安です。」

調停委員【リフレーミング】：「騙されやすいというのは，あなたが純粋で人を信じられるという表現の裏返しだと思いますよ。この調停の場で，焦らずに解決策を模索して行きませんか？」

146 第1部 法的価値判断に関する研究

【具体例3】

　当事者：「ペットの犬が，トリミングのお店でアルバイト店員のミスで亡くなったのです。私たちは代替の犬や，慰謝料を求めているのではありません。あの犬を返してほしいのです。」

　調停委員【リフレーミング】：「ペットを家族同様に大切に思われていたのですね。そうしたお気持ちを察して欲しいのですね。」

　当事者：「アルバイト店員が，たかが犬と言ったことに対しては，絶対に許せません。裁判になってもかまいません。」

　調停委員【リフレーミング】：「アルバイト店員と経営者は，たかが犬と失言したことを心から反省しています。犬が家族同然だと彼らも思っているからこそ，そうした仕事をしていると思いませんか？」

　当事者：「簡単に，ハイとは言えません。」

　調停委員【リフレーミング】：「大切な犬が亡くなって，まだ心の傷が癒えてないと思いますが，相手方も今回のことで心から謝罪を申し出ており，この調停の場で，焦らずに解決策を模索して行きませんか？」

3．2つの質問法[28]

　調停において実際に用いている質問法は，オープン・エンディッド・クエスチョン（Open-ended Question）[29]とクローズド・エンディッド・クエスチョン（Closed-ended Question）である。

　オープン・エンディッド・クエスチョンはオープン・クエスチョン（Open Question）とも呼ばれ，当事者が話したがらないとき，質問をして口を開かせるようにするため，「はい」「いいえ」の答えができないような質問（自由回答形式の質問）を行う調停技法である。このオープン・エンディッド・クエスチョンは，自由に当事者に話しをさせるため，当事者に自由な発言の満足感を与

28）飯田邦男『こころを読む実践家事調停学―当事者の納得にむけての戦略的調停（改訂増補版）』（民事法研究会，2008年）61〜63頁。

29）レビン小林・前掲注［17］75・76頁。

える長所がある反面，調停委員にとっては，①答えを限定できず，②欲しい情報を得ることができず，③当事者の話が冗長だと時間の浪費感を抱かせる虞があるといった短所があるといわれている[30]。アンケート調査に目を転じると，オープン・エンディッド・クエスチョンは調査対象者が自由に回答でき，答えが一つとは限らない質問を言い，オープン・エンド型質問とも呼ばれる。

　これに対して，クローズド・エンディッド・クエスチョン（Closed-ended Question）はクローズド・クエスチョン（Closed Question）とも呼ばれ，YES・NOで答えられる質問（選択回答形式の質問）を行う調停技法である。アンケート調査の場合，あらかじめ設定された回答項目の中から回答を選択する形式をクローズド・エンディッド・クエスチョンと言う。マーケット調査では，消費者の意見を重視している場合，オープン・エンディッド・クエスチョンをする場合が多いが，調停技法においては，コミュニケーションスキルとしてオープン・エンディッド・クエスチョンとクローズド・エンディッド・クエスチョンの両方がうまく使い分けられている。

(1) オープン・エンディッド・クエスチョンの実際

【具体例1】

　調停委員【オープン・エンディッド・クエスチョン】：「今日で調停がまとまらなかった場合，今後どうなさいますか？」

　→こうした質問だと，当事者は「はい」「いいえ」で答えられない。

【具体例2】

　調停委員【オープン・エンディッド・クエスチョン】：「双方の意見をお聞きしたうえで，調停委員会として公平に考えて提示した20万円について，あなたはどのようにお考えですか？」

---

30) 飯田邦男『こころをつかむ臨床家事調停学―当事者の視点に立った家事調停の技法』136・137頁（民事法研究会，2009年）。なお，斎藤清二『はじめての医療面接―コミュニケーション技法とその学び方』（医療書院，2000年）には時間の関係で当たれなかったが，飯田氏はこの本から引用している。

148 第1部 法的価値判断に関する研究

→こうした質問だと,「はい」「いいえ」で答えられない。

【具体例3】

調停委員【オープン・エンディッド・クエスチョン】:「医療過誤と分かった時,あなたはどんなお気持でしたか?」

→当事者の考えや気持ちを話してもらう場合も,こうした質問技法を行う。

⑵　**クローズド・エンディッド・クエスチョンの実際**

【具体例1】

調停委員【クローズド・エンディッド・クエスチョン】:「今日で調停を終わらせたいのでしょう?」

→こうした質問だと,調停委員側は当事者の意思をYES・NOで明確に把握でき,簡単な回答で片付いてしまうが,当事者の視線からみると,調停委員会の一方的な価値観で答えを誘導されているような傲慢さを感じさせ,不快感を覚えさせる危険性もあるので注意を要する。

【具体例2】

調停委員【クローズド・エンディッド・クエスチョン】:「調停委員会は20万円が妥当な金額と考えていますが,よろしいでしょうか?」

→こうした質問だと,「はい」「いいえ」で答えられるため,妥協点を見出しやすい。ただ,20万円という金額を押しつけられている不快感を当事者に覚えさせる危険性がある。

【具体例3】

調停委員【クローズド・エンディッド・クエスチョン】:「もし調停不調で,裁判に移行したら,それでもよろしいでしょうか?」

→こうした質問だと,「はい」「いいえ」で答えられる。ただ,調停委員会が一方的に調停を不調に終わらせてしまうのではという傲慢さを感じ,不快感を覚える危険性もあるであろう。

第5章　当事者の視点に立った調停技法　*149*

Ⅵ　実践的技術

1．実践的な質問法

　午後から裁判所で始まる調停の場合は，条件さえ整えば時間的にそれほど制約を受けないが，午前中の調停の場合は，通常は10時（早くても通常9：30）から始まり，12時には終わる（13時になることもあるが，例外的）。そうすると，オープン・エンディッド・クエスチョンとクローズド・エンディッド・クエスチョンの2つの質問方法だけでは，当事者に事件の状況・経緯・今後の希望を詳しく，要領よく説明してもらうことは難しいと感じてきた。

　そうした中で，家裁調査官の飯田氏の開発した実践的な調停技法[31]について紹介したい。こうした技術は，家裁調査官としての飯田氏オリジナルのものであるが，私も活用している調停技法の一つである。

(1)　枠づけした質問

　「枠づけ」とは，飯田家裁調査官によれば，「方向づけ」の意味である。①焦点（話題）を絞り，②それを時間の推移と共に内容を説明させる聞き方（「いつ頃から」「どんなことから」）をすると，限られた時間内であっても，当事者から質問に沿った内容を聞きだすことができる。以下に述べる5W1H（Who, What, When, Where, Why, How）の質問話法とも「知の通底」する重なる部分があり，参考にする点が多いように思える。

(2)　横に広がる質問

　飯田氏は，夫婦関係調整事件で夫の暴力が問題となった場合に，妻が「○月○日に夫からひどい暴力を振るわれた」と述べたとき，「ひどい」とはどういうことか，その暴力はどんなもので，それはどんな場合に発生し，また頻

31）飯田・前掲注［30］137〜143頁。

150　第1部　法的価値判断に関する研究

度はどうか，今までにも暴力行為はあったのか，言葉の暴力はあるのか，ど
うやって身を守ってきたのか等，夫の日常生活や行動傾向や性格を知るため
の「横に広がる質問」をしているとのことであるが，5W1H の質問法と重な
る部分があり示唆に富む調停技法である。

(3)　縦に広がる質問

　飯田氏によれば，縦に広がる質問とは，過去に遡って聞いていく質問法で
ある。先ほどの DV 事件でいえば，結婚前にも暴力はあったか，最初の暴力
はいつ頃で，どうやって暴力は振われ，ひどくなったのはいつからか，今ま
でで一番ひどい暴力はいつ頃か，身を守ってきた経緯等を，過去に遡って聞
いていくことで，状況を把握するのである。

　こうした，横に広がる質問，縦に広がる質問を組み合わせながら話を聞い
ていくことで，問題点とその背景が立体的に浮かび上がり，よく理解できる
とのことである。私は飯田氏の実践的な質問法を実践していく中で，以下の
5W1H の質問法との共通点に気付いたのであるが，以下において，5W1H の
質問法を紹介したい。

2．5W1H の質問話法（隠された情報や思いがけない心の奥を明らかにする超質問法）[32]

　NLP には，メタモデルと呼ばれる「超質問法」がある。NLP が以下に紹介
するメタモデルをつくり出す過程で，ノーム・チョムスキー（言語学者）の言
語理論を援用したことは有名であるが，人が話す際に，頭の中で体験してい
る事や感じていることを全て言葉として表現している訳ではなく，人がたと
え多くの内容を情報として話していたとしても，そこには「省略」「一般化」
「歪曲」という情報の加工処理が起きていることをメタモデルは教えている
（すなわち，自分の体験を人は言語化する際に，円滑なコミュニケーションのため，脳が情

32）ユール洋子著（Heart Centered NLP 監修）『ベストな自分を創り出す NLP 心理学—人間関係
を劇的によくするコミュニケーション技術』72〜79 頁（アスカ・エフ・プロダクツ，2007 年）。

報の「省略」「一般化」「歪曲」という加工を施す戦略を，進化の過程で獲得したというわけである）。したがって調停において，当事者が伝えたいと考えている隠れた意図を引き出すための質問話法が必要となる。ベテランの調停委員は，表層に現れた言葉や現れなかった言葉，文法的な誤りや不適切な論理に注意して，そこの部分を手がかりに真相の情報を探っていくわけである。

メタモデルにより，話者の脳内マップの情報量を増やすことで，話者はより豊かな世界モデルを抱ける。その結果，恐れ・制限・無能・自信のなさを感じている人を助けるツールとして有効である[33]。

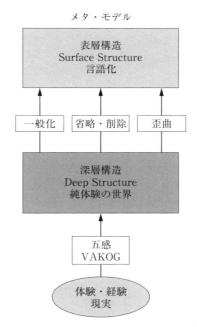

図 1．「脳と言語の秘密：メタモデル」[34]

---

33) ユール・前掲注［32］79 頁。
34) 山浦修明「脳と言語の秘密：メタモデル」2013 年 9 月 11 日（http://ameblo.jp/nlp-jp/entry-10526557903.html, 2018 年 3 月 9 日最終閲覧）より引用。

152　第1部　法的価値判断に関する研究

そのため，語られた文章の不確定または不足しているところに注意し（不足したところを発見したときがタイミング），それを回復することで情報を収集し，より正確な現実を把握する。

3．メタモデルと呼ばれる質問法[35]

（1）　削除への対応（質問を通して不足している情報を収集する）

　（a）　単純な削除　　　　　　If「情報が不十分・欠如している」

　　　　　　　　　　Then「具体的に何に関して？　どのようなところが？何について？　誰に対して？　と質問して足りない情報を引き出す」

【具体例1】

　当事者：「私は満足していません」

　調停委員：「具体的に何に関して，どのようなところに満足していないのですか？」

【具体例2】

　当事者：「私は怒っています」

　調停委員：「何について，誰に対して，あなたは怒っているのですか？」

　（b）　比較対照の削除　　　　If「評価の基準が欠如している」

　　　　　　　　　　Then「誰の目から見て？　何と比較して？　どこ/誰と比べて？　何を基準にして？　と質問して比較対照や基準を明らかにする」

【具体例1】

　当事者：「この製品は，他社の製品より信頼性に欠けると思うのだが」

　調停委員：「他社のどの製品と比べてそう思われるのですか？」

【具体例2】

　当事者：「この人物は，信頼ができないと思うのですけど」

　調停委員：「何を基準にして信頼できないとおっしゃるのですか？」

---

35)　ユール・前掲注［32］72〜79頁。

第5章　当事者の視点に立った調停技法　*153*

(c)　**指示詞の欠如**　　If「代名詞が不明確である」

　　　　　　　　Then「具体的に誰が？　具体的にどのようなことが？　と質問して具体的な言葉や語句を明らかにする」

【具体例】

当事者：「あの連中にはそういう傾向があるのです」

調停委員：「具体的には誰が，どういった傾向があるのですか？」

(d)　**不特定動詞**　　If「どのように，いつ，どこでなど，具体性が省かれている動詞が用いられている」

Then「具体的な体験の内容・有様についての情報を引き出すために質問する」

【具体例1】

当事者：「あのお店は，お客の気持ちをもっと気遣うべきだ」

調停委員：「具体的にはどのようにして気遣えばよいのですか？」

【具体例2】

当事者：「今回の件で，わが社の商品の価値が損なわれたのです」

調停委員：「具体的に何が起きたのですか？　そして，どのような状態なのですか？」

(e)　**断定**　　If「判断する人物・基準が不明である」

　　　　　　　Then「誰がそういっているの？　具体的な点は？　と質問して具体的な人物・基準を明らかにするために質問する」

【具体例1】

当事者：「A社のこの製品は明らかに品質が悪いと言われているよ」

調停委員：「誰がそう言っているのですか？」

【具体例2】

当事者：「A社の建てたマンションは，どう見ても流行の先端を行くものではない」

調停委員：「そうお考えになる具体的な判断基準は何なのですか？」

154 第1部 法的価値判断に関する研究

(2) **歪曲**（質問を通して意味論的に不適格・不十分な部分を修正する）

(a) **名詞化**　　　　If「動詞が名詞化されていることで，行動内容や過程が不明確である」

Then「具体的には？　どのように？　と行動内容や過程を具体化するため質問する」

【具体例】

当事者：「今後の事後対応は任せて下さい」

調停委員：「具体的に何を，どのようになさるのですか？」

(b) **因果関係**　　　　If「ある特定の刺激がある特定の感情を引き起こす。XだとYになる」

Then「いつでもそうなるのか？　具体的にどのように？　と，XでもYにならない，反応の選択肢を開拓する」

【具体例】

当事者：「あの外科医が来ると，チーム医療の士気が下がるのですよ」

調停委員：「具体的にその外科医のどんなところが，どのようにチームワークを乱すのですか？」

(c) **読心術**　　　　If「話者が他者の考え・感情を知っていると思い込んでいる」

Then「思い込んでいる根拠・前提は何かを明らかにするため質問する」

【具体例】

当事者：「私の上司は私が頼りないと感じているように思います」

調停委員：「どうしてそれが分かるのですか？　また，上司のどんなところが，あなたにそう感じさせているのですか？」

(d) **等価の複合概念**　　　　If「Xならば必ず同じ結果Yになると話者が話す」
　　　　　　　　　　　　Then「いつでもそうなるのか？　誰についてもそう言えるのか？　具体的にどのようにそうなるのか？　というように質問して，Xが必ずしもYにはならない他の可能性を探す」

第5章　当事者の視点に立った調停技法　　*155*

【具体例】

当事者：「ベテランの職人さんが定年退職したら，必ず会社の営業利益が落ちるんだよ」

調停委員A：「いつでもそうなるのですか？」

調停委員B：「具体的に，どのようにそうなるのですか？」

　(e)　**前提**　　　　If「話者が暗に信じていることを根拠にして想定している」
　　　　　　　　　　Then「どの位？　どこが？　という質問をして，暗に信じていることに目を向けさせる」

【具体例】

当事者：「もっと営業努力してみたらどうだろうか」

調停委員A：「あなたは営業努力をしていないと思っているのですか？」

調停委員B：「どれくらい営業努力すればよいのですか？」

(3)　**一般化**（質問を通して，話者の世界観の制限を解き豊かにする）

　(a)　**全称限定詞**　　　If「話者の話には，例外や選択肢が除外されている」
　　　　　　　　　　　Then「例外や選択肢の可能性に目を向けさせるため質問する」

【具体例】

当事者：「ここの会社は，40歳以上の人から順に派遣切りをしているんです」

調停委員：「40歳以上の派遣社員の方でも，派遣切りをされていない人は見当たりませんか？」

　(b)　**必要性の叙法助動詞**　　　If「しなければならない，すべきでない，といったように特定の行動が要求され，他に選択の余地がなく強制されている」

Then「そうしないとどうなるか？　そうすればどうなるか？　と質問して選択肢の可能性に目を向けさせ，強制の呪縛を解く」

156　第1部　法的価値判断に関する研究

【具体例】

当事者：「社員が，社長である私にプランのことで口を出すべきではないよ」

調停委員：「もし全員がイエスマンだとしたら，あなたの会社はどうなりますか？」

(c)　可能性の叙法助動詞　　　　If「話者が特定の行動の能力・可能性を制限している」

Then「なぜ能力・可能性を制限するのか質問し，または能力・可能性を選択した未来に目を向けさせる」

【具体例】

当事者：「今となっては，新しい事業を展開するのは不可能だよ」

調停委員Ａ：「今からでも新規事業をやってみたら，どうなりますか？」

調停委員Ｂ：「何が，その行動を引き止めているのですか？」

(d)　前提　　　　If「暗に信じていることを根拠に想定している」
　　　　　　　　Then「暗に信じていることに目を向ける」

【具体例】

当事者：「彼はこの会社で同じ派閥じゃないから，この種の仕事は引き受けてくれないよ」

調停委員：「派閥は別でも，同期に入社したとお聞きしましたが，それでも引き受けてくれる可能性はないのですか？」

4．可能性を拡げるための「質問の4つのタイプ」

　以上，メタモデルと呼ばれる質問法について考察してきたが，これ以外によれば，我々は「質問」をすることで，相手に気づきを与え，可能性を開くことができると指摘されている[36]。そして，我々は毎瞬，数十億の感覚データからいくつかを選択して感じ取り，それを「言語化」し「ラベル化」して意識に格納し，そのときすでに歪曲・削除という一般化は「自動的に」おこ

---

36) クリスティーナ・ホール著，大空夢湧子訳，喜多見龍一編『クリスティーナ・ホール博士の言葉を変えると，人生が変わる―NLPの言葉の使い方』20頁（VOICE，2008年）。

第5章　当事者の視点に立った調停技法　　*157*

なわれているとのことである。

　ホールによれば、我々は「意味」によって、「注意」をどこに向けるかを指示する。意味が「思考」を作り、思考が「振る舞い」を方向づけるわけだ。特に教えられるのは、人は信念/観念を捨てることはできないが、再組織化することはできるということである。

　可能性を拡げるための質問の4つのタイプについて、ホールによれば独立型と依存型に分類されている。

　独立型には、①前提を含む質問（Conversational Postulates）と②修辞疑問（Rhetorical Question）がある。前提を含む質問は、はい・いいえで答えられる質問だが、その質問の中に前提を含んでいるものである。前提を含む質問の例として「あなたは、折にふれて、別のやり方で可能性を拡げていくことに興味がありますか？」という質問の中には、「あなたは今までとは別のやり方で、あなたの潜在的に持っている可能性を拡げていく」という前提が含まれている[37]。修辞疑問は、はい・いいえでは答えられない質問形式であるが、その例として「新しい方法でリソースを探求することに、どのくらい興味がありますか？」という質問には「あなたは、新しい方法でリソースを探求する」という前提が含まれており、この質問に答えるため、その前提に意識を向けざるを得ない[38]。

　依存型には、③埋め込まれた質問（Embedded Question）と④付加疑問（Tag Question）がある。埋め込まれた質問とは、必ずしも質問形式でない場合もあり、具体例として「私は自分に聞いているのですが、あなたが今までどのくらい学んでいらしたのか、お気づきになっているのかなあ」が挙げられているが、質問者が聞き手に質問しているわけではないにしても、それを聞いた人はそこに意識を向けざるを得ない[39]。付加疑問は、「あなたは気づいていますよね？」の「ね？」の前の部分を前提として強化する働きがあるが、それ

---

37) ホール・前掲注［36］213頁。
38) ホール・前掲注［36］223頁。
39) ホール・前掲注［36］225頁。

158 第1部 法的価値判断に関する研究

自体では存在できないので依存的な形である[40]。

5．解決を志向するアプローチ

解決志向のアプローチは，SFA（Solution-Focused Approach）として心理学の領域では最先端のアプローチである。これは，解決に焦点を当てるアプローチである。興味深いのは，SFA はコンピュータでいうとウィンドウズのようなオペレーティングシステム（OS）にあたり，そこにさまざまなソフト（技法）が組み込まれているという見方である[41]。

(1) 解決志向のアプローチの基本的な考え方

中心哲学－3つのルールとは，①「もしうまく行っているのなら，変えようとするな」，②「もし一度やって，うまく行ったのなら，またそれをせよ」，③「もしうまく行っていないのであれば，（なんでもよいから）違うことをせよ」という考え方である[42]。

さらに，4つの＜発想の前提＞として，①「変化は絶えず起こっており，そして必然である」，②「小さな変化は，大きな変化を生み出す」，③「解決について知るほうが，問題と原因を把握することよりも有用である」，④「クライアントは，彼らの問題解決のためのリソース（資源・資質）を持っている。クライアントが，（彼らの）解決のエキスパートである」というものである[43]。

(2) 解決志向のための5つのステップ

SFA では，面接を全部で5つのステップで考える。私は，以下の中でコーピング・クエスチョン（Coping Question）の技法を用いているが，それに関しては後述したい。

---

40) ホール・前掲注［36］229頁。
41) 森俊夫＝黒沢幸子（著）『〈森・黒沢のワークショップで学ぶ〉解決志向ブリーフセラピー』18・19頁（ほんの森出版，2002年）。
42) 森＝黒沢・前掲注［41］22～26頁。
43) 森＝黒沢・前掲注［41］26～61頁。

（a）　**ステップ１：クライアント―セラピスト関係の査定**[44]　クライアントとセラピストの関係は３つあると森＆黒沢は述べているが，以下において，クライアントを当事者に，セラピストを調停委員と置き換えて読んでいただきたい。

３類型の第１はビジター・タイプの関係である。ビジター・タイプの関係では，①ほめる・ねぎらう，②相談に打ち興じる，③帰す「また顔を出してください」という対応をして，決してセラピストから問題提起をしないことが大切と言われている。

第２はコンプレイナント・タイプの関係（不平不満タイプ）である。不平不満タイプでは，①ほめる・ねぎらう，②観察者をほめる，③他者・状況の「例外」探しの観察課題（「もっとこんなことが起こってくれたらいいのになあ」）を出すといった対応を行う。

第３はカスタマー・タイプの関係である。カスタマー・タイプの関係では，①ほめる・ねぎらう，②各ステップを踏みながら，③行動課題を出すという対応を行う。

（b）　**ステップ２：ゴールについての話し合い**　「ゴールについての話し合い」に入る扉の言葉として，未来の方向に話を持って行き，ゴールをはっきりさせる。たとえば，「どうなりたいのですか？」といった言葉がそうである[45]。

良いゴールのための３つの条件として森＆黒沢は，①「大きなものではなく，小さなものであること」，②「抽象的なものではなく，具体的な，できれば行動の形で記述されていること」，③「否定的ではなく，肯定的に語られていること」を挙げている[46]。

ゴール・解決像・未来時間イメージの３つのレヴェルとして森＆大沢は，①義務・必要，②希望・夢・願望，③必然的進行（当然そうなる。そうなっている）

44）　森＝黒沢・前掲注［41］71頁。
45）　森＝黒沢・前掲注［41］90～92頁。
46）　森＝黒沢・前掲注［41］96頁。

160 第1部 法的価値判断に関する研究

を挙げている[47)]。

(c) **ステップ3：解決に向けての有効な質問** 解決に向けての有効な質問として，森＆黒沢は①ミラクル・クエスチョン，②「例外」探しの質問，③スケーリング・クエスチョン，④治療前変化を見つける質問，⑤コーピング・クエスチョンの5つを挙げているが[48)]，ここでは私も調停実務で用いているコーピング・クエスチョンの実際について述べてみたい。

コーピング・クエスチョン（Coping Question）とは，当事者を囲む状況が悲惨なほど大変な時や，当事者自身が死にたいくらいの気持ちを抱き続けている時など，ポジティブな面を引き出していくのが困難だと調停委員が感じる時に質問する。コーピング・クエスチョンの前提には，当事者を囲む状況が悲惨だということに調停委員が共感し，受け止めた上で，根気よくコンプリメントを入れていくことが望まれる。そして，当事者にフィードバックすることで，当事者の力を信じ，当事者の持っているリソース（資源・資質）に，どれだけ当事者自身が気づけるかということを調停委員がお手伝いする。別名，サバイバル・クエスチョンとも呼ばれる。

【具体例】

当事者：「友人の連帯保証人になったせいで，過酷きわまる借金返済に追われ，何度死のうと思ったことか分かりません」

調停委員：「そんな大変な状況の中で，よく今日まで投げ出さずにやってこられましたね。一体どうやって対処してこられたのか教えていただけますか？」

(d) **ステップ4：介入**[49)] 森＆黒沢は，介入のステップとして，①コンプリメント（ほめたり，労をねぎらうことで当事者を勇気づける），②ブリッジ（困っていることと，解決に向けての課題の間に橋を架ける作業），

---

47) 森＝黒沢・前掲注［41］103頁。
48) 森＝黒沢・前掲注［41］110〜153頁。
49) 森＝黒沢・前掲注［41］153〜178頁。

③観察課題（こういうことがもっと続いてくれたら，こういうことがもっと起こってくれたらいいのになあと思われる出来事を，よく観察して，次回報告してくださいというもの），④ドゥー・モア（Do More）課題（「それいいですね，もっとやりましょう＝Do More」）は，ものの考え方や価値観レヴェルの話であれば，クライアントの枠組み（フレーム）を優先して行う），⑤予想課題（偶発的例外だけが見つかった場合に用いる技法），⑥プリテンド・ミラクル・ハプンド（「奇跡が起こったかのごとく振る舞う課題」），⑦ドゥー・サムシング・ディファレント（「何か違ったことをしなさい」ということで膠着状態を脱するために用いる技法）を挙げているが，上から目線ではなく，徹底して当事者の視線に立ったこうした技法は，調停実務にも応用可能な有益な技法と考える。

(e) **ステップ 5 : ゴール・メンテナンス**　2回目以降の面接で，「この間に，ちょっとでも良くなったことは何ですか？」とゴールに到達したと感じられるまで，毎回ゴールの確認をして解決に向けて有効な質問して行くと，森＆黒沢は述べている。

Ⅶ　おわりに

　現在主流となっている調停理論は，利害に基づいた，または問題解決のアプローチに基づいたものである。しかし最近，対立ではなく，理解，敬意，共同の物語を基盤とする人間関係の発展に注意を向けさせ，対立関係の中で自分自身を見つめている視点を変化させるようなアプローチ（ナラティヴ・アプローチ）が脚光を浴びてきている[50]。今回は，詳しくは取り上げることができなかったが，同意に基づく解決ではなく，関係性の変化を生み出すことを調停の最も重要な仕事として優先させるアプローチ[51]に今後注目して行きたい。

50）ジョン・ウィンズレイド＆ジェラルド・モンク著（国重浩一＝バーナード紫訳）『ナラティヴ・メディエーション：調停・仲裁・対立解決への新しいアプローチ』（北大路書房，2010年）。
51）ウィンズレイド＆モンク・前掲注［50］232頁。

162 第1部 法的価値判断に関する研究

　裁判では，判例という形でデータが集積され公開されている。しかし，調停では一般にはデータは非公開の原則に阻まれ集積・公開されていない。調停手続は前述したように，さらに洗練されたものへと進化していかなければならないであろう。そうした意味でも，調停技法を工学的手法で解析する取り組みが国内外で脚光を浴びている[52]。筆者は長年，地方裁判所ならびに簡易裁判所民事調停委員を務め（現在も担当），各種の調停事例を数多くこなしてきたが，2011年4月から東京工業大学大学院（博士後期）に在籍し，知能システム科学の立場から「事例を利用した調停者支援システム」研究を行ってきた（2017年3月31日に単位取得満期退学）。裁判所のデータは非公開のため安易に利用できないが，研究仲間の協力を得て集積してきたデータを研究・教育用に，個人情報を最大限配慮して修正・加工した上で，知能システム科学の立場から解析し，①調停現場の実用に耐えうる支援システム，さらに②法学教育（学部・大学院）にも役立つ支援システムの開発を行っているが，こうした試みが，調停教育の発展の一助になれば望外の喜びである。

---

52) ①「サイバーADRシステムの開発」（課題番号14580445）平成14～16年度科研費（基盤研究C2）研究成果報告書（研究代表：東工大（院）教授・新田克己）や，②「事例を用いたADR教育支援システムの開発」（課題番号17500087）平成17～18年度科研費（基盤研究C）研究成果報告書（研究代表：東工大（院）教授・新田克己）による最先端の研究が東京工業大学でなされてきた。

第6章　調停の科学——信義則と調停の基層

I　はじめに

　判決は，「憲法と法律」に拘束される（憲法76条3項）。しかし，調停は，必ずしも「憲法と法律」には拘束されない。しかし，「憲法と法律」の背景にある「法の原理・原則」と，「調停」の背景にある「法の原理・原則」とが共通しているのであれば，調停も「法の原理・原則」には拘束されることになるであろう。

　本稿は，「信義則の基層」と「調停の基層」との通底（共通性）について考察することを目的とする。共通性がわかれば，共通した背景を媒介として，調停も「憲法と法律」の背景にある「法の原理・原則」に拘束されることが明らかになるからである。

　それでは本稿において提示する主問とは何か。それは，「信義則と調停の基層にあるものは何か？」である。そしてその結論は，「信義則と調停の基層にあるものは基本的価値体系である」という命題に集約できる。

　これから考証しようとする主問ならびに主問を分割した個別的な問い（副問），そして，各副問に対して論証した結果得られた小括ならびに各小括を総合した結論の構造を，まずわかりやすく図示しておきたい。

II　紛争解決基準としての条理とは何か？

　本章IIでは主問を解くにあたって，副問1「条理とは何か？」ならびに副問1の展開「条理とは基本的価値体系のことか？」について考察していきたい。

164　第1部　法的価値判断に関する研究

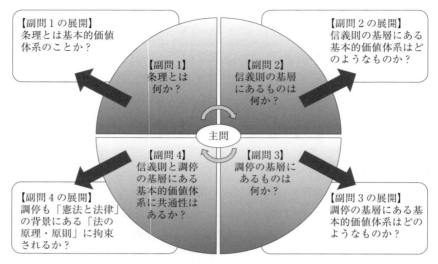

図1.【主問】信義則と調停の基層にあるものは何か？

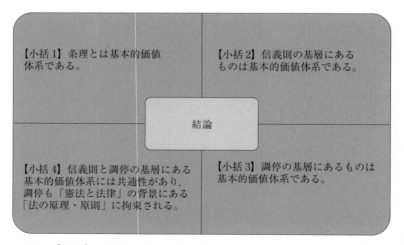

図2.【結論】信義則と調停の基層にあるものは基本的価値体系である

第6章　調停の科学　　*165*

　いったん紛争が起きると，法は裁判規範として機能する前に，紛争解決規範として機能する。紛争解決のために用いることが正当化される基準を紛争解決規範と定義すると，法はまさしく紛争解決規範である[1]。このような定義に従えば，紛争解決規範として，実定法のほかに，判例，条理，訴訟上の和解ならびに調停・仲裁における解決例，学説，技術的な判定，慣習，自然法等，様々なものが紛争解決基準として挙げられる。

1．トポイカタログ

　そこでまず，信義則や条理と，法的トポスの関係について触れておきたい。法的トポス（Topos：トポスというのは場所を意味するギリシャ語。複数形は Topoi）という言葉は，哲学上の概念である。簡単に説明すると，これはアリストテレスのいわゆる特殊なトポス，すなわち特殊なテーマに関するトポスに属している。法的トポスの役割と重要性とを明確にするものとして，ゲルハルト・シュトルック教授によるトポイカタログがある[2]。このカタログには64個の法的トポスが集められている（体系的網羅的ではない。後に掲載している別表1参照）。このトポイカタログには，法的トポスに番号が付いているため，たとえば副問4「信義則と調停の基層にある基本的価値体系に共通性はあるか？」について考察する際に共通項として利用できるので，活用したい。

2．トポス間の矛盾の解消

　シュトルック教授によるトポイカタログは体系的網羅的ではない。そのため，トポスとトポスの間で矛盾した関係にあるものもあれば，どのルールを優先すべきかといった矛盾を回避する措置（メタ・ルール）がとられていない。そこで，ここで矛盾を回避するため，メタ・ルールを抽出したい。

1）廣田尚久『民事調停制度改革論』49頁（信山社，2001年）。
2）Th. フィーヴェク（植松秀雄訳）『トピクと法律学—法学的基礎研究への一試論』（木鐸社，1993）。G. Struck, *Topische Jurisprudenz—Argument und Gemeinplatz in der juristischen Arbeit*, Athenäum Verlag (Frankfurt, 1971), S. 20-34. Ch. ペレルマン（江口三角訳）『法律家の論理—新しいレトリック』160頁以下（木鐸社，1986年）参照。

166 第1部 法的価値判断に関する研究

　信義則と調停に関する法的トポスならびに様々なメタ知識を体系的に整理してみると，次の4つのグループに大別することができる。すなわち，①高次の法価値に関するもの，②信義則それ自体に関するもの，③立法者や裁判官が法の定立・解釈・適用に当たって考慮しなければならない観点を示すもの，④法格言に関するもの，に大きく分けることができる。

⑴　最優先メタ・ルール

　以下のルールが最優先メタ・ルールである。

　　「『和』を前提とする議論と説得によって紛争が解決するよう，最も合理的で説得力のある解決に導くトポスが優先されるべきである」

　「和の精神」というと「他人と争わず，同調するのをよしとする精神」だと考えられてきた。しかし和の精神のルーツを辿っていくと，加賀山教授が指摘されるように，和の精神には実に深い意味がある。調停実務に長年携わってきた者として，トポス間の矛盾の解消をするメタ・ルールについて考えた場合，「『和』を前提とする議論と説得によって紛争が解決するよう，最も合理的で説得力のある解決に導くトポスが優先されるべきである」というルールが最優先メタ・ルールであると考える[3]。

　3）加賀山茂「民事法への招待─法科大学院で学ぶ前に知っておくべき知識とものの考え方」2012年4月4日（仮想法科大学院 http://lawschool.jp/kagayama/material/civi_law/introduction/intro_law2012.pdf, 2～5頁, 2018年3月9日最終閲覧）。以下，加賀山教授のテーゼに関連する部分を以下に引用したい。
　「わが国は，不幸な戦争を体験した反省に立って，紛争解決の手段としての武力の行使を放棄した世界でも数少ない国である。日本国憲法（1946年）第9条は，以下のように，紛争解決の手段として武力を用いないことを宣言している。
　憲法　第9条〔戦争の放棄〕　①日本国民は，正義と秩序を基調とする国際平和を誠実に希求し，国権の発動たる戦争と，武力による威嚇又は武力の行使は，国際紛争を解決する手段としては，永久にこれを放棄する。
　わが国の最初の憲法とされる十七条の憲法（604年）も，「国のかたち」として，紛争の解決について，武力ではなく，議論によるべきことを明文で定めていた。十七条の憲法というと，最初のフレーズである「和をもって貴しとなす」だけが引用され，武力ではなく平和に「事を論ずるにかなうときは，すなわち事理自ずから通ず」という，後半部分が引用されないのは，何とも不幸なことである。
　十七条の憲法第1条〔和の精神〕
　和をもつて貴（とうと）しとなし〔孔子〕，忤（さから）うことなきを宗とせよ。人みな党（た

第6章　調停の科学　　*167*

　以下，加賀山教授のテーゼ（法の手段は「和」を前提とする議論と説得である）について引用したい。「第1条の原文には，出典として『孔子』と書かれている。おそらく，論語の『君子は和して同ぜず，小人は同じて和せず』を意識して起草されたものと思われる。『和』と区別される『同』とは，『付和雷同』のことであり，自分の考えで行動するのではなく，多数の人がそうしているから正しいと考えて同じ行動をすることを意味する。しかし，『多数の人が賛成しているから正しい』という論理は，論拠として使うことはできないとされている。」[4]

むら）あり，また達（さと）れる者少なし。ここをもつて，あるいは君父に順わず，また隣里に違（たが）う。しかれども，上和（かみやわら）ぎ，下睦（しもむつ）びて，事を論ずるに諧（かな）うときは，すなわち事理（じり）自ら通ず。何事か成らざらん。
　第10条〔仏教の教え：議論の前提条件〕
　心の怒りを絶ち，顔色に怒りを出さないようにし，人が自分と違うからといって怒らないようにせよ。人には皆それぞれ心があり，お互いに譲れないところもある。彼がよいと思うことを，自分はよくないと思ったり，自分が良いことだと思っても，彼の方は良くないと思ったりする。自分が聖者で，彼が愚者ということもない。ともに凡人なのである。是非の理は誰も定めることはできない。お互いに賢者でもあり愚者でもあることは，端のない環のようなものだ。相手が怒ったら，自分が過ちをしているのではないかと反省する。自分一人が正しいと思っても，衆人の意見も尊重し，その行なうところに従うがよい。」（2頁から引用）
　加賀山教授の説明をさらに引用したい。
　「和の精神」というと，「他人と争わず，同調するのをよしとする精神」だと考えられてきた。しかし，原文を最後まで読んでみると，そうでもないようである。では，「和の精神」とは，どのようなことなのだろうか。1文で表現してみよう（「五箇条の御誓文」の第1条も，「広く会議を起こし，万機（すべての重要事項）は，公論に（公開の議論を通じて）決すべし（決定すべきである）」とされている。加賀山教授は，十七条の憲法を現代の憲法と比較しつつ再評価することは，興味深い試みであると述べておられる。そして，教授は日本国憲法の趣旨を活かして，十七条の憲法の第1条を以下のように解釈している（なお，十七条の憲法の現代的解釈については，岡野守也『聖徳太子「十七条憲法」を読む─日本の理想』（大法輪閣，2003年）参照）。
　十七条の憲法第1条〔和の精神〕の日本国憲法流の解釈（加賀山説）
　平「和」を誠実に希求し，正義と秩序を尊重して，武力に訴えることのないようにせよ。紛争の解決を力に頼る人は，みな数を頼んで党派を作る。しかし，力や数では問題の真の解決にはならないことを理解していない。このような人々は，多数に雷同してリーダーに従わなかったり，相隣関係における「必要かつ侵害最小」（19頁参照）の原理を無視する行動に出たりする。しかし，上司も和やかに部下も睦まじく，「輪」になって議論を行えば，自然に道理が明らかになり，どんな困難な問題でも解決できないことはない。
　十七条の憲法の第1条の原文には，出典として「孔子」と書かれている。おそらく，論語の「君子は和して同ぜず，小人は同じて和せず」を意識して起草されたものと思われる。「和」と区別される「同」とは，「付和雷同」のことであり，自分の考えで行動するのではなく，多数の人がそうしているから正しいと考えて同じ行動をすることを意味する。しかし，「多数の人が賛成しているから正しい」という論理は，論拠として使うことはできないとされている」（加賀山「民事法への招待」2・3頁）。
4）加賀山・前掲注〔3〕2・3頁。

168　第1部　法的価値判断に関する研究

　その理由について，岩田宗之氏の説明を引用すると，正しい観察によって得られた事実からしっかりした論理展開によって導出された結論には，多くの人が賛成するので，傾向として，正しいことと多くの人が賛成することには相関関係がある。つまり，賛成する人の数が多ければそれは正しい可能性が高いというのは事実である。しかし，このことは，他の人がきちんと事実や論理展開を見極めて導き出したという仮定のもとでのみ成り立つと岩田氏は正鵠を射た説明をしている。多くの人が賛成しているから正しいという考え方をもとに賛成してしまうことは，誤った結論を導く可能性を増大させるだけであり，この考え方は自己矛盾を含んでいると評価されているのである。だからこそ，多くの人が賛成しているから正しいという論理は，たとえその結論が正しくても，使ってはいけないのである[5]。

(2)　その他のメタ・ルール

　以下のメタ・ルールは，各章において考察するなかで抽出したものである（わかりやすくするため，ここで列挙する）。

　メタ・ルール1：「法格言は矛盾を回避する措置がとられていない限り，そのままでは非論理的で説得力がないため優先度において後退する」[6]

　メタ・ルール2：「調停においては，和を前提とした議論と説得に意味があり，一貫性の原則は裁判に比べて後退する」

　メタ・ルール3：「より高度な法的安定性が必要とされる領域では，無条件に不動的体系が優先されるべきである」[7]

5）岩田宗之『議論のルールブック』18・19頁（新潮新書，2007年）。

6）西村克己『論理的な考え方が面白いほど身につく本』20・21頁（中経出版，2005年）。故事や法諺というのは，正反対の意味を持つものが存在することがしばしばある。例えば「君子危うきに近寄らず」と「虎穴に入らずんば虎子を得ず」は正反対の意味である。このように，時と場所によって都合のよい故事を引用することは，論理的でないため，説得力に欠けるため，法格言は優先度において後退する。

　　ただし，「『善は急げ』が原則であるが，善の行為に緊急性がなく，かつ，急いでやると，失敗したり，他人に損害をもたらしたりするおそれがある場合には，『急がば回れ』が優先する」という矛盾を回避する措置（メタ・ルール）が講じられていれば，論理的で説得力を持つため，西村氏のテーゼは成り立たない。

メタ・ルール4：「異なるトポス間で衝突が生じた場合，当該事例に対して
より重要であり，最も合理性のある解決に導くトポスを優先すべし」[8]

　メタ・ルール5：「個別事例でどの解決を優先すべきかは，対象の構造と中
核の価値に依存し，可動的体系が特に重要な役割を果たす」[9]

　メタ・ルール6：「『特別法優位の原則』と抵触するときは，一般法の後法は
特別法の前法を廃止しない」

　メタ・ルール7：「調停委員会は，解決の価値と法適合性とを同時に尊重し
ながら両者の総合を探求しなければならない」

　メタ・ルール8：「恣意性の排除が，単なる平等よりも正義にとってより基
本的なものとされている」[10]

　メタ・ルール9：「調停実務において，簡易迅速低廉性は裁判に比べると優
先されている」

　メタ・ルール10：「当事者が納得すれば，解決の内容の柔軟性・弾力的より
も，適正の確保が優先する」

　メタ・ルール11：「裁判においては適正が前面に出るのに対して，民事調停
では迅速性が前面に出ると言われているが，民事調停においても，適正とい
う価値が重要なのはいうまでもない」

　メタ・ルール12：「合意への説得を急ぐあまり，事実関係の究明が軽視され
ると，真に事案に適切な解決策を見出すことができなくなり，当事者の信頼
を得ることはできないので，真相究明が優先する」

3．条理とは基本的価値体系のことか（副問1の展開）

　一般に，日本の条理というものは，外国には存在しないと言われてきた。

7）C.W. Canaris, *Systemdenken und Systembegriff in der Jurisprudenz：entwickelt am Beispiel des deutschen Privatrechts*, 2. Aufl.（Berlin, 1983），S. 82.　C.W. カナリス（木村弘之亮代表訳）『法律
学における体系思考と体系概念―価値判断法学とトピク法学の懸け橋―』（慶應義塾大学法学研
究会，1996年）。

8）Struck, a.a.O., S. 47.

9）Canaris, a.a.O., S. 85.

10）M.P. ゴールディング（上原行雄＝小谷野勝巳共訳）『法の哲学』162頁（倍風館，1985年）。

170　第1部　法的価値判断に関する研究

東洋と西洋の法文化の違いから，条理にピッタリと該当する言葉がないのは
やむを得ないであろうが，強いて挙げるとすれば，まず"Natural Justice"が
該当するであろう。また，ヨーロッパ諸国では"Ex Aequo et Bono"（衡平と
善），"Ultima Ratio Legis"（法に内在する基本的な考え方），ドイツでは"Ge-
sundes Rechtsgefühl oder Rechtsempfinden"（健全な法感情あるいは法感覚）が
条理に近い言葉であるといえよう。日本人の法意識では，「衡平と善」よりは
「条理」の方が容易に理解されるのではないだろうか。ともあれ，民事調停は
「条理にかない実情に即した解決を図る」ことを目指すため，その拠るべき規
範は「条理」ということになるが，条理の意味ないし条理と法規との関係に
ついては，必ずしも明確にされていない部分がある[11]。川島説は，裁判規範
としての条理を，実定法体系の基礎となっている基本的な価値体系であると
する[12]。小山説は，裁判規範としての条理も調停規範としての条理も，その
意味するところは同じであるが，その適用の範囲が異なるとする[13]。三ヶ月
説は，紛争解決規範の構造を円錐にたとえ，水平に切断された最上部が実定
法，中間の部分が仲裁，その底部が条理とされ，法の中にも条理は宿ってい
るが，条理はその外延が法よりも広く，たえず法への距離を縮めて行く一般
的傾向があると解する[14]。梶村＝深沢説は，条理にかなった解決とは，①条
理が法規そのものの場合，②任意法規適用では妥当な解決が得られない場合，
③法の欠缺・不備の場合に拠所とされるものの総称であると解する[15]。小島
説は，衡平な解決とは，専門の英知と素人の常識のブレンドの所産であり，
その具体的解決例は，将来の法創造にあたって貴重な資料となり，調停にお
ける判断の枠組は，制定法から出発する純法律的な判断というよりは，むし
ろ市民の常識から出発して制定法との衝突を避け得るかぎり最大限に民間の
感覚を生かすものとする[16]。

11）梶村太市＝深沢利一『〔新版〕和解・調停の実務』131〜136頁（新日本法規出版，2001年）。
12）川島武宜『民法総則』（法律学全集17）25頁（有斐閣，1965年）。
13）小山昇『民事調停法（新版）・法律学全集38-Ⅱ』105頁以下（有斐閣，1977年）。
14）三ヶ月章「紛争解決規範の多重構造」法学協会編『法学協会百周年記念論文集（第1巻）』469
　　頁（有斐閣，1983年）。
15）梶村＝深沢・前掲注[11]134〜136頁。

第 6 章　調停の科学　　*171*

　条理という用語が抽象的であり，多義的であることから，このように条理の意味をめぐって様々な見解があることは容易に理解できる。条理の意味を，法律（専門の英知）寄りにするか，それとも市民の常識（民間の感覚）寄りにするかは難しい論点であるため（次節で扱う），「条理は実定法の基本的価値体系である」とすると異論があるが，「条理は基本的価値体系である」点では一致しているといえよう。この点が，副問 4 につながるわけであるが，小島教授の言葉を借りれば，信義則と基層にある基本的価値体系と，調停の基層にある基本的価値体系のブレンドの配合比率（共通性）については，副問 4 を扱う第五章で述べることにある。

4．法乖離型と法志向型の対立

　民事調停の規範をめぐって，民事調停を法乖離＝合意尊重型の紛争解決制度とみるのか，法志向型の紛争解決制度であるとみるのかは難しい問題である。筆者は，価値観がものの考え方や判断の基準になることに着目して，法的価値体系の観点からアプローチを試みた[17]。すなわち，条理にかない実情に即した紛争解決制度である民事調停は，両当事者の互譲，妥協を重んじて当事者間の合意を目指すにしても，法から無制限に乖離できるわけではないと解する。家事調停においても，条理に基づく互譲の精神の上に成り立つといっても，基本的には法規範を根底に据えるべきであって，裁判規範の背景にある基本的価値体系と，調停規範（家事調停で用いる紛争解決規範）の背景にあるそれとは異質なものではないと考える[18]。すなわち，両者は決して異質なものではなく，当該調停事件において，たとえ任意法規の適用を排除したからといって，あくまでも実定法の基本的価値体系の域を出ない条理が調停規範になるのである[19]。

16）小島武司「民事調停における国民の参加」別冊判タ 4 号（1977 年）37 頁。
17）平田勇人「民事調停のあり方について―法乖離型と法志向型の対立をめぐって―」小島武司編『ADR の実際と理論 II〔日本比較法研究所研究叢書 68〕』179～213 頁（中央大学出版部，2005 年）。
18）平田勇人「家族関係の紛争処理家族法」中川淳＝小川富之編『家族法』270～287 頁（法律文化社，2013 年）。

172 第1部 法的価値判断に関する研究

「法の手段は『和』を前提とする議論と説得である[20]」というテーゼは，長年，裁判所の調停委員としての実務経験から見て実に含蓄に富む法命題である。合意尊重という点もクリアし，法の原理・原則を指向するといった点もクリアし，この考え方こそが調停実務に携わる者としてもっとも納得のいく考え方であると思う。

基本的価値体系の中で裁判規範と調停規範とでは価値の重きの置き方が当然異なるが，たとえば任意法規の対象とする事項について，その適用を排除して条理による解決をはかる場合，右条理は任意法規とは内容を異にするものの，現行法の基本的価値体系とは調和するものであって，現行法と特段に異ならない条理であるというべきではないだろうか。

条理は裁判規範としては任意法規よりもさらに補充的なものにすぎないけれども，調停規範としては法と併存し，強行法規に反しないかぎり任意法規を排除して機能しうるとする結論は学説の一般に支持するところであると評されている[21]。このことに関連して，不当条項に対して任意規定を優先させる消費者契約法10条と，調停においては任意規定に対して条理を優先させる根拠を対比して考えてみたい。消費者契約法の成立，特に消費者契約法10条の創設により，従来は任意規定と異なる約款は自由であったが，消費者契約法10条によって，約款の条項と民法に代表される任意規定を比較して，約款の方が消費者の利益を一方的に害する場合には，約款が無効になることになった[22]。これに対して，調停において条理が任意規定に優先する根拠を考えるに，調停では「当事者意思の尊重」（後に述べる図8を参照。「和の精神」「当事者の合意」と深く関わる）という法原則が，任意規定よりも条理を優先する根拠

---

19) 条理は，裁判規範としては補充的なものにすぎないという場合，実定法は基本的価値体系という氷山の一角に過ぎないことを指しているのであり，現行法と離れた価値体系を示す条理が調停規範になるのではないといえよう。

20) 加賀山・前掲注［3］2頁。加賀山茂教授が指摘されるように，和の精神は実に深い意味がある。法の手段は『和』を前提とする議論と説得であると筆者も裁判所民事調停委員の実務経験を重ねるにつれて確信するに至った。

21) 石川明＝梶村太市編『注解 民事調停法〔民事調停規則〕』62頁〔萩原金美〕（青林書院，改訂版，1993年〔初版1986年〕）。

22) 加賀山茂『契約法講義』127・128頁（日本評論社，2007年）。

になっているように思われる。たとえば，裁判所の裁判官，書記官，家事調停委員や民事調停委員が全員熟読している『調停委員必携』[23]においても，当事者の合意を大切にすると同時に調停において紛争解決の法律拘束性も要求されているのである。こうしたことからも，「法の手段は『和』を前提とする議論と説得である」というテーゼは調停を科学する上で，極めて重要なテーゼであると考える。

本章Ⅳで詳しく述べる調停規範の基本的価値構造と比較してみると，（手続

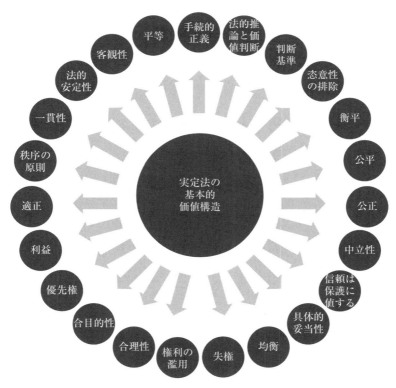

図3. 実定法の基本的価値構造

---
23) 日本調停協会連合会編『5訂　調停委員必携（家事）』（日本調停協会連合会，2010年）。最高裁判所事務総局民事局編『民事調停委員の手引［改訂版］』（最高裁判所事務総局，2012年）。

的) 正義，Topos-39（信頼は保護に値する），Topos-41（妥当：具体的妥当性），Topos-42（均衡），Topos-56（権利の濫用）等で共通性を有しており，条理が現行法の基本的価値体系と決して異質なものではないことは明らかである。調停規範に関していえば，法との乖離が許されるのは（調停が訴訟と異なる長所を発揮できるのは），実情に即した解決という部分である。たとえば，民事調停においては，調停債権者の資産状況と債務者の支払能力を照し合せながら判断したり，不動産からの立退請求にあたり代替地・代替家屋の存否等の事情を考慮したり，交通調停においては，治療の必要性・相当性を，医師である調停委員の医学的知見を活用しつつ，双方の置かれた状況を考慮して，合意を目指していく[24]。しかし，調停は基本的には条理を調停規範とする法志向型の紛争解決制度であるとの立場に立てば，実情に即した解決というかぎりで法乖離＝合意尊重型であるといっても，具体的事例において無制約に法乖離が認められるわけではない。

　裁判所型の調停の本質を法志向型とみれば，Court Annexed な制度であることから，調停が機能を発揮できる範囲は狭くなる。しかし，裁判所型調停は Court Annexed であるがゆえに法志向型でなければならず，調停規範としての条理は法の条理であって，これとは別に調停の条理があるわけではないと考えて，法からの乖離は「実情に即した解決」の要請の範囲においてのみ認められるにすぎないとすれば，調停の機能は現在の機能より大幅に縮小されざるを得なくなる（調停〔機能〕縮小論）[25]。石川教授の調停〔機能〕縮小論は，調停が Court Annexed な制度であることに由来するのであり，法乖離＝合意尊重型紛争解決制度を一般的に否定しようとするものではないし，その存在の必要性を認めないわけでもない。ただ，まだ裁判所に認知されていない生成中の権利を前提とするがごとき合意も一定範囲で認めるような法乖離＝合意尊重型の ADR は存在しないとは言い切れないであろう。調停制度は

24）平田勇人「当事者の視点に立った調停技法」松浦好治ほか編『加賀山茂先生還暦記念　市民法の新たな挑戦』65～91頁（信山社，2013年）。本稿では，日々の調停業務の中でその重要性を感じてきた「当事者の視線」に立った調停のあり方，そしてそのための調停技法について考察した。
25）石川明『調停法学のすすめ―ADR 私論』28・29頁（信山社，1999年）。

条理の解釈を拡大し，本来の聖域をこえて事件処理をしているのか否かを考えるためにも，法志向型の考え方は大切であろう。

5．小括1「条理は基本的価値体系である。」

前述したように，条理の意味を法律（専門の英知）寄りにするか，それとも市民の常識（民間の感覚）寄りするかは難しい論点であるため，「条理は『実定法の』基本的価値体系である」とすると異論があるが，「条理は基本的価値体系である」点では一致しているといえよう。そこで，小括1として「条理は基本的価値体系である」という結論が導き出される。

Ⅲ　信義則の基層にある基本的価値体系の構造

本章Ⅲでは主問を解くにあたって，副問2「信義則の基層にあるものは何か？」ならびに副問2の展開「信義則の基層にある基本的価値体系はどのようなものか？」について考察していきたい。

本章の別表1で法的トポスやトポイカタログについて掲載しているが，法律の分野で問題となる法的トポスは，法文を実質的かつ具体的に個別的に理解することを重視し，形式的な熟練のみを重んじ，実質的知識，事柄についての知識をもたらさない旧来のトピクとは明らかに一線を画している。トポイは，法的な規則，あるいは価値判断を与える際の視角と単純に同一ではなく，厳密な用語法に従えば，法規則は論拠の規則であるトポイとは区別される[26]にしても，後述するようにトピク的思考と体系思考は相互補完の関係にあり，法的トポスは法的推論に対して適当な指針を与え，また，裁判官が合理的で公平な解決を模索するとき利用できる知的方法を増やすことを，これまでの研究で明らかにしてきた[27]。体系的なトポイカタログを上手に活用す

26）ヤン・シュレーダー（石部雅亮編訳）『トーピク・類推・衡平―法解釈方法論史の基本概念』40頁（信山社，2000年）。
27）平田勇人『信義則とその基層にあるもの』（成文堂，2006年）。

れば，相互に関連した法的トポスは法的価値判断をコントロールするであろう。ところで，図3「実定法の基本的価値構造」をさらに，信義則に着目して価値体系として図式化したものが以下の図4，5，6である。

1．法の定立・解釈・適用にあたり考慮すべき価値

法の定立・解釈・適用に当たり考慮すべき価値として，Magical Number 7±2[28]の枠内に収まるよう，以下のように体系化した。価値体系の構造が明確にわかるよう，最初に図4を提示したい。

筆者はかつて，拙稿「トピク的思考の観点からの信義則の法解釈学的考

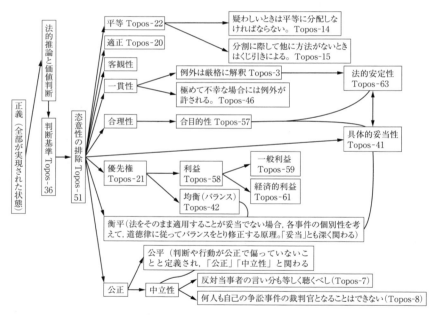

図4．法の定立・解釈・適用で考慮すべき価値体系

---

28) 佐伯胖「認知科学の誕生」渕一博編著『認知科学への招待—第5世代コンピュータの周辺』16頁（日本放送出版協会，1983年）。長期記憶に格納された知識も，実際に推論をするためには，短期記憶で扱える Magical Number 7±2 の独立項目に編成し直さなければならない。

察」[29]において，「判断基準」という法的論点・視座を軸にして信義則に基づく法解釈のメカニズムについて考察した。そこでは，判断基準として「ボトム・アップ」と「トップ・ダウン」の思考をあげ，下から汲み上げるボトム・アップ思考は当事者間の利益を均衡させ，その際に信義則が重要な役割を果たすとした。上から降りてくるトップ・ダウン思考は秩序全体から眺める体系思考により，当事者の主張に基づき具体的妥当性を探り，その際に信義則が重要な役割を果たすことになる。そして，この「ボトム・アップ」と「トップ・ダウン」の両方のバランスを保ちつつ，正義が実現されるということを明らかにした。今回，体系化にあたり，そうした過去の研究をさらに発展させ，以下のように体系化した。

(1) 正義（手続的正義）[30]

正義観念は多義的である。実定法の内容・実現について正義・不正義を論じる場合，①適法的正義（法の内容そのものの正・不正は問わず，実定法の規定するところが忠実に遵守され適用されているか否かを問う），②形式的正義（「等しきものは等しく，等しからざるものは等しからざるように取り扱え」に代表される考え方），③実質的正義（実定法の一定の内容やそれに基づく決定などの正当性を判定する実質的な価値規準というレヴェルで問われる）の３段階がある[31]ので注意を要する。紛争解決手続における正義の役割を考える場合，手続的正義が問題になる。手続的正義は，自然的正義の観念として発展し，民事訴訟法の根本思想といわれている手続保障およびアクセスの確保と深い相関関係にある。この手続的正義は，形式的正義をその中に含みつつ，一定の実質正義の考慮も入り込んでいるといわれている[32]。実質的正義の諸要求は，一定の場合には一般条項・憲法条項などの法原理・法価値を媒介として，衡平の要請に従って一定の実質的

---

29) 平田勇人「トピク的思考の観点からの信義則の法解釈学的考察」名古屋大学法政論集 207 号（2005 年）47～94 頁。

30) 平田勇人「憲法と手続的正義をめぐる諸問題」木川統一郎博士古稀祝賀『民事裁判の充実と促進・上巻』161～183 頁（判例タイムズ社，1994 年）。

31) 井上茂ほか編『講義・法哲学』185・186 頁（青林書院新社，1982 年）。

32) 田中成明『現代法理論』165 頁（有斐閣，1984 年）。

178　第 1 部　法的価値判断に関する研究

正義の要求を個別的に取り入れるという形で，法適用過程に内在化されうるチャンネルが開かれているといわれている[33]。前掲した「トピク的思考の観点からの信義則の法解釈学的考察」において，「正義」はすべてが実現された状態と位置付けたため，今回も同様に「正義」を最重要価値と位置付けて体系化した。

(2)　判断基準（Topos-36）

　紛争解決制度はその社会の文化的発展度を反映するものであるといわれている。裁判において用いる判断基準（Standards）を明確にしていくことは恣意性の排除（Topos-51）に繋がるであろう。体系化に際して，次の理由から判断基準という法価値を重要な上位概念に考えた。「法的問題を“IRAC”に基づいて分析・検討し，説得的な解決案を提示できるかどうかが，法的分析能力と法的議論の能力の判断基準である」[34]との法命題に示されているように，Issue（具体的事実の中から重要な事実や問題点をピックアップする争点の発見），Rule, Resource or Reference（争点に関連するルール・法理の参照と発見），Application（発見されたルール・法理の重要な事実への適用），Argument（賛成説と反対説とを戦わせることによって自分の立場の弱点を知り，補強するための議論），Conclusion（自分の最終的な立場を明確に表現する結論）の 5 つのプロセスの重要性に鑑みて，図 4「法の定立・解釈・適用で考慮すべき価値体系」において「判断基準（Topos-36）」をより重要な価値と考えた。

(3)　恣意性の排除（Topos-51）

　正義の体系化に際して，マーチン・ゴールディングの考え方を参考にした。ゴールディングによれば，「恣意性は禁じられている（Topos-51）」すなわち「恣意性の排除」が，単なる平等よりも正義にとってより基本的なものとされている[35]。「正義（すべてが実現された状態）」[36]は判断基準（Topos-36）の明確化・透

33）田中・前掲注［32］170 頁。
34）加賀山茂『現代民法　学習法入門』33〜36 頁（信山社，2007 年）。

明性を求め，判断基準は「恣意性の排除（Topos-51）」を要求する。そして，恣意性の排除はさらに，「平等（Topos-22）」，「適正（Topos-20）」，「客観性」，「一貫性」，「合理性」，「具体的妥当性（Topos-41）」，「優先権（Topos-21）」，「衡平」，「公正」といった9つの法価値に分類でき，Magical Number 7±2の枠内に収まる。

⑷　平等（Topos-22）

　哲学の支配的伝統は正義の核心的意味を平等の観念に結びつけているが，アリストテレスの「正義は等しいものを等しく，等しくないものを等しくなく扱う」という法命題は有名である。平等は正義の形式的要素である。この「平等（Topos-22）」という法価値が「恣意は禁じられている（Topos-51）」の下位階層にくる。「平等」の中には，「疑わしいときは平等に分配しなければならない（Topos-14）」，「分割に際して他に方法がないときはくじ引きによる（Topos-15）」といった内容のものが含まれる。

⑸　適正（Topos-20）

　適正手続は，アメリカ合衆国憲法の修正第5条「何人も法の適正な過程によらなければ，生命・自由又は財産を奪われることはない」や，日本国憲法第31条において定められている。また，民事訴訟制度の理想として適正が挙げられる。この場合，適正とは裁判の内容に過誤がないことを意味し，裁判にとって最も重要な要求である。適正であるためには，事実の認定が事実に合致し，法規の解釈適用が正当でなければならない。

⑹　客観性

　「客観性」の中には，「法的決定が社会の関心に応える場合，相当性の判断は間主観的になされている」[37]，「再現可能性は客観性の証拠となる」[38]といっ

35）ゴールディング・前掲注［10］162頁。
36）平田・前掲注［29］47～94頁。

180　第1部　法的価値判断に関する研究

た法命題が含まれる。紛争解決基準の客観性から見ると，裁判では法という客観的な紛争解決基準があるのに対して，調停にあっては民事調停法1条に「条理[39]にかない実情に即した」解決という抽象的な紛争解決基準が示されているにすぎず，それは客観的で具体的な基準とはいえない。

(7)　**一貫性**（Topos-3, 46）

　「一貫性」の中には，「例外は厳格に解釈されなければならない（Topos-3）」，「極めて不幸な場合には例外が許される（Topos-46）」，「法的推論において，法体系を柔軟に理解しながらその統一性を維持し，また満足の行く解決を追求しなければならない」[40]といった法命題が含まれる。裁判においては，一貫性は法的安定性へと繋がるため，非常に重要な法価値である。しかし「調停においては，和を前提とした議論と説得に意味があり，一貫性の原則は裁判に比べて後退する（メタ・ルール）と言えよう。

(8)　**法的安定性**（Topos-63）

　法的安定性という法価値は，同種の紛争に関して同一に解決することを要請し，「例外は厳格に解釈されなければならない（Topos-3）」から導かれる。法的安定性を保つために，英米法系の「一定の紛争を解決したときに，後の紛争については，前の紛争と同一かどうかを判断して，同一と判断したときには前の判断を踏襲する」というやり方と，大陸法系の「紛争の同質性に着眼しながら一定の同質的なものの概念を抽象化しながら取り出していき，抽

37）ペレルマン・前掲注［2］151頁。
38）Rawls, John., *A Theory of Justice*, Harvard Univ. Press, Cambridge, 1971, pp. 516–519.
39）条理とは「物事の筋道」の意味。出典は「孟子」万章編。裁判事務心得（明治8太告103）3条に「民事ノ裁判ニ成文ノ法律ナキモノハ習慣ニ依リ習慣ナキモノハ条理ヲ推考シテ裁判スヘシ」とある。この規定が現在なお有効か否かは明確でないが，イタリア法例3条が「法の一般原則」，スイス民法1条2項が「裁判官が仮に立法者であったら制定するであろうような準則」に従って裁判せよと規定しているのと同趣旨と解され，さらにラテン語の naturalis ratio（自然の道理），ドイツ語の Natur der Sache（事物の本性）の意味とも解されている（有斐閣法律学小辞典第3版〔1999年〕）。
40）ペレルマン・前掲注［2］154頁。

象的な法規範の体系を構築した上で，個々の具体的紛争解決にそれを適用する」という方法がある[41]。

法的安定性という法価値の中には，「可動的体系は固定的法律要件よりも法的安定性を欠く」[42]，「可動的体系は法理念のさまざまな要請の間で特に都合の良い妥協を示し，法的安定性は，常になお裸の衡平条項の場合よりもずっと強く保障されている」[43]，「より高度な法的安定性が必要とされる領域では，無条件に不動的体系が優先されるべきである（メタ・ルール)[44]，「法的安定性と並んで，正義も可動的体系と矛盾する場合がある。正義の一般化傾向は平等条項から生じるが，この一般化傾向は個別事例の状況についてのあらゆる考慮や，一般的に確立している諸要素の衡量に際して妨げになる」[45]といった内容のものが含まれる。

(9) 合理性

「合理性」の中には，「異なるトポス間で衝突が生じた場合，当該事例に対してより重要であり，最も合理性のある解決に導くトポスを優先すべし（メタ・ルール)[46]という法命題が含まれる。その他，「合理性」の中には，「特定社会で社会的，倫理的に承認され得る解決につき人々が事前に抱いている前理解は非法律的な考慮に属するのではなく，決定の相当性に関する価値判断が指針となる」[47]，「どのような解決が公正，合理的で，人々に承認され得る解決かについての前理解が裁判官の指針となる」[48]，「価値に関する思考は，前理解と判決の合理性についての合意を通じて，法解釈学に指針を与える」[49]，「完全合意性は合理性の証拠となる」[50]，「対話的合理性」[51]といった内容のも

---

41) 加藤雅信『民法ゼミナール』278・279頁（有斐閣，1997年）。
42) Canaris, a.a.O., S. 82.
43) Ebenda, S. 84.
44) Ebenda, S. 82.
45) Ebenda, S. 83.
46) Struck, a.a.O., S. 47.
47) ペレルマン・前掲注［2］150・151頁。
48) ペレルマン・前掲注［2］150頁。
49) ペレルマン・前掲注［2］153・154頁。

182 第 1 部　法的価値判断に関する研究

のが含まれる。そして個人や集団の持つ目的に適合しているという意味での合理性は「合目的的合理性」と呼ばれており，合目的性が関わっている[52]。

⑽　合目的性（Topos-57）

　合目的性（Topos-57）という法価値の中には，「裁判官は，解決の価値と法適合性の総合を目的とする」[53]，「法的推論において，法体系を柔軟かつ統一的に捉え，満足行く解決を追求しなければならない」[54]という法命題が含まれる。合理性は，満足の行く解決にとって必要不可欠であるが，個人や集団の持つ目的に適合しているという意味での合理性が「合目的的合理性」と呼ばれているように，合理性から合目的性（Topos-57）が導かれる。そして，合目的性は，法的安定性（Topos-63）と具体的妥当性（Topos-41）と深く関わっている。

⑾　具体的妥当性（Topos-41）

　この法価値の中には，「法的に妥当なルールだけが，妥当性のある結論に導く」，「信義則は法の適用に際して，適用の結果が『妥当』であるかどうかを最終的にチェックする機能を有する」[55]という法命題が含まれる。本稿では「妥当」という法的トポスを「具体的妥当性」という法価値として体系化した。

---

50) Rawls, *op. cit.*, pp. 142-150.
51) 田中成明『法的思考とはどのようなものか』245〜258 頁（有斐閣，1989 年）。
52) 三宮真智子「情報に対する合理的判断力を育てる教育実践研究の必要性：大学で何をどう教えるべきか」日本教育工学会論文誌 26 号（2002 年）235〜243 頁。三宮氏によれば，論理学や統計学といった客観的な法則に合致しているという意味での合理性を「合法則的合理性」と呼び，個人や集団の持つ目的に適合しているという意味での合理性を「合目的的合理性」と呼んで区別している。紛争解決という目的に適合しているという観点から見ると，合目的性が導かれるであろう。
53) ペレルマン・前掲注［2］151 頁。
54) ペレルマン・前掲注［2］154 頁。
55) 松浦好治「一般条項とエキスパートシステム」平成 8 年度科研「法律エキスパート」研究成果報告会用報告レジュメ（1997 年 2 月 22 日）。なお，松浦好治『法と比喩〔法哲学叢書5〕』（弘文堂，1992 年）も参考にした。

第6章　調停の科学　*183*

⑿　優先権（Topos-21）

　利益衡量を行う際に，利益という法的トポスが重要なことはいうまでもない。権利濫用法理に基づく法的推論の場合，「権利者個人の利益が小さく，かつ，相手方の不利益または社会全体に及ぼす害悪が大きい【客観的要件】」かつ「権利行使者が加害意思・加害目的を持っている【主観的要件】」ならば，「権利の濫用が成立」し「権利の行使は無効あるいは違法となる」[56]。ここでも，利益という法的トポスが重要な役割を果たしている。この「利益」を体系化するに際して，「優先権（Topos-21）」[57]から「利益（Topos-58）」と「均衡（Topos-42）」に枝分かれし，「利益」をさらに「一般利益（Topos-59）」と「経済的利益（Topos-61）」に分類される。

⒀　均衡（Topos-42）

　この法価値の中には，「可動的体系は，法理念の諸要請の中に均衡点を見出させる」[58]という法命題が含まれる。「均衡」を「バランス」と読み替えると均衡という法価値は，利益衡量に際して関与するのみならず，「衡平」という法価値とも深く関っていることがわかる。

⒁　衡平

　「衡平」とは，法をそのまま適用することが妥当でない場合，各事件の個別性を考えて，道徳律に従ってバランスをとり修正する原理であり，「具体的妥当性」とも深く関わる。

---

56)　平田勇人「信義則をめぐる背景知識の体系的整理（改訂版）」科研費「法律エキスパート」『平成5～9年度研究成果報告書（改訂版）』196頁（2000年）。

57)　加賀山茂『現代民法　担保法』24・25頁（信山社，2009年）によれば，優先弁済効の優先順位は，原則として「保存」「供給」「環境提供」の順で定まり，保存に関しては「後の保存者が前の保存者に優先する」（民法330条1項2文）という「優先権の順位決定のルール」に従うことが明らかにされ，担保法に関しても，優先権という法的トポスが重要な役割を果たしていることが分かる。加賀山教授が先取特権と抵当権の両者を等質と考えることに成功し，物的担保の優先順位決定のルールを明らかにしたことで，両者が同一のルールに従う両立しうる存在であることが判明し，担保法に関する一貫した体系を創設することに成功したことを考えるとき，「優先権」という法的トポスの重要性が認識出来ると考える。

58)　Canaris, a.a.O., S. 84.

184　第1部　法的価値判断に関する研究

　ポンポニウス（Pomponius）の平均的正義の命題「何人も他人の損失におい
て利得せざることは，自然に従い衡平である」[59]からもわかるように，衡平の
観念が平均的正義の中核に位置している。「衡平・公平」の中には，「トピク
は正義の個別化傾向（衡平）に属する」[60]，「衡平は原則性を欠く」[61]，「常識や
衡平を理由に判断する場合はトピク的思考が適する」[62]，「一般条項は衡平や
トピク的思考以外にも関わる」[63]，「一般条項には衡平への入口という側面が
ある」[64]，「法的推論は衡平だけに偏らず，現行法体系に基づくべし」[65]，「法
的推論は解決を現行法体系に組入れることができるかどうかを度外視しな
い。また法的推論は，単に衡平な解決を追求するだけのものではない」[66]，「衡
平という言葉によって問題処理の基準を曖昧にすべきではなく，裁判などに
おいても，現実的な判断基準である具体的な実定法に密着した判断を示すべ
きである」[67]といった内容のものが含まれる。さらに，「一般的規定によって
把握されない事例が生じるときは，規定し残されたところを，立法者自身の
考えに立って修正する，というのは，正しいことであり，これが衡平である」
すなわち「衡平とは，法律がその一般的表現ゆえに欠缺をもつ場合の法律の
修正である」[68]，「成文の法規をこえて正義であることを衡平と表示する」[69]，
「衡平はその機能を喪失し，自然法と融合する。自然法と衡平が同一であるこ
と，あるいは，自然法と並べれば衡平は意味を持たない」[70]，「衡平の占める
場所は自然法にはない」[71]，「衡平とは自然法そのものであって，ただ実定法
の観点から，衡平と呼ばれるにすぎない」[72]，「黄金律が衡平の原理である」[73]

59）加藤・前掲注［41］291頁。
60）Canaris, a.a.O., S. 151.
61）Ebenda, S. 82.
62）Ebenda, S. 150.
63）Ebenda, S. 153.
64）Ebenda, S. 82.
65）ペレルマン・前掲注［2］151頁。
66）ペレルマン・前掲注［2］151頁。
67）加藤雅信『財産法の体系と不当利得法の構造』843頁（有斐閣，1986年）。
68）アリストテレス（加藤信朗訳）『アリストテレス全集〈13〉ニコマコス倫理学』177・178頁（岩
　　波書店，1988年）。
69）アリストテレス（戸塚七郎訳）『アリストテレス　弁論術』136・137頁（岩波文庫，1992年）。
70）シュレーダー・前掲注［26］113頁。

といった個別命題が含まれる。これらの法命題のいくつかは，シュレーダーの『トーピク・類推・衡平』から抽出したものであるが，自然法と衡平の関係について以下のような具体例が挙げられている。すなわち，「汝の債務を弁済せよ」という場合に，例外事例として衡平を持ち出さずとも，履行による義務の消滅に関する諸準則（自然法の下部構造）から説明できると指摘している。また，一定の損害を発生させる行為に関する責任が排除されているのは，帰責性がないためであり，衡平を根拠に責任が排除されるのではないことも指摘されている。このような具体例を示しながら，前述のように「衡平とは自然法そのものである」との法命題が抽出されている[74]。

⒂ 公正

信義則は Fair and Equitable Principle とも訳されるが，ユニドロア国際商事契約法原則［UNIDROIT 原則］1.7 条等[75]，ヨーロッパ契約法原則［PECL］1：102 条等[76]は，「信義誠実および公正な取引」をセットで規定し，Good Faith が信義則の意味で用いられている。その他，「公正ということが解決を推進する」[77]，「各当事者は手続につき，公正な告知を与えられなければならない」[78]，「各当事者は相手方当事者の弁論および証拠に抗弁する公正な機会を与えられなければならない」[79]といった法命題が含まれる。

---

71) シュレーダー・前掲注［26］113 頁。シュレーダーは，プーフェンドルフの 1672 年の『大自然法論』（Samuel Pufendorf：*De jure naturae et gentium libri octo*（1672））から引用している。
72) シュレーダー・前掲注［26］113 頁。
73) シュレーダー・前掲注［26］113 頁。
74) シュレーダー・前掲注［26］111～113 頁。
75) 曽野和明ほか訳『UNIDROIT 国際商事契約原則』（商事法務，2004 年）参照。
76) PECL の 1998 年 7 月の最終版（訳語は加賀山教授の完全・改訂版（1998）翻訳に従った）に基づいて分析をした（仮想法科大学院 http://lawschool-jp.com/kagayama/material/civi_law/contract/comparison/pecl/pecl98_ej.html, 1999 年 8 月 3 日最終閲覧）。
77) ゴールディング・前掲注［10］166 頁。
78) ゴールディング・前掲注［10］165 頁。
79) ゴールディング・前掲注［10］165 頁。

186　第1部　法的価値判断に関する研究

(16)　公平

「公平」とは，判断や行動が公正で偏っていないことと定義され，「公正」「中立性」とも深く関わる。「正しく公平に思考する者とは，社会通念に従う者を指す」[80]，

(17)　中立性（Topos-7，8）

紛争解決者に期待される中立性は，公正の主要な要素の1つともいわれている[81]。「中立性」の中には，「反対当事者の言い分も等しく聴くべし（Topos-7)」，「何人も自己の争訟事件の裁判官となることはできない(Topos-8)」といった法命題が含まれる。

2．信義則の個別的法命題に関する価値

信義則は Fair and Equitable Principle とも訳されているように「公正」「衡平」と深く関わっている。図5は図4の中の「公正」「衡平」という価値をさらに展開したものと考えて体系化した。信義則の個別的法命題に関する価値体系も，Magical Number 7±2 の枠内に収まるよう，再編成した。

(1)　信頼は保護に値する（Topos-39）

権利者といえども権利を無条件に自由に行使できるわけではなく，取引の当事者は権利の行使や義務の履行において，互いに相手方の信頼を裏切らないで誠意をもって行動しなければならず，取引社会全体の秩序を守る上からも当然のことといえる。私人の法律関係において相手方からの信頼に応え，誠意をもって行動すべきであるという信義則と共通の法価値を表明したものである。

---

80)　Canaris, a.a.O., S. 150.
81)　ゴールディング・前掲注［10］146頁。

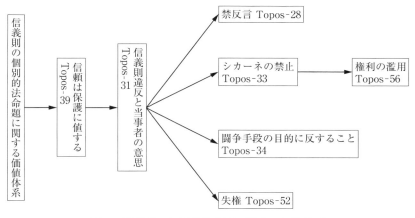

図 5. 信義則の個別的法命題に関する価値体系

(2) 信義則違反と当事者の意思 (Topos-31)

「条件の成就・不成就の権利を有したか否か，当該行為が信義則に反するか否かは，行為時の当事者の意思に依存する (Topos-31)」が含まれる。

(3) 禁反言 (Topos-28)

禁反言 (Estoppel) ないしは矛盾行為禁止の原則 (Venire Contra Factum Proprium) はわが国やドイツにおいて，信義則の個別的法命題の1つとして考えられている。

(4) シカーネの禁止 (Topos-33)

シカーネ，すなわち他人に損害を与えることのみを目的とする権利行使は禁止するという法命題は，わが国やドイツにおいて，信義則の個別的法命題の1つと考えられている。権利濫用法理の根底にはこの法命題が横たわっている。

188　第1部　法的価値判断に関する研究

⑸　濫用の危険（Topos-56）

権利の濫用も，民事訴訟では信義則の個別的法命題の1つである。これには，「信義則はローマ法における一般悪意の抗弁および誠意訴訟に起源を持つ，権利行使の制約原理から発展してきた」[82]という法命題が含まれる。いかなる場合に権利濫用となるかは，行為者の主観だけでなく，その権利行使によって生ずる権利者個人の利益と，義務者または社会全体に及ぼす害悪とを比較衡量して決めるのが相当であると考えられている。

⑹　闘争手段の目的に反すること（Topos-34）

悪意的訴訟状態を創出するなど，アンフェアに法律要件を騙取したり回避したりして裁判闘争することを禁じることも，わが国やドイツにおいて，信義則の個別的法命題の1つと考えられている。

⑺　失権（Topos-52）

失権は，民事訴訟では信義則の個別的法命題の1つである。この失権に関しては，「失権の抗弁は，可動的法律要件である」[83]という法命題が含まれる。訴訟上の権能の失効（失権）とは，「訴訟上の権能が行使されずに放置されたため，行使されないであろうとの正当な期待が相手方に生じ，相手方がそれに基づいて行動している場合には，その後に至って権能を行使しようとしても，信義則上，その権能はすでに失効したものとして許されない」というルールである[84]。失効の原則についての最高裁判決の判示する要件[85]は，①多年権利行使をせず，②権利不行使につき権利者に帰責事由があり，③権利者が権利のあることを知っており，④債務者側がもはや権利は行使されないと信じ，⑤かく信じるにつき正当事由があり，⑥いまさら権利を行使することが信義則に反することである。

82）菅野耕毅『信義則および権利濫用の研究』35，81頁（信山社，1994年）。

83）Canaris, a.a.O., S. 152.

84）中野貞一郎「民事訴訟における信義則および禁反言」『民事訴訟法の争点』（1979年）44頁。

85）最判昭和51年4月23日（株）TKC LEX/CD 文献番号27000325の判例全文28頁。

3. 法の一般原則に関する価値体系

法の一般原則に関する価値体系についても，Magical Number 7±2 の枠内に収まるように再編成した。

(1) 秩序の原則 (Topos-62)

法の一般原則として5つの法的トポスに大別した。構造化に際して，カール・ラーレンツ教授の後継者であり，今日なお有力なドイツの法学者や裁判官に多大な影響を及ぼし続けている，クラウス-ウィルヘルム・カナリス教授の体系的目的論解釈に基づく法解釈理論の構築方法を参考にした。カナリス教授によれば，法律学における体系が考慮されることなく紛争事案ごとに利益衡量が行われ，その紛争解決の結果，理論が構築されるとすれば，そのような個々の紛争解決を目指す利益衡量論は相互に整合性も一貫性も無いこと

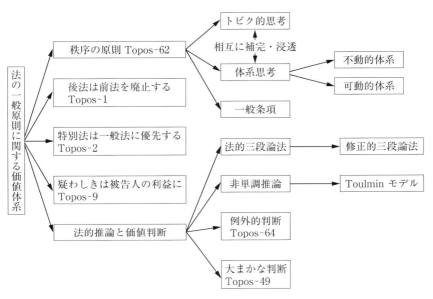

図6. 法の一般原則に関する価値体系

190 第1部 法的価値判断に関する研究

になる。立法者が下した基本的価値判断および原則に即して徹頭徹尾考え抜く方法論がカナリス教授により明らかにされている[86]。そして，カナリス教授も説くように，トピク的思考は体系的思考と排他的関係にあるのではなく，相互に補完し合っている。既存の価値体系の構造やそれに基づく諸々の価値判断の相互関係を明らかにすることで，人は，どのような価値判断が特定の価値体系（および価値判断の体系）と矛盾するかしないかを判断し，さらに将来，裁判所によって与えられるであろう価値判断を予見することができるのである[87]。カナリス教授の考え方に基づいて秩序の原則（Topos-62）を体系化すると，「トピク的思考」，「体系思考」，「一般条項」に大別され，「体系思考」はさらに「不動的体系」と「可動的体系」とに細分化できる。

(a) トピク的思考　「トピク的思考」の中には，「法体系・法原則の成立発展段階においてトポイが決定的役割を果たす」[88]，「トピク的思考は社会通念・常識に根拠を置く」[89]，「ドイツの判例は『正しくかつ公平に思考するすべての者』という場合，社会通念に従う者を指す」[90]，「トピク的手法では，まず手探りで様々な観点を摘出し，問題に対して試験的に適用し，比較衡量する」[91]，「コモンセンスを引合いに出したり，衡平を理由として判断する場合はトピク的思考が適している」[92]，「トピクは個別事情を問題にする場合に適している」[93]といった法命題が含まれる。

(b) 体系思考　「体系思考」の中には，「体系思考とトピク的思考は排他的に対立しているわけではなく，相互に補完・浸透している」[94]，「体系思考は正義の一般化傾向に属し，個別問題を抽象化し，議論の余地のある観点は初めから除去する」[95]，「法律の欠缺（十分な法律上の価値判断

---

86) Canaris, a.a.O., S. 151.
87) 川島武宜『「科学としての法律学」とその発展』51 頁（岩波書店，1987 年）。
88) Canaris, a.a.O., S. 153.
89) Ebenda, S. 159.
90) Ebenda, S. 150.
91) Ebenda, S. 150.
92) Ebenda, S. 150.
93) Ebenda, S. 151.
94) Ebenda, S. 160.

が欠けている）の場合，トピクが応急処置を施す」[96)]，「法律の欠缺の場合，速や
かに不安定なトポイを明確な価値判断に置換し，体系に組み込むべきであ
る」[97)]，「法体系は，前法律的な事前の価値判断の適宜介入を求める」[98)]といっ
た法命題が含まれる。

（c）　**不動的体系**　　　「不動的体系」の中には，「不動的体系の徹底的な細分
化で，ある程度の個別化は可能である。可動的体系も無
制限な個別化を許さない」[99)]という法命題が含まれる。

（d）　**可動的体系**　　　「可動的体系」の中には，「可動的体系は，固定的法律
要件と一般条項の中間に位置する」[100)]，「可動的体系は硬
直した規範とも異なり，曖昧な衡平条項とも一線を画する」[101)]，「個別事例で
どの解決を優先すべきかは，対象の構造と中核の価値に依存し，可動的体系
が特に重要な役割を果たす（メタ・ルール）[102)]，「可動的体系は，極めて重要な
諸要素の混合比率を変えて事例の状況に適合させる」[103)]，「人としての裁判官
は，可動的体系の中で比較的多数の諸要素を比較衡量することは，荷が重す
ぎる」[104)]。すなわち，Magical Number 7±2 の要素しか短期記憶で処理でき
ないことと関係が深い法命題である。「可動的体系は，正義の一般化傾向と個
別化傾向の対極性を調整する」[105)]，「可動的体系は，法理念の様々な要請の中
に均衡点を見出すことを可能にする」[106)]，「可動的体系は正義の判断諸基準を
一般的に確定することができる反面，個別事例において様々な観点を考慮に
入れることも可能にする」[107)]，「正義は一般化傾向のみならず個別化傾向も同

95）Ebenda, S. 151.
96）Ebenda, S. 160.
97）Ebenda, S. 151f.
98）ペレルマン・前掲注［2］153 頁。
99）Canaris, a.a.O., S. 83.
100）Ebenda, S. 157.
101）Ebenda, S. 84.
102）Ebenda, S. 85.
103）Ebenda, S. 82.
104）Ebenda, S. 83.
105）Ebenda, S. 157.
106）Ebenda, S. 84.
107）Ebenda, S. 83.

192 第1部 法的価値判断に関する研究

時に有しており，可動的体系の正統化のために個別化傾向を引合いに出すこともできる」[108]といった法命題が含まれる。前述の最後の法命題と関連して，「プラトンの思想を要約すると，正義論は，一方では，正義に関する正しい一般的準則を立てねばならない。他方では，正義論は，具体的な個別事例をも含んでいなければならない」[109]がある。

(e) 一般条項　　　「一般条項」の中には，「一般条項は価値の充填を要する」[110]，「一般条項は，その具体化に必要な判断基準を示さず，判断基準が原則として個別具体的事例に関してのみ確定される」[111]，「一般条項の具体化に際しては，トピクは単なる応急処置以上のものである」[112]，「一般条項は，必ずしも全面的に衡平やトピク的思考に委ねられているわけではない」[113]，「一般条項は『衡平への入り口』と呼ばれ，この呼び方は部分的には正当である」[114]，「一般条項も正義の個別化ならびに一般化の両傾向を持ち，一般化傾向は絶えず体系化を指向する」[115]，「一般条項もまた常に，全法律秩序の観点から，それゆえ法体系を背景として解釈されなければならない」[116]，「一般条項は社会通念に基づいて解釈されるべきではない」[117]，「一般条項の具体化は，体系的な確定を指向しながら類型化を通して行われ，部分的には明確な法律要件の構築によって行われる」[118]，「各規定の適用において信義則が顧慮されなければならないとすると，裁判官が一般条項へ逃避する虞がある」[119]，「制度目的，構成要件の内容を茫漠としたものにすることにより，紛争解決の結論を裁判官等に白紙委任することは望ましいことではな

---

108) Ebenda, S. 83.
109) シュレーダー・前掲注［26］90 頁。
110) Canaris, a.a.O., S. 82.
111) Ebenda, S. 82.
112) Ebenda, S. 152.
113) Ebenda, S. 153.
114) Ebenda, S. 82.
115) Ebenda, S. 153.
116) Ebenda, S. 152.
117) Ebenda, S. 152.
118) Ebenda, S. 152.
119) 曽野和明＝山手正史『国際売買法』〔現代法律学全集 60〕73 頁（青林書院，1993 年）。

い」[120]といった法命題が含まれる。

⑵　後法は前法を廃止する（Topos-1）

　これは，「後法優位の原則」ともよばれ，同一法形式間では妥当するが，憲法と法律，法律と命令等のように異なる法形式間では妥当しない。また，「『特別法優位の原則』と抵触するときは，一般法の後法は特別法の前法を廃止しない（メタ・ルール）。

⑶　特別法は一般法に優先する（Topos-2）

　これは，「特別法優位の原則」ともよばれ，適用領域には事項・地域・時間などがあるが，同一の法形式間では特別法が一般法に優先する。

⑷　疑わしきは被告人の利益に（Topos-9）

　刑事訴訟における原則であるが，「無罪の推定」とほぼ同義と考えられている。

⑸　法的推論と価値判断（Topos-46, 49）

　法的推論と価値判断は「修正的法的三段論法」，「極めて不幸な場合には例外が許される（例外的判断）（Topos-46）」，「大まかな判断（Topos-49）」，そして法規範を全称命題と捉える伝統的な論理学の限界[121]を超えるべく，「非単調推論」[122]，「Toulmin モデル」[123]が注目されており，これらに細分化できる。法

---

120) 加藤雅信『新民法体系Ⅴ　事務管理・不当利得・不法行為』97 頁（有斐閣，2002 年）。

121) 髙橋文彦「『法論理』再考〜三段論法から対話的なデフォルト論理へ」『法学研究』（慶應義塾大学）82 巻 1 号 25〜28 頁（2009 年）で述べられているように，法規範を全称命題と捉える伝統的な三段論法にはどうしても表現に限界がある。筆者はこうした問題意識を共有して現在，東京工業大学で Toulmin 図式を用いた研究を行ってきた。この点については，今後も研究を推進していきたい。

122) 髙橋文彦「要件事実論と非単調論理」河上正二ほか編『要件事実・事実認定論と基礎法学の新たな展開〔伊藤滋夫先生喜寿記念〕』3〜20 頁（青林書院，2009 年）。

123) Stephen E. Toulmin, *The Uses of Argument*〔*Updated Edition*〕, Cambridge University Press, 2003. スティーヴン・トゥールミン（戸田山和久＝福澤一吉訳）『議論の技法—トゥールミンモデルの原点』（東京図書，2011 年）。

194　第1部　法的価値判断に関する研究

的推論と価値判断に関する法命題の中には、「法的推論は単なる三段論法的演繹ではあり得ない」[124]、「三段論法的演繹では、たとえ結論が不合理と思われる場合であっても、その結論を受け入れざるを得ない」[125]、「裁判官は、解決の価値と法適合性とを同時に尊重しながら両者の総合を探求しなければならない」[126]、「法適用は現行法に基づいて正統化されなければならず、社会通念やコモンセンスに基づくべきではない」[127]、「適用（抽象的規範から具体的事案への移行）は、単なる演繹的プロセスではなく、法廷論争において衝突している諸価値に法律の規定を不断に適合させる作用である」[128]、「法的思考は価値判断抜きに理解することはできない」[129]、「種々の考察は法的トポスによって総合が可能になる」[130]、「価値が論争の対象になる場合、価値とその適用についての同意を得ることを目的とする推論を、弁証論的推論という」[131]、といった内容のものが含まれる。

4．小括2「信義則の基層にあるものは基本的価値体系である。」

以上の考察からわかるように、副問2について答えると、「信義則の基層にあるものは基本的価値体系である」。そして、副問2の展開「信義則の基層にある基本的価値体系はどのようなものか？」に対する答えは、図4・5・6を総合した基本的価値体系である。

---

124) ペレルマン・前掲注［2］151頁。
125) ペレルマン・前掲注［2］151頁。
126) ペレルマン・前掲注［2］151頁。
127) Canaris, a.a.O., S. 159-160 "These 21".
128) ペレルマン・前掲注［2］153頁。
129) ペレルマン・前掲注［2］153頁。
130) ペレルマン・前掲注［2］158頁。
131) ペレルマン・前掲注［2］182頁。

Ⅳ　調停の基層にある基本的価値体系の構造

　本章Ⅳでは主問を解くにあたって，副問3「調停の基層にあるものは何か？」ならびに副問3の展開「調停の基層にある基本的価値体系はどのようなものか？」について考察していきたい。副問3ならびに副問3の展開について考察する前に，調停制度の本質，機能・存在理由，あり方等について考察したい。

1．条理にかない実情に即した解決

　調停という紛争解決方式はわが国独自・固有のものではないが，ここでは，民事にしても家事にしても，裁判所が主宰する調停については「当事者の互譲により，条理にかない実情に即した解決を図る」点において共通している点を確認しておきたい。民事調停は，民事調停法の定める手続により，調停機関が斡旋・仲介して，当事者の互譲により，条理にかない実情に即した解決を図ることを目的とした紛争解決制度である（民事調停法1条）。原則として調停委員会があり，例外的に裁判官だけで調停を行うことも可能である（同法5条，20条）。調停委員会は，調停主任裁判官と2名以上の民事調停委員で構成され，原則として簡易裁判所に（当事者の合意があれば地方裁判所に）申立てをして手続が開始する（同法2条，3条）。また，訴訟係属中に受訴裁判所が適当と認めたとき，職権で事件を調停に付することにより，調停の手続が開始される（付調停事件。同法20条1項）。

　これに対し，家事調停については2013年1月から，家事審判法が廃止され家事事件手続法が新たに施行されており，各種書式等も旧書式から新書式に移行しているが，その点については今回割愛したい[132]。ただ，家事調停についても民事調停と同様であるが，すべての家事調停委員が必携して常に家事調停の拠り所としている『調停委員必携（家事）』によれば，「当該事件につい

132）この点については，平田・前掲注［18］270〜287頁で詳しく述べた。

196　第1部　法的価値判断に関する研究

て望ましい解決方法を条理に照らし実情に即して法律が示すところを検討した上でなされなければならない。そして，当事者の説得に際しては，適切な合意が成立するように，いわゆる駆け引きをせず当事者の立場や体面を尊重しながら適切に条理や利害を説き根気よく努力することである」[133]とされ，民事調停も家事調停も同根であることが分かる。

2．民事調停の本質

　調停の本質は，任意性と判断性であるといわれている。民事調停手続の第1の特質は当事者の任意性であり，第2の特質は条理にかない実情に即した解決かどうかを見る調停機関の判断性である[134]。この当事者の任意性と調停機関の判断性は二律背反の性質を持っているため，どちらの特質を調停の本質と見るかによって，調停合意説と調停裁判説がある。

　調停の本質は調停手続における当事者の任意性，すなわち当事者間の合意がなければ調停は成立しないとする考え方（調停合意説）と，調停委員会が相当と認めなければ調停は成立せず，常に相当性の判断があるとする考え方（調停裁判説（調停判断説））とが対立している[135]。従来の通説は調停合意説であったが，両説の対立は民事調停の本質を解明する上で多大の貢献をなしたと評価されている[136]。そして，調停合意説に立脚しつつ，さらに調停裁判説の主張する事実認定や法的判断を現行法の枠内で可能な限り強化すべしとの，両説を止揚する説（梶村説）が説得力を持って主張されている[137]。また家事調停の領域においても，大塚判事は，裁判官・書記官・事務官の連携により，合理的な実体的かつ手続的運営が保障され，また必要に応じて医師等の専門家が関与し，調停委員の良識がよい形で反映され，当事者に十分な意見陳述の機会や反論の機会を与えて，当事者が積極的に受容できる合意と相当性のあ

133）日本調停協会連合会編『5訂　調停委員必携〔家事〕』29頁（日本調停協会連合会，2010年）。
134）梶村＝深沢・前掲注［11］136〜138頁。
135）梶村＝深沢・前掲注［11］139〜143頁。
136）梶村＝深沢・前掲注［11］143頁。
137）梶村＝深沢・前掲注［11］143〜145頁。

る判断が実現できるならば，これらの解釈の違いは乗り越えられると，両説の止揚を説いている[138]。

3. 民事調停の機能・存在理由

民事調停の存在理由として，従来，合意による紛争解決の円満性，妥当性，その簡易・迅速・低廉性が主張されてきた。これに対して，佐々木説では，簡易・迅速・低廉性は調停制度固有のものではなく，調停制度の存在理由は紛争自体を直接の対象としてその公正な全体的根本的解決を図るところにあるとする[139]。また小山説も，簡易・迅速・低廉は調停制度の目的ではなく属性と解し，合意による解決の円満性を調停制度の存在理由とする[140]。以上に対して，萩原説は調停の存在理由を，①紛争選別機能，②簡易・迅速・低廉ないし個別の紛争に即応した具体的妥当な解決をはかりうる紛争解決方式を利用者＝国民に提供すること，③民主主義的機能，④権利形成〔創造〕機能の4点にあるとする[141]。さらに，梶村説は，調停の機能・存在理由について，①訴訟補充的機能，②簡易裁判的機能，③取引仲介的機能，④事件振分け的機能，⑤法創造的機能，⑥民主主義的機能の6つを挙げている[142]。

また，小島説は，正義へのアクセスの多元制を強調する立場から，従来の調停の存在理由を整理したうえで，さらに①法調整的衡平法的機能（保証人の責任の調整，消滅時効の効果の緩和など）や②手続リスク緩和機能（証明や手続選択の困難に対処）を挙げられる[143]。

---

138) 大塚正之判事「日本における家事事件処理手続と裁判官・調査官・調停委員等の役割〜離婚及び子の監護を中心として〜」日本家族《社会と法》学会第21回学術大会レジュメ（2004年11月）（http://www.geocities.jp/nihon_kazoku/otuka.pdf）。

139) 佐々木吉男『増補　調停制度の研究』122〜124頁・127頁（法律文化社，1974年）。

140) 小山・前掲注〔13〕52〜61頁。

141) 萩原・前掲注〔21〕53〜55頁。

142) 梶村＝深沢・前掲注〔11〕146〜152頁。

143) 小島武司「民事調停の存在理由」石川明＝梶村太市編『民事調停法〔現代実務法律講座〕』18・19頁（青林書院，1985年）。

198　第1部　法的価値判断に関する研究

4．調停のあり方について

　調停のあり方については，3種類ある。①評価型調停（Evaluative Mediation）は，専門的知識を持つ調停人が結論に強く介入し，法的評価を背景として合意に導くプロセスを指し，伝統がある。②妥協要請型調停は，互譲の名の下に，当事者の主張の「中」を取り，両当事者の利益についてほどほどにバランスをとり，③促進型調停（Facilitative Mediation；対話促進型調停，自主交渉援助型調停）では，調停人の役割は，当事者の自主的な交渉を援助し，対話を促進することにある[144]。

　調停のあり方については，理論・技法の両面で新たな動きが生じており，とりわけアメリカのメディエイションの影響が大きく，様々な提案がなされている。日本の司法調停は，これまで評価型の色彩が強かったが，権威的押付けや無原則の妥協という欠点に前向きに取り組んできているのも事実である[145]。評価型調停の欠点に対し，批判や懐疑も表明され，当事者間の交流の促進を基調とする種々の調整手法が開発され，評価型調停と促進型調停の境界が次第に流動化してきている[146]。ただ，紛争当事者からよく事情を聴き，客観的資料を慎重に吟味し，法的基準を基本に，証明において解明度の低いことを考慮して，幅のある調停案を提示する評価型調停の存在意義[147]を否定するのではなく，当事者のニーズにあった選択肢を出来る限り用意するべきであろう。小島教授が指摘するように，評価型調停に対するニーズは，とりわけ大都市以外のところでは相当程度存在するであろうし，大都市等においても新種のニーズが生まれているとも考えられ[148]，評価型調停に期待する当事者の割合が，民間調停と比べて，司法調停の場合により多いものと推測さ

144）経済産業省（著作）・（社）日本商事仲裁協会ならびに日本仲裁人協会「調停人養成教材作成委員会」（制作）『調停人養成教材・基礎編』8頁（2004年度版）を参照。

145）小島武司「仲裁ADR法の将来展望（序説）─基礎法理と制度戦略の方向転換を目指して─」『仲裁とADR』創刊準備号（2005年）17頁。

146）小島・前掲注［145］17頁。

147）小島・前掲注［145］17頁。

148）小島・前掲注［145］17頁。

れる。これに対し，促進型調停は，民間組織においてもニーズが高く，そこでは当事者間の交渉が中心となる[149]。ADR の機能を充実し，利用しやすくすれば，国民が，様々な紛争解決手段の中から最も適当なものを選択できるようになり，国民の満足度が高まると考える。

5．調停の基層にある価値体系の構造

調停の基層にある価値構造を考える際，本稿において着目したのは，最高裁民事局『民事調停委員のための民事調停法規の概説』[150]や，最高裁民事局『民事調停委員の手引［改訂版］』[151]における考え方である。

条理にかない実情に即した紛争解決制度である民事調停は，両当事者の互譲，妥協を重んじて当事者間の合意を目指すにしても，法から何処まで乖離できるのかについては，最高裁民事局『民事調停委員の手引［改訂版］』が指摘するように[152]，従来であれば，双方の互譲を中心に据えた調停運営によって解決していたような事案においても，単に譲り合いを求めるだけではなく，法的判断や専門的知見に裏付けられた合理的なあっせんを求める傾向が強まっていくものと指摘されており，裁判所の調停委員として考えた場合，最高裁の考え方に沿って基本的価値体系を考えて行くべきと考える。それゆえ，調停は条理に基づく互譲の精神の上に成り立つといっても，基本的には法規範を根底にすえるべきである。調停規範（調停で用いる紛争解決規範）の背景にある基本的価値体系を以下においてより詳しく考察していきたい。

条理の基本的価値の中で，調停で考慮すべき価値をさらに詳細に体系化すると，以下のようになる。

(1) 正義

調停においても，正義という価値は当然重視されている。すなわち，民事

---

149) 小島・前掲注［145］17頁。
150) 最高裁事務総局民事局『民事調停委員のための民事調停法規の概説』1～109頁（2002年）。
151) 最高裁民事局・前掲注［23］1～139頁。
152) 最高裁民事局・前掲注［23］2頁。

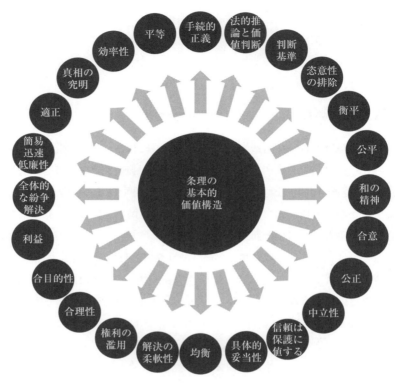

図 7. 条理の基本的価値構造

訴訟法においても民事調停法においても，正義に立脚し公正なる解決を図るという共通の理念の上に成り立っているといえる。そして，調停による解決は，両当事者の誠意（Good Faith）と調停委員の能力によって両当事者が公正かつ正当な解決（Fair and Just Solution）をはかるものでなければならない。当事者が民事調停にとって余りにもフェアーでない行動をとり，明らかに正義に反していると思われる場合，調停委員会は当事者にその事実を告知して，調停を終結することができる。

　Good Faith という言葉が出たので，ここで民事調停における信義則について述べてみたい。「民事調停においては，不誠実な駆け引きをしてはならない」

第6章　調停の科学　　201

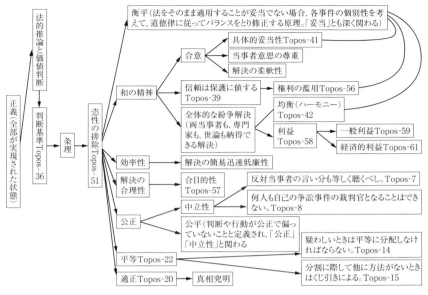

図8．調停で考慮すべき価値体系

という法命題を挙げることができる。調停委員が調停を成立させるために，調停委員会が考えている案より不利益な案を，双方にそれぞれ示して，最終的に調停委員会の案に近づけるというケースを想定してみたい。申立人には「相手方から100万円を出させようと思うが」と意向を尋ね，相手方には「120万円支払うという約束はできないか」と申し出る。すると今度は，申立人には「もう少し上乗せしてもらいたい」と譲歩させ，相手方からは「もう10万円減額してもらいたい」という了承を取り付けて，最終的には110万円で合意させるというような方法である。説得する相手の出方を見ながら，多少の駆け引きはやむを得ない場合もあるかもしれないが，このようないわば「掛け値」をする方法は，それが余りに極端であり，前述した事例の場合，申立人には「50万円」，相手方には「200万円」と提示するようなことは，調停委員会としては不誠実な行為であり，たとえ結論が妥当であっても，信義則に反して許されないというべきであろう。

(2) 法的推論と価値判断

　法的推論と価値判断は，調停においても大きな意味を持っている。調停だからと言って，法的推論と無関係であるわけではない。実際に調停実務においては，交通事故の紛争解決基準が準用されており，そこでは当然のように法的推論や価値判断がなされている。

　調停に関わる法命題を挙げてみると，「極めて不幸な場合には例外が許される（例外的判断）(Topos-46)」，「大まかな判断 (Topos-49)」，前述したように伝統的な論理学の限界を超える「非単調推論」，「Toulmin モデル」は，調停においても注目されている。調停における法的推論と価値判断に関する法命題の中には，「調停委員会は，解決の価値と法適合性とを同時に尊重しながら両者の総合を探求しなければならない（メタ・ルール）」，「法的思考は価値判断抜きに理解することはできない」，「種々の考察は法的トポスによって総合が可能になる」といった内容のものが含まれる。

(3) 判断基準 (Topos-36)

　前述したように，調停手続の第1の特質は「当事者の任意性であり，第2の特質は「条理にかない実情に即した解決かどうかを見る調停機関の判断性である。それゆえ，判断基準 (Topos-36) は調停においても重要な位置を占めている。この当事者の任意性は，調停委員会の恣意的な誘導を排除し，あくまでも当事者の任意性を求めるため，「恣意性の排除 (Topos-51)」と相通じるものがあると言えよう。

(4) 恣意性の排除 (Topos-51)

　調停においても，価値の体系化に際して，マーチン・ゴールディングの考え方を参考にした。前述したように，ゴールディングによれば，「恣意性は禁じられている (Topos-51)」すなわち「恣意性の排除が，単なる平等よりも正義にとってより基本的なものとされている（メタ・ルール）。「正義（すべてが実現された状態）」は判断基準 (Topos-36) の明確化・透明性を求め，判断基準は「恣

意性の排除（Topos-51）」を要求する。そして，恣意性の排除はさらに，「衡平」，「和の精神」，「効率性」，「解決の合理性」，「公正」，「平等（Topos-22）」，「適正（Topos-20）」の法価値に分類でき，Magical Number 7±2 の枠内に収まる。

(5) 衡平

「衡平」とは前述したように，法をそのまま適用することが妥当でない場合，各事件の個別性を考えて，道徳律に従ってバランスをとり修正する原理であり，「具体的妥当性（Topos-41）」とも深く関わる。

(6) 和の精神

「和」にはとても深い意味がある。加賀山教授の言葉を借りると，「法の手段は『和』を前提とする議論と説得である[153]」。

わが国の最初の憲法とされる十七条の憲法（604年）も，「国のかたち」として，紛争の解決について，武力ではなく，議論によるべきことを明文で規定していた[154]。

十七条の憲法　第1条〔和の精神〕

和をもつて貴（とうと）しとなし〔孔子〕，忤（さから）うことなきを宗とせよ。人みな党（たむら）あり，また達（さと）れる者少なし。ここをもつて，あるいは君父に順わず，また隣里に違（たが）う。しかれども，上和（かみやわら）ぎ，下睦（しももつ）びて，事を論ずるに諧（かな）うときは，すなわち事理（じり）自ら通ず。何事か成らざらん。

第10条〔仏教の教え：議論の前提条件〕

心の怒りを絶ち，顔色に怒りを出さないようにし，人が自分と違うからといって怒らないようにせよ。人には皆それぞれ心があり，お互いに譲れないところもある。彼がよいと思うことを，自分はよくないと思ったり，自分が良いことだと思っても，彼の方は良くないと思ったりする。自分が聖者で，

---

153) 加賀山・前掲注［3］2頁。
154) 加賀山・前掲注［3］2頁。

彼が愚者ということもない。ともに凡人なのである。是非の理は誰も定めることはできない。お互いに賢者でもあり愚者でもあることは，端のない環のようなものだ。相手が怒ったら，自分が過ちをしているのではないかと反省する。自分一人が正しいと思っても，衆人の意見も尊重し，その行なうところに従うがよい。

　十七条の憲法の第1条の原文には，出典として「孔子」と書かれており，加賀山教授が正当に指摘されるように，論語の「君子は和して同ぜず，小人は同じて和せず」を意識して起草されたものと思われる[155]。「和」と区別される「同」とは，「付和雷同」のことであり，自分の考えで行動するのではなく，多数の人がそうしているから正しいと考えて同じ行動をすることを意味している。しかし，「多数の人が賛成しているから正しい」という論理は，論拠として使うことはできないとされている。その理由については，前述したように岩田氏が的確な指摘をしている[156]が，要約すると，正しい観察によって得られた事実からしっかりした論理展開によって導き出された結論には多くの人が賛成するので，「賛成する人の数が多ければそれは正しい可能性が高い」というのは事実であるが，このことは，他の人がきちんと事実や論理展開を見極めて導き出したという仮定のもとでのみ成り立つのであり，岩田氏が正当に指摘するように「賛成する人が多いから賛成しておこう」と思って賛成している人が多いと，その前提が崩れてしまう点に我々は注意しなければならない。したがって，多くの人が賛成しているから正しいという論理は，たとえその結論が正しくても，使ってはいけない事になる。

　和の精神は，「合意」，「信頼は保護に値する」，「全体的な紛争解決」に大別できるので，以下において見て行きたい。

(a) 合意　　　合意という価値は，和の精神から導かれる。和の精神が調停実務において，どのように発現するか見てみよう。「調停は当事者の互譲と合意による円満な紛争解決方法である」という法命題の背景にあ

---

155) 加賀山・前掲注［3］3頁。
156) 岩田・前掲注［5］18・19頁。

る基本的価値体系の中には，和の精神が存在しているといえよう。実情聴取の際に和の精神がどのように現われるかといえば，感情的な面の強い紛争に関しては，双方の感情の融和に重点を置く形で現れる（もちろん常に感情の融和だけを重視するわけではなく，利害得失を考える人には，この解決方法がいかに有利であるかを重点的に説明し，筋を通すことを重視する人に対しては，その解決方法がいかに理にかなっているかを丁寧に話すといったように，当事者の性格に合わせて実情聴取されていることは言うまでもない）。したがって，民事調停は解決の円満性のみをもって存在理由とする紛争解決制度ではないといえよう。

　当事者間には，利害や感情の対立がある。合意という価値を導く説得の方法は，ある程度パターン化することはできても，定石は存在しないように思われる。説得を上手に行い合意に至るためには，対立当事者間の相互理解の促進，対立する主張を合意に向けて調整した解決案の提示と討議，そして討議のための環境づくりが重要であるが，調停委員が当事者のよき理解者であり，公正な第三者であるという信頼を当事者双方から得ることが最も大切である。その意味で，公正，中立性，信頼という価値と密接不可分な関係にあるといえよう。ただ，調停の本質は合意であるにしても，合意の成立によって調停条項それ自体の違法性がカバーされ，すべての法乖離が許されると解することはできないと考える。

　「合意」からは，3つの価値が枝分かれする。「具体的妥当性」，「当事者意思の尊重」，「解決の柔軟性」がそれである。

　(i)　具体的妥当性（Topos-41）

　「妥当：具体的妥当性」が民事調停でどのように考えられているか見てみよう。民事調停においては，「解決の具体的妥当性」という形で重要視されている。裁判の基準となる法律は，一般的・抽象的な法規範として制定されているため，様々な事情の下で発生する具体的な紛争に法規範を適用した結果，実情に即した結果とならないことがある。法律の制定当時は合理的であった法律も，社会の進展とともに現実に適合しなくなり，あるいは，新たに社会に生起した問題を適切に規律する法律が存在しないという場合に，個々の紛

206　第1部　法的価値判断に関する研究

争の具体的な実情に応じて問題を解決する際，この妥当（具体的妥当性）とい
う法価値が前面に出る。ただ，「妥当」という法的トポスは調停においてのみ
真価を発揮するわけではなく，訴訟においても真価を発揮することは前述し
たとおりであり，調停一般における紛争解決の具体的妥当性を根拠にして，
無制限に法から乖離することが許されるわけではない。

　(ⅱ)　当事者意思の尊重

　民事調停における合意は，あくまでも当事者の自由意思によるもので，調
停機関が強制することはできない。調停機関は，当事者に対して自主的な紛
争解決への意欲を呼び起こして自発的な合意へと導くために説得すべきであ
る。強制されていると当事者に感じさせるような説得による場合は，客観的
に妥当な解決であっても調停として成功したとはいえない。真に納得した合
意にこそ価値がある[157]。ただ裁判においても，事案にもよるが，一般には和
解は判決よりもベターであると考えられ，その理由として，判決が画一的な
法律の適用であるのに比べて，個々の事件の具体的な内容・状況に応じた適
切な解決を柔軟に構成することができ，当事者間にしこりを残さず，迅速に
権利の実現を図ることができることから[158]，裁判所は訴訟がいかなる程度に
あるかを問わず和解を試みることができる（民訴89条）。そのため，これをもっ
て調停の法律乖離性の根拠とすることはできない。

　(ⅲ)　解決の柔軟性

　当事者の合意を基礎とする調停にあっては，紛争解決の内容を自由に定め
ることが可能である。紛争をいかに解決するかを当事者の自由意思で幅広く
柔軟に選択することができるので，個々の事件の実情に即して具体的に衡平
妥当な解決を図ることができる。たとえば交通事故による損害賠償事件で
1000万円の賠償が相当とされる場合，裁判ではその金額の即時支払を命ずる
ことしかできないのに比べて，調停では，加害者の支払能力を考慮して長期
の分割弁済を認めるなどして（但し支払総額は増加），具体的な事情に即した柔

---

157)　最高裁民事局・前掲注［150］5頁。
158)　中野貞一郎『民事裁判入門』165・166頁（有斐閣，2002年）。

軟な解決方法をとることが可能である[159]。

(b) **信頼は保護に値する**（Topos-39）　　調停は調停委員および両当事者の信頼と協力に基づくものでなければならない。調停委員が応対している間におのずから当事者の信頼感が醸成され，胸襟を開いて，ともに紛争解決の方途を見出そうという雰囲気が生まれれば，調停は半ば成功したともいわれている。そのためには，調停に当たる者の側に当事者を尊重する誠意があり，当事者の抱える問題を自分の問題として解決に努めようとする熱意がなければならない[160]。この法的トポスには，権利の濫用（Topos-56）が含まれる。

　一般に紛争当事者は，自分の言い分を十分に聞いてもらうことを強く望んでいる[161]。自分が話しをしているときは，誰でも相手に反応を求め，理解してほしいと思っている。相手の人から理解されたと思うとき，①感情的理解（自分の感情を理解してもらったと感じるとき）と②理性的理解（自分の言っている内容を理解してもらったと思ったとき）という分け方があるという[162]。要所で話の要点を整理して当事者に確認することで当事者が安心し，おのずと調停委員への信頼感も生まれてくる。レビン久子氏の言葉を借りれば，傾聴（アクティブ・リスニング）の中のパラフレイジング（話を聞いたら，その要旨をまとめ，内容を変えずに言い換える）という調停技法の１つである[163]。また，当事者と真正面に向き合い，開いた姿勢をとり（腕や足を組まない），体を前に乗り出し，視線の接触（アイ・コンタクト）は当事者を自然に見つめ，緊張せず，継続的に行うことで信頼という価値を生み，また楽な姿勢をとることで，当事者に対して心を開いているということのシグナルになる[164]。こうした理解が信頼へとつながる[165]。

---

159) 最高裁民事局・前掲注［150］2・3頁。
160) 最高裁民事局・前掲注［150］48頁。
161) 最高裁民事局・前掲注［150］47頁。
162) ロバート・M. ブラムソン（鈴木重吉＝峠敏之訳）『「困った人たち」とのつきあい方』62頁（河出書房新社，1997年）。
163) レビン小林久子『調停者ハンドブック―調停の理念と技法』69〜72頁（信山社，1998年）。
164) 石川・前掲注［25］147〜154頁。

208　第1部　法的価値判断に関する研究

　また，調停中に解決方針などについて，いくつかの異なった考えが出てくることがある。このような場合にはいったん当事者を退席させて，間をおいて評議し，調停委員会としての意思統一を確認したうえで進行するのが効果的である。この調停委員会の意思統一というのは当事者に与える信頼という面で重要な役割を果たすと考える。

（i）　権利の濫用（Topos-56）

　当事者が誠実（Good Faith）なネゴシエーションをしなかったことによって，調停の手続を濫用していることが調停委員に明らかである場合，あるいは当事者が重要な情報を提供しないか，よりよき理解または解決を達成しようとする意図をもたずに，もっぱら何らかの目的外の利益を得ようとして手続を利用するような場合，調停委員は調停を続けることが適切であるか否かを問題にしなければならない。権利濫用の禁止は，調停においても重要な位置を占める。

（c）　**全体的な紛争解決**　　　　全体的な紛争解決は，両当事者も，専門家も，世論も納得できる解決であり，和の精神から導かれる。

　民事紛争は，必ずしも経済的な利害の対立のみからなるものではなく，感情の対立等も伴いがちなため，合意の成立を目的とする調停による紛争解決は，人間関係の面をも含めて，争いを全体的に解消させ，実効性のある安定した解決をもたらすことが可能とされている[166]。全体的な紛争解決という法価値は，さらに，「均衡（ここではハーモニーと訳した）Topos-42」と「利益（Topos-58）」に分類できる。

（i）　均衡（Topos-42）

　調停手続における両当事者の手続権保障の観点から均衡（バランス）の問題について考えてみたい。当事者間に明らかな力の差があると考えられる場合，この格差の解消のために弱者たる当事者に積極的に助力すべき義務を負うか

―――――――――――――

165）　平田・前掲注［24］65〜91頁参照。
166）　最高裁民事局・前掲注［150］3頁。

否かが問題となる。すなわち，互角に主張を提出する機会の保障が必要となってくるのである。調停委員又は当事者が，調停を効果的に継続するための力の均衡が著しくとれていないことを認めた場合，調停委員は当事者にその事実を告知して，調停を終結することができるであろう。両当事者に力の不均衡があって，しかも調停委員が消極的立場をとれば，強者が弱者を圧倒するのは当然だからである。

(ii) 利益 (Topos-58)

後者はさらに「一般利益（Topos-59）」と「経済的利益（Topos-61）」に細分化できる。

(7) 効率性

民事調停において交互方式が重視する価値が，この効率性である。交互方式を支持する立場からは，調停人が親身になって個別に当事者の主張や事情を聞くことができ，それによって当事者から本音を聞くことができ，解決を促進できるとされる。さらに，同席方式では当事者の力関係に左右されるばかりか，無口な人や対話の上手でない人が不利になって，かえって不公平になると主張する。わが国では効率性を重視して交互方式を支持する人が多いが，最近では欧米が交互方式を一部採り入れ，わが国でも同席方式にウィングを伸ばし，いずれも調停技法の能力を高めている傾向があると指摘されている。すなわちケース・バイ・ケースで，交互方式と同席方式双方の利点を使って解決する志向が強まってきたというのである[167]。私自身の経験からいえば，利害の対立や，感情上の問題を配慮して，原則として相手方のいない席で別々に聞くことにしている。もちろん，当事者が過敏に反応して自分が不公平に扱われているのではないかという不安を抱かないように注意していることは言うまでもない。また，相手に他方が譲歩したことを伝える場合にも，「先方が非を認めて譲歩した」というような言い方をしないで，双方の体面を保つような形で合意が成立するように心掛けている。この「効率性」と

---

167) 廣田・前掲注［1］59・60頁。

いう価値から「解決の簡易迅速低廉性」が導かれる。

(a) **解決の簡易迅速低廉性** 訴訟においては，内容面からも手続面からも，適正が重視されるため，手続が複雑かつ技術的になり，主張を法律的に整理・構成し，それを裏付ける証拠の提出は当事者の責任とされている。これに対し，調停では訴訟のような厳格な規制はなく，自由な形で主張を述べることができ，事件の実情を明らかにするための事実の調査等も，調停機関が必要と認めるものを職権で行うとされている。このため，特に法律の知識を持たなくても自分で調停を申し立て，手続を進めることが可能であり，費用負担も比較的軽く，事件終了までの期間が長期に渡らない[168]。他方，訴訟の場合は，複雑性（煩雑性）・緩慢性・高価性は，その性質上，避けられないであろう。しかし，簡易性・迅速性・低廉性は民事調停だけの理論的存在理由というわけではないとの考え方も存在する[169]。いずれにしても，「調停実務において，簡易迅速低廉性は裁判に比べると優先されている（メタ・ルール）」といえよう。

(8) 解決の合理性

調停は，比較的簡易で当事者の対立もそれほど深刻ではない紛争解決に特に適している。日常生活での種々の紛争を，できる限り理性的，合理的に解決するために調停制度は十分に活用されるべきである。民事調停においても当然，合理性は重視される。合理性がゴールを念頭に置いている場合，合目的性（Topos-57）が導かれる。詳しくは，前述したように合目的的合理性という言葉があるくらいである。

(9) 公正

調停においても，「公正」という価値からは，「中立性」と「公平」が導かれる。

---

168) 最高裁民事局・前掲注［150］4 頁。
169) 佐々木・前掲注［139］124 頁。

「調停における妥当なる解決とは，生活現象たる紛争自体を直接かつ全体的に対象とし，条理を判断基準とした公正な解決であるといえる。公正という法価値は裁判における場合だけでなく，調停においても重要な位置を占める。

(a) **中立性（Topos-7, 8）** 前述したように，「中立性」の中には，「反対当事者の言い分も等しく聴くべし（Topos-7）」，「何人も自己の争訟事件の裁判官にはなれない（Topos-8）」といった法命題が含まれる。

調停で実情を聴取する場合，当事者双方を同席させて行う場合（同席方式あるいは対席方式）と，相手方のいない席で別々に聞く場合（交互方式あるいは個別方式）とがある。当事者が対話をすることによって相互理解と解決促進をするのが真の合意に到達する道であるから，当事者双方の同席のもとで調停を進めるべきであると考えるのが同席方式である。欧米では，公正，中立性を重視して，同席方式へのこだわりが強いとも言われている。この同席方式が重視する価値が，公正と中立性である。交互方式では相手方が何を調停人に話したかわからず，調停人が偏った情報で心証を形成する危険性があると，同席方式の立場からは評される。さらに交互方式では，当事者が調停人を説得しなければならなくなったり，ときには調停人が当事者を無理やり説得するといった問題点も指摘される。

調停委員が余裕のある態度で接していれば，当事者の気持ちも自然となごみ，冷静な判断が可能になる。つねに調停委員は当事者と同じ立場に立たず，冷静な第三者的立場を維持すべきであるといわれている。特に，調停委員として熱心さの余り，意気込みすぎて，無意識のうちに一方の当事者の立場に偏ったり，強引に調停委員会の案を押しつけるような形になって，当事者に余裕のない気持ちを持たせ，調停の場を堅苦しい雰囲気のものとしてしまうことのないようにするためにも中立性は重要である。第三者的立場から中立性という価値に繋がっているが，調停委員は実務に当たって中立・不偏であることを自ら認め，かつ，当事者にも中立・不偏であると語るのが常である。

212　第1部　法的価値判断に関する研究

　(b)　**公平**　　公平という法価値は，調停においても判断や行動が公正で偏っていないことと定義でき，「公正」「中立性」と関わっている。

⑽　平等（Topos-22）

　当事者の一方の本人や代理人とは，他方のいる前で親しそうな態度で話すようなことは避けるべきである。当事者や代理人の呼び方についても，双方を同じように扱わなくてはならない。一方にのみ弁護士の代理人がついている場合には，調停委員が平等に両当事者を見ていないのではないかという疑義を持たれないためにも，「○○代理人」という呼び方をするのが適当であるといわれている。

　実情聴取の時間にも，ほぼ同じくらいの時間配分にするとか，一方を長く待たさなければならないときには，その旨を連絡し了解を得ておくこととか，同一期日には，両当事者から同じ回数だけ事情を聞くように配慮すべきである。

　「平等（Topos-22）」はさらに，「疑わしいときは平等に分配しなければならない（Topos-14）」と「分割に際して他に方法がないときはくじ引きによる（Topos-15）」とに体系化できるであろう。

⑾　適正（Topos-20）

　合意を過度に優先させて，一方当事者の強い主張に押されて，客観的に妥当性を欠く内容の調停は許されない。「当事者が納得すれば，解決の内容の柔軟性・弾力的よりも，適正の確保が優先する（メタ・ルール）」。調停機関が条理を尽くして説得に当たっても合意成立の見込みがないときは，早期に手続を打ち切り，訴訟による解決を選ばせる場合もある。「裁判においては適正が前面に出るのに対して，民事調停では迅速性が前面に出ると言われているが，民事調停においても，適正という価値が重要なのはいうまでもない（メタ・ルール）」。

(a) 真相究明　　事件の実情に即した解決を得るためには，事案の真相が十分に把握されていなければならない。「合意への説得を急ぐあまり，事実関係の究明が軽視されると，真に事案に適切な解決策を見出すことができなくなり，当事者の信頼を得ることはできないので，真相究明が優先する（メタ・ルール）」。精密に事実認定し判断を下す訴訟とは趣を異にするが，調停においても，紛争に関連する諸般の事情を幅広く調査，検討して，これを総合勘案して，客観的に妥当な解決案を探求する努力を怠ってはならない[170]。そうした意味でも，「適正」という法価値と通じるものがある。

6．小括3「調停の基層にあるものは基本的価値体系である。」

　以上の考察からわかるように，副問3について答えると，「調停の基層にあるものは基本的価値体系である」。そして，副問3の展開「調停の基層にある基本的価値体系はどのようなものか？」に対する答えは，図7・8を総合した基本的価値体系である。

Ⅴ　信義則と調停の基層にある基本的価値体系における共通性

　本章Ⅴでは主問を解くにあたって，副問4「信義則と調停の基層にある基本的価値体系に共通性はあるか？」ならびに副問4の展開「調停も『憲法と法律』の背景にある『法の原理・原則』に拘束されるか？　について考察していきたい。ここでシュトルック教授のトポイカタログの番号を比較することで，どれくらいの比率で共通性があるかを検出できる。

　まず，トポイカタログに掲載されている法的トポスを以下において抽出してみよう。

---

170)　最高裁民事局・前掲注［150］5頁。

214　第1部　法的価値判断に関する研究

1．信義則の基層にある基本的価値体系で抽出した法的トポス

　信義則の基層にある基本的価値体系から，トポイカタログに載っている法的トポスを抽出したい。なお，抽出に際して図4，5，6の間でトポスに重複がある場合は，図4で掲載されたものを優先した。

　第1に，法の定立・解釈・適用にあたり考慮すべき価値体系（図4）からは，「法的推論と価値判断→『例外的判断（Topos-46）』と『大まかな判断（Topos-49）』が該当」，「判断基準（Topos-36）」，「恣意性の排除（Topos-51）」，「平等（Topos-22）」，「疑わしいときは平等に分配しなければならない（Topos-14）」，「分配に際して他に方法がないときはくじ引きによる（Topos-15）」，「適正（Topos-20）」，「例外は厳格に解釈（Topos-3）」，「法的安定性（Topos-63）」，「合目的性（Topos-57）」，「具体的妥当性（Topos-41）」，「優先権（Topos-21）」，「利益（Topos-58）」，「均衡（Topos-42）」，「一般利益（Topos-59）」，「経済的利益（Topos-61）」，「反対当事者の言い分も等しく聴くべし（Topos-7）」，「何人も自己の争訟事件の裁判官となることはできない（Topos-8）」が抽出できる。

　第2に，信義則の個別的法命題に関する価値体系（図5）からは，「信頼は保護に値する（Topos-39）」，「信義則違反と当事者の意思（Topos-31）」，「禁反言（Topos-28）」，「シカーネの禁止（Topos-33）」，「権利の濫用（Topos-56）」，「闘争手段の目的に反すること（Topos-34）」，「失権（Topos-52）」が抽出できる。

　第3に，法の一般原則に関する価値体系（図6）からは，「秩序の原則（Topos-62）」，「後法は前法を廃止する（Topos-1）」，「特別法は一般法に優先する（Topos-2）」[171]，「疑わしきは被告人の利益に（Topos-9）」が抽出できる。

171）加賀山・前掲注［22］35・36頁において，①特別法の特色としての類型論とその限界，②一般法の特色としての類型論を超える力，③特別法と一般法との組み合わせについて，詳しく説明されているが，類型論と一般法の両者の短所を補いつつ，長所を伸ばすために両者をうまく組み合わせることの大切さが述べられているが，法体系とはどのようなものかを知る上で極めて示唆に富む考え方である。

2．調停の基層にある基本的価値体系で抽出した法的トポス

　今度は，調停の基層にある基本的価値体系から，トポイカタログに載っている法的トポスを抽出したい。

　調停で考慮すべき価値体系（図8）からは，「法的推論と価値判断→『例外的判断（Topos-46）』と『大まかな判断（Topos-49）』が該当」，「判断基準（Topos-36）」，「恣意性の排除（Topos-51）」，「具体的妥当性（Topos-41）」，「信頼は保護に値する（Topos-39）」，「権利の濫用（Topos-56）」，「均衡（Topos-42）」，「利益（Topos-58）」，「一般利益（Topos-59）」，「経済的利益（Topos-61）」，「合目的性（Topos-57）」，「反対当事者の言い分も等しく聴くべし（Topos-7）」，「何人も自己の争訟事件の裁判官となることはできない（Topos-8）」，「平等（Topos-22）」，「疑わしいときは平等に分配しなければならない（Topos-14）」，「分配に際して他に方法がないときはくじ引きによる（Topos-15）」，「適正（Topos-20）」が抽出できる。

3．トポイカタログ以外の価値

　その他，トポイカタログに載っていないもので，両者に共通する価値を見てみると，「正義（手続的正義）」，「衡平」，「合理性」，「公正」，「公平」，「中立性」が抽出できる。

4．小括4

　以上の考察からわかるように，副問4について答えると，「信義則と調停の基層にある基本的価値体系には共通性がある」。そして，副問4の展開「調停も『憲法と法律』の背景にある『法の原理・原則』に拘束されるか？」に対しては，「調停も『憲法と法律』の背景にある『法の原理・原則』に拘束される」と答えることができる。

　具体的に見て行くと，副問4の展開の中で「基本的価値体系の中で両者に共通する価値は何か？」については，トポイカタログに載っているものとし

216　第1部　法的価値判断に関する研究

ては「例外的判断（Topos-46）」,「大まかな判断（Topos-49）,「判断基準（Topos-36）」,「恣意性の排除（Topos-51）」,「具体的妥当性（Topos-41）」,「信頼は保護に値する（Topos-39）」,「権利の濫用（Topos-56）」,「均衡（Topos-42）」,「利益（Topos-58）」,「一般利益（Topos-59）」,「経済的利益（Topos-61）」,「合目的性（Topos-57）」,「反対当事者の言い分も等しく聴くべし（Topos-7）」,「何人も自己の争訟事件の裁判官となることはできない（Topos-8）」,「平等（Topos-22）」,「疑わしいときは平等に分配しなければならない（Topos-14）」,「分配に際して他に方法がないときはくじ引きによる（Topos-15）」,「適正（Topos-20）」が共通しており，さらにトポイカタログに載っていない「正義（手続的正義）」,「衡平」,「合理性」,「公正」,「公平」,「中立性」が両者に共通する価値である。

　次に，副問4の展開について具体的に考察してみたい。判決は，「憲法と法律」に拘束される（憲法76条3項）。これに対して，調停は必ずしも「憲法と法律」には拘束されない。しかし，「憲法と法律」の背景にある「法の原理・原則」，例えば「正義」,「衡平」,「合理性」,「公正」,「公平」,「中立性」等を共有しており，従って「法の原理・原則」には拘束されると結論付けることができるであろう。

　円満な Win-Win の解決は，判決のような強制的な紛争解決によっては，必ずしも実現できない。両当事者も，専門家も，また，両者の支持母体（世論）も納得できるような自主的な解決によってのみ円満解決が実現できるのではなかろうか[172]。法原理・法原則に基づいた解決こそが，全ての人が納得できる円満な解決であり，それが，必ずしも，憲法や法律の条文通りの解決でない点が重要であると考える。紛争の解決が，当事者，専門家，および，世論の3者にとって納得がいくためには，当事者双方の主張と反論とが共通の裏づけによって等しく理由づけられている必要がある[173]。そうした意味で，全

---

172) 加賀山・前掲注［3］12頁。円満解決は，裁判による一刀両断的な判決に基づく強制によっては，必ずしも実現できない。両当事者も，専門家も，また，両者の支持母体（世論）も納得できるような自主的な解決によってのみ円満解決が実現できる。全ての人が納得できる解決とは，法原理・法原則に基づいた解決であり，必ずしも，憲法や法律の条文通りの解決でない点が重要であると考える。そのためにも，当事者双方の主張と反論とが共通の裏づけによって等しく理由づけられている必要がある。

第 6 章　調停の科学　　*217*

ての人が納得できる円満な解決へと導くトゥールミンの説く議論のルール
は，極めて重要なものと考える[174]。

別表 1　「トポイカタログ（シュトルック教授による）」[175]

Topos 番号	法的トポスの内容	Topos 番号	法的トポスの内容
Topos-1	後法は前法を廃止する	Topos-33	シカーネ（他人に損害を与えることのみを目的とする権利行使）の禁止（権利濫用の法理の根底にはこの法格言が横たわっている）
Topos-2	特別法は一般法に優先する	Topos-34	闘争手段の目的に反すること
Topos-3	例外は厳格に解釈されなければならない	Topos-35	いかなる同権者も他の同権者を最終的に排除することは許されない
Topos-4	確定判決における判断内容は真実とみなされなければならない	Topos-36	標準（日常用いる判断基準）
Topos-5	法務官は些事を配慮しない	Topos-37	取引の保護
Topos-6	訴えを越えて審判せず	Topos-38	法は正当なことに味方する
Topos-7	反対当事者の言い分も等しく聴くべし	Topos-39	信頼は保護に値する
Topos-8	何人も自己の争訟事件の裁判官となることはできない	Topos-40	権利は権利の侵害に対して譲歩してはならない
Topos-9	疑わしいときは被告人の利益に	Topos-41	妥当
Topos-10	1 度しか無いことは無きに等しい	Topos-42	均衡
Topos-11	単に疑わしいだけでは決定的とはいえない	Topos-43	最も被害の少ない方法を用いる義務がある
Topos-12	法的な理由なくして得たものは返還しなければならない	Topos-44	必要なことは許される
Topos-13	補償	Topos-45	時宜を得た行為は許される
Topos-14	疑わしいときは平等に分配しなければならない	Topos-46	極めて不幸な場合には例外が許される

---

173)　加賀山・前掲注［3］13 頁。

174)　トゥールミン・前掲注［123］154・155 頁。「W：論拠」は反駁可能な「仮言的な言明（A ならば B である）」とされている。したがって，要件と効果で書かれた法律の条文も「W：論拠」に含まれることになる。これに対して，「B：裏づけ」は「定言的事実言明（A である）」とされているので，反駁を予定していない定義・公理がこれに含まれることになる。

175)　平田・前掲注［27］287 頁。

218　第1部　法的価値判断に関する研究

Topos-15	分割に際して他に方法がないときはくじ引きによる	Topos-47	法においては明確に定められたことのみが適切である
Topos-16	何人も自己が有する以上の権利を他人に移転することはできない	Topos-48	実行可能な事柄
Topos-17	第三者に義務を負わすような契約の締結は禁じられている	Topos-49	大まかな判断
Topos-18	味方になる者は同時に敵にもなる	Topos-50	何人も不可能なことは義務づけられない
Topos-19	事故による損害は所有者が負担する	Topos-51	恣意は禁じられている
Topos-20	発生原因との対応の原則（負担の適正配分決定のためのドイツ所得税法上の原則）	Topos-52	失権
Topos-21	優先権（最初に来た者が最初に利益にありつく）	Topos-53	不適当で要求できないことは要求されるべきではない
Topos-22	平等	Topos-54	人として堪えがたいことを法は求めることができない
Topos-23	過失を犯した者はその結果について責任を負わなければならない	Topos-55	限界のない請求は認めることができない
Topos-24	自己の利益をなおざりにして有責的に損害惹起に協力した者は保護されない	Topos-56	濫用の危険
Topos-25	沈黙は何事も義務づけない	Topos-57	目的性
Topos-26	意思の独立	Topos-58	利益
Topos-27	人はすべて善良（または無実）であると推定される	Topos-59	一般利益
Topos-28	禁反言（矛盾挙動の禁止）	Topos-60	社会の保護
Topos-29	法律は注意深い者のために書かれている	Topos-61	経済的利益
Topos-30	重要なのは何が意欲されたかであって，何が望ましかったかではない。重要なのは表示された意思であって，表示されない目的ではない	Topos-62	秩序の原則
Topos-31	条件の成就・不成就の権利を有したか否か，当該行為が信義則に反するか否かは，行為時の当事者の意思に依存する	Topos-63	法的安定性

| Topos-32 | 法は制裁を必要とする | Topos-64 | 明白の場合における訴訟手続簡略化の可能性 |

VI　まとめ

　小括 1 から 4 を総合すると，「信義則と調停の基層にあるものは基本的価値体系である」と結論付けることができるであろう。これまで，小括 1～4 を総合すると，信義則と調停の基層にあるものは基本的価値体系であることが明らかになった。

　ここ半世紀余りの間，日本の法律界において，仲裁の振興については概ね積極的な意見が大勢を占めていたのに比べて，調停については懐疑的意見がむしろ多かったのは，小島教授が指摘されるように，法との距離というところに原因があるという認識が，その根底をなしていたといえよう[176]。「まあまあ調停（争点整理・事実認定があまりなされず，調停委員が当事者を適当に折り合わせる）」，「折半調停」，さらには，調停には，法の無視や権利主張抑圧の危険があるのではないかとの危惧もあった[177]。

　近年，社会・経済情勢がめまぐるしく変転し，さらに個々人の権利意識の高まりや価値観の多様化を反映してか，調停申立人や相手方の双方に代理人の弁護士が付くことも決して珍しいことではなくなり，単に譲り合いを求めるだけでは調停が頓挫してしまい，法的判断や専門的な知見を背景にした合理性のある調停が求められて来ていると，調停実務において感じている。本稿における考察を通じて，裁判同様に調停においても「信義則の基層」にあるものと「調停の基層」にあるものが決して異質なものではないということが明らかになった。円満解決は，判決のような強制によっては，必ずしも実現できない。両当事者も，専門家も，また，両者の支持母体（世論）も納得で

---

176)　小島・前掲注［145］13 頁。
177)　小島・前掲注［145］13・14 頁。

220　第1部　法的価値判断に関する研究

きるような解決とは何か，それが，法原理・法原則に基づいた解決であり，必ずしも，憲法や法律の条文通りの解決でない点が重要であると考える。判決は，「憲法と法律」に拘束される（憲法76条3項）。しかし，調停は必ずしも「憲法と法律」には拘束されない。しかし，「憲法と法律」の背景にある「法の原理・原則」には，拘束されるのではないだろうか。

　今回の論考を通じて得られた知見を，今後の調停実務や無料市民法律相談等に生かしていきたいと考えている。

第 2 部　AI による紛争解決支援の基礎研究

第1章　オンライン ADR 対応型の法律エキスパートシステムの展望

I　はじめに

　わが国では，明治学院大学法科大学院の吉野一教授を代表とする科研費重点領域研究「法律エキスパートシステム」(1993-1998) によって，ルールベースを基礎とした，商取引の国際条約のルールベース化が行われ，さらに，帰納推論，仮説生成，類推，ファジィ推論などの高度な推論機構の法律分野への応用が図られた。吉野教授の言葉をお借りすると，「法的知識情報は，法律，判例，学説の集積と共に膨大かつ複雑なものとなってきているのに対し，法分野への科学的方法の応用は，他の分野に比べて必ずしも進んでいないのが現状である。他方，人工知能研究の進展と共に，法はその格好の応用研究の分野となり，知識に関する科学及び工学の方法を法の分野に導入し，法的知識構造を解明し，法学の科学的方法の確立を図ることが可能となったのである。それとともに法学教育や法律実務に役立つ人工知能としての法律エキスパートシステム開発が可能となってきたわけである。法律エキスパートシステムは，法律家の諸知識を法律知識ベースに搭載していて，相談事例が入力されると，法的推論を行い，現行法体系の下でいかなる法的判断がなされるべきかを出力してくれるシステムである。」[1]筆者はこの法律エキスパートシステム研究開発プロジェクトに参加して，信義則に基づく法的推論のメカニズム解明に取り組んできた。同プロジェクト終了後は，これらの成果を法学

---

1 ）吉野一教授の Web ページ（http://www.meijigakuin.ac.jp/～lesa/jp/, 2003 年 4 月 2 日最終閲覧）から引用。2005 年からは，Hajime Yoshino Online Web ページ（http://www.meijigakuin.ac.jp/～yoshino/les/result.html#, 2018 年 3 月 9 日最終閲覧）を参照。

224 第2部 AIによる紛争解決支援の基礎研究

教育に応用する方向で，科研費特別推進研究「法創造教育方法の開発研究」（2002-2007）という形で，吉野教授を代表として展開が図られ，筆者も法的価値判断（Legal Value Judgment）ならびに法的価値関数（Legal Value Function）の研究に取り組んでいる。本稿においては，オンラインADR（裁判外紛争解決制度）対応型の法律エキスパートシステムの有効性について考察したい。

　前述のように，法律エキスパートシステムは人工知能開発の1つであるが，「自動判決機械」の裁判官を作ることは不可能だと言わざるを得ないにしても，インターネットを通じて世界中が結ばれ，電子商取引等の進展に伴って複雑多様な紛争が増加してきている現代において，法律人工知能を搭載したオンラインADRシステムは，より先進的サービスを提供でき，潜在的可能性も秘めていると考えている。本稿では，海外のオンラインADRの現状も踏まえて，次世代型ユーザー支援システムであるオンラインADR対応型法律エキスパートシステムについて考えてみたい。その際，科研費「法律エキスパート」ならびに「法創造教育方法の開発研究」の両プロジェクトを通じて最先端技術を惜しみなく投入されている東京工業大学大学院教授の新田克己博士（知能システム科学専攻）の開発した先進的かつ革新的な「オンライン調停教育支援システム」を紹介し，裁判所民事調停委員としての筆者自身の経験に照らし合わせながら考察して行きたい。

II　オンラインADRサービス

　現在，世界の様々な国々で紛争解決におけるIT技術の活用が検討されている。海外では，特に北米や欧州を中心に数多くのオンラインADRシステムが実際に稼動し，利用されている。世界のオンラインADR関連機関をここですべて取り上げることはできないが，原稿執筆時にインターネット上で筆者が実際に確認できたものの中でいくつかを抽出してみた（紙数の関係で，ここでは機関名とURLのみ挙げることにしたい）。

　⑴　Center for Information Technology and Dispute Resolution（CITDR）：http://

第 1 章　オンライン ADR 対応型の法律エキスパートシステムの展望　*225*

www.odr.info/index.php

⑵　ClicknSettle；http://www.business.com/directory/law/clicknsettle_com%
2C_inc/index.asp

⑶　Conflict Resolution；http://www.conflictresolution.com/

⑷　Cybercourt；http://www.cybercourt.de/, http://www.michigancybercourt.
net/

⑸　Cybersettle；http://www.cybersettle.com/info/main.aspx

⑹　Disputes.org；http://www.disputes.net/disputes.html

⑺　e-Mediator.co.uk；http://www.consensusmediation.co.uk/e-mediator.html

⑻　eResolution；http://www.eresolution.com/

⑼　European Advertising Standards Alliance（EASA）；http://www. easa-
alliance.org/

⑽　iCourthouse；http://www.i-courthouse.com/main.taf?&redir＝0

⑾　Iris Mediation；http://www.iris.sgdg.org/mediation/

⑿　National Arbitration and Mediation（NAM）；http://www.namadr.com/

⒀　Onlinemediation（Konfliktlüsungen per Internet）；http://www.mediationline.
de/onlinemediation/onlinemediation.html

⒁　Online Ombuds Office；http://www.ombuds.org/center/ombuds.html

⒂　Onlineresolution；http://www.onlineresolution.com/

⒃　Resolution Forum；http://resolutionforum.org/services.html

⒄　シンガポール e@dr Centre；http://www.subcourts.gov.sg/Civil/abt_CJ_
e@dr_centre.htm

⒅　Square Trade（Online Dispute Resolution（ODR））；https://www.squaretrade.
com/cnt/jsp/odr/overview_odr.jsp

⒆　TRUSTe；http://www.truste.org/

⒇　WebAssured；http://www.webassured.com/index.cfm

㉑　WebMediate；http://www.webmediate.com/

これらは，オンライン ADR の一部に過ぎないが，ADR の中で調停に着目

226 第2部 AIによる紛争解決支援の基礎研究

すると，ビジネス及びインターネット関連の紛争を裁判所に出向くことなくオンライン上で解決するオンライン調停サービスを世界で最初に導入（実験プログラムは除く）したのは，シンガポール下級法院（Subordinate Courts of Singapore）であるといわれており，2000年9月に紛争解決の電子的サービスが開始された。このシンガポールのADRは，電子裁判外紛争解決制度（e Alternative Dispute Resolution：略称はe@dr）と呼ばれ，e@drセンターが担当している。ところでe@drは，シンガポール下級法院が，①司法省（Ministry of Law），②シンガポール調停センター（Singapore Mediation Centre：略称SMC），③シンガポール国際仲裁センター（Singapore International Arbitration Centre：略称SIAC），④貿易開発局（Trade Development Board），⑤シンガポール経済開発局（Singapore Economic Development Board）とのパートナーシップによって提供されている[2]。

　本稿では，オンラインADRの中でも特にオンライン調停を中心にして考察していくため，オンライン調停の代表格であるシンガポールのe@drに焦点を絞って見ていきたい。

1．誰がe@drを利用できるか

　電子商取引に起因するすべての紛争に対して利用でき，企業間（B対B），消費者間（C対C），そして企業対消費者間（B対C，または，C対B）いずれの紛争についても，電子商取引から発生した紛争であれば利用可能である。処理される紛争はさらに，消費者問題，契約上の問題，知的財産権に分類され，e@drを利用する前に裁判所に訴え提起する必要はない[3]。e@drの場合は，電子商取引に起因する紛争でなければ受け付けてもらえないが，わが国においても，オンラインADRのユーザーは今後，その裾野を広げてくるものと思われる。なぜなら，オフラインで弁護士に相談したり，裁判所に出向いて

　2）シンガポールe@dr並びにSubordinate CourtのWebサイト（http://www.e-adr.gov.sg/eadr. html, http://www.subcourts.gov.sg/Civil/abt_CJ_e@dr_centre.htm, 2003年5月1日最終閲覧）。
　3）シンガポールe@drのWebサイト（http://www.e-adr.gov.sg/about_us.html, 2003年5月1日最終閲覧）。

提訴したりすることはユーザーにとって心理的・時間的・経済的負担が大き
いからである。

2．e@dr のメリットは何か

オンラインで，迅速で安価な紛争処理がなされる点がそのメリットである。
企業と消費者は，職場あるいは家庭からオンライン調停に参加でき，全ての
紛争は非公開で秘密が保護される[4]。後述するように，オンライン ADR 対応
型法律エキスパートシステムも e@dr 同様に，迅速で安価な紛争処理という
特徴を備えている。

3．e@dr 利用に際して必要なものは何か

申立人及び相手方が電子メール・アドレスを持っており，紛争解決手段と
して e@dr を利用することに合意しなければならない[5]。これは，e@dr シス
テムが電子メールを，電話や FAX と同等か，むしろそれらより重視する姿
勢の表れとも読み取れるが，さらに，両当事者が紛争解決手段として e@dr
を利用することへの合意は，このオンライン ADR システムへの品質と公正
さが保障されていることを前提に合意がなされていると考えられる。たとえ，
オンライン上であっても，「公正な裁判（ADR の場合は紛争処理制度）を受ける
権利」が保障されていてこそ，うまくシステムが稼動するものと考える。

4．e@dr にどのように調停申立をするか

申立人は，紛争内容，及び解決案または救済案を記述した調停要請書を作
成しなければならない。これを e@dr の調整役に電子メールで送信し，調整
役は紛争の相手方（被告当事者）に連絡をとる。被告当事者も e@dr による解
決に合意した場合，被告当事者は当該事実について自らの見解を記述した回
答書を作成し，調整役に電子メールで送信する。調整役は，解決の手段を提

4）シンガポール e@dr の Web サイト・前掲注 [3]。
5）シンガポール e@dr の Web サイト・前掲注 [3]。

228　第 2 部　AI による紛争解決支援の基礎研究

案し，その紛争について適切な調停人を割り当てる[6]。今後予測されること
は，オンライン ADR において（オフラインにおいても），調停要請書，回答書等
の文書管理について統一的な規格が設けられないならば，申請用紙の書式が
バラバラで，ユーザーにとって使い勝手が悪いシステムになってしまうとい
うことである。業務情報フロー（業務における作業と情報の流れ）を定型・明確化
し，また FUJITSU のデザイン・ポリシーで有名な「人」を中心とした「ヒュー
マン・センタード・デザイン（Human Centered Design）」を参考にした書式の整
備により，年齢や身体的特性によらず，誰でも利用しやすいオンラインサー
ビスの提供が今後，求められるであろう。そのためにも，業務情報フロー，
書式デザインの可視化が不可欠である。可視化によって，オンライン ADR
におけるコミュニケーションの活性化が期待できるからである。

5．秘密保護

e@dr 利用者は，e@dr ウェブサイトならびにデータベースが，権限のない
不正アクセスから守られていることが保障されている。当事者間のあらゆる
通信の秘密が保護されるであろう[7]。これほどインターネットが普及し，使
用されている以上，いつ，いかなる時にコンピュータウィルスの侵入や DoS
攻撃，そしてハッカーから攻撃を受けるかもしれないことは否定できない。
特に，個人情報漏洩を防ぐ個人情報流出対策がオンライン ADR への信頼性
の前提となることは言うまでもない。そのためにも，①ウィルス対策，②強
固で拡張性のある認証システム，③電子証明書，④電子署名，⑤暗号化，⑥
「なりすまし」防止技術，⑦ファイヤーウォールの監視管理等の対策が必要不
可欠となるであろう。

---

6) シンガポール e@dr の Web サイト・前掲注 [3]。
7) シンガポール e@dr の Web サイト・前掲注 [3]。

6．e@dr サービスの範囲

⑴　少額請求裁判所

　申立の請求金額が少額（1万シンガポール・ドル以下，あるいは双方の合意があれば2万シンガポール・ドル以下）の場合，調整役は，その紛争を少額請求裁判所に回し，審判員によって調停される。少額請求裁判所は，電子的手段でこのような請求を解決するための充分な設備が備えられている。少額請求裁判所の調停とされる請求は，商品の売買契約，役務提供契約に起因する訴訟，財産に対して損害を生じさせた（自動車による損害を除く）不法行為の訴訟に限定されている[8]。

⑵　裁判所調停人

　紛争が少額請求裁判所の管轄とならない場合，裁判所調停人（Court Mediator）に回付される。両当事者は，紛争の迅速で公平な解決のために，調停人とオンラインで相互の非合意点を明らかにする。調停人は，通常のインターネット・アクセスと電子メールを用いて，事実及び両当事者それぞれの立場を究明し，情報交換を支援し，両当事者が相互に受け入れられる解決方法に向かうように努力する。このようにして，両当事者は，建設的で軋轢のない，対話型のプロセスを通して解決に到達できるのである[9]。

⑶　紛争解決法廷インターナショナルの調停裁判官

　事案が複雑あるいは請求額が膨大な場合，紛争解決法廷インターナショナル（Court Dispute Resolution International：略称 CDRI）及び e. CDRI（電子 CDRI）に回付される。CDRI 及び e. CDRI は，シンガポールの調停裁判官（Singapore judge-mediator）と海外司法機関の裁判官によって共同実施される解決会議である。この共同調停（Co-mediation）では，フォーラムが開催され，紛争につい

8）　シンガポール e@dr の Web サイト・前掲注［3］。
9）　シンガポール e@dr の Web サイト・前掲注［3］。

230 第 2 部　AI による紛争解決支援の基礎研究

て付加的に司法的見解，視点がもたらされる[10]。

⑷　裁判所への起訴

　紛争が調停や解決会議によって解決しない場合，両当事者はシンガポール下級法院に正式に訴を提起することになり，e-Courts あるいは e-Chambers とよばれる電子裁判所の設備が使われることになる[11]。

⑸　SMC または SIAC

　さらに両当事者は，シンガポール調停センター（SMC）またはシンガポール国際仲裁センター（SIAC）によって提供される調停を選択することもできる[12]。

⑹　調整役の役割[13]

　⒜　調整役（Moderator）の役割は，本質的には管理的なものである。提出されたものが，書式に合っているか照合し，両当事者を e@dr の利用へと案内する。

　⒝　調整役は紛争の性質及び複雑さに基づいて，解決の適切な場を決定する。調整役が案件を調停裁判官，少額請求裁判所，シンガポール調停センター，シンガポール国際仲裁センターに移送する。紛争を決定する手段については両当事者の同意が必要であり，解決の場については後で変更することもできる。

⑺　調停人の役割[14]

　⒜　調停人（Mediator）は，両当事者が好ましい解決に至るように支援する。

---

10)　シンガポール e@dr の Web サイト・前掲注［3］。
11)　シンガポール e@dr の Web サイト・前掲注［3］。
12)　シンガポール e@dr の Web サイト・前掲注［3］。
13)　シンガポール e@dr の Web サイト・前掲注［3］。
14)　シンガポール e@dr の Web サイト・前掲注［3］。

調停人は紛争の結果を決定するのではなく，裁定，評決，審判のいずれも与えない。

（b）調停人は両当事者の解決合意書の起草を支援するが，調停人自身が起草はしない。

（c）調停人は，紛争の性質や複雑さ，両当事者の置かれている環境，及び両当事者が提案する日程を考慮して，紛争解決までの期間を決める。

（8）　**手続**[15]

（a）申立人（原告当事者）は調停要請書に，特記事項，申立内容とそれに関する事実の要点を記載し提出することにより申立てを行い，解決案を提示する。

（b）完全に作成された調停要請書受領後3日以内に，調整役は，相手方（被告当事者）に申立人の申立書とともに通知書を送付する。相手方当事者がe@drによる紛争解決を望まないか，あるいは，調整役が指定した一定期間内に回答がない場合，申立人にその旨通知され，当該案件は終了する。

（c）相手方当事者がe@drに合意する場合は，特記事項，当該案件に関する自らの見解，解決案を記載して回答書を提出する。相手方当事者は，申立人に対して，同一紛争あるいは同一取引に基づく場合，申立人を相手に反訴を起こすこともできる。相手方当事者は，案件の性質と複雑さに応じて，1週間から4週間以内に回答書を提出しなければならない。

（d）回答書受領後1週間以内に，調整役は関係当事者に解決方法について通知する。調整役は，紛争の性質と複雑さに基づいて，最初に，解決のための適切な道筋を決める。調整役は，その案件を裁判所調停人，少額請求裁判所，紛争解決法廷インターナショナル（CDRI）及びe. CDRI（電子CDRI）の調停裁判官，シンガポール調停センター（SMC），シンガポール国際仲裁センター（SIAC）に移送できる。紛争解決の方法については両当事者の同意が必要であり，解決の場については後で変更することもできる。

（e）調停人は，紛争の実際の解決までの期間を設定する。あるいは，解決

15）シンガポールe@drのWebサイト・前掲注［3］。

232　第 2 部　AI による紛争解決支援の基礎研究

期間は，少額請求裁判所，シンガポール調停センター，シンガポール国際仲裁センターのいずれか適当な規則や規定に従う場合もある。調停人，少額請求裁判所，あるいはシンガポール国際仲裁センター（いずれか適当な機関）の承認があれば，解決期間は両当事者の合意のもとに提示することもできる。

（f）　調停のための全ての通信・連絡は，電子メールで行われる。必要な場合は，調停人は両当事者に Face to Face で話し合いをしたり，文書，図表を作成，交換したりすることを求めることができる。

以上が，シンガポールの e@dr の概要である。

Ⅲ　オンライン調停教育支援システム（議論をするエージェントの構築）

1．科研費特別推進研究「法創造教育方法の開発研究」

科研費「法創造教育方法の開発研究」において，サイバーキャンパスシステムを利用したオンライン法学教育や，オンライン論争支援システム（ADRの調停員教育を支援するオンラインシステム）についての研究開発が着実に進められている[16]。特に，東京工業大学大学院の新田教授の開発したオンライン論争支援システム（ADR の調停員教育を支援するオンラインシステム）は，調停の事例ベースを利用して，調停のナビゲーションや比較を行い，調停員教育を支援することに特徴がある。そして，調停のみならず，模擬裁判記録の類似検索や，一般的な会話の検索にも応用でき，最終目的は，人間の代わりに調停を行う調停エージェントの開発であると新田教授は述べている。調停エージェントは，調停の司会を論争モデルに従いながら行い，また事例ベースを利用することで，類似場面から発言を引用し，調停の司会に利用するといった先進的機能を持ち，現時点ではその予備的研究として助言エージェントについて説明されているが，この機能を高めて調停エージェントの開発に進め

16）科研費「法創造教育方法の開発研究—法創造科学に向けて」『2006 年 8 月法創造研究会合宿・研究成果報告書—中間成果報告・全期分成果報告』（2006 年）参照。

る予定とのことである。

以下において，新田教授（知能システム科学）の開発した先進的・革新的な「オンライン調停教育支援システム」[17]を紹介していきたい。

2．オンライン調停教育支援システム

新田教授の開発しているシステムは，オンライン論争環境の提供と，事例ベースを利用して調停者の意思決定の支援を行うことを目的とし，同じ例題に関する多数の調停演習の記録を事例ベースとして蓄積し，それを解析・比較することによって，調停のスキルを身に付けさせるという，模擬事例を利用した画期的な調停教育支援システムであるといえる。

(1)　オンライン調停教育支援システムの概要と構成

オンライン調停は，参加者が論争インタフェースを用いて，インターネットを介してサーバに接続することで行われる。調停は，調停の司会進行を行う調停者と，トラブルを抱えた当事者2人の3名で行われる。新田教授のシステムは調停の最中に，調停員役の生徒に次の発言の案を示すこと，及び，蓄積された調停記録を統計的に解析して調停員のスキルを判定することによって教育支援を行う点で特色がある。筆者は，オンライン調停教育支援システムが大学における教育だけではなく，裁判所や民間調停機関における新任調停委員の研修においても，その利用価値があるのではないかと考えている。ところで，オンライン調停教育支援システムの主な機能として，①オンライン調停教育環境の提供（オンラインで発言を交換し，発言内容にインデックスをつけて，ダイアグラムで表示し，事例ベースに蓄積する），②事例ベースを利用した調停のナビゲーション（調停演習の最中に，類似場面における過去の調停場面を検索し，次にすべき発言の候補を調停員役の生徒に提示する），③事例ベースを利用した調停スキルの解析（事例ベース中の調停記録を解析し，調停員役の生徒のスキルを評価する），

---

17)　新田克己「議論をするエージェントの構築」科研費特別推進研究 2006 年 7 月 8 日シンポジウム『「模擬裁判と法創造教育」論文集』4-1〜21 頁（2006 年）。

234 第2部　AIによる紛争解決支援の基礎研究

④調停の助言（調停役の学生に助言を与える）の4つが挙げられている。

⑵　調停事件の記述

　オンライン調停教育支援システムで扱う事例データは，調停における会話内容を表す自然言語テキストである。調停における会話の中から類似場面を検索したり，統計的に解析したりするため，発言内容にインデックスをつけるための情報をあらかじめ登録しなければならない。

　新田教授は，オークションのトラブルに関する調停を具体例としてあげ，以下のような論点をあげている。

　　　f1：出品された商品が欠陥品だったか。

　　　　　f11：商品に傷があるか。

　　　　　f12：商品が故障しているか。

　　　f2：出品された商品に対する説明が十分だったか。

　　　　　f21：傷の部分が商品説明の写真に写っていたか。

　　　　　f22：故障の状況が説明されていたか。

　　　f3：クレームが適正か。

　　　　　f31：受け取ってからすぐのクレームか。

　　　　　f32：契約を解除するほどの欠陥か。

　このシステムにおいては，1つの問題設定について，このような論点を20程度，あらかじめリストアップしておくことになる。論点ごとに，どのような単語（または単語の組）が出現したらその論点が話題となっているとシステムが判断するのかを前もって登録しておく。各論点の関係は，他の論点を支持（＋で示される）したり，他の論点を攻撃（－で示される）したりする関係が一目でわかるように，＋と－記号で識別される点でわかりやすい。

⑶　論争インタフェース

　模擬調停は，論争インタフェースを用いて行われる。ユーザーは，「発言のテキスト」，「リンクデータ」，「アバタの表情」を入力する。

第1章　オンライン ADR 対応型の法律エキスパートシステムの展望　　*235*

　リンクデータとは，「現在の発言が以前のどの発言とどのように関係しあうか」を表すデータであり，具体的には「対象とする以前の発言の ID」と「その発言との関係（新しい主張，前の発言への合意や否定，前の発言の補足，前の発言への質問，質問に対する回答など）」から成る。アバタの表情には Cool, Happy, Angry, Sad, Surprise の 5 種類があり，ユーザーの指定によってコントロールすることができる。ここでは紙数の関係でアバタの表情を掲載できないが，人間の表情を 5 種類に分類してシステムにおいて活用することで，よりユーザーフレンドリーなシステムとなっている。また，2006 年度は顔だけでなく上半身の表情も行い，その動作によって論争の臨場感を出すといった改良がなされている。調停の現場において，非言語的コミュニケーション（身体語で話すということ），たとえば，注目行動（Attending Behavior），視線の接触（Eye Contact），"SOLER" 非言語的姿勢等[18]が重視されていることから考えると，こうした臨場感を出す工夫は高く評価できるのではないであろうか。

⑷　事例ベースの構築と利用

　　(a)　**発言内容のインデキシング**　　　1 つの発言は，①その発言の中の論点，②前の発言との関係（リンクデータ）の 2 つのデータを使って，インデックスが付けられる。その結果，調停の流れはグラフ構造の図で表わされ，図の中で，各ノード[19]は 1 つの発言を表わし，その発言内容に含まれている論点がノードの中に書き込まれる。また，発言者はノードの色で区別される。

　　(b)　**類似場面の検索**　　　調停の最中に，次にどのような発言をしたらよいか悩むときがある。これは熟練調停委員においても然りであろう。こうした場合に，事例ベースの中から，類似場面で他の人はどのような発言を行い，その結果，調停がどのように進行したかを知ることができれば，次の発言をするときの参考にすることができる。しかし，同じ

---

18)　石川明『調停法学のすすめ―ADR 私論―』136～181 頁（信山社，1999 年）。
19)　ノードは展開図でシステムを構成する物理的な要素を表現するために用いられる。

内容の発言であっても，表現が異なっていたり，それぞれの文脈に依存して発言の解釈が異なったりするために，類似場面の検索は技術的に非常に難しいと考えられる。

新田教授は，こうした類似場面検索を容易にするため，発言のインデックスを利用した類似場面検索の方法を提案している。これは，現在，対象とする発言の２つ前の発言まで遡り，この３つの発言中の論点と，発言間の関係（リンクデータ）を比較して，類似場面の評価とする画期的方法である。こうした方法により，問題が克服されている。

(c) 事例ベースの解析　　事例ベースに蓄積された調停事例を比較検討することによって，調停のスキルの評価に役立てることができる。たとえば，１つの調停に出現した論点の種類や順序を比較することで，調停の流れ同士の類似性を判断することができ，教師は学生の多数の調停記録を整理・採点する場合に，類似調停をまとめることによって採点が容易になると説明される。

また，調停員がどの論点を述べているかを観察することによって，調停員のタイプを判断することができるとされる。新田教授は，調停員を，①両当事者の発言に介入せずに司会に徹するタイプと，②積極的に提案を行い，調停をリードするタイプに分けて考え，調停員が新しい話題を発言する比率の高さを観測することによって，調停員がどちらのタイプに属するかを判定することができ，調停員の発言に対する指導に役立てることが可能となるとしている。レビン小林教授によれば，調停者の役割は，当事者にできるだけ多く話させることであると同時に，調停者は話し合いの方向付けも行わなければならないこと[20]とされているが，ベテラン調停委員は，どちらのタイプにも偏らずバランスが取れているのかもしれない。

3．助言エージェント

これまでは，３人で論争を行うとその発言内容にインデックスをつけて事

---

20) レビン小林久子『調停者ハンドブック―調停の理念と技法』68 頁（信山社，1998 年）。

例ベースに蓄積されること，過去の事例から類似場面を検索し次の発言の参考にすることができること，集めた事例を統計的に処理することで議論の分析ができること，などこのシステムの紹介をしてきた。

しかし，これだけでは調停を行っている学生に直接の指導をすることはできない。そのインストラクターの役割をするのが助言エージェントである。助言エージェントは，調停を行っている最中に，3者の発言をモニターし，調停役の学生に調停を進める上での助言を行う。

(1) 助言エージェントの概要

新田教授によれば，助言エージェントは，調停支援システムの外付けモジュールとして働く。助言エージェントは3人の参加者の発言内容をモニターし，調停モデルを使って次に行うことのできる発言タイプを認識し，助言モデルを使ってどのような論点を話し合うべきかを助言する。

(2) 調停モデルと助言モデル

(a) 調停モデル　　調停モデルは，調停にはどのような発言のタイプがあり，それはどのような条件のときに発言することができ，その結果どのような効果が生じるかを定義したものであるとされる。相手方が何らかの発言を行い，調停者が発言権を申立人に渡したとき，申立人は相手方の意見に賛成の場合と反対の場合にどのようなタイプの発言ができるかを，助言エージェントが提示してくれるわけである。新田教授は，この調停モデルを，訴訟のルールに置き換えることで，模擬裁判の助言にも役立てることを提案している。

(b) 助言モデル　　助言モデルは，当事者が何かを発言した後，①調停者がどのようなタイプの発言をすることができるか，また，②どのような論点を議論するかを示している。これは争点間の関係を利用し，ある争点が議論されているときは，それを支持する争点や，それを攻撃する争点を次に議論するように助言を行うものであるとされる。また，次に議論

238 第2部 AIによる紛争解決支援の基礎研究

してもらいたい争点が当事者の一方しか知らない事実に関するものである場合，その話題を相手方に知らせることはできず，その争点の存在を示唆することしかできないといった具合に，ダイレクトに次の話題を助言してはいけないこともあると説明されている。

(c) 事例を用いた助言　　助言は助言モデルだけでなく，事例ベース中の過去の類似場面でどのような発言をしたかを検索することによっても作り出すことができる。

(3) 助言戦略

　新田教授は，助言をする際，頻繁な助言は煩わしいし，学生の実力によって助言内容が異なるため，助言の内容やタイミングに関して，条件を設定することを提案している。助言の可能性が何パターンもある場合，過去の事例などを参考にして，その発言の先にどのような状態になるかを予測し，助言内容の優先順位を決定する仕組みが用意されている点，興味深い。

　以上，新田教授のオンライン調停教育支援システムについて，紹介してきたが，以下において，法律人工知能を搭載したオンライン ADR システムの可能性について考察していきたい。

Ⅳ　法律人工知能を搭載したオンライン ADR システムの可能性

1．安価

　オンライン ADR においては，大量文書の交換が可能であり，アクセスが容易で安価である。電話の場合は，ほぼどこでも可能であり，比較的安価で文書よりもはるかに人間的な双方向なやりとりが可能となるが（ただし，通話相手が電車に乗っていてもお構いなしにかかってくるように，相手の置かれている状況が完全に無視される同期型通信の欠点がある），身振り手振りまでは伝わらない。その点，テレビ電話は Face to Face の双方向型コミュニケーションに近いが，か

なりの広帯域を要し，利用できるインフラによっては，アクセスは必ずしも容易ではなく，高価で低品質である。

2．迅速性

オンライン・テキストのコミュニケーションは，迅速である。ただ，複雑な感情についてはあまり効果的ではない（顔文字等の工夫はあるが）。大量文書の交換の際，タイピング技術を要するが，スキャナや音声入力等の積極的利用により，タイピングの時間から解放され，迅速性を確保できる。

3．多言語翻訳機能

多言語翻訳機能を活用することで国際越境取引に対応できる。もちろん，人間の言語は複雑であり，1つの語句にいくつかの翻訳および解釈が可能な場合があるため，機械翻訳に限界があることは避けられないが，翻訳の正確さに対して日々進化しているのは間違いない。ただ，こうした多言語翻訳機能の使用から発生するクレームに対する一切の責任を否認する免責規定をおくことは必要であろう。

4．セキュリティ機能

暗号化やデータの不可視化を含めたセキュリティ技術の活用で個人情報，通信記録，その他の情報への不正アクセスからユーザーが保護される。高度なセキュリティ機能により，強固なセキュリティ環境が確立され，オンラインADR利用者を，コンピュータウィルスやハッカーなどから守ることができるであろう。

5．チャットプログラム

通常は，文字メッセージのやりとりでコミュニケーションを行うが，ビデオ機能の利用により映像を見ながらチャットするビデオチャットでは，テレビ電話のように相手の顔や表情を見ながらコミュニケーションできる。また，

240 第 2 部 AI による紛争解決支援の基礎研究

ボイス機能の利用によりチャットルーム内にマイクを通して音声を流せるため，実際に話しながらチャットすることができる。このように，チャットでは，文字メッセージのやりとりのほか，カメラを使ってお互いの映像を見たり，マイクを使って直接会話したりと，文字以外のコミュニケーションが行える機能も提供されている。音声・映像機能については，以下に述べる「音声・映像認識機能」の項目で詳しく扱いたいが，最近ではリアルタイムに音声・文章チャットができるコミュニケーションプログラムが無料でダウンロード可能なサービスもネット上で提供されている[21]。有名なメラビアンの法則（「7―38―55 ルール」）[22]のパーセンテージ自体に対しては，現代心理学では厳密な科学的根拠はないとされているものの，視覚情報や聴覚情報の重要性は否定できず，テレビ電話やテレビ会議，さらにその枠を超えてリアルタイム双方向ビジュアルコミュニケーションも話題になっている今日，それらがオンライン ADR に応用可能か，どのようにオンライン ADR の利用シーンを変えていくのか今後の動きに注目している。少なくとも相手に感情を伝える場合，遠隔クレーム，遠隔相談，遠隔助言，資料等の遠隔共有，遠隔調停等で，リアルタイム双方向ビジュアルコミュニケーションサービスは大きな効果をもたらすと考えてよいであろう。

6．同期型＋非同期コミュニケーション

コミュニケーションには 2 種類あり，①同期型コミュニケーション（会話のように互いが同時に意思の疎通を行わないと成立しないコミュニケーション）と，②非

---

21) こうした音声チャットプログラムでは，高水準の音質で，各種ファイヤーウォールに対応し，さらに，本稿執筆現在，17 言語（デンマーク語，オランダ語，エストニア語，英語，フィンランド語，ドイツ語，フランス語，ヘブライ語，日本語，ロシア語，ポーランド語，ポルトガル語，ルーマニア語，韓国語，簡体中国語，スペイン語，スウェーデン語）が利用可能で，簡単なインストールで利用できるという。

22) アメリカの社会心理学者 Albert Mehrabian が 1971 年に提唱した話者が聴衆に与えるインパクトには 3 要素があり，各影響力を具体的な数値で表した法則。「3 V の法則」「7―38―55 ルール」とも言われ，7%＝Verbal（言語情報：言葉そのものの意味），38%＝Vocal（聴覚情報：声の質・速さ・大きさ・口調），55%＝Visual（視覚情報：見た目・表情・しぐさ・視線）がその数値である。

第1章　オンラインADR対応型の法律エキスパートシステムの展望　*241*

同期コミュニケーション（両当事者のスケジュールに縛られることなく，文字やビデオのように，空いた時間に見聞きしたり，読んだりするコミュニケーションで，余裕を持って臨むという利点がある）がそれである。同期型コミュニケーションの中でも，前述したようにリアルタイム双方向ビジュアルコミュニケーションの可能性は大きいものの，携帯メールが流行していることからもわかるように，空いた時間に情報交換できる，その利便性の高さから，非同期コミュニケーションの可能性も同様に大きいといえよう。今や，検索エンジンなどが知識をインデックスし，我々は非同期にその知識を呼び出せる時代である。最先端の人工知能を搭載したオンラインADRにおいては，コミュニケーションに交渉的要素も入ってくるため，慎重かつ余裕もって臨まなければならない点に着目すると，非同期化を軽視することはできないし，この非同期化がサービス情報に流動性を与え，より大きな価値を持つようになると予測される。また，世界各国のオンラインADRシステム間でリンクが張られていくとき，法律エキスパートシステムは，さらなる進化を遂げるであろう。

7．音声・映像認識機能

　前述したように，音声・映像認識技術の進歩やインフラの整備により，複雑な感情を身振り手振りで伝え合い，議論に臨場感を持たすことが可能になってきている（インフラの整備が不十分な場合は，高価で低品質な欠点もある）が，たとえばシンガポールのe@drにおいても，コンピュータと人間を結ぶ入力手段は未だにキーボードに大きく依存しているのが現状である。現在，音声によるインターネット・アクセスを可能にする規格「VoiceXML」の策定が進んでおり[23]，この規格が普及すれば，電話から音声で命令したり，合成音

23）Dave Raggett氏（XHTMLの解説書『Beginning XHTML』の著者であり，Canon Research Centre Europeに所属）によれば，VoiceXMLとは，XMLをベースにWebの技術を応用し，音声認識と音声合成の機能を持ったコンテンツの構造やレイアウトを定義するものである。現在，バージョン2.0の勧告候補が出された段階で，Raggett氏の所属するW3Cの「Voice Browser Activity」で策定作業が進められている。児島宏明「音声情報処理の本格的アプリケーション構築に向けての展望と課題—VoiceVMLを中心として」（財）日本情報処理開発協会・先端情報技術研究所『人間主体の知的情報技術に関する調査研究V』107～111頁（2002年）。

242 第 2 部　AI による紛争解決支援の基礎研究

声を用いて Web を利用したり，さらに自動音声案内サービスなどの構築が容易になるであろう。また，障害を持った人や，運転中で手や目が離せない状況にあっても，Web アクセスが可能になるといった無限の可能性を秘めている技術である。そして，これらの技術は，欧米のみならず，日本やアジアの企業も規格策定に参加しているため，規格の構造も多言語に対応するように設計されている。[24]

8．ペーパレス・大量文書交換

ペーパレスで紙資源保護に役立つと共に，大量文書の交換が可能なのも特徴のひとつである。前述したセキュリティ機能と関連するが，紙の文書が秘密性に欠けるのに対して，電子化された文書は暗号化技術により，高度な秘密保持性を持つことが可能であり，また，紙と違って物理的スペースを必要としないメリットは極めて大きい。

9．エキスパートシステムによる法的推論・解決案提示機能

相談事例を入力すれば，システムが法的推論を行い，現行法体系の下でいかなる法的判断がなされるべきかを出力してくれる機能である。すでに，母親の月収・支出・年齢，父親の月収・支出・年齢，子どもの数・年齢を入力し，CALC ボタンをクリックすると養育費月額が自動計算されて表示されるサービスをウェブ上で行っている法律事務所もある[25]。たとえば，オフライン ADR において，養育費や婚姻費用について，判例タイムズ 1111 号の養育費・婚姻費用算定表[26]や家裁月報 55 巻 7 号の養育費・婚姻費用算定表[27]と

---

24) Dave Raggett「VoiceXML とマルチモーダルへの発展」Reported by 伊藤大地 2003 年 4 月 30 日（http://internet.watch.impress.co.jp/www/article/2003/0430/w3c1.htm, 2018 年 3 月 9 日最終閲覧）。

25) 弁護士河原崎弘「養育費算定表に基づいた計算機／弁護士実務」2006 年 8 月 13 日（http://www.asahi-net.or.jp/~zi3h-kwrz/law2chspcal.html, 2018 年 3 月 9 日最終閲覧）。

26) 東京・大阪養育費等研究会「簡易迅速な養育費等の算定を目指して―養育費・婚姻費用の算定方式と算定表の提案」判例タイムズ 1111 号（2003 年）285～315 頁。

27) 東京・大阪養育費等研究会「簡易迅速な養育費等の算定を目指して―養育費・婚姻費用の算定方式と算定表の提案」家裁月報 55 巻 7 号（2003 年）155～202 頁。

第1章　オンライン ADR 対応型の法律エキスパートシステムの展望　　*243*

いった簡易迅速で合理的かつ公平な基準に基づいて1つの体系的な解決案を提示する試みは，優れて先進的かつ合理的である。ただ，子供の数が早見表では3人までしか対応していないため，4人以上の場合は，家事調停委員会のメンバーが複雑な計算式に基づいて計算することに慣れておらず，3人の表を基にして考える虞もある[28]のに比べて，法律エキスパートシステムの場合，早見表の数学的な計算式を拡張して考え，数学理論に基づいて，4人以上の子供の場合でも合理的かつ説得力のある数値を算出できるというメリットがある。また，他の事案において，解釈の余地がある場合や，価値判断が要求される場合に，法律エキスパートシステムが，知識ベースを参考にしながら，理由付きで複数の解決案を提示して，ユーザーはその中の解決案を選択できるといったシステムの設計も可能であろう。この点については，今後議論を深めていかなければならない問題の1つであると考える。

10．警告・助言・説明機能

　法律から乖離した（たとえば著作権に抵触するなど，現行法体系に抵触する）場合に法律エキスパートシステムが警告メッセージをユーザーに出し，どのようにしたらいいかを助言するといった機能である。著作権侵害ケース以外にも，たとえば，詐欺的商法にあった者に，クーリングオフ制度を説明して，どのように対応したらよいかを助言する機能がそれである。逆に，消費者が法律知識に乏しいため，消費者側に非があるのに消費者がクレームを出すといったケースに対しても助言するといったことも可能である。また，内容を熟読せずに購入ボタンをクリックしてしまったケースや，クーリングオフの期間経過後にキャンセルを出すケースなど，これらの問題を未然に防ぐには，商品購入時に，「これをクリックすることにより，どのような法的効果（権利や義務）が発生するか」をユーザーに助言したり，契約の成立後のキャンセル方

28）たとえば，4人であれば2万円位増えるとか，3人の表の上限の金額を提示するといった具合に。また，複雑な計算式を理解せず，1つ上のランクの帯状の部分になるといった，調停委員のアバウトな感覚に頼るといった弊害も考えられる。

244 第2部 AIによる紛争解決支援の基礎研究

法について，ユーザーに説明したりする機能は有効であろう[29]。また，未成
年者が，有料サイトにアクセスして，後日，業者から法外な料金を請求され
た場合に，「満20歳をもって成人とされ（民法3条），19歳までを未成年者と
言います。未成年者は，制限能力者とされ，その利益を保護するために法定
代理人（通常は親）の同意を得ずにした契約は，未成年者自身または法定代理
人が取り消すことができます（民法4条）。しかし，例外的に法定代理人の同意
を得なくてもよい場合もあります…。」などと，わかりやすい言葉で助言や説
明をすることも期待できる。このように法律的知識を有し，ユーザーの契約
行為を監視して助言を与えるシステムは今後，ニーズが高まると考えられる。

11. 価値判断・思考支援機能

　ルールそのものが価値判断を含んでいる場合，どういった価値が問題に
なっており，どのように価値のバランスをとるのかといった，筆者が提唱し
ている法的価値関数（Legal Value Function）に基づくアドバイスを法律エキス
パートシステムが行い，価値判断・思考支援を行うシステムである。価値判
断をする際，我々は世界を把握するために価値構造を必要とする。紛争解決
において求められる判断も，同様に法的価値構造を必要とする。ただ，法的
価値構造を考えた場合，法律家は形式分析に基づく法的推論に先行して，法
律家独自の法的直感や洞察といったものから結論を得ていると言われてい
る。これまでの科研費研究で，法的トポス（法的価値群）の体系化を試みてきた
が，2005年度は，価値の機能的次元と類型について「価値意識の理論」を参
考にしつつ，さらに法的価値判断の構造解明を推し進めてきた。その際，筆
者は，着実な経験科学の方法によって価値の問題をできる限り追求し解明し
ていく，社会学者・見田宗介教授の「価値意識の理論」[30]に着目している。そ
こで挙げられた17次元の大部分は，新しく考え出されたものではなく，従来

29）新田克己「法的推論システムの研究動向と新しい展開」（財）日本情報処理開発協会・先端情報
　技術研究所『人間主体の知的情報技術に関する調査研究V』167頁（2002年）。
30）見田宗介『価値意識の理論』（弘文堂，1966年）。

の価値現象の研究の中で，明示的あるいは黙示的に想定されてきた分類基準を，主として一義性と相互排他性の観点から見田教授が理論的に精錬して得られたものであり，大部分は，具体的研究における有効性が大なり小なり検証済みの次元といわれているが，見田教授は，価値意識の４つのレベルを，特定の思想体系や学説史に拘泥することなく，少しでも手掛かりとなる問題提起や図式や仮説を，掘り起こしてきて，問題解決のために活用するといった戦略をとっており，法的価値判断の構造を探る上で参考にすべき点が多い。さらに 2006 年度は，価値意識の理論を法的価値判断の構造解析に応用すべく，筆者独自の法的価値関数（Legal Value Function）の形で数学的に表現できないかについて，研究成果をまとめている[31]。

12. 事例データベース

事例データベース機能，すなわち，ADR の解決事例をデータベース化することで，キーワード入力により解決への糸口や，起こりうる問題を予測して法的危機管理をシステムが代行してくれるといった潜在的可能性を法律エキスパートシステムは持っていると考える。

13. ルールベース

ルールベース機能は，人間の記憶システムと対比すると，長期記憶にあたる（人間の短期記憶にあたるものは，ワーキングメモリである）。法的推論とは法律家が法律を解釈し，事件に適応させる推論のことであるが，法的推論はさまざまな様相をもち，仮説推論や類推や非単調推論などのいろいろな推論方式の応用例題として適しており，法律の解釈を行うには，言葉の意味を深く解析する必要があり，高度な意味処理技術の課題も多いが，法律の知識表現と推論方式については，主にルールベースと事例ベースを組み合わせたハイブ

---

31) 平田勇人「法的価値判断における法的価値関数について」『科研費「法創造教育方法の開発研究」2006 年 8 月法創造研究会合宿研究成果報告書』103・104 頁（2006 年）において，研究中間成果が公開されている。

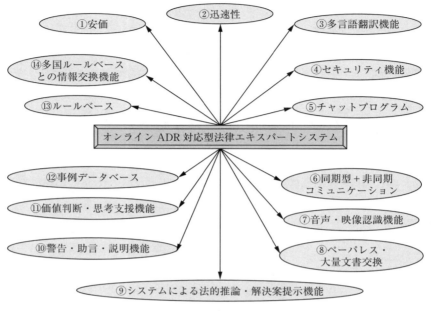

図1. オンラインADR対応型法律エキスパートシステム

リッドなシステムが開発されてきている。

14. 情報交換機能

　法体系の異なる国々の間で紛争が起きた場合，他国間のルールベースとの情報交換をなす機能といったものがあげられる。特に，海外の業者から商品を購入する場合のトラブルに関しては，両国の法律が関連する場合があるので，両方のルールベースを具備するか，あるいは，自国のルールベースを有するエージェントと，相手国のルールベースを有するエージェントの間の情報交換機能を必要とすると新田教授は指摘している[32]。

---

32) 新田・前掲注 [29] 167頁。

V　まとめ

　筆者は現在，経済産業省中部経済産業局消費経済課の消費者相談員対象の
スキルアップ・ミーティングで講師をする機会を与えられ，当消費経済課・
消費者相談室では，日々寄せられる消費者相談について迅速丁寧に対応する
とともに，新たな手口による消費者トラブルにも的確に対応することが求め
られていることがわかった。相談件数に応じたベテラン相談員の確保と，特
定商取引法をはじめ消費者保護法はもとより，相談業務に付随して求められ
ている関連法分野の法律知識のスキルアップのために相談員たちが懸命に努
力されていることも知った。対応に遅延が生じることは許されず，相談員の
確保は重要な問題であるが，簡単な事件，典型的な事件については，ADR の
相談機能を有するエージェントで代行したり，相談員に助言を与えたりする
場合も，オンライン ADR 対応型法律エキスパートシステムは可能性を秘め
ていると考えている。ADR に申し込むユーザーは，トラブルを抱えており，
応対は大変であると思うが，擬人化エージェントを利用して，ユーザーに自
然なインターフェイスを提供することも将来可能になってくるであろう。調
停においては，リフレーミングやパラフレイジングといった調停技法も要求
される，また身振りや表情も大切な要素である。今後の調停エージェントも
含めて，法律エキスパートシステムのさらなる進化に期待したい。

248 第 2 部 AI による紛争解決支援の基礎研究

第 2 章 論理法学とオンライン ADR

I はじめに

いつでも，どこでも，誰でも，気軽に司法サービスが利用できる状況に今日あるであろうか。答えは NO である。現実には，弁護士過疎・偏在ゆえに，過疎地では専門家へのアクセスは困難であり，また，知的財産権紛争などにも対応できる高度な専門知識を持った弁護士に相談することは，大都市部でなければ難しいのが現実である。それゆえ，司法アクセスの格差是正という問題意識をもって，筆者はオンライン ADR 研究に取り組んできた。国民の多くは，裁判所や弁護士事務所は敷居が高いと考え，様々な紛争に巻き込まれた場合でも，その利用につながらないのが実態である。そうした中で，多様なニーズに応じた適正・迅速で実効的な司法救済を得られるための 1 つの方策として，インターネットやコンピュータ（特に法律人工知能）を活用した方法が考えられている。本稿では，まず，司法アクセスの格差是正のため，コンピュータを法律の分野で活用する際の理論的基盤となる「論理法学」について紹介する。次に，法的推論は，①論証生成，②論争戦略，③価値判断という 3 つの重要な機能から成り立っているため[1)]，法的推論の中でも特に法的価値判断の構造について論じる。第 3 に，論理法学に基づいたオンライン ADR の可能性について論じる。

II 論理法学

法律をコンピュータに搭載して法律人工知能を構成する過程で，それを体

系的に説明しようして論理法学は誕生した。そして論理法学は，法論理学が重心を法学へと移し，法および法的実践に寄与することを目的としている先端的学問である。

1．論理法学の定義・目標

(1)　論理法学とは何か

　論理法学（Logical Jurisprudence, Logische Rechtslehre）は，法論理学（Rechtslogik, Juristische Logik, Legal Logic）の流れを汲むが，それとは異なる。論理法学は吉野一教授の展開している法学であるが，法の科学（Science of Law）の確立を目指す。人間の思考は言語により表現されるため，法領域の言語の論理分析を行うことで法的思考の解明を目指す。そして，論理法学は法哲学としては死に，法の科学として生まれ変わることを目指すのである[2]。

(2)　論理法学の目標と戦略

　前述したように，論理法学は，法領域の言語を直接の対象として，法的思考を解明する法の科学の確立を目標とする。その目標達成のため，論理法学は，①信頼にたる方法（論理的方法を中心とする）を適用する，②しっかりした

---

1 ）東京工業大学（院）の新田克己教授（知能システム科学）は，同教授が開発した法的推論システム New Helic-Ⅱの紹介の中で，法的推論は，①論証生成，②論争戦略，③価値判断という3つの重要な機能から成っていると説明している。この new Helic-Ⅱは，法的推論をコンピュータ上で実現するため，検察官や弁護士が，法廷でいろいろな理屈をつけて論争するときの推論の過程をコンピュータでシミュレーションするシステムである。新田克己「法的推論システム HELIC-Ⅱ（＜特集＞「事例ベース推論」）人工知能学会誌7巻4号（1992年）603～607頁。なお，前述の③価値判断に関して，筆者は，東京工業大学21世紀COEプログラム「エージェントベース社会システム科学の創出」の中の，プロジェクト3「交渉エージェントと法システム」（交渉を自動化する技術や法学知識の検索等を研究目的とする）のセミナーにおいて，裁判所民事調停委員としての体験に基づく調停の問題点や価値判断の手法について講演を行った（平田勇人「調停実務における法的価値判断について」東京工業大学・大岡山キャンパス：2007年9月27日）。

2 ）吉野一「論理法学から見た法の概念」明治学院大学法科大学院ローレビュー6号（2007年）8・9頁。Hajime Yoshino, Tractatus Logico-Juridicus (1)，明治学院論叢693号・法学研究75号（2003年）。Hajime Yoshino, Logical Structure of Change of Legal Relation and It`s Representation in Legal Knowledge Base System in the Use of Legal Education, 明治学院大学法学研究81号（2007年）29～67頁。また，法領域の言語の論理分析の例として，平田勇人「禁反言への『言語分析』適用について（一～三・完）」『信義則とその基層にあるもの』1～31頁（成文堂，2006年）。

250　第2部　AIによる紛争解決支援の基礎研究

少数の単純なものから出発する（すなわち，基幹概念（Primitives）の組み合わせによって法の世界を構成する），といった戦略をとる[3]。

2．論理法学による分析

(1)　論理法学のプリミティブ（Primitive）

論理法学は，次の3つのプリミティブ（基幹概念/基本となる要素）から出発する。すなわち，①「文→法文」，②「真理値→効力」，③「推論規則→法的推論」がそれである。論理法学は，この3者から法の世界を分析し，この3者から法の世界を構成する[4]。

(2)　法文の概念

論理法学は，「法文」こそ「法」に対する科学的認識の手掛りとして確実なものであると考え，「法」ではなく「法文」を直接の対象として分析する。そして，論理法学は意味としての法の客観的な存在性を否定するのである。なぜなら，意味としての法は，法を解釈する人の主観の世界でイメージとして出現するにすぎないからである（Ohne Interpretator keine Rechtsnorm als Sinn.（解釈者なければ意味としての法なし）[5]。

(3)　法的推論

論理法学は，法的推論を法文の展開過程として把握する。法文は法的推論において，推論の前提として援用される。また，法文は法的推論において，推論の前提および結論として創設される。法文は，それが法的推論の場に現れるときに，法文として生きてくる。法適用における法的推論は，法的正当化の推論と法的発見（創造）の推論から構成されており，両者は相互に関係し

3）吉野・前掲注［2］「論理法学から見た法の概念」9・10頁。
4）吉野・前掲注［2］「論理法学から見た法の概念」11・12頁。
5）Hajime Yoshino, Zur Anwendbarkeit der Regeln der Logik auf Rechtsnormen, in：*Die Reine Rechtslehre in wissenschaftlicher Diskussion*（Schriftenreihe des Hans Kelsen-Instituts Band 7），Wien, Manz Verlag, 1982, S. 142ff.

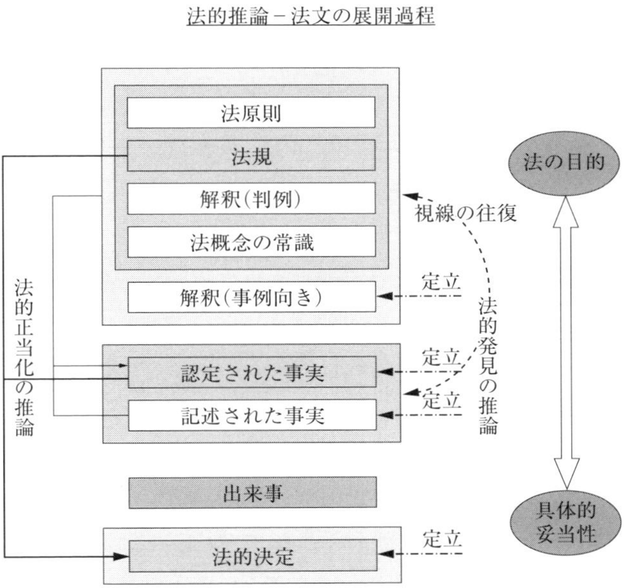

第 2 章　論理法学とオンライン ADR　　*251*

法的推論 - 法文の展開過程

図 1.「法的推論—法文の展開過程」

出所：http://www.meijigakuin.ac.jp/~yoshino/documents/lecture/2005keio/keio_c_01b.ppt#257.2.

ている。法創造は法的正当化の成り立つ枠組みの中で行われる[6]。法律をコ
ンピュータに搭載して法律人工知能を構成する過程で明らかになった，法的
推論の構造を，吉野教授は分かりやすく，図 1 のように示している[7]。

⑷　**法文の構造**[8]

　論理法学は，法という対象を把握して説明するために，法文の構造を解明
しようとする。具体的に言えば，法文の最小単位を同定し，その最小単位の
結合として，法文の構造を明らかにしようとするのである。論理法学は，こ

---

6 ）吉野・前掲注［2］15 頁。
7 ）吉野一「法的推論—法文の展開過程」吉野教授 Web サイト（http://www.meijigakuin.ac.jp/~
　　yoshino/documents/lecture/2005keio/keio_c_01b.ppt#257.2., 2006 年 4 月 2 日最終閲覧）。また，
　　吉野一編者代表『法律人工知能—法的知識の解明と法的推論の実現（第 2 版）』27, 30 頁（創成
　　社，2003 年）の掲載図を参照。
8 ）吉野編集代表・前掲注［7］15～33 頁参照。

の法文の最小単位を要素法文と呼び，その結合の仕方として法の構造を示そうとする。したがって論理法学は，単位法文の種類，法文の相互結合の構造，法文の体系構造を解明しようとするものといえよう。

(a) **法文の種類**[9]　　法文の種類には，①ルール法文とファクト法文，②要素法文と複合法文，③オブジェクト法文とメタ法文がある。

第1に，ルール法文とファクト法文について説明する。ルール法文は，「PならばQである」（ルール法文の例：民訴法第159条1項本文「当事者が口頭弁論において相手方の主張した事実を争うことを明らかにしない→その事実を自白したものとみなす。法律要件→法律効果）という形をとる。これに対し，ファクト法文は，「aはFである」，「aとbはGという関係にある」｛ファクト法文の例：民法附則（昭和22・12・22法222）第1条。この法律は，昭和23年1月1日から，これを施行する。施行される（この法律, s23_01_01)｝という形をとる。このように，ファクト法文とルール法文の違いは純粋に構文論的違いに過ぎないことがわかる。

第2に，要素法文と複合法文について簡単に説明する。要素法文は法文の最小単位である（要素法文の例：民法第1条2項「権利の行使及び義務の履行は，信義に従い誠実に行わなければならない。」）。複合法文は法文の集合に名前を付けて一まとめにしたものであり（複合法文の例：法典，契約（編，章，節）等），その実益は，まとめて取り扱うことができる点にある。

第3に，オブジェクト法文とメタ法文について説明する。オブジェクト法文は，義務について記述している（オブジェクト法文の例：民訴法第2条「裁判所は，民事訴訟が公正かつ迅速に行われるように努め，当事者は，信義に従い誠実に民事訴訟を追行しなければならない。」）のに対して，メタ法文は，法文の効力について規律している（メタ法文の例：CISG（国連売買条約）23条「契約は申込に対する承諾が効力を生じたときに成立する。」）。

(b) **法文の相互結合の構造**　　諸法文は論理語 AND（&）等によって相互に結合している。そして，法文は効力があるとき

9）吉野・前掲注［2］14頁。

のみ適用される。また，ある法文に対してその効力を記述する法文，すなわち，メタ法文がある。このメタ法文によって法文の効力が規律されているのである。

(c) 法文の体系構造　　法文の体系構造をここで簡単にまとめておきたい。法文 S1 の効力はメタ法文 S2 により基礎づけられる。メタ法文 S2 の効力は別のメタ法文 S3 により基礎づけられる。このようにして効力の根拠を次々と遡ることができ，最終的には根本法ルール文に根拠を求めることになる。この根本法ルール文の効力はファクトとして前提され，以上により法の効力の体系が成立すると論理法学では考えるのである。そして，論理法学はこの法の効力体系の証明構造を明示することができる。また，法文の効力の証明を法律人工知能上実現するわけである。

3．論理法学の実証・展開・展望

科研費（重点領域研究）「法律エキスパートシステムの開発—法的知識の解明と法的推論の実現」プロジェクトにおいて，契約法の知識構造が解明された。そこで，法律エキスパートシステム LES-5 (Legal Expert System-5) が開発された。LES-5 には，CISG（国連売買条約）の知識が登載されている。前述したように，この研究過程で論理法学が樹立された。その後，LES-6 および LES-7 が開発され，現在 LES-8 を開発中である。また，法律人工知能をオンライン ADR のシステムに搭載した場合の電子紛争処理の可能性について，筆者は日中法律シンポジウム（上海・2007）において発表した[10]。

前述したように，法適用における法的推論は，「法的正当化の推論」と「法

---

10) 平田勇人「サイバー ADR～インターネットを介した電子紛争処理システム」日中経営実務法シンポジウム（華東政法学院交誼楼）(2007 年 8 月 23 日）学会発表。同報告は（日本経営実務法学会・華東政法大学）『日中経営実務法シンポジウム報告資料集』75～79 頁（上海，2007 年）所収。本報告原稿を基に，中国で出版された論文は次の通りである。中国語版は平田勇人「网络ADR—电子商务纠纷处理机制」を掲載し（日本大江法律事務所上海代表：周敏弁護士翻訳）李偉群編『中日民商法律制度比較研究』161～172 頁（上海：学林出版社，2009 年 12 月）所収。同内容の日本語版は，平田勇人「サイバー ADR～インターネットを介した電子紛争処理システム」李偉群編『中日民商法律制度比較研究』392～406 頁（上海：学林出版社，2009 年 12 月）所収。

的発見（創造）の推論」とから構成される（法的正当化が成り立つ方向で法創造推論がなされる）。法律知識ベースは，法の知識（法律条文だけでなく，学説・判例，さらには暗黙知も含めて）を論理構造化して登載していて，事例問題に対する法の適用の推論を行い，法的判断とその根拠となる法的推論過程を明示するとともに，法的知識構造自体を参照することのできるコンピュータシステムである。さらに，事例問題に基づく方法をベースにして，法創造的思考を一層促進するために活用される法創造教育支援システムが，法律人工知能と論争支援システムであり[11]，論理法学はさらなる展開を行っている。

　論理法学の展望としては，①論理法学は，論理的観点と方法に基づいて，厳密かつ有効な法の一般理論を提供し，法の科学への道を切り開く，②論理法学は，法的知識と法的推論の構造を明示するため，それが法的思考の枠組みとして機能し，法学教育に寄与する，③論理法学は法律人工知能に寄与し，主要法規が法律人工知能に登載される日が来る，④論理法学はオンラインADRにも寄与する（すなわち，オンラインADR対応型法律人工知能の理論的基盤を提供する）[12]。

Ⅲ　法的価値判断の構造

1．法的推論における価値判断の位置付け

　法命題創造の推論の論理構造についてみた場合，法命題の創造は，仮説法命題の生成と検証とからなるといわれている。検証は反証推論で行われ，その論理構造は

　　$\{(A{\rightarrow}B)\ \&\sim B\}\ \rightarrow\sim A$

---

11) 新田克己「論争教育支援システム—事例を利用した論争教育—」科研費（特別推進研究）2002〜2006年度研究成果報告書『法創造教育方法の開発研究—法創造科学に向けて—』191〜196頁（2007年）。

12) 平田勇人「オンラインADR対応型の法律エキスパートシステムの展望」法学新報113巻9＝10号『小島武司先生古稀記念論文集』413〜444頁（中央大学出版部，2007年）。

で表される。ある仮説法命題（A）が採用されるとその適用がある帰結（B）をもたらす。しかし、その帰結は正しくないと評価される（～B）、故にその仮説法命題は正しくないと反証される（～A）。

反証推論を通じて反証されなかったものが採用される[13]。

ここで、その帰結は正しくないと評価される（～B）という場合、法的価値判断がなされていることに注目したい。どういった価値評価軸で、その帰結は正しくないと評価される（～B）のか？　その構造解明のため、法的価値関数の概念導入が必要になってくるのである。

2．価値意識の理論における理論的鉱脈

Haft が述べているように、価値判断をする場合に、我々は世界を把握するために、価値構造を必要とする[14]。民事紛争処理において求められる判断も、同様に法的価値構造を必要とする。筆者はこれまで、Struck によって提示されたトポイカタログ[15]を基にして、信義則の観点から法的価値のグルーピングを行い、体系化に努めて来たが、その後「価値意識の理論」[16]を見出すことができた。見田教授の理論は、価値意識全般にまたがるものであるため、法的価値に的を絞れば、その要素は修正されるかも知れないが、1966 年の文献であるにもかかわらず、価値判断の構造の設計図として参考にすべき点が多い。

---

13) 吉野一「正義と論理—正義推論における演繹的方法の役割」『法哲学年報 1974 年』38～68 頁（有斐閣，1975 年），Hajime Yoshino, Die Logische Struktur der Argumentation bei der Juristischen Entscheidung, in：Aarnio, Niiniluoto, Uusitalo（Hrsg.）, *Methodologie und Erkenntnistheorie der juristischen Argumentation*, Rechtstheorie Beifefts2, Duncker & Humblot Verlag, Berlin, 1981, S. 235-255.　吉野一「法的決定に至る推論の論理構造」『慶應義塾創立 125 年記念論文集』3～32 頁（慶應法学会法律学関係，慶應義塾大学法学部，1983 年）。

14) F. ハフト（平野敏彦訳）『レトリック流法律学習法』71 頁（木鐸社，1992 年）。

15) G. Struck, *Topische Jurisprudenz—Argument und Gemeinplatz in der juristischen Arbeit*, Athenäum Verlag, Frankfurt, 1971, S. 20-34.

16) 見田宗介『価値意識の理論』（弘文堂，1966 年）。

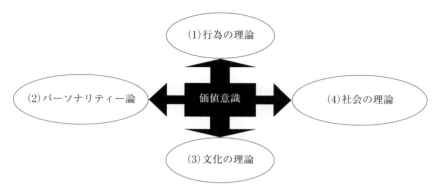

図 2.「価値意識の 4 つの理論的鉱脈」
出所：2002〜2006 年度科研費（特別推進研究）研究成果報告書『法創造教育方法の開発研究—法創造科学に向けて』（2007）271 頁より転載。

(1) 4 つの理論的鉱脈

　見田教授は，問題提起や図式や仮説を比較的豊富に包含しているという意味で，利用しうる理論的鉱脈を 4 つに分類している。それらは，(1)行為の理論，(2)パーソナリティー論，(3)文化の理論，(4)社会の理論と名づけられ，価値意識はこれら 4 つの角度から照らし出された時にはじめて，その全貌を明らかにできるとされる。逆に言えば，価値意識はこれら 4 つの領域を統合する戦略高地としての意味を持っているとする[17]。

　(A)個々の行為の場における価値の問題をそれ自体として考察する場合は(1)の諸次元のみ，(B)個々のパーソナリティーにおける価値の問題をそれ自体として考察するときは(2)を中心として(1)および(2)の諸次元が，(C)個々の時代の文化における価値の問題をそれ自体として考察するときは(3)を中心として(1)(2)(3)の諸次元が，(D)個々の価値判断・価値意識・価値体系を総体としての社会的・歴史的文脈の中で考察するときは(4)を中心として(1)(2)(3)(4)すべての諸次元が考慮に入れられるべきであるとされている。

---

17) 見田・前掲注 [16] 45 頁。

第 2 章　論理法学とオンライン ADR　　257

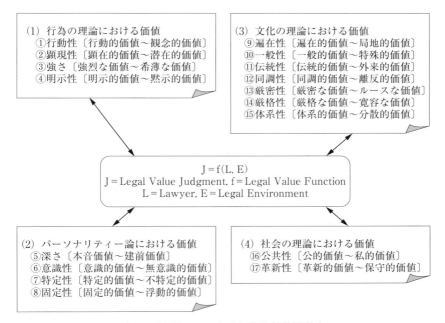

図 3.「価値の 17 次元と法的価値関数」
出所：2002〜2006 年度科研費（特別推進研究）研究成果報告書『法創造教育方法の開発研究─法創造科学に向けて』（2007）271 頁より転載。

3．より高次・総合的なものへと配列されるべき価値構造

　価値の諸類型は，伝統的な「真・善・美」図式のように，相互に無関係な概念として単純に並列されるべきでなく，より高次の，より総合的なものへと配列されるべきである[18]点が重要である。「高次」といわれる価値は，「低次」といわれる価値を，自己の基礎とし「モメント」として統合し止揚していてはじめて真に「高次」なのであって，この基礎を失って自己を自己目的化したものは空虚な価値にすぎないという点が重要である[19]。

---

18)　見田・前掲注［16］32 頁。
19)　見田・前掲注［16］33 頁。

4．法律家の直感と関係的・構造的思考

(1) 法律家の直感によって生成される仮説

Calamandrei によれば，裁判官は判決を下す際に，直感がひらめいて採るべき命題が示され，ついで，それを基礎付ける法的な理由を探す検証が行われるとされる。弁護士も同様に，依頼者の話す，法的な構成の手掛かりさえ容易に見出せないような生の事実の塊の中から，我慢強く一定の選択を行い，ばらばらの事実の断片を探索して，それらを結びあわせる。そして，形のない混沌が純化され統一体に構成されていくと，突然この混沌の中に，Leonardo da Vinci（1452-1519）が，古い壁の湿気によるしみの中に人間の像を見たように，一連の事実に法的な意味づけを与える典型像の輪郭を認識すると説明されている[20]。

Calamandrei はさらに，意思表示としての判決は，このような意思へと裁判官を導いたところの論理的理由がいかなるものであるかを裁判官が表明する前に，すでに生まれていると指摘し，三段論法の結論は，前提が構成される前に，すでに取り消し不能なまでに確定してしまっていると喝破している[21]。すなわち，「法律家の法的価値判断は論理に先行する」ということが示されているのである。

(2) 関係的・構造的思考

Haft によれば，関係的思考とは，構造的に思考することである[22]。そして，構造的思考は，直感的に行使されることも指摘されている[23]。Calamandreiの考え方と，Haft の説く直感的構造思考の両者に共通するのは，「法律家の直感」という概念である。関係的思考では，1度考え得る限りのすべての解決

---

20) P. カラマンドレーイ（小島武司＝森征一訳）『訴訟と民主主義』84・85 頁（中央大学出版部，1976 年）。なお，Calamandrei の原典は，Piero Calamandrei, *PROCESSO E DEMOCRAZIA*, CEDAM—Padova, 1954 である。本稿での引用は，右記翻訳本からのものである。
21) カラマンドレーイ・前掲注［20］82 頁。
22) F. ハフト（平野敏彦訳）『レトリック流法律学習法』94 頁（木鐸社，1992 年）。
23) F. ハフト（植松秀雄訳）『法律家のレトリック』196 頁（木鐸社，1992 年）。

第 2 章　論理法学とオンライン ADR　*259*

を並べ立てて，不断に要素と関係を探求し，様々な組み合わせの可能性を徹底的に検討する[24]。Haft は，これを行うためには直感に頼ればよいとする[25]。採るべき法命題は，論理の積み重ねの結果として出てくるのではなく，法律家の直感によって，論理よりも先に成立している点に注意しなければならない。

5．法的価値関数について

法的判断は本質的には価値判断である。法律家や法律エキスパートシステムが，優れた法律家の価値判断に近づきたいという，この目標を法的価値関数（Legal Value Function）と定義したい[26]。

(1)　法的価値関数

関数という言葉を最初に使用したのは，G.W. Leibniz（1646-1716）であるといわれているが，彼は変動する量，すなわち変数 x を考え，変数 x とともに変動するものを x の関数と呼び，それを表現するのに f (x) などの記号を用いた。その後，L. Euler（1707-1783）が，1 つの変数の関数とは，その変数と単なる数または定数とから組み立てられた解析的な式であると定義したことは有名である[27]。その後，A.L. Cauchy（1789-1857）が，オイラーの定義した「関数は解析的な式である」という考え方を批判し，「いくつかの変数の間にある関係があり，そのうちの 1 つの値が与えられると，他のものの値がすべて定まるならば，普通その 1 つの変数によって，他の変数が表されると考えられ，この 1 つの変数を独立変数とよび，他のものをその関数と名づける」と定義した。現代まで，この定義が関数の一般的定義であった。しかし，現代数学において用いられる関数は，P.G.L. Dirichlet（1805-1859）によって次のように

24）ハフト・前掲注［22］99 頁。
25）ハフト・前掲注［22］102 頁。
26）平田勇人「判断における法的価値関数について―法創造教育への活用―」科研費（特別推進研究）2002〜2006 年度研究成果報告書『法創造教育方法の開発研究―法創造科学に向けて―』267〜281 頁（2007 年）。
27）Leonhard Euler, *The Introductio in analysin infinitorum*, （Vol. 1), Lausanne, 1748.

260　第2部　AIによる紛争解決支援の基礎研究

定義されている。すなわち Dirichlet は，関数は必ずしも式で表現する必要は
なく，対応そのものであることを主張したのである。

　筆者は「法的価値判断は①法律家と，②法的環境，という2つの変数の関
数である」と考えている。法的環境の中には，裁判，ADR，法学教育環境，
さらには，サイバーコートやオンライン ADR も入ってくる。前述した法的
価値判断，法的価値関数，法律家，法的環境といったものを記号化すると次
のように表現できる。

$$J = f\ (L, E)$$

　　J＝法的価値判断（Legal Value Judgment）

　　f＝法的価値関数（Legal Value Function）

　　L＝法律家（Lawyer）

　　E＝法的環境（Legal Environment）

　ここで示された L と E は互いに無関係であるとはいえず，相互に影響を
及ぼし合っているため，いずれも独立変数とはいえない。そのため，法的環
境や法律家の状態を規定する条件を抽出し，法的価値判断と，法律家の置か
れた環境，そして法律家の状態を規定する諸条件との間で，一定の関係，す
なわち法的価値判断の法則性を見出すことも目標になる。以下において，民
事裁判における価値関数について考察してみたい。

⑵　民事裁判における法的価値関数

　民事裁判においては，「適正」「公平」「迅速」「経済」の4つの価値が一般
に認められている。これらの4つの価値は独立したものではなく，変数であ
る。このことを記号化すると次のように表現できる。

$$T = F \diamondsuit I \diamondsuit S \diamondsuit Ec$$

　　T＝民事裁判の価値（Civil Trial）

　　F＝適正価値（Fairness）

　　I＝公平価値（Impartiality）

　　S＝迅速価値（Speedy）

Ec＝経済価値（Economy）

　F，I，S，Ec はそれぞれの価値評価軸に対する重み，◇は法的価値関数の演算子と定義したい。こうしたアイデアは，神恭仁「価値のモデル化」を参考にした[28]。演算子として＋（加算）を選択すれば，個々の価値評価軸を独立に扱っていることになる。演算子として×（乗算）を選択すれば，個々の評価値と他の評価値は絡み合いながら総合的な評価が計算されることになる。ただし，これは各価値評価軸を完全に等価なものと仮定した場合であり，もし，他の価値評価軸を上回る価値評価軸があるとすると，価値評価軸間に優先順位を導入しなければならない。ところで，前述した　J＝f（L, E）　における E（法的環境）の中に，先ほど述べた民事裁判における価値関数が包摂されている。すなわち，適正・公平・迅速・経済といった民事裁判において理想とされ重視される法的環境の中で，法律家は法的判断をしなければならないのである。法的価値評価軸のバランスをいかにとるか，言い換えれば，法律家が「スジ，スワリ」という言葉で表現している感覚をいかに数学的，論理法学的に表現するかが重要となってくるであろう。

28）神恭仁「価値のモデル化」2002 年 2 月 14 日（http://aeneis.haun.org/janus/d/200202. html#20020214.000, 2003 年 5 月 5 日最終閲覧）。神氏は，「ある一個の作品」を評価する場合の評価関数を◇演算子を用いて考えており，そこでは，α, β, θ はそれぞれの評価軸に対する重み，◇は演算子と定義されている。演算子として＋，つまり加算を選択すれば個々の評価値を独立に扱っていることになり，一方，×，乗算を選択すれば，個々の評価値は他の評価値と絡み合いながら総合的な評価が計算されることになる（これは各評価軸を完全に等価なものとして扱った場合）と説明されている。ここで私が注目したのは，神氏が，ある作品を見たときに，心の中で直感的に　作品の価値＝F（作品）　という評価を行っているのではないかと述べ，さらに，これだけではどういう過程で評価を行っているかブラックボックスで外からは観測できないため理解できない。そこで説明のための変数を導入して，F（作品）＝α 読読に関する評価（作品）◇β 話の面白さ（作品）◇θ 価格◇その他‥といった評価関数を考えるとしている点である。この考え方は，法的価値判断のブラックボックスからの開放という筆者の考え方と通底する。

262 第2部 AIによる紛争解決支援の基礎研究

Ⅳ 論理法学に基づいたオンライン ADR の可能性

1. オンライン ADR サービス

現在，世界の様々な国々で紛争解決における IT 技術の活用が検討されている。海外では，数多くのオンライン ADR システムが実際に稼動し，利用されている。ここで，いくつかを抽出してみた。

①Center for Information Technology and Dispute Resolution（CITDR）, ②ClicknSettle, ③Conflict Resolution, ④Cybercourt, ⑤Cybersettle, ⑥Disputes. org, ⑦e-Mediator. co. uk, ⑧eResolution, ⑨European Advertising Standards Alliance（EASA）, ⑩iCourthouse, ⑪Iris Mediation, ⑫National Arbitration and Mediation（NAM）, ⑬Onlinemediation（Konfliktlösungen per Internet）, ⑭Online Ombuds Office, ⑮Onlineresolution, ⑯Resolution Forum, ⑰Singapore e@dr Centre, ⑱Square Trade（Online Dispute Resolution（ODR））, ⑲TRUSTe, ⑳WebMediate　等が挙げられる。

2. アメリカにおけるオンライン ADR の長所と短所をめぐる論争

以下においては，アメリカにおけるオンライン ADR の長所と短所をめぐる論争，そして，先進的オンライン調停支援システムについて紹介したい。

⑴　Aashit Shah の見解[29]

Aashit Shah は，インターネットの登場とその普遍的な増殖が法律問題のパンドラの箱を開いたと指摘し，オンライン ADR に最適なケースとして，①電子商取引をめぐる紛争，②ドメイン名をめぐる紛争（2003 年 11 月 22 日現在，WIPO 仲裁・調停センターに 5589 件のドメイン名紛争が持ち込まれ，5373 件が決着した），③知的所有権をめぐる紛争，④金銭上の紛争の 4 つをあげている[30]。

Shah が指摘するように，デジタル通信の開発は知的所有権をめぐる多くの問題が発生し，知的所有権紛争に決着をつけるのに仲裁という選択肢が支持され，ADR の持つオンライン知的所有権紛争解決の可能性を指摘している。

Shah によれば，オンライン ADR の長所として，①経済性（たとえば，紛争当事者が別の国にそれぞれ居住する場合，オフライン紛争解決の場合は，紛争解決のためにどちらかが移動するための交通費が必要になるが，オンラインの場合はそうした欠点がない），②迅速な解決（オフライン紛争解決に比べて，オンライン ADR の場合，そのプロバイダーは24時間サービスを提供しており，当事者のアクセス面でも，複数当事者をめぐる処理においても優れているとする），③非対峙的メカニズム（非同期的コミュニケーションの利点として，時間的にゆっくり考えて発言でき，また当事者間の経済的または他の力の不均衡からくる歪みを修正できる），④中立的フォーラム（インターネットが中立的な紛争解決の場を提供），⑤管轄と法の選択の複雑な問題を解決，⑥容易な記録保持，をあげている[31]。

Shah は逆に，オンライン ADR の短所についても指摘し，①人的交流の不足と伝達不良，②不十分な秘密性とセキュリティ（最先端のセキュリティ技術と暗号化方法の開発にもかかわらず，まだまだ多孔的な場合がある），③不十分な認証（なりすましの問題等），④オンライン仲裁契約の正当性の問題（重要な評価基準であ

---

29) Aashit Shah, Using ADR to Resolve Online Disputes, 10 *Richmond Journal of Law & Technology*, p. 25, 2004. なお，LexisNexis を通じて入手した Aashit Shah の論文には開始頁番号の表示しかないため，引用に際して，頁番号に代わって章の番号を記載した。Shah は，1996年に開始された Virtual Magistrate Project はインターネット関連の紛争を解決するのに ADR を用いるという考え方でスタートしたと述べた上で（SUMMARY より引用），オンライン ADR サービスについて詳しく説明しているが，たとえば，①Virtual Magistrate Project（VMAG），②Online Ombuds Office（OOO），③WIPO，④SquareTrade，⑤Cybersettle.com 等についても，Shah は分析している。また Shah は，2000年12月18日にワシントン DC のサミットで，ヨーロッパ連合と合衆国によって行われたサイバースペースにおける ADR の利用を促進する共同声明において，ADR の利用が開始されたと述べ（II 章より引用），Virtual Magistrate Project が失敗した主な理由の一つが広告の不足のためであったとし，オンライン ADR（ODR）プロバイダーは，オンラインで彼らのサービスを売り出すために具体的な方法を取らなければならず，また，司法当局，教育機関，電子ビジネス，政府の団体，および民間非営利組織は，それが国民の理解と信用を広くするイニシアチブを証明するために一緒に働かなければならないとしている（VI 章より引用）。

30) *Ibid.*, Chapter III.

31) *Ibid.*, Chapter IV.

264　第2部　AIによる紛争解決支援の基礎研究

る「書面」という条件の問題），⑤オンライン決定の実施に伴う苦労，⑥不十分な
アクセシビリティと当事者の不慣れの問題（当事者がコンピュータ操作技術に不
慣れな場合の問題等），⑦不十分な証拠開示手続，⑧限られた範囲の紛争への有
効性（オンラインADRは，特に電子商取引紛争やドメイン名紛争解決に対しては有効で
あるが，あらゆる種類のオンライン紛争に有効とは限らない）をあげている[32]。

　Shahは，オンラインADRの持つ短所を批判するのではなく，それらを改
良して短所を最小化することが大切であると説いており，然りである。Shah
はオンラインADRの持つ短所を最小化するために，以下のようなモデルの
提案をしている。すなわち，①自己規制，②オンライン紛争のためのChar-
gebackメカニズム（アメリカではクレジットカード紛争の場合に活用されている），
③拘束力がないADRシステム（自己規制して，拘束力のない紛争解決システムの有
効性），④オンラインADRシステムの集結（Dispute Resolution Referral Center
(DRRC) を例としてあげている）。そしてさらに，①電子ビジネスの提示する明確
な条件，②TrustmarkかWebseals，③セキュリティ技術，④オンライン
ADRプロバイダーによる詳細な手続，⑤低コストか無料のオンライン
ADR，⑥オンラインADRの決定の強制，⑦オンラインADRに対する社会
全体の認識と理解，といった変化を求め，オンラインADRを薦めている[33]。

(2)　Joel B. Eisen の見解[34]

　オンライン調停への限界を論じた論客もいる。それはJoel B. Eisenである。
Eisenは，多数当事者オンライン調停手続に関して，電子的距離を当事者に
科すと考える。Eisenは，サイバースペースを物理的な世界の鏡像とは考え
ていない。サイバースペースは，時間と空間の特性が物理的な世界と異なる
世界であり，電子的コミュニケーションに基づいている[35]。そして，コン

---

32) *Ibid.*, Chapter V.
33) *Ibid.*, Chapter Ⅵ.
34) Joel B. Eisen, Are We Ready for Mediation in Cyberspace?, 1998 *Brigham Young University Law Review*, pp. 1305-1359, 1998.
35) *Ibid.*, p. 1311.

ピュータを持つ者と持たざる者のギャップは容易に解消できず，さらにコンピュータ技術とトレーニングにかかるコストは，物理的交通費と相殺され，より高価であるかもしれないと考えている[36]。

(3) Andrea M. Braeutigam の見解[37]

　オンライン調停が適している領域について論じた論者もいる。Andrea M. Braeutigam は，デジタル格差という概念を用いて，コンピュータに精通している「インフォメーション有産階級」と「インフォメーション無産階級」の格差や，バーチャル・エリートの問題を指摘する[38]。ただ，Braeutigam は，オンライン・フォーラムのユニークな属性として，①ボディー・ランゲージからの自由（相手の消極的な態度から影響を受けたり，非言語的な手掛りに基づいてお互いに誤解することからの自由。つまり，視覚・聴覚を通して伝わってくる否定的感情内容よりも，むしろ重要な問題に焦点を合わせることができる），②オフライン調停の場合は当事者の感情が不穏な場合は，不愉快で神経質になる欠点があるのに対して，オンライン調停ではそれほど敵対的ではない，③非同期でテキストベースのコミュニケーション（非同期的性質が冷却距離を設け，中立のためにもなり，クールダウン効果や非生産的な敵意が抑制される）をあげる[39]。そして，オンライン ADR は，家事紛争と雇用をめぐる紛争に適しているとする[40]。

(4) Robert Bennett Lubic の見解[41]

　Robert Bennett Lubic は，ODR（Online Dispute Resolution）はこれまで3つの

---

36) *Ibid.*, pp. 1338-1341.
37) Andrea M. Braeutigam, FUSSES THAT FIT ONLINE : ONLINE MEDIATION IN NON-COMMERCIAL CONTEXTS, 5 *Appalachian Journal of Law*, pp. 275-302, 2006.
38) *Ibid.*, pp. 292-293.
39) *Ibid.*, pp. 294-297.
40) *Ibid.*, pp. 299-302.
41) Robert Bennett Lubic, REDUCING COSTS AND INCONVENIENCES IN INTERNATIONAL COMMERCIAL ARBITRATION AND OTHER FORMS OF ALTERNATIVE RESOLUTION THROUGH ONLINE DISPUTE RESOLUTION, 15 *American Review of International Arbitration*, pp. 507-523, 2004.

266 第2部 AIによる紛争解決支援の基礎研究

異なった開発段階を経てきているとする。すなわち，①1995年までは，特定の文脈の中の専門化した紛争解決に限定されていた。②1995～1998年には，大学関係者と非営利法人がODRの開発に携わり，③1998年以降，政府や国際的機関ばかりでなく，営利法人がオンラインADRに関心を持ち始めたのであった。そして④2003年には，第4の段階に入った[42]。Lubicによれば，2003年の初めに最低76のODRのサイト（アメリカは46，ヨーロッパは20，その他は10）があった。コンピュータとインターネットの発展により，ODRは成長し始めたのである。Lubicは，ADRの仲裁手続を超えたODRの利点として，①迅速性，②便利さ，③費用をあげている[43]。逆に，ODRの仲裁手続における不都合として，ビデオ会議を含むインターネット通信のどんな方法も，限られた画面サイズ，3次元ではなく平面スクリーン効果しかないこと，モニタの色差，静的なカメラ位置から，現実の存在には負けるとする[44]。しかし，様々な技術革新が行われていることをあげている。今後の技術的進歩の効果として，コスト，速度および便利さにおける仲裁のODRの疑いない利点は現在，両当事者が面と向き合った仲裁への，より同等な代替手段として機能すると述べている[45]。

3. オンライン調停支援システム

(1) アメリカにおける交渉サポートシステムと議論ツール[46]

Arno R. Lodder & John Zeleznikowは，交渉サポートシステムと議論ツールを開発している。LodderとZeleznikowは，ADR/ODRと「AIと法」の間の他家受精が両方の分野にとって役に立つと指摘する[47]。具体的には，第1

---

42) *Ibid.*, pp. 508-510.
43) *Ibid.*, pp. 513-515.
44) *Ibid.*, p. 515.
45) *Ibid.*, p. 517.
46) Arno R. Lodder & John Zeleznikow, Developing an Online Dispute Resolution Environment : Dialogue Tools and Negotiation Support Systems in a Three-Step Model, 10 *Harvard Negotiation Law Review*, pp. 287-338, 2005.
47) *Ibid.*, p. 296.

ステップ（交渉が失敗する虞があるときは，交渉サポートツールは紛争のありそうな結果のフィードバックを提供すべきである）[48]，第2ステップ（交渉サポートツールは，対話のテクニックを用いることで，どんな既存の争いをも解決するよう試みるべきである）[49]，第3ステップ（第2ステップで解決されなかった問題のために，交渉サポートツールは紛争解決を容易にするため，補償/トレードオフ戦略を用いるべきである）[50]，との3ステップモデルを提示している。そして，当事者がもし第3ステップの結果を受け入れられないなら，当事者は第2ステップに戻って，最終的に紛争が解決されるか膠着状態になるまでプロセスを再帰的に繰り返すべきであるとする。

⑵　わが国におけるオンライン調停教育支援システム（議論をするエージェントの構築）

科研費「法創造教育方法の開発研究」において，サイバーキャンパスシステムを利用したオンライン法学教育や，オンライン論争支援システムについての研究開発が着実に進められている[51]。特に，東京工業大学（院）の新田教授（知能システム科学）の開発したオンライン論争支援システム（ADRの調停員教育を支援するオンラインシステム）は，調停の事例ベースを利用して，調停のナビゲーションや比較を行い，調停員教育を支援することに特徴がある。そして，調停のみならず，模擬裁判記録の類似検索や，一般的な会話の検索にも応用でき，最終目的は，人間の代わりに調停を行う調停エージェントの開発であるとされる。新田教授の開発した先進的・革新的な「オンライン調停教育支援システム」[52]は，調停委員としてみた場合に，非常に大きな可能性を秘

---

48) *Ibid.*, p. 302.
49) *Ibid.*, p. 302.
50) *Ibid.*, p. 302.
51) 吉野一ほか「事例問題に基づく法律知識ベースおよび論争システムを活用した法創造教育」論文誌IT活用教育方法研究9巻1号（2006年）1〜5頁。
52) 新田・前掲注［11］191〜196頁。新田克己「議論をするエージェントの構築」科研費（特別推進研究）平成18年7月8日シンポジウム『「模擬裁判と法創造教育」論文集』4-1〜21頁（2006年）。

268　第2部　AIによる紛争解決支援の基礎研究

めた優れた技術であることは間違いない。

V　まとめ

　裁判所における調停現場から見た場合，調停委員の法的思考や価値判断は，もはや職人技に近いブラックボックス化された状態のままであってはならないと考える。ブラックボックスから開放されることで，その高度専門的職人技に含まれる暗黙知の体系化が進み，法学教育やADRの実務，さらには法交渉の自動化へと道を開くことになると考える。前述したように，オンライン調停教育支援システムは着実に進化している。そうした中で，法律家やベテラン調停委員の洗練された洞察や直感といった脳高次機能のプロセスから，客観的な価値評価軸を抽出することが重要であると考える。複雑系であるがゆえに，これまで困難であると考えられてきた法的価値判断のプロセスとその多様性が，どのようにして現出するのかを科学的に解明することを目指す論理法学は，法律エキスパートシステムや調停教育支援システムの更なる飛躍的展開へとつながるであろう。今後も，調停実務に立脚した法的価値判断の研究をさらに推進して，オンラインADRや，オンライン調停教育支援システムの発展に貢献していきたい。

第3章　コンピュータによる調停支援の可能性

I　はじめに

　周知のように ADR 法（平成 16 年法律第 151 号）が 2007 年 4 月 1 日に施行されたが，裁判所における調停は，訴訟と異なって，裁判官のほかに調停委員 2 人以上が加わって組織した調停委員会が，当事者双方の言い分をよく聞いて，必要とあらば事実も調べ，法律的な評価をもとに条理に基づいて両当事者の歩み寄りを促進し，両当事者の合意によって実情に即した解決を図るものである。この調停は，訴訟ほど手続が厳格でないため，国民にとって簡単で利用しやすく，また法的な制約にとらわれず自由に言い分を述べられるメリットがある。

　調停には，裁判所における調停だけでなく，民間団体の主催する調停もあるが，裁判所における調停の場合，私人間の紛争を解決するため，裁判所が間に入って合意を目指すことになる。医事関係，建築関係，賃料増減，騒音・悪臭等の解決のために専門的な知識経験を要する事件についても，裁判所には，医師，弁護士，建築士等の専門家の調停委員が配属されており，適切で円滑な解決を図ることができる。さらに，調停委員は，自分が直接担当していない事件についても，他の調停委員会の求めに応じて専門的な知識経験に基づく意見を述べることもある。

　筆者は，裁判所の民事調停委員として長年，数多くの調停事件に関わってきた。公正・妥当・簡易・迅速な解決を目指す ADR がその重要性を増す中で，筆者はコンピュータを用いた調停教育や調停支援システムの研究・開発に関わっており，本稿において，コンピュータによる調停支援の可能性につ

いて探ってみたい。

Ⅱ　ADR における紛争類型

　ADR の紛争類型については，われわれ民事調停委員が利用している『調停委員必携（民事）』[1]を参考にしつつ，家事事件については裁判所の WEB サイト[2]等も参考にして類型化した。

1．民事一般調停

⑴　金銭に関する事件

　貸金，売買代金，請負代金，預託金・手附金等返還，不当利得返還，損害賠償，債務不存在確認，譲渡担保・売譲渡担保等の紛争が対象になる。

⑵　不動産に関する事件

　売買による所有権移転登記手続，抵当権設定等登記手続，代物弁済予約，登記の抹消手続，土地・建物所有権確認，共有物分割等の紛争が対象になる。

2．特定調停

　特定調停は，民事調停の特例として定められたもので，個人・法人を問わず，現状では返済を続けていくことが困難な場合に，債権者と返済方法などについて話し合って，生活や事業の建て直しを図るための手続として機能している。特定調停手続の進め方は，通常の民事一般調停と基本的には同じである。

---

1 ）日本調停協会連合会編『三訂 調停委員必携（民事）』（日本調停協会連合会，1993 年）
2 ）裁判所 Web サイトの「家事手続の概要・各種手続の説明」（http://www.courts.go.jp/saiban/syurui_kazi/index.html, 2018 年 3 月 9 日最終閲覧）。

3．宅地建物調停

賃借権確認，賃貸借，建物明渡し，建物収去土地明渡し，相隣関係等の紛争が対象になる。

4．農事調停

農地等の所有権移転，交換，賃貸借，水利権等の紛争が対象になる。

5．商事調停

手形・小切手金，時効消滅した約束手形債権の利得償還，有価証券引渡し，商標・商号使用禁止，特許・実用新案権の譲渡代金等，取締役退職慰労金等の紛争が対象になる。しかし，手形・小切手はこれを売買・貸金等の証拠として調停手続にあげられても，手形・小切手等の支払いを求めて商事調停が申し立てられることは，ほとんどないのが現状であるし，商号・商標の場合も商事調停ではなく，その不正使用の事実を損害賠償請求調停事件の申し立て理由とされているのが現状である。

6．鉱害調停

鉱害法に定める鉱害の賠償に関する紛争が対象になる。

7．交通調停

自動車の運行によって人の生命または身体が害されたことによる損害賠償に関する紛争が対象になる。なお今後は，自転車による交通事故（違法改造，法規無視等）が原因になった交通調停も増加するように思う。

8．公害等調停

大規模な公害紛争は，公害紛争処理法や民事訴訟手続で解決される例が多いが，民事調停法にも公害等調停に関する条文が設けられたことから，日照・

272　第2部　AIによる紛争解決支援の基礎研究

通風・採光・電波障害，建築工事や工場の騒音・振動，水質汚濁等の紛争が
対象になる。

9．家事調停

⑴　遺産分割事件

相続の際の遺産分割をめぐる紛争が対象になる。

⑵　婚姻関係事件

乙類以外の調停事件に分類される離婚等調停事件

乙類事件に分類される婚姻費用分担事件

離婚後の財産分与事件

請求すべき按分割合に関する処分（離婚後の年金分割）事件

その他

⑶　子の監護事件

養育費請求事件

監護者の指定事件

面会交流事件

その他

Ⅲ　民事調停実務における問題点

　ここでは裁判所での民事調停実務や，法学部・大学院における調停教育の
中で筆者が感じてきた問題点を指摘したい。教育に関して言えば，模擬裁判
は大学の模擬法廷実習室（裁判員制度にも対応）で行われ，効果を上げているも
のの，模擬調停についてはこれまでほとんど実施されてこなかった。また，
裁判所の民事調停実務に関して言えば，紛争解決事例入手の困難性等の問題
意識を持って仕事をしてきた。筆者は，今後コンピュータを活用した調停教

育や調停支援システムができればと考え，2011年4月から東京工業大学大学院で研究・開発を行ってきた。以下，調停実務において筆者自身が感じてきた問題点について考えてみたい。

1．紛争解決事例入手の困難性

　以下において述べる「調停技法の伝承」とも関連するが，裁判では各種の判例集があり，紛争解決事例として活用されている。家事調停の場合は，最高裁判所事務総局発行の『家庭裁判月報』に優れた解決法が掲載され活用されている。労働紛争の場合は，厚生労働省大臣官房地方課・労働紛争処理業務室が『個別労働紛争解決事例集』を刊行し，関係者のみではあるが活用されている（「取扱注意」とされている）。しかし，裁判所の民事調停の場合，『調停時報』はあっても『個別民事調停解決事例集』なるものは，筆者は目にしたことがない。

　これには合理的理由がある。裁判所の調停の場合，個人情報の漏洩に細心の注意が払われているからである。調停委員は調停中にメモを取った書類等を裁判所外に持ち出すことは固く禁じられている。また，裁判所外（自宅等）で調停関係の記録コピーやメモ類を見て調停の準備をすることも許されていない。さらに，調停がまとまった場合だけでなく不調に終わった場合にも，調停委員のメモ類等，すべての記録はシュレッダーにかけることになっている。こうした徹底した個人情報保護のおかげで，情報漏洩の心配がなく裁判所は国民から信頼されているわけである。

　ただ困ったことに，『個別民事調停解決事例集』なるものが作成されていないため，先輩調停委員の優れた紛争解決の妙案は，個別に見習いながら習得し，あるいは裁判所の主催する研究会等で習得していくしかないのである。なんとか個人情報保護と調停解決事例の集積の両立ができないものかと，コンピュータ活用の観点から現在研究を進めている。

274 第2部 AIによる紛争解決支援の基礎研究

2．非公開原則の長所・短所

次に，裁判と違って調停の非公開原則から派生する制約がある。調停の場では，両当事者が自由に意見を述べ会い，互譲によって平和的な紛争解決を目指している。手続を公開してその公正さを担保するという要請と引き換えに，非公開原則は，両当事者に外部の人間に気兼ねなくじっくりと話し合いをさせ，調停委員にも事案に即した柔軟な解決案を出させることができるというメリットがある。しかし，非公開の原則は，調停の際に画期的な妙案が出たとしても，当該調停委員会がその妙案を調停記録に詳しく記載しなかった場合，模範的紛争解決事例として後世に記録は一切残らないというデメリットもある。また，別の調停委員会のメンバーに，自分の担当する事件と関係のない紛争解決案を聞こうと思っても，守秘義務に阻まれ一切教えてもらえないし，調停委員の書いたノート・メモ類は，お互いに見せることはしないので，調停後は処分され，さまざまな事例について解決案を学ぶことは難しいのである。こうした非公開の原則と関連して，以下の事例を紹介したい。

(1) 調停手続における非公開性

多重債務に陥った自営業者が特別調停を申し立てたところ，第2回調停期日で調停不成立となり，今度は一般調停を申し立てたところ，調停委員の違法行為・不当な発言をされたとして，調停を取下げ，特別調停・一般調停の手続で受けた損害賠償（精神的苦痛を含む）の申立てをした事件を取り上げてみたい。高松地裁は，調停手続に関する違法を問う損害賠償事件に対して判決を言い渡した[3]。

判決によると，原告は，本件一般調停の第1回調停期日において，何ら許可を得ることなく録音機材を調停室に持ち込んだ上で調停委員らとの面談に臨み，本来非公開である調停委員とのやりとりを違法に録音テープに録取し

3）高松地判平15・1・20訟務月報50巻3号（2004年）927頁。

た上で，当該テープの反訳文を裁判所に甲 11 号証として提出した。高松地裁は，民事調停手続（特定調停も含む）は非公開とされているところ（民事調停規則 10 条），その趣旨は，調停制度が当事者が自由に意見を述べ合い，互譲によって平和的に紛争を解決しようとする手続であることから，手続を公開してその公正を担保するという要請がそれほど強くなく，かえって，当事者に外部の人間に気兼ねすることなくじっくりと話し合いをさせるとともに，調停委員会にも，事案に即した紛争解決方法を柔軟に検討させた上で，当事者と忌憚のない意見交換をさせることが相当であるという点にあるものとした上で次のように判断した。民事調停手続については，調停期日における発言が録音され，それが他の民事訴訟手続等において利用されるなどということは全く予定されていない（民事調停法や民事調停規則には調停期日の録音等に関する規定が置かれていないのも，このことを裏付けるものである）。のみならず，そのようなことを許すことは，基本的に，上記のような民事調停規則 10 条の趣旨を没却することになるものといわなければならないとした。また，公開の手続とされている民事訴訟手続においてですら，法廷等における録音は裁判長の許可を得なければすることができないものとされていること（民事訴訟規則 77 条，78 条）をも考慮すると，仮に調停期日の録音が許される場面があるとしても，調停委員会の許可を得ることが必要であるものというべきであるとした。高松地裁は，こうした判断に基づき，少なくとも調停委員会の許可を得ることなく調停期日における発言を録音し，それを他の民事訴訟手続等において利用することは，基本的に許されるべきものではなく，したがって，そのような発言を録音したテープやその録音反訳書等については，原則として証拠能力はないものというべきであるとし，また，調停委員会の許可を得ることなく本件調停期日における自己及び調停委員の発言を録音した原告の行為は，強く非難されるべきものであると判示した。

　もっとも，高松地裁は本件において，例外的に，本件一般調停期日における原告及び調停委員の発言を録取した録音テープの反訳書である甲 11 号証の証拠能力を否定しないこととすると判示したが[4]，それは，当事者が調停

276　第2部　AIによる紛争解決支援の基礎研究

委員の発言を録音することを無条件で容認したわけでないことは，上記の判断から明らかである。調停当事者が，調停主任裁判官や調停委員等から，調停期日における発言を許可を得ることなく録音することは許されないことを告げられていたにもかかわらず，調停期日における発言を録音し，そのような録音テープやその反訳書を民事訴訟手続において証拠として提出したとすれば，その証拠能力は否定されるべきであると高松地裁が付言していることからも明らかである。

　このように，調停において強い非公開性が求められていることは，高松地裁が判断していることからよくわかるであろう。ただ，こうした非公開性の長所は，さまざまな事例について解決案を学ぶ観点からみると，短所とも言えるのではないだろうか。こうした短所を補うためにも，コンピュータによる調停支援の在り方を今後さらに追究していきたい。

3．電話による連絡

　裁判所から調停事件の依頼がある場合，電話（必ず本人確認がある）が利用されている。おそらく電子メールやFAXでは情報漏洩の危険があるからであろう。しかし，これも長所であると同時に短所でもあると考える。なぜなら，電話は仕事中・会議中・電車等で移動中でもかかってくるわけで，もし電子メールであればこうした問題は回避できるからである。また，電話での伝達

4）高松地判平15・1・20は次の5つの理由から，本件において例外的に，一般調停期日における原告及び調停委員の発言を録取した録音テープの反訳書である甲11号証の証拠能力を否定しないこととすると判示した。すなわち，①本件一般調停期日における発言を録音した原告は法律の専門家ではないから，原告は，上記の録音をした当時は，高松地裁が上記で述べたような事情を十分に認識していなかったものと推認できること，②原告において，調停委員に対して過度に誘導的な発言をしたり，強制的に一定の発言をさせるなど，著しく反社会的な手段を用いたような事情は認められないこと，③上記のような録音がされた当時は，民事調停手続等の非公開とされる手続において無断でされた録音テープ等が民事訴訟手続において証拠として提出された場合の証拠能力については，裁判例や学説において正面から議論がされていたものとは言い難いこと，④甲11号証の内容は，調停手続の相手方の発言が録取されているものではなく，原告の主張を裏付けるというよりは，かえって原告に不利な証拠と評価することができるものであること，及び⑤本件事案の性質に照らし，当裁判所は，本件においては，例外的に，本件一般調停期日における原告及び調停委員の発言を録取した録音テープの反訳書である甲11号証の証拠能力を否定しないこととすると判示した。

ミス（言い間違い，聞き違い）は無きにしもあらずで，電話で指定の調停期日に裁判所に行ったにも関わらず，実は別の日の間違いということも起こりうる（幸い，こうしたミスは経験したことはない）。そうした意味でも，内容をしっかり確認できる電子メールの方が，連絡手段としては優れているように思える。今後，暗号化の技術も含めて安全な電子メールの在り方が望まれるところである。

4．調停技法の伝承

前述したことと関連するが，先輩調停委員の優れた調停技法が，裁判所民事調停紛争解決事例集がないため伝承されないのは残念である。個人情報保護に高い価値が置かれているのは理解できるが，職人技に近い調停技法を次の世代の民事調停委員にいかに伝承し，高い民事調停サービスを提供できるかを考えた場合，まず言葉の問題が壁となる。

すなわち，調停技法で用いられる言葉の問題を無視することはできないのである。それはちょうど，ゴルフ用語に似ている。例えば，パー（Par）といえば，ホール（またはコース）の規定打数を意味することは誰もが知っている。また，イーグル（Eagle）という言葉は，パー5の3打目，パー4の2打目が入るか，もしくは，パー3でホールインワンすることもみんな知っている。バーディー（Birdie）であれば，規定打数より1打少ない打数でホールアウトすることも簡単に分かるため，ゴルフ用語の解説など，テレビでは全くしない。ところが，ゴルフをやったことのない人にとって，パー，バーディー，イーグル等の言葉が当たり前のように，一切説明なく飛び交う現状では，その意味を漠然と感覚的に掴んでも，正確にわかるはずもない。

調停の場合，このことにとてもよく似ている。裁判所の研修をある程度積んだ調停委員であれば，パラフレイジング，リフレーミング，オープン・エンディッド・クエスチョン等の言葉をよく理解しているが，新米調停委員には，そうはいかない。

第2に，裁判所の民事調停はコンシリエーション（Conciliation）と一般に訳

されており，メディエーション（Mediation）に似ているが，裁判所の調停委員すなわちコンシリエーション・コミッショナー（Conciliation Commissioner）は合意に達する前に当事者に解決策を提案できる点に違いがある。もちろん，当事者を意図的に誘導することはしないにしても，当事者の対立の溝が深い場合に，互譲は無理と早々に判断して調停を不調に終わらせたいと考える調停委員もいるが，筆者は，先輩調停委員から，①なぜ調停の場に問題が持ち込まれたのか，②当事者の言葉を額面通りに取らず，その真意を正確に見抜く技量が求められると教えられてきた。中立の第三者が，当該事案における解決策や意見を提示することは，裁判所の調停委員の役割である。

　争訟的方法によらず，両当事者が合意によって解決に到達するための手助けをするため（両当事者が合意によって解決に到達することを目的とするから），調停委員が解決案を提示しても，それは両当事者を拘束するものではないが，先輩調停委員の優れた調停技法の伝承は紛争解決事例集がないため難しい。

　その点，民間の調停の場合は，プライバシーに最大限の配慮をして，当事者が特定できない形で調停事案集を出し，調停技法の伝承を積極的に推進している。ただ，民間型の調停はメディエーション（Mediation）と呼ばれ，当事者自身が自発的に合意に達することができるように，調停者が産婆さんのように手助けするプロセスを指す。したがって，当事者間のコミュニケーションや交渉を促進することはしても，当事者に対して拘束力を持たない合意に至るためのプロセスである点に注意したい。意図的な誘導をしてはいけないと調停者が思うあまり，不調に終わるケースも多いと聞く。メディエーションは，調停者と当事者が一緒になって行なう紛争解決手法であるため，調停者が当事者間のコミュニケーションを良好に保ち，当事者に紛争状態の分析を第三者の目で行えるように手助けすることで，当事者は紛争に関わる全ての利益やニーズに応えるべく紛争解決に向けた複数の選択肢を認識し，選択することができる。そのため，民間型の民事調停の場合は，紛争解決事例集を当事者のプライバシーに最大限配慮して活用しており，学ぶべき点が多い。

　さらに民間型ではミーダブ（Med-Arb：Mediation-Arbitration）といって，調停

者兼仲裁人として働く中立的第三者を活用して，当事者の自由意思を尊重した説得のための調停技法と，仲裁人の最終的で拘束力のある判断を下す権限を組み合わせて実効性を上げることもできる。こうした，調停で解決できない場合に，調停者に第2段階として，仲裁人になって法的拘束力ある判断（裁定）を下す権限を付与して紛争に終止符を打つ場合も，調停技法の伝承はとても重要であると考える。

　第3に，評価的メディエーション（Evaluative Mediation）における結果の予想の場合も，裁判所のコンシリエーションは参考にする点が多いであろう。裁判を考えてみればわかるように，過去の似た事例を基に，ある程度結果を予想して行動するさい，事例研究は無視できないからである。評価的メディエーションでは，調停者は裁判に関する自己の予想または結果の予想について言及するが，こうした前提として，過去の事例研究をしっかりしている調停者でなければ予想は出来ないであろうし，当事者に当該事例がどのような結果になるかについてシュミレーションさせる場合に，コンピュータを利用すればより効果的と考えている。

Ⅳ　調停技法

　私人間の紛争を解決するため，裁判所が間に入って合意を目指す場合，調停委員は，当事者双方の言い分をよく聞いて，話し合いの中で紛争解決を目指さなければならない。裁判所の調停では，民間調停でいうところの共同調停（Co-Mediations）の形を取る。すなわち，同一の調停で2人以上の調停人が業務に当たる。家事調停では必ず，男女のペアで調停委員会を構成する。また，新人の調停委員は，通常2名のベテラン調停委員と一緒に調停に参加して調停技法を習得する。

　裁判所の調停委員は，調停に市民の良識を反映させるため，社会生活上の豊富な知識経験や専門的な知識を持つ人の中から候補者を選び，最高裁によって任命される。原則として40歳以上70歳未満という年齢制限があり，

280 第2部 AIによる紛争解決支援の基礎研究

医師，弁護士，司法書士，不動産鑑定士，公認会計士，建築士，元裁判所書記官，元検察事務官，消費生活委員，元銀行員，大学教授など様々である。こうした調停委員が用いる調停技法には様々なものがあるが，本稿では①パラフレイジング，②リフレーミング，③オープン・エンディッド・クエスチョンの3つを紹介し，しかる後に，その中でも特にリフレーミングについて考察したい。

1．パラフレイジング (Paraphrasing)

(1) パラフレイジングとは

　パラフレイジングとは，話を聞いたら，その要旨をまとめて内容を変えず，分かりやすく言い換えることである。パラフレイジングの目的は，話し手が何を話しているのかを，調停委員と当事者自身で確認することにある。当事者は自分が話した内容の言い換えを聞き，言い換えが自分の話したかったことと違ってないかを確認する。他方，調停委員は，自分の理解が正確かどうかを確認することが目的である。

　この調停技法はあたかも外国語の翻訳作業に似ており，コンピュータでパラフレイジングを機械的に翻訳できれば，コンピュータの調停支援ツールとしての機能が増え，より大きな力を発揮できると考えている。プロの翻訳者や特許事務所が翻訳時間や人件費を浮かすため，翻訳ソフトを上手に活用して仕事に生かしているように，調停教育等においてコンピュータを活用することで効果を高めることが出来るであろう。

(2) パラフレイジングの原則

　聞く⇒角を取る⇒返す，という段階を踏んで当事者の興奮を鎮静化し，当事者の発言内容をさりげなく再確認でき，当事者に満足感を与えて信頼関係を構築できる。

　聞く⇒角を取る⇒返す，というプロセスをより詳しく分析すると，①調停委員は当事者の話をよく聞き，その攻撃的表現を除去し，要旨を当事者に話

す，②調停委員と当事者は，パラフレイズされたことが正しいかどうかを確かめる，③もし正しければ，調停委員は当事者が話し続けられるように促す，④もし正しくパラフレイズされていない場合は，再度，当事者に説明してもらう，⑤調停委員自身が次に何を言おうか，当事者が次に何を話すだろうか，と調停委員が考えてはならない。

そして，パラフレイジングの基本3原則と言われているものとして，

(a) 言葉の角（攻撃的表現）を除去

(b) 特定の名前をできる限り一般の言葉に置換

(c) 感情的表現を客観的表現に置換

という原則がある。ベテラン調停委員はこうした調停技法を駆使して傾聴している。

(3) パラフレイジングの実際1

当事者：「私は，A氏に車を追突されたので，彼を注意したら，A氏は謝るどころか睨み返してきたんです。私は癪にさわって，どこに目がついているんだと言ったら，A氏は保険業者に任すから勝手にしろと言ってきたんです。」

調停委員【パラフレイジング】：「つまり，車の追突事故でお互いに不快を態度に表わして，それがエスカレートしたというわけですね。」

(4) パラフレイジングの実際2

当事者：「隣のB氏は古タイヤなどのゴミを集めてきて，何度頼んでも撤去してくれないんです。隣家からの悪臭や火事の心配もあり，我慢にも限界がある。市役所に相談しても一向に改善しません。」

調停委員【パラフレイジング】：「お隣のBさんとのトラブルでお怒りの様子はわかります。もう少し，これまでの経緯を説明してください。」

282 第2部 AIによる紛争解決支援の基礎研究

⑸ パラフレイジングの実際3

当事者：「隣家のＣ氏は，我が家の庭先の塀越しから見えるように，故意に墓石を並べて建て，墓石の移動を頼んでも，所有地で何をしようと勝手との一点張りなんです。」

調停委員【パラフレイジング】：「所有権を盾に，墓石を目立つように建てられたあなたのお気持ちはわかります。今日はその善後策を話し合いたいのですね。」

⑹ パラフレイジングの実際4

当事者：「今回もまたＤ氏は注文通りの品物を納品してくれなかったんです。Ｄ氏の契約違反は明白です。私としては，Ｄ氏の言い訳をこれ以上聞く気はありません。」

調停委員【パラフレイジング】：「あなたはＤ氏が注文通りの品物を納品しなかったことに苛立っているのですね。そうしたことが以前にもあり，あなたはＤ氏が契約違反をしたと思っており，もう注文の通りに納品できなかったことに対する理由を受け付けないということですね。」

当事者：「そうです。契約解除して損害賠償請求をしたいです。」

調停委員【パラフレイジング】：「あなたは，損害賠償請求権があり，契約を解除すべきであるとお考えですね。」

2．リフレーミング (Reframing)

⑴ リフレーミングの理論的背景

よく使われる手段であり，当事者がよりポジティブに状況把握できるように，調停委員が言い換えや言葉の構成，状況構成・順序の並び替えを行う調停技法である。

調停委員は，当事者の話をよく聞かなければならない（傾聴）と最初に先輩調停委員から教えられる。調停委員は，当事者の話し言葉を傾聴する中で，当事者の伝えたい意味を理解し，当事者の不満や怒りの言葉を額面通りに取

らず，なぜネガティブな言葉を当事者が口にするのかを考えなければならない。こうした分析をもとに，否定的表現を肯定的表現に変換するため，事情聴取したことをまとめ，まとめ作業を通して，的確で，前向きで，協調的な表現に置換して当事者に返す調停技法が，リフレーミングである。

　リフレーミングは以下の4つのステップを踏む。すなわち，調停委員が当事者の発言をよく聞いて，当事者が伝えたい真意を的確に理解し，前向きで協調的な表現に言い換えるため，聞く⇒理解⇒まとめる⇒返す，の4段階を経てリフレーミングを行うのである。

　当事者の発言の真意（言葉の奥にある気持ち）をつかみ，否定的な発言を，肯定的な発言に変換する際に，様々な要素を考慮しなければならないが，多くの調停事例を活用し，また否定的な言葉を肯定的な言葉に置き換える，いわばリフレーミング辞典を搭載することで，コンピュータでリフレーミングを行うことも，コンピュータによる調停支援の大きな可能性の一つである。

　実はリフレーミングは調停だけではなく，ビジネス，教育，セラピーと様々な領域で注目されており，NLP（神経言語プログラミング）とも関連しているといわれている。以下において，リフレーミングの実際について紹介してみたい。

⑵　リフレーミングの実際1

　当事者：「私は派遣社員として働いています。正規雇用の社員たちから無視され，同じ仕事をしていながら，まるで他人扱いされます。こうした気持ちが，調停委員さんにわかりますか。こうした侮辱に対して，法的措置を講じてもらいたいのです。」

　調停委員【リフレーミング】：「あなたは職場内で孤立し，寂しい思いをされてこられたのですね。そして，裁判所の調停の場で解決策を模索したいのですね。」

　当事者：「そうなんです。でもどうしたら，こうした怒りの気持ちから開放されるのか，私にはわかりません。」

284　第2部　AIによる紛争解決支援の基礎研究

調停委員【リフレーミング】：「怒りの気分でい続けるのは，お辛いと拝察します。この調停の場で，焦らずに解決策を模索して行きませんか？」

⑶　リフレーミングの実際2

当事者：「私だって，追突したAさんに申し訳なく思っています。しかし，Aさんは何度も病院を変えて様々な検査・投薬を受け続け，その度に医療費は世間の常識を超える膨大な額に膨れ上がっているんです。」

調停委員【リフレーミング】：「申し訳ないと思っているお気持ちと，今後のAさんの出方を心配なさっているんですね。」

当事者：「これ以上Aさんの後遺症が長引くと，保険屋さんから裁判に発展するかもしれないと言われ，とても不安なんです。」

調停委員【リフレーミング】：「Aさんの健康が回復し，裁判ではなく，この調停の場で，焦らずに解決策を模索して行きませんか？」

⑷　リフレーミングの実際3

当事者：「ペットの犬が，トリミングのお店でアルバイト店員のミスで亡くなったのです。私たちは代替の犬や，慰謝料を求めているのではありません。あの犬を返してほしいのです。」

調停委員【リフレーミング】：「ペットを家族同様に大切に思われていたのですね。そうしたお気持ちを察して欲しいのですね。」

当事者：「アルバイト店員が，たかが犬と言ったことに対しては，絶対に許せません。裁判になってもかまいません。」

調停委員【リフレーミング】：「アルバイト店員と経営者は，たかが犬と失言したことを心から反省しています。犬が家族同然だと彼らも思っているからこそ，そうした仕事をしていると思いませんか？」

当事者：「簡単に，ハイとは言えません。」

調停委員【リフレーミング】：「大切な犬が亡くなって，まだ心の傷が癒えてないと思いますが，相手方も今回のことで心から謝罪を申し出ており，こ

の調停の場で，焦らずに解決策を模索して行きませんか？」

3．オープン・エンディッド・クエスチョン (Open-ended Question)

　当事者が話したがらないとき，質問をして口を開かせるようにするため，「はい」「いいえ」の答えができないような質問，すなわち，オープン・エンディッド・クエスチョンの調停技法を用いる。この，オープン・エンディッド・クエスチョンをコンピュータで支援できれば，さらに可能性が増えるであろう。

(1)　オープン・エンディッド・クエスチョンの実際1
　調停委員：「今日で調停を終わらせたいですか？」
　こうした質問だと，「はい」「いいえ」で答えられてしまうため，調停委員は以下のように質問する。
　調停委員【オープン・エンディッド・クエスチョン】：「今日で調停がまとまらなかった場合，どうしますか？」
　これだと「はい」「いいえ」で答えられない。

(2)　オープン・エンディッド・クエスチョンの実際2
　調停委員：「調停委員会は20万円が妥当な金額と考えていますが，よろしいでしょうか？」
　調停委員【オープン・エンディッド・クエスチョン】：「調停委員会の提示した20万円について，どのようにお考えですか？」

(3)　オープン・エンディッド・クエスチョンの実際3
　調停委員：「もし調停不調で，裁判に移行したら，それでもよろしいでしょうか？」
　調停委員【オープン・エンディッド・クエスチョン】：「もし調停が不調に終わり，裁判に移行したら，どうなさいますか？」

V　まとめ

　調停技法の中で，特にリフレーミングについて紹介したが，このリフレーミングには，①内容のリフレーミング（ある体験の意味づけを定義し直すことにより，体験に対する考え方や感じ方を変化させ，それをより望ましい方へ向かう新しい選択肢を見つける）と②状況のリフレーミング（ある行動でそれを適した状況に結びつけ直すことにより，行動の有益性を活かし，望ましい成果を手に入れる選択肢を増やす）がある[5]。

　こうした技法をコンピュータに自動的に行わせるのか，それとも補助的に行わせるかは，議論のあるところであるが，現在，非公開性に阻まれて個別民事調停事例集がない以上，模擬調停を授業で行い，コンピュータを使った解析を行い，それをフィードバックするという作業の積み重ねを通じて，今後，調停教育や民事調停の実務にコンピュータを活用できる日が来ればと思っている。そのためにも，セキュリティ技術や，高度な暗号化技術の発達に期待している。

　そして，杓子定規な裁判と違って，より柔軟な紛争解決に向けてコンピュータを活用して共通理解を取り戻し，常識の復権を図るための道具としてコンピュータによる調停支援システムが必要とされるようにさらに研究を深めていきたい。

参考文献
1. レビン小林久子『解説・同席調停』（日本加除出版，2011 年）．
2. 静岡県司法書士会調停センターふらっと編『実践 ADR〜調停センター"ふらっと"の挑戦〜』（民事法研究会，2011 年）．
3. 日本弁護士連合会 ADR センター編『医療紛争解決と ADR（日弁連 ADR センター双書4）』（弘文堂，2011 年）．

　5）ユール洋子『ベストな自分を創り出す NLP 心理学』150〜152 頁（アスカエフプロダクツ，2007 年）．

4. 日本弁護士連合会 ADR センター編『建築紛争解決と ADR（日弁連 ADR センター双書 3)』（弘文堂，2011 年).
5. 飯田邦男『こころを読む実践家事調停学』（民事法研究会，改訂増補版，2008 年).
6. 飯田邦男『こころをつかむ臨床家事調停学』（民事法研究会，2009 年).
7. 吉田勇『紛争解決システムの新展開（熊本大学法学会叢書 9)』（成文堂，2009 年).
8. 吉田勇『対話促進型調停論の試み（熊本大学法学会業書 11)』（成文堂，2011 年).
9. ユール洋子（HeartCentered NLP 監修）『ベストな自分を創り出す NLP 心理学―人間関係を劇的によくするコミュニケーション技術』（アスカエフプロダクツ，2007 年).

第4章　話題の流れに着目したリフレーミング検出

Ⅰ　序論

　調停は ADR（裁判外紛争解決制度）の１つである。中でも司法調停は，裁判所を介して行う調停である。この調停技術の１つにリフレーミングという技法がある。リフレーミングは調停が行き詰まりになったとき，新たな局面を開く手段として有効である。しかし，調停で例外なしに行き詰まりを感知することは難しい。仮に，調停者が行き詰まりを感知したとしても，いつリフレーミングをするかを決めるのは難しい。もし調停の内容を観測しているコンピュータが，調停の行き詰まりを検出して，適切なリフレーミングのタイミングを教えてくれるなら，それは調停者の役に立つであろう。我々の研究目的は，新田研究室が開発しているコンピュータ・ソフトの助けを借りて調停記録からリフレーミング発言を検出し，このシステムの有効性を明らかにすることである。

　リフレーミングは組織教育や経営教育においてポピュラーなものになった[1]。"MediateMe.com" は，メディエイターと紛争当事者によるオンラインリアルタイムビデオチャットにより，あらゆるタイプの紛争に対して質の高い解決を容易にする[2]。しかし，双方向ではない調停のビデオ教育だけでは調停教育は難しい。他方，オンライン ADR においても，電子メールのやり取りだけでは，適切なリフレーミングのタイミングを見つけることは難しい。

---

1) J. V. Gallos, Teaching about Reframing with Films and Videos, *Journal of Management Education 17*：1993, 127-132.

2) http://mediate.com/about/

第4章　話題の流れに着目したリフレーミング検出　*289*

　我々は模擬調停実験に際して，リフレーミング検出の精度を上げるため2つの分析ツールを用いた。各々のシステムはそれぞれの分析ツールから成る。第1のツールは，ユーザーが単位として決めた概念を解析する。このツールは議論の論証構造を表わす「Toulmin ダイアグラム」[3]を描画するエディタを搭載しており，リフレーミングを検出する。第2のツールは単位として，単語を解析する。このツールは「KeyGraph」[4]を使って，模擬調停の文字データの分布を解析する。このツールはリフレーミングを話題遷移として描写することができ，リフレーミングを視覚化することで，タイミングを検出する。実験の結果，我々は結果に手応えを感じる。今後，検出精度を上げて行きたい。

　以下において，2つのリフレーミング検出ツールとその実験について述べる。Ⅱでは，リフレーミングの概念を示す。リフレーミングは，調停が行き詰まりになったときに効果的であるが，発言と文脈に依存するため，その適切なタイミングを見出すことは難しい。リフレーミングは奥の深い技術であり，その類型は多様である。そこで，Ⅱの1でリフレーミングの7類型について述べる。Ⅱの2では，リフレーミングのタイミング検出について述べる。Ⅲでは，リフレーミングによる検出システムの概略を示す。ツール1は「Toulmin ダイアグラム」を描写できるエディタである。ツール2は，話題抽出ツールである。図1は，各々のシステムが模擬調停の文字データから，どのようにリフレーミングの箇所と種別，ならびに大きな話題転換の抽出を行って，タイミング検出を行うかを示している。Ⅳでは，システムに入力するための文字データを得るために行う模擬調停について述べる。この仮定的な事例をもとに，法学部生はディベートを行った。我々はその音声データを文字データに変換し，ツールを用いて実験を行った。Ⅴでは，2つのツールによる評価実験と実験結果を示す。そしてⅥで結論を示した。

---

3 ）Stephen E. Toulmin, *The Usages of Argument*, Updated Edition, Cambridge University Press, 2003.
4 ）東京大学・大澤幸生研究室 Web サイト（http://www.panda.sys.t.u-tokyo.ac.jp/, 2018 年 3 月9 日最終閲覧）。

II リフレーミング

リフレーミングとは，同じ状況と事情をもって，それらの「事実」に異なった意味を与えることである。この意味は，我々がするかもしれない行動と反応に対して，新しい可能性を与える。リフレーミングは，多重視点からある状況について検討するもので，調停と臨床心理学の領域でポピュラーなものになった。しかし，多くの人々にとってリフレーミングの概念を理解するのは難しい。人々は，しばしばどのように，そしてなぜ，1つの出来事で見方を変えるべきかを理解するのに苦しむ。リフレーミングは，曖昧さに対する寛容さと，相対的思考のための技能を求める。レビンによると，調停者の意図がリフレーミングに強く反映される[5]。ほとんどの調停者が当事者の緊張感を緩和することを意図し，当事者が用いた単語の意味を確認する。このように，リフレーミングは深遠なテクニックである。

1．リフレーミングの7類型

Hall と Bodenhamer によれば，リフレーミングには様々なタイプがある[6]。七類型とは以下の通りである。「解体フレーミング」は相手の意図や問題点を具体化する。「内容フレーミング」は事実を他の側面から捉え直す。「対抗フレーミング」は立場や状況が逆転していたらどうなるかという視点移動など行う。「事前フレーミング」は原因や過去への視点の移動などを行う。「事後フレーミング」は結果や将来への視点移動などを行う。「アウトフレーミング」は問題を一般化するなど話題の抽出化を行う。「類似フレーミング」は例え話による視点の誘導などを行う。表1で7つのリフレーミングの方向性と発言例を示してみよう。

5）レビン小林久子『調停者ハンドブック―調停の理念と技法』（信山社，1998 年）。
6）L.M. Hall and B.G. Bodenhamer（trans. by Y. Yuile）『*NLP Frame Change*』信山社（2009）。

表1. リフレーミングの方向性と具体的な発言例

方向性	発言例
解体フレーミング	具体的に問題ですか？
内容フレーミング	それは、あなたの思い込みではありませんか？
対抗フレーミング	相手の立場から見るとどうでしょうか？
事前フレーミング	なぜそれは起きたのですか？
事後フレーミング	将来についてはどうでしょうか？
アウトフレーミング	目的は何でしょうか？
類似フレーミング	例えばこういう話があります。

2．リフレーミングのタイミング検出

　リフレーミングは，その人の思考の枠組みを変える。調停者は，何か発言することによって，行き詰まりに陥っている当事者の思考の枠組みを変える。

　しかし，リフレーミングは発言とその文脈に依存しているため，その適切なタイミングを感知するのは難しい。一般に，我々が絶妙なタイミングで何か良いことを言うならば，ビジネスや個人的な関係性が向上し，非常に良い友人を得ることになるだろう。しかし，不適切なタイミングで愚かなことを言えば，我々は大切な関係を破壊することになるであろう。我々は，対立する諸価値や複数の視点を十分に理解して，とても慎重に発言しなければならない。したがって，調停者がリフレーミングする適切なタイミングを感知するのは，非常に重要なことである。我々は論証構造の可視化や，話題の遷移などの可視化によって，Ⅲで述べる２つのパターン（仮説）を発見し，話題の流れに着目してリフレーミングを検出するシステムの開発を進めている。

Ⅲ　リフレーミング検出システムの概略

1．システムの構成要素

　我々は，２つのソフトウェアであるツール（図1）を使用することで調停記

292 第2部　AI による紛争解決支援の基礎研究

録を分析する。

　第1のツールは，議論の論証構造を表示する「Toulmin ダイアグラム」を描写できる Araucaria 風のエディタを搭載しており，リフレーミングを検出する[7]。「議論ログ」は XML 形式で保存されている。ユーザーは，模擬調停に関する文字データから議論ログを入力して，それらにタグ付けしながら操作する。

　我々はリフレーミングの発言を頻繁に含んだ「種別化された複数の単語とグループ」を収集して，前もって作った辞書を用いてリフレーミング候補を抽出する。

　しかし，単にワード・パターンの方法だけでは，リフレーミング効果の無い多くの発言まで拾ってしまう。そこで，厳密な判定をするため「発言役割系列フィルタ」と「論証構造と論点遷移パターンフィルタ」を備えている。

　「発言役割系列フィルタ」は発言役割を観察して得られた分類に基づいてタグ付けしたものである。これらの役割には，「主張」「説明」「クローズ・エンディッド・クエスチョン」「オープン・エンディッド・クエスチョン」「提案」「依頼」「転換」「返答」「あいづち」「その他」の 10 種類がある。

　それでも，いくつかの効果のない発言がスペル矛盾や略語のために抽出されるため，リフレーミングの選択幅を限定する必要があった。我々は実験を通して，リフレーミング発言は「主張」「クローズ・エンディッド・クエスチョン」「オープン・エンディッド・クエスチョン」「提案」においてだけ現出することを突き止めた。そこで，これらの4つの発言役割にフィルタが絞り込む。

　「論証構造と論点遷移パターンフィルタ」は議論がどう進むかを分析する。そうすることで，入力データを絞り込む。論証構造から見て，ある箇所での議論が不十分であるかどうかを決定できる。このように，本システムは最終的にリフレーミングする箇所と種別を検出し，それを出力する。ツール1の

---

7) Nitta, K., *Multimodal Discussion Analysis Based on Temporal Sequence, in Advances in Chance Discovery*（ed. Ohsawa, Y. and Abe, T.）, Springer Verlag, Jul. 2012.

第4章 話題の流れに着目したリフレーミング検出　293

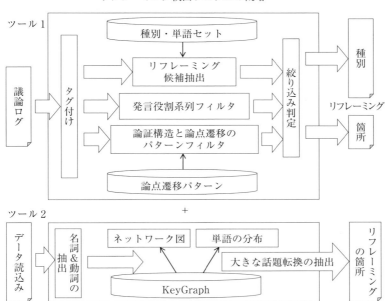

図1. リフレーミング検出システムの概略

システム構造は図1で図解している。

次に，ツール2は「話題抽出ツール」[8]である．システムがデータを読み込むとき，このツールは，模擬調停に関する文字データから名詞と動詞（原形）を抜粋して，それぞれの単語の共起性に基づいて，グルーピングを行う．各グループはある話題に相応し，大きな話題転換があった時がリフレーミングすべき箇所であると捉える．

---

8) Katsumi Nitta, Kana Zeze, Takashi Maeda, Daisuke Katagami, Yoshiharu Maeno, Yukio Ohsawa, "Scenario Extraction System Using Word Clustering and Data Crystallization", *Proceedings of Juris Informatics 2009* (JURISIN 2009) (ISBN 4-915905-38-1 C3004 (JSAI)) (2009)

2．パターンに基づいたリフレーミング検出

裁判所の調停委員にとっても，リフレーミングのタイミングを感知することは容易ではない。経験豊富な調停委員は無意識のうちにタイミングを感知するものである。我々は，Ⅳで述べる模擬調停に関する事案について考えてみたい。図4が示すように，相手方はf4において，後遺症のために治療費の全額支払いを主張している。一般に，むち打ち症の後遺症が出てきた場合，多くの患者は医療費を要求する。しかしながら，後遺症の原因である「脳脊髄液減少症」はむち打ち症に対して，法的に十分な根拠であるとは考えられてこなかった。換言すれば，医師は「脳脊髄液減少症」とむち打ち症との関連性をこれまで考えてこなかったのである。

「論拠」は常識の理由で必ずしもしばしば明確に述べられているわけではない。しかし，ある主張が正しいと言うためには，常に論拠が求められているのである。その論拠は多くの場合，省略されている。パターン1において，主張や反論の背景が示されておらず，あるいは不十分である。調停者がパターン1を理解しているなら，行き詰まりにならず，論争はスムーズに解決に向かうかもしれない。

パターン1：もし論証が不十分であるなら，議論は行き詰まりになる。議論が行き詰まりになるとき，リフレーミングがなされる。このパターンでは，主張や反論の背景が示されていない。

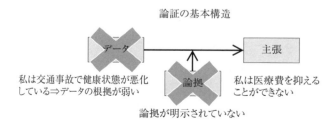

図2．検出パターン1

第 4 章 話題の流れに着目したリフレーミング検出　*295*

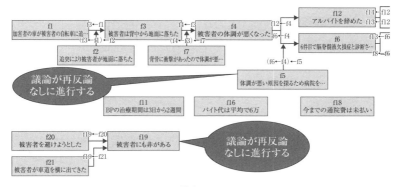

図 3. 検出パターン 2

次に，図 3 を用いてパターン 2 について説明したい．相手方は，原因 (f5) を究明するために相次いで様々な病院で診察を受けた．病気の原因は六番目に訪問した病院でようやく明らかになった．その結果，被害者は治療費が予想以上に高額になったと主張した．加害者は，被害者が始めから設備の整った病院に行かなかった理由について論争すべきであるが，加害者は反論していない．加害者が反論をしていたなら，被害者は「脳脊髄液減少症」という原因を突き止めることの困難さについて再反論するだろう．そして，議論は確実に進んだであろう．模擬調停が終わって，ツールが描出したダイアグラムで話題の流れをトレースした場合，我々は，リフレーミング検出のためにパターン 2 が有効であることが分かった．

加害者は，被害者にも過失 (f19) 責任があると主張している．この場合，被害者は反論をすべきである．そうしないと損害賠償額が減額されるからである．しかし，議論は再反論なしで続いて行く．実は，この時点で調停者がリフレーミングするべき箇所である．現役の民事調停委員ならば過失相殺に落とし所を見出すであろう．

パターン 2：もし議論が反論の根拠に対する再反論なしに進行するなら，議論は行き詰まりになる．

3．話題遷移に基づくリフレーミングの検出

　話題抽出ツールは大きな話題転換時をリフレーミングすべき箇所とみなす。ツール2は単語の分布を話題とみなし，話題遷移を可視化できる。単語の分布が大きく変わったとき，システムはそれを大きな話題遷移とみなす。その上，システムは一緒に現れやすい単語を分類して，話題を抽出する。システムは，単語間の関係の強さを計算して，そのような話題を抽出することに加えて，ネットワーク図として分析することから導き出されたキーワードを表示することもできる。

Ⅳ　模擬調停

　システムに入力するための文字データを得るために行う模擬調停は以下の通りである。

1．模擬調停

　調停における技能は，反対側の言い分に耳を傾け，妥協の限界を理解するという観点から，優れた技術である。こうした理由で，模擬調停は効果的な教育方法である。ただ，実際の司法調停は非公開である。その結果，多くの調停記録は，非公開の原則によって阻まれて一般の目に触れることはない。そこで，我々はいくつかの模擬調停実験を行ったのである。

　模擬調停は，あたかもそれが本物の裁判所における民事や家事調停のように実演されるべきである。筆者はいくつかのシナリオを作った。以下のシナリオはそれらのシナリオの1つである。プレーヤーが役割を変えながら演じて行き，この役割を演じる模擬調停を繰り返すことができる。学生たちは異なった役を演じる中で，異なった性格を各々の役割に投影させ，相互作用でユニークな経験を積むことになる。

2．模擬調停のシナリオ

　被害者の大学生は自転車で通学する途中，加害者の車に後方から衝突された。被害学生は，バランスを崩し，転倒して仰向けに地面に倒れこんだ。それ以来，彼は，体調悪化で病院にかかった。それにもかかわらず，診察した何人かの医師は，病気の本当の原因を特定できなかった。彼は様々な病院を転々とし，結局，6番目に訪れた病院で最終的に病名が判明したのだった。

　その病名は「脳脊髄液減少症」である。被害者の学生は，「脳脊髄液減少症」と判明するまで支払ったすべての医療費を請求しようと考えた。ところが，加害者側は，膨れ上がった診療費をすべて支払うことに納得できず，民事調停を裁判所に申し立てた。

　この模擬調停の事例で，法学部生が模擬調停を行った（朝日大学法学部の平田ゼミで2011年11月8日実施）。

⑴　プレーヤーに関して

　これらの模擬調停は少なくとも5人のプレーヤーを必要とする。申立人（加害運転者），相手方（被害学生），裁判官（調停委員会の議長），2人の調停委員（家事調停の場合では，調停委員は男女ペアで組織される）。そして，申立人側の弁護士，および相手側の弁護士が付く場合が多い。

⑵　アドリブで行う模擬調停

　当事者（申立人と相手方当事者）を演じている学生たちは，シナリオが現実味を帯びている限り，自由にこれらの話をアレンジでき，模擬調停はアドリブで行われている。

3．模擬調停の事前の打ち合わせ

　第1に，学生たちは，あらかじめ主な3つの調停テクニックを学ばなければならない。第2に，発言，および略語のリストをチェックしなければなら

298　第2部　AIによる紛争解決支援の基礎研究

ない。第3に，様々なタイプのリフレーミングの技法をあらかじめ学習しなければならない。

⑴　3つの主な調停テクニックとその略語

　パラフレイジング［Par］，リフレーミング［Ref］，オープン・エンディッド・クエスチョン［OQ］

⑵　発言のカテゴリーと略語のリスト

　主張［Ins］，提案［Prp］，進行の提案［PoP］，確認［Cnf］，合意［Agr］，反対［Ops］，5W1H クエスチョン［MMQ］（メタ・モデル・クエスチョン），クローズド・エンディッド・クエスチョン［CQ］，オープン・エンディッド・クエスチョン［OQ］，返答［Ans］，指名［Nmn］，あいづち［Nir］

V　評価実験

1．「Toulmin ダイアグラム」搭載エディタによる実験

　我々は学生の模擬調停での発言記録にタグ付けをして，このツールで可視化した時に，容易に行き詰まりを検出できるようになった。「Toulmin ダイアグラム」を搭載したエディタは，発言 ID204 を検出した（type = "NoData" target = "203" speaker = "civil conciliator T" mien = "cool"，<issue>post-framing, f60</issue>）。しかし，このエディタは発言 ID42 を検出しなかった（<issue>f22, f24, type = "NoData" target = "41" speaker = "civil conciliator O" mien = "cool"）。結果として，検出精度は50%であった。ツール1は自動的にはすべてを検出できなかったが，前述したように，我々は可視化されたダイアグラムで2つの検出パターンを発見することができた。

　図4は，被害者の学生が全額支払い（合計 68 万円）の支払いを求めており（f17），申立人側（加害者運転手）が全額支払いを受け入れることができない（f24）

第 4 章 話題の流れに着目したリフレーミング検出　299

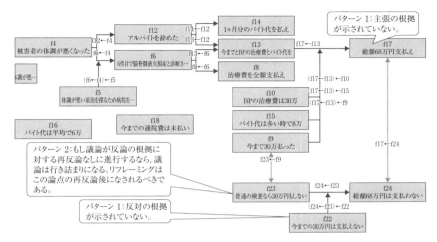

図 4. リフレーミングのタイミング検出のためのダイアグラム

ことを示している。このダイアグラムは，彼らの間の対立・葛藤を示している。事実上，図では明確に 68 万円の明細が示されている。すなわち，被害者が求めている金額 (68 万円) の明細は f9 (既に支払われた額 = 30 万円) + f10 (脳脊髄液減少症治療のための Blood Patch の費用 30 万円) + f15 (アルバイトにより本来得たであろう収入 8 万円) であるが，それらは立証されていない主張 (Warrant のない)である。言い換えれば，被害学生が，なぜ申立人側に合計 68 万円を支払って欲しいかの理由が示されていない。

パターン 1 は，議論がここで行き詰まりになっていることを示している。したがって，調停者はここにリフレーミングするべきである。システムは自動的にはリフレーミングの検出はできなかったが，このダイアグラムの助けがあれば調停者は容易にリフレーミングする適切なタイミングを見つけることができるであろう。

次に，パターン 2 に基づいてそれを検証したい。パターン 2 によれば，もし議論が反論の根拠に対する再反論なしに進行するなら，議論は行き詰まりになる。申立人側は全額支払いを拒絶した (f24)。普通の検査であれば，これ

まで30万円もかからないという理由で拒絶した (f23)。これに対して，被害者学生は通常なら再反論をするべきである。言い換えれば，負傷した学生は脳脊髄液減少症のための病因解明のために病院を転々としたことの説明をすべきであった。しかし，議論は反論の基礎に対して再反論されることなく進んでいく。ダイアグラムを見れば，我々はパターン2からそのことを容易に理解できる。

システムは自動的にリフレーミングの検出をできなかったが，もしこのダイアグラムの助けがあれば，民事調停委員は容易にこの箇所を見出すであろう。

2．話題抽出ツールでの実験

我々は，この話題抽出ツールを用いた実験で，提示された多くの発言の中で，どれ位の発言がリフレーミングの発言なのかを確認した。初めに，我々は上記の模擬調停データをシステムに入力した。そして，このツールは発言内容から話題を抽出した。その上で，現役の裁判所の民事調停委員である筆者(平田)が出した答えとツールが提示した答えを比較検討した。そして，我々は重複したものを赤い文字（アンダーライン）で表してその数を示した。

図5で示したように，精度は37.5％であった。図5でリフレーミングとして検出された，いくつかの例を挙げてみよう。ツールは様々な種類のリフレーミングを検出した。4つの対抗フレーミング (110, 116, 204, 349)，4つの解体フレーミング (296, 327, 337, 355)，2つのアウト・フレーミング (132, 179)，そして2つの内容フレーミング (344, 389) がそれである。

次に，ツールが誤認したケースを見てみよう。誤検出では，調停委員役以外の多くのプレーヤー（役割分担者）の発言がかなり含まれている。民事調停委員はリフレーミングできる立場にあるので，この点は今後精度をあげるためのフィルタとして役に立つであろう。

詳しく説明すると次のようになる。申立人の主張 (ID：37)，相手方の主張 (ID：83)，申立人の主張 (ID：224)，相手方の返答 (ID：242)，相手方の主張 (ID：

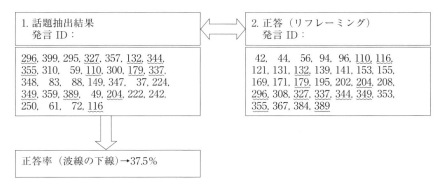

図 5. 話題抽出結果

359），相手方の主張（ID：250，295），相手方弁護士の主張（ID：347），裁判官の確認（ID：399），といった内容である。

前述の検出ミスのケース（9ケース）は，検出ミス全体（20ケース）の45％を占める。したがって，我々はこのツールが民事調停委員以外の誰かが誤検出することを排除できれば，検出精度は向上すると考える。我々は今回の効果に手応えを感じている。今後，さらに精度を高めて行きたい。

VI 結論

コンピュータが調停の行き詰まりを検出して，適切なリフレーミングを行うタイミングを教えてくれるなら，それは調停人にとって役立つものである。本論文における我々の研究目的は，ツールを用いてリフレーミングを検出し，それらの有効性を示すことである。

我々は，模擬調停におけるリフレーミング検出ならびに議論の行き詰まりの可視化により帰納法に基づいて仮説を立てた。そして，この仮説を用いることによって，リフレーミングのタイミング検出を試みた。「議論が行き詰まりになったとき，リフレーミングをするのである」。結果的には，「Toulminダイアグラム」（ツール1）を搭載したエディタは，自動的にすべてを検出こと

はできなかったが，その検出率は50％であった。我々はこの効果に手応えを感じる。

　また，話題抽出ツール（ツール2）は，発言内容から話題を抽出した。我々は，現役の民事調停委員である平田が考えた答えと，ツールが抽出した答えの重なり具合を調べた。そして，重なっている正答番号（ID）には波線のアンダーラインを引いた。その結果，抽出精度は37.5％であった。

　リフレーミングとその適切なタイミングを検出するのは難しい。しかしながら，「話題遷移」が解決のヒントを提供することが明らかになった。我々は，今後さらに検出精度を高めて行きたいと考えている。

　最後に，本論文における模擬調停の分析ツールを開発し，共同で研究してきた東京工業大学（院）の新田研究室（新田克己教授）に心から感謝したい。

第 5 章　法的価値の重み付け

　筆者はトポイカタログをはじめとして，これまでの研究で抽出してきた法価値を，先行研究を参考にしつつ，長年に渡る調停実務経験に基づき整理してきた。ここでは，拙稿「紛争解決の基層にある法的価値体系」[1]という論文の中の，法的価値体系[2]をベースに考察してみたい。そこでは，漏れなくダブりなくという MECE の観点から体系化を試みた。

　AI による紛争解決支援の基礎研究において，価値判断のマップ（地図）は必要不可欠である。基本的な法的価値体系を，相互に排他的な項目による完全な全体集合として提示することは困難な作業であるが，法律人工知能にとって，システムが法的価値判断をする際の法的な諸価値を構造的にとらえ，正しく推論するためには，その対象となるものの項目を明らかにしなければならないからである。

　本題に入る前に，価値の重み付けについて考えてみたい。

Ⅰ　価値の重み付け

1．八木教授による重み付け

　八木教授の「重み付け評価法に関する考察」[3]によれば，様々な場面において評価を行う際に単一の評価指標ではなく複数の評価指標を用いることが多

1）平田勇人「紛争解決の基層にある法的価値体系」『朝日大学法学部開設三〇周年記念論文集』137〜193 頁（成文堂，2018 年）に掲載。
2）法的価値体系は，エクセル・データで保存され，さらなるバージョンアップを行う予定であるが，本書執筆時における最新バージョンが注［1］の文献に掲載されたものである。読者諸氏におかれては，これまでの法的価値の体系化からいかに変遷してきたかといった観点から読んでもらえれば幸いである。

304 第2部　AIによる紛争解決支援の基礎研究

いとの指摘がある。裁判や調停の分野においても，単一の評価指標である価値だけでなく，複数の価値が問題になり，最終的には選択あるいは順序付けを行わなければならない場面が多い。八木教授は，多目的決定問題の決定法の中で一般によく用いられている重み付け評価法の問題点・注意点を考察しているが，複数の評価項目を持つ代替案を評価し決定を行う問題は多目的決定問題（多目標決定問題・多属性決定問題と呼ばれる場合もある）と呼ばれている[4]。重み付け評価法とは八木教授の造語であり，多目的決定法における関数 u として，何らかの方法で数値化された代替案 i の評価項目 j の評点と，やはり何らかの方法で数値化された評価項目 j の重要度の加重和を用いて総合評価を行う方法である[5]。

2．国土交通省の分析[6]

評価項目間の相対的な重要度を重みとして設定する。重みは重み付け設定者の価値規範を数値化するものである。重みの設定方法には，①重み付け設定者の主観に基づき直接的に設定する直接評価法と，②他の評価項目と一対比較を行うことにより間接的に重みを付ける一対比較法とがある。

(1)　直接評価法

全評価項目の重みを，同時に直接的に決定する方法。一対比較法と比べて，各評価項目の重みの大きさにそれほど大きな差がつかない傾向がある。

メリットとして，重み付け設定者の各評価項目に対する重みの評価を直接的に反映することができるため，同時決定に伴うデメリットが回避できれば，重み付け設定者の感覚に合致した結果が得られる。一対比較法と比べ，重みの決定に計算等の煩雑な手続きを伴わない。

3）八木英一郎「重み付け評価法に関する考察」東海大学政治経済学部紀要 30 号（1998 年）195～204 頁。
4）八木・前掲注 [3] 195 頁。
5）八木・前掲注 [3] 196・197 頁。
6）公共事業評価システム研究会「公共事業評価の基本的考え方」（国土交通省資料，2002 年 8 月）の中の「評価の方法に関する解説（案）」20～35 頁参照。

第5章　法的価値の重み付け　*305*

デメリットとして，多数の評価項目の重みを同時に決定することは，一般的に困難であるため，適正な重みが得られない恐れがある[7]。

⑵　一対比較法

2つの評価項目の相対的重要度を，全ての評価項目ペアについて評価することによって，全評価項目の重みを計算によって決定する方法。直接評価法と比べて，各評価項目の重みの大きさが極端に出る場合もある。

多数の評価項目の重みを同時に決定する必要がない。

重み付け設定者の各評価項目に対する重みの評価を直接的に反映することができないため，重み付け設定者の感覚に合わない結果が得られる恐れがある。重みの決定に煩雑な計算等を伴う[8]。

⑶　価値規範の数値化

直接評価法と一対比較法により，設定者の価値規範が数値化される。平均値及び最大値，最小値等を適用した場合の重みの設定により，評価値の総合化がなされており，参考にすべき点が多い。

3．AHP（階層分析法）と重み付けの評価

階層分析法（AHP：Analytic Hierarchy Process）はピッツバーグ大学の Thomas L. Saaty が提唱した分析法[9]で，価値判断を行うため，ある価値を選択（意思決定）する際に，階層図を作成し，各項目について一対比較を行い，数値化して総合評価値を求め，これに基づいて意思決定をする手法で長所と短所があるものの参考にすべき点も多い[10]。

階層とは，人，ものごと，考え方などを順位付けし，体系化するためにレ

---

7 ）公共事業評価システム研究会・前掲注 [6] 20 頁。
8 ）公共事業評価システム研究会・前掲注 [6] 20 頁。
9 ）Thomas L. Saaty, "Relative Measurement and its Generalization in Decision Making : Why Pairwise Comparisons are Central in Mathematics for the Measurement of Intangible Factors— The Analytic Hierarchy/Network Process," *Rev. R. Acad. Cien. Serie A. Mat.* VOL. 102 （2）, 2008, pp. 251-318.

306 第2部 AIによる紛争解決支援の基礎研究

ヴェル分けしたシステムである。階層化に際して，最上位に要素（法的価値で
いえば），正当化の正義が一つだけ配置され，その下に1つ以上の要素が配置
されて行く。法的価値の階層は直感的にも理解しやすいが，数学的に記述す
ることもできる。このようにして最後には鳥瞰図とかなりの細部を理解する
ことになる。しかもそれだけでなく，全体から見た細部の関係性さえも理解
していることになる。階層を使うことで，AIは法的価値判断の包括的な理解
に至ることができるであろう。

4．PageRank の数理[11]

　検索エンジン Google において，PageRank アルゴリズムが重要な役割を
果たしている。PageRank は世界中の Web ページのハイパーリンク構造を
利用して Web ページの相対的な重要度を決定し，順位付けを行うアルゴリ
ズムである。従来の検索サイトは，Web ページ内に重要な情報が含まれてい
るか否かを無視して，検索キーワードと Web ページ内の文章との関連性を
中心に，検索結果の順位を決定していたために，検索結果の制度は低かっ
た[12]。PageRank は，Web ページ間のリンク構造から，Web ページの価値を
算出するため，リンクが張られている数が多いほど，重要な Web ページで
あるとされる。法的価値体系にこの考え方を当てはめると，多くの価値を配
下に持つ価値ほど，大きな価値を持つ。従って，正当性＜Topos-38＞として
の正義は，①手続的正義，②実体的正義，③適法的正義，④個別的正義から
リンクが張られているため，大きなスコアを持つ。すなわち最上位の法的価
値であると判断される。ただ，漏れダブリがあれば，価値の計算においてルー
プ現象が起こるため，「ランダムサーファーモデル」と呼ばれる計算方法で解
決する。PageRank 値は，ネット上をネットサーフィンしている人が「ある

10）高萩栄一郎「代替案の相対的な特徴分析—集合関数による表示とその解釈—」日本知能情報
　　ファジィ学会誌・知能と情報 25 巻 5 号（2013 年 10 月）827～833 頁。大前義次「AHP と重み付
　　けの評価」日本オペレーションズ・リサーチ学会誌（1988 年 8 月号）390～394 頁。
11）Amy N. Langville＝Carl D. Meyer（岩野和生ほか共訳）『Google PageRank の数理—最強検索
　　エンジンのランキング手法を求めて』（共立出版，2009 年）。
12）Langville＝Meyer・前掲注［11］7～18 頁。

時点で，Web ページを閲覧している確率」と捉える。この値をそのまま価値の計算に使うのがランダムサーファーモデルである[13]。ネットサーフィンする人が複数回移動した時に，各 Web ページを閲覧している確率を計算すると，最終的には各 Web ページを閲覧する確率が収束していき，収束した段階で計算を終了する。このように，リンクの重み付けを，Web ページを訪問している確率に置き換えて計算するのが，PageRank の仕組みである。もちろん，実際に Google が PageRank 値だけで検索順位を決めているわけではないにしても，リンク構造から Web ページの価値が計算でき，リンクがループ状になっていても計算ができることが，PageRank アルゴリズムの画期的なところである。

　筆者は，現在こうした発想を法的価値体系に導入することで，研究を進めているが，詳しくは今後の論文で発表していきたい。

Ⅱ　法価値の衝突回避

1．トポス間の矛盾の解消

　筆者はこれまで，信義則と調停に関する法的トポスならびに様々なメタ知識を体系的に4つのグループに整理してきた。すなわち，①高次の法価値に関するもの，②信義則それ自体に関するもの，③立法者や裁判官が法の定立・解釈・適用に当たって考慮しなければならない観点を示すもの，④法格言に関するもの，に大きく分けることができるが，いずれも広い意味で法的価値である。

　シュトルック教授によるトポイカタログは，法的な諸価値をカタログの形で提示しているが，体系的網羅的ではないため，トポスとトポスの間で矛盾した関係にあるものもあれば，どのルールを優先すべきかといった矛盾を回避する措置（メタ・ルール）がとられていない。そこで，こうした矛盾を回避す

---

13) Langville＝Meyer・前掲注［11］46〜73 頁。

308　第2部　AIによる紛争解決支援の基礎研究

るためのメタ・ルールを抽出したい。

(1)　最優先メタ・ルール

「『和』を前提とする議論と説得によって紛争が解決するよう，最も合理的で説得力のある解決に導くトポスが優先されるべきである」というルールが最優先メタ・ルールである。

「和の精神」というと「他人と争わず，同調するのをよしとする精神」だと考えられてきた。しかし和の精神のルーツを辿っていくと，加賀山教授が指摘されるように，和の精神には実に深い意味がある。筆者は，調停実務に長年携わってきた者として，トポス間の矛盾の解消をするメタ・ルールについて考えた場合，「『和』を前提とする議論と説得によって紛争が解決するよう，最も合理的で説得力のある解決に導くトポスが優先されるべきである」というルールが最優先メタ・ルールであると考える[14]。

加賀山教授は，「和」と「同」すなわち「付和雷同」を区別し，「法の手段は『和』を前提とする議論と説得である」というテーゼを立てられ，自分の考えで行動せず，多数の人がそうしているから正しいと考えて同じ行動をするという論理は，論拠として使うことができないことを指摘されているが[15]，多数の人が賛成しているから正しいという論理は，論拠として使うことはできない理由を補強する論者として，岩田宗之氏は次のように説明する。すなわち，正しい観察によって得られた事実からしっかりした論理展開によって導出された結論には，多くの人が賛成するので，傾向として，正しいことと多くの人が賛成することには相関関係がある。つまり，賛成する人の数が多ければそれは正しい可能性が高いというのは事実である。しかし，このことは，他の人がきちんと事実や論理展開を見極めて導き出したという仮定のもとでのみ成り立つと岩田氏は，加賀山教授と同旨のことを述べており，正鵠

---

14)　加賀山茂「民事法への招待—法科大学院で学ぶ前に知っておくべき知識とものの考え方」2012年4月4日（仮想法科大学院 http://lawschool.jp/kagayama/material/civi_law/introduction/intro_law2012.pdf. 2～5頁，2018年3月9日最終閲覧）。
15)　加賀山・前掲注［14］「民事法への招待」2・3頁。

を射ていると考える。多くの人が賛成しているから正しいという考え方をもとに賛成してしまうことは，誤った結論を導く可能性を増大させるだけであり，自己矛盾を含んでいるからこそ，たとえその結論が正しくても，使ってはいけないのであり[16]，論語の「君子は和して同ぜず，小人は同じて和せず」の意味は深いといえよう。

⑵　その他のメタ・ルール

メタ・ルール１「法格言は矛盾を回避する措置がとられていない限り，そのままでは非論理的で説得力がないため優先度において後退する」[17]

メタ・ルール２「調停においては，和を前提とした議論と説得に意味があり，一貫性の原則は裁判に比べて後退する」

メタ・ルール３「より高度な法的安定性が必要とされる領域では，無条件に不動的体系が優先されるべきである」[18]

メタ・ルール４「異なるトポス間で衝突が生じた場合，当該事例に対してより重要であり，最も合理性のある解決に導くトポスを優先すべし」[19]

メタ・ルール５「個別事例でどの解決を優先すべきかは，対象の構造と中核の価値に依存し，可動的体系が特に重要な役割を果たす」[20]

---

16) 岩田宗之『議論のルールブック』18・19 頁（新潮新書，2007 年）。
17) 西村克己『論理的な考え方が面白いほど身につく本』20・21 頁（中経出版，2005 年）。故事や法諺というのは，正反対の意味を持つものが存在することがしばしばある。例えば「君子危うきに近寄らず」と「虎穴に入らずんば虎子を得ず」は正反対の意味である。このように，時と場所によって都合のよい故事を引用することは，論理的でないため，説得力に欠けるため，法格言は優先度において後退する。
　　ただし，「『善は急げ』が原則であるが，善の行為に緊急性がなく，かつ，急いでやると，失敗したり，他人に損害をもたらしたりするおそれがある場合には，『急がば回れ』が優先する」という矛盾を回避する措置（メタ・ルール）が講じられていれば，論理的で説得力を持つため，西村氏のテーゼは成り立たない。
18) C.W. Canaris, *Systemdenken und Systembegriff in der Jurisprudenz : entwickelt am Beispiel des deutschen Privatrechts*, 2. Aufl. (Berlin, 1983), S. 82.　C.W. カナリス（木村弘之亮代表訳）『法律学における体系思考と体系概念―価値判断法学とトピク法学の懸け橋―』（慶應義塾大学法学研究会，1996 年）。
19) G. Struck, *Topische Jurisprudenz―Argument und Gemeinplatz in der juristischen Arbeit*, Athenäum Verlag (Frankfurt, 1971), S. 47.
20) Canaris, a.a.O., S. 85.

メタ・ルール6「『特別法優位の原則』と抵触するときは，一般法の後法は特別法の前法を廃止しない」

メタ・ルール7「調停委員会は，解決の価値と法適合性とを同時に尊重しながら両者の総合を探求しなければならない」

メタ・ルール8「恣意性の排除が，単なる平等よりも正義にとってより基本的なものとされている」[21]

メタ・ルール9「調停実務において，簡易迅速低廉性は裁判に比べると優先されている」

メタ・ルール10「当事者が納得すれば，解決の内容の柔軟性・弾力性よりも，適正の確保が優先する」

メタ・ルール11「裁判においては適正が前面に出るのに対して，民事調停では迅速性が前面に出ると言われているが，民事調停においても，適正という価値が重要なのはいうまでもない」

メタ・ルール12「合意への説得を急ぐあまり，事実関係の究明が軽視されると，真に事案に適切な解決策を見出すことができなくなり，当事者の信頼を得ることはできないので，真相究明が優先する」

メタ・ルール13「個別事例でどの解決を優先すべきかは，対象の構造と中核の価値に依存し，可動的体系が特に重要な役割を果たす」

なお，法の支配すなわち，専断的な国家権力の支配を排し，権力を法で拘束するという原則は，今回は体系化から外しており，また別の機会に論じたい（内容の不明確な法律は，政府にすべての判断を白紙で一任するようなものであり，「法の支配」そのものの危機である）[22]。

拙稿「紛争解決の基層にある法的価値体系」においては，基本的な法的価値体系をモレなくダブリなくという「MECE」の手法を使って体系的に分類した[23]。価値の体系化に際して，漏れや，重なりをなくすことは困難な作業

21）M.P. ゴールディング（上原行雄＝小谷野勝巳共訳）『法の哲学』162頁（倍風館，1985年）。

22）木村草太「社説【木村草太の憲法の新手】⑿存立危機事態 不明確な法律 政府が判断 恣意的運用の危険」沖縄タイムス＋プラス 2015年7月20日（http://www.okinawatimes.co.jp/cross/?id=279, 2018年2月24日最終閲覧）。

を伴うが，構造的な思考と MECE の手法を組み合わせることで，複雑な法的価値体系を効率的に分析した。

正義観念は多義的である。実定法の内容・実現について正義・不正義を論じる場合，①適法的正義（法の内容そのものの正・不正は問わず，実定法の規定するところが忠実に遵守され適用されているか否かを問う），②形式的正義（「等しきものは等しく，等しからざるものは等しからざるように取り扱え」に代表される考え方），③実質的正義（実定法の一定の内容やそれに基づく決定などの正当性を判定する実質的な価値規準というレヴェルで問われる）の3段階がある[24]ので注意を要するが，それらも組み込んで体系化した。

正当性＜Topos-38＞としての正義は，①手続的正義，②実体的正義，③適法的正義，④個別的正義に体系化できる。

Ⅲ　手続的正義

紛争解決手続における正義の役割を考える場合，「手続的正義[25]」が問題になる。手続的正義は，自然的正義の観念として発展し，民事訴訟法の根本思想といわれている手続保障およびアクセスの確保と深い相関関係にある。この手続的正義は，形式的正義をその中に含みつつ，一定の実質的正義の考慮も入り込んでいるといわれている[26]。実質的正義の諸要求は，一定の場合には一般条項・憲法条項などの法原理・法価値を媒介として，衡平の要請に従って一定の実質的正義の要求を個別的に取り入れるという形で，法適用過程に内在化されうるチャンネルが開かれているといわれている[27]。

23）平田・注 [1]。
24）井上茂ほか編『講義・法哲学』185・186 頁（青林書院新社，1982 年）。
25）平田勇人「憲法と手続的正義をめぐる諸問題」木川統一郎博士古稀祝賀『民事裁判の充実と促進・上巻』161〜183 頁（判例タイムズ社，1994 年）。
26）田中成明『現代法理論』165 頁（有斐閣，1984 年）。
27）田中・前掲注 [26] 170 頁。

312 第2部 AIによる紛争解決支援の基礎研究

1．恣意性の排除＜Topos-51＞

共和主義においては，法の制定によって，特定の人間の「恣意性」を排除する「法の支配」による制約が採用される。法というものは干渉の形式を取るが，それは必ずしも特定の人間による恣意的な働きによるものではない[28]。公正な法の支配を達成するためには，恣意性の排除が重要な位置を占める。「恣意性の排除」について，マーチン・ゴールディングによれば「恣意性は禁じられている」すなわち「恣意性の排除」が，単なる平等よりも「正義」にとってより基本的なものとされている[29]。「恣意性の排除」はさらに，「判断基準」，「適正」，「公正」，「効率性＜Topos-64＞」等の法価値とも深く関連している。

(1) 判断基準

「判断基準」は，法律家が法的判断をする際に日常用いる基準である。

調停手続の第1の特質は「当事者の任意性」であり，第2の特質は「条理にかない実情に即した解決」かどうかを見る調停機関の判断性である。それゆえ，判断基準は調停においても重要な位置を占めている。この当事者の任意性は，調停委員会の恣意的な誘導を排除し，あくまでも当事者の任意性を求めるため，「恣意性の排除＜Topos-51＞」と相通じるものがあると言えよう。

(a) 標準（日常用いる判断基準）＜Topos-36＞

紛争解決制度はその社会の文化的発展度を反映するものであるといわれている。裁判において用いる判断基準（Criteria［単数形は Criterion]）を明確にしていくことは恣意性の排除＜Topos-51＞に繋がるであろう。体系化に際して，次の理由から判断基準という法価値を重要な上位概念

---

28) 宮崎文彦「現代の行政裁量に対する民主的統制―フィリップ・ペティットの異議申し立てのデモクラシー論」高崎経済大学論集53巻3号（2010年）30頁。
29) ゴールディング・前掲注［21］162頁。

に考えた。「法的問題を"IRAC"に基づいて分析・検討し，説得的な解決案を提示できるかどうかが，法的分析能力と法的議論の能力の判断基準である」[30]との法命題に示されているように，Issue（具体的事実の中から重要な事実や問題点をピックアップする争点の発見），Rule, Resource or Reference（争点に関連するルール・法理の参照と発見），Application（発見されたルール・法理の重要な事実への適用），Argument（賛成説と反対説とを戦わせることによって自分の立場の弱点を知り，補強するための議論），Conclusion（自分の最終的な立場を明確に表現する結論）の5つのプロセスの重要性に鑑みて，「判断基準」をより重要な価値と考えた。

(b) 大まかな判断＜Topos-49＞

信義則は，訴訟行為の適法性や有効性の「大まかな判断基準」となる。ゆえに，信義則は，一般条項への逃避にならないように，個別的法命題の形で判断基準とすべきであるといわれている。

(c) 論理（法的推論と価値判断）

法的推論と価値判断は「修正的法的三段論法」，そして法規範を全称命題と捉える伝統的な論理学の限界[31]を超えるべく，「非単調推論」[32]，「Toulmin モデル」[33]が注目されており，「論理」という法価値で表現できる。法的推論と価値判断に関する法命題の中には，「法的推論は単なる三段論法的演繹ではあり得ない」[34]，「三段論法的演繹では，たとえ結論が不合理と思われる場合であっても，その結論を受け入れざるを得ない」[35]，「裁判官は，解決の価値と法適合性とを同時に尊重しながら両者の総合を探求しなければならない」[36]，「法適

---

30) 加賀山茂『現代民法 学習法入門』33〜36頁（信山社，2007年）。
31) 高橋文彦「『法論理』再考〜三段論法から対話的なデフォルト論理へ」法学研究（慶應義塾大学）82巻1号（2009年）25〜28頁で述べられているように，法規範を全称命題と捉える伝統的な三段論法にはどうしても表現に限界がある。
32) 高橋文彦「要件事実論と非単調論理」伊藤滋夫先生喜寿記念『要件事実・事実認定論と基礎法学の新たな展開』3〜20頁（青林書院，2009年）。
33) Stephen E. Toulmin, *The Uses of Argument* [*Updated Edition*], Cambridge University Press, 2003. スティーヴン・トゥールミン（戸田山和久＝福澤一吉共訳）『議論の技法―トゥールミンモデルの原点』（東京図書，2011年）。
34) Ch. ペレルマン（江口三角訳）『法律家の論理―新しいレトリック』（木鐸社，1986）151頁。
35) ペレルマン・前掲書［34］151頁。
36) ペレルマン・前掲書［34］151頁。

用は現行法に基づいて正統化されなければならず，社会通念やコモンセンスに基づくべきではない」[37]，「適用（抽象的規範から具体的事案への移行）は，単なる演繹的プロセスではなく，法廷論争において衝突している諸価値に法律の規定を不断に適合させる作用である」[38]，「法的思考は価値判断抜きに理解することはできない」[39]，「種々の考察は法的トポスによって総合が可能になる」[40]，「価値が論争の対象になる場合，価値とその適用についての同意を得ることを目的とする推論を，弁証論的推論という」[41]，といった内容のものが含まれる。

　論理（法的推論と価値判断）は，調停においても大きな意味を持っている。調停だからと言って，法的推論と無関係であるわけではない。実際に調停実務においては，交通事故の紛争解決基準が準用されており，そこでは当然のように法的推論や価値判断がなされている。調停に関わる法命題を挙げてみると，前述したように伝統的な論理学の限界を超える「非単調推論」，「Toulminモデル」は，調停においても注目されている。調停における法的推論と価値判断に関する法命題の中には，「調停委員会は，解決の価値と法適合性とを同時に尊重しながら両者の総合を探求しなければならない（メタ・ルール7）」，「法的思考は価値判断抜きに理解することはできない」，「種々の考察は法的トポスによって総合が可能になる」といった内容のものが含まれる。

⑵　適正

　「適正」手続は，アメリカ合衆国憲法の修正第5条「何人も法の適正な過程によらなければ，生命・自由又は財産を奪われることはない」や，日本国憲法第31条において定められている。また，民事訴訟制度の理想として適正が挙げられる。この場合，適正とは裁判の内容に過誤がないことを意味し，裁

---

37) Canaris, a.a.O., S. 159-160 "These21".
38) ペレルマン・前掲注［34］153頁。
39) ペレルマン・前掲注［34］153頁。
40) ペレルマン・前掲注［34］158頁。
41) ペレルマン・前掲注［34］182頁。

判にとって最も重要な要求である。適正であるためには，事実の認定が事実に合致し，法規の解釈適用が正当でなければならない。

　調停に関して言えば，合意を過度に優先させて，一方当事者の強い主張に押されて，客観的に妥当性を欠く内容の調停は許されない。「当事者が納得すれば，解決の内容の柔軟性・弾力性よりも，適正の確保が優先する（メタ・ルール 10）」。調停機関が条理を尽くして説得に当たっても合意成立の見込みがないときは，早期に手続を打ち切り，訴訟による解決を選ばせる場合もある。「裁判においては適正が前面に出るのに対して，民事調停では迅速性が前面に出ると言われているが，民事調停においても，適正という価値が重要なのはいうまでもない（メタ・ルール 11）」。

(a)　法の一般原則　　「法の一般原則」という総称は，成文法の欠缺を埋めるために持ち出されたものであり，国際裁判準則にあたることは，広く認められている。常設国際司法裁判所の設立条約（PCIJ：Permanent Court of International Justice 規程）第 38 条の 3 は「文明国が認めた法の一般原則」を適用することができると初めて明文上，規定した[42]。ただ，法の一般原則という総称は極めて抽象的であり，個々の具体的な原則の内容は多様である[43]。本稿においては，国際法のみならず国内法の一般原則を対象にした。

（i）真相究明

　軍政や重大な人権侵害を経験したラテン・アメリカあるいはアフリカの国々が「真相究明」委員会を設け，事実の解明と被害者の尊厳の回復を通じて過去の清算を図ろうとしている中に，過去の不正義に向き合う法の一般原則の発現がみられる[44]。

　調停に関して言えば，事件の実情に即した解決を得るためには，事案の真

42）福王守「『法の一般原則』概念の変遷に関する一考察：国内私法の類推から国内公法の類推へ」法政理論 39 巻 4 号（2007 年）271～330 頁。

43）福王守「実定国際法における『法の一般原則』の役割」敬和学園大学研究紀要 7 号（1998 年）75 頁。

44）阿部浩己「国家責任のポリティクス：国際法の視座」法社会学 56 号『シンポジウム・法と倫理』（有斐閣，2002 年）76 頁。

相が十分に把握されていなければならない。「合意への説得を急ぐあまり，事実関係の究明が軽視されると，真に事案に適切な解決策を見出すことができなくなり，当事者の信頼を得ることはできないので，真相究明が優先する（メタ・ルール12）」。精密に事実認定し判断を下す訴訟とは趣を異にするが，調停においても，紛争に関連する諸般の事情を幅広く調査，検討して，これを総合勘案して，客観的に妥当な解決案を探求する努力を怠ってはならない[45]。そうした意味でも，「適正」という法価値と通じるものがある。

(ⅱ)　訴えを超えて審判せず（処分権主義）＜Topos-6＞

「訴えを越えて審判せず」とは，裁判所は，当事者の求めに応じて紛争を解決しあるいは権利保護を与えるのであり，審判対象の決定権は当事者にある（処分権主義）。ラテン語の法格言に「請求されたものを越えて行かないように（Ne ultra petita. ／Ne eat judex ultra petita partium. 出典／Gaius, Inst. 4.52）」によれば，この法的トポスはいわゆる処分権主義の原則を示すものと理解されている。ローマ法の民事訴訟の基本構造の出発点は，ローマの通常訴訟の形式である方式訴訟であり，この方式書において請求表示が確定（訴訟物が確定）すると，以後訴訟はこれに無条件に従わなければならないため，原告の請求が過多の場合は訴えは却下され，逆に審判人が過小な判決をした場合は，判決は無効とされた[46]。

(ⅲ)　味方になる者は同時に敵にもなる（証人は敵にも利用される）＜Topos-18＞

「味方になる者は同時に敵にもなる」という法命題に似たような格言はいくつかある。例えば「率直な敵にまさる味方はない」，「無能な味方よりも有能な敵のほうが役に立つ」がそれである。

(ⅳ)　意思の独立（私的自治の原則）＜Topos-26＞

「意思の独立」という法命題について言えば，近代民法は，自由で独立の意

---

45)　最高裁事務総局民事局編『民事調停委員のための民事調停法規の概説』5頁（最高裁，2002年）。なお，最高裁事務総局民事局編『民事調停委員の手引』（最高裁，改訂版，2012年）も参照したが，法価値に関しては前者の方が詳しいので，本稿においては前者から引用した。

46)　吉原達也ほか『リーガル・マキシム～現代に生きる法の名言・格言』249・250頁（三修社，2013年）。

思を法律の基礎に置いている（私的自治の原則）。法律行為の効果は当事者がそれを意欲するから発生するという考え方にたっている。

　(v)　権利は権利の侵害に対して譲歩してはならない＜Topos-40＞

　「権利は権利の侵害に対して譲歩してはならない」という法命題について言えば，個人の権利が絶対化されていた時代では「自己の権利を行使する者は，何人に対しても不法を行うものではない」や，「自己の権利を行う者は，何人も害することはない」という法諺が言うように，いやしくも権利者の権利行使であるかぎり，たとえ他人に損害を加えたとしても，権利侵害に対して譲歩する必要はなく，やむを得ないことであると考えられていた。

　(vi)　時宜を得た行為は許される（適時提出主義）＜Topos-45＞

　「時宜を得た行為は許される」という法命題について言えば，民事訴訟において，各当事者は攻撃防御方法を訴訟の進行状況に応じて，適時提出しなければならない（民訴156条。適時提出主義）。訴訟遅延防止に適するため，1996年の民事訴訟法改正で随時提出主義（かつては，口頭弁論が終わるまでいつでも攻撃防御方法を提出できた）から適時提出主義に改められた。

　(b)　法の無矛盾性　　フラーによれば，法が法であるためには内面道徳を備えなければならない。そして，8つの要請の内の1つでも満たされていない場合は，法体系は存在しているとはいえないと説く[47]。フラーのいう法の内面道徳とは，一般性・法の公布・不遡及性・明確性・無矛盾性・遵守可能性・恒常性・宣言された法と公権力の行動との合致という8つの要請であり[48]，「法の無矛盾性」はその要請の1つである。

　(i)　後法は前法に優先する＜Topos-1＞

　これは，「後法優位の原則」ともよばれ，同一法形式間では妥当するが，憲法と法律，法律と命令等のように異なる法形式間では妥当しない。また，「『特別法優位の原則』と抵触するときは，一般法の後法は特別法の前法を廃止し

---

47) L.L. フラー（稲垣良典訳）『法と道徳』（有斐閣，1968年）。
48) 深田三徳「法実証主義における『法と道徳分離論』と『源泉テーゼ』㈡」同志社法学40巻2号（1988年）164頁。

ない（メタ・ルール6）」。

(ⅱ)　特別法は一般法に優先する＜Topos-2＞

これは，「特別法優位の原則」ともよばれ，適用領域には事項・地域・時間などがあるが，同一の法形式間では特別法が一般法に優先する。

(c)　法の実行可能性（実行可能な事柄）＜Topos-48＞

「法の実行可能性」という法的トポスについて言えば，1999年3月26日にハーグで作成された「武力紛争の際の文化財の保護に関する1954年のハーグ条約の第二議定書」第8条（敵対行為の影響に対する予防措置）によれば，紛争当事国たる締約国は，実行可能な最大限度まで，(a)動産の文化財を軍事目標の付近から移動させ，又は当該動産の文化財に対しその所在地において適当な保護を与えること，(b)文化財の付近に軍事目標を設けることを避けることとされている。

(ⅰ)　何人も不可能なことは義務付けられない＜Topos-50＞

「何人も不可能なことは義務づけられない」という法的トポスについて言えば，予見可能性を前提に，行為者に課される結果回避義務の違反があった場合に，過失が認められるという考え方の根底にある法的トポスである。すなわち，予見が不可能な場合や，予見が可能であっても結果回避が不可能な場合には過失を認めることができない。

(ⅱ)　不適当で要求できないことは要求されるべきではない＜Topos-53＞

「不適当で要求できないことは要求されるべきではない」という法的トポスについて言えば，「不適当」の類義語は，「目的にそぐわない」「不均衡」「妥当でない」がある。

(ⅲ)　人として堪えがたいことを法は求めることができない＜Topos-54＞

「人として堪えがたいことを法は求めることができない」という法命題について言えば，騒音，振動，煤煙等の環境権，または人格権の侵害や公害訴訟において，一般人が社会通念上，受忍できる範囲内であれば不法行為は成立せず，損害賠償や差止めは認められない。

第 5 章・法的価値の重み付け　*319*

(iv)　限界のない請求は認めることができない＜Topos-55＞

「限界のない請求は認めることができない」という法命題について言えば，債務の履行の請求に一定の限界があることは，債権債務関係の最も基本的なルールの１つである。

(d)　**法の明確性＜Topos-47＞/法の公開性/一般性**　「法においては明確に定められたことのみが適切である」という法命題について言えば，「法律の明確性」という憲法上の要請から，法律は明確でなければならない。不明確な法律は，政府の恣意的な運用の危険を生じさせる一方で，予測不能な形で違法の宣言が出される可能性も出てくる。不明確な法案は，法案内容の過不足を判定する基準がないこと，つまり「政策的に妥当だ」との判断もなし得ないことを意味する。内容の不明確な法律は，政府にすべての判断を白紙で一任するようなものであり，「法の支配」そのものの危機である[49]。

(3)　公正

信義則は Fair and Equitable Principle とも訳されるが，ユニドロア国際商事契約法原則［UNIDROIT 原則］1. 7 条等[50]，ヨーロッパ契約法原則［PECL］1：102 条等[51]は，「信義誠実および公正な取引」をセットで規定し，Good Faith が信義則の意味で用いられている。その他，「公正ということが解決を推進する」[52]，「各当事者は手続につき，公正な告知を与えられなければならない」[53]，「各当事者は相手方当事者の弁論および証拠に抗弁する公正な機会を与えられなければならない」[54]といった法命題が含まれる。

---

49)　木村・前掲注［22］http://www.okinawatimes.co.jp/cross/?id=279（2018 年 2 月 24 日最終閲覧）。
50)　曽野和明ほか訳『UNIDROIT 国際商事契約原則』（商事法務，2004 年）参照。
51)　PECL の 1998 年 7 月の最終版（訳語は加賀山教授の完全・改訂版（1998）翻訳に従った）に基づいて分析をした（仮想法科大学院 http://lawschool-jp.com/kagayama/material/civi_law/contract/comparison/pecl/pecl98_ej.html, 1999 年 8 月 3 日最終閲覧）。
52)　ゴールディング・前掲注［21］166 頁。
53)　ゴールディング・前掲注［21］165 頁。
54)　ゴールディング・前掲注［21］165 頁。

調停においても，正義という価値は当然重視されている。すなわち，民事訴訟法においても民事調停法においても，正義に立脚し公正なる解決を図るという共通の理念の上に成り立っているといえる。そして，調停による解決は，両当事者の誠意（Good Faith）と調停委員の能力によって両当事者が公正かつ正当な解決（Fair and Just Solution）をはかるものでなければならない。当事者が民事調停にとって余りにもフェアでない行動をとり，明らかに正義に反していると思われる場合，調停委員会は当事者にその事実を告知して，調停を終結することができる。

Good Faith という言葉が出たので，ここで民事調停における信義則について述べてみたい。「民事調停においては，不誠実な駆け引きをしてはならない」という法命題を挙げることができる。調停委員が調停を成立させるために，調停委員会が考えている案より不利益な案を，双方にそれぞれ示して，最終的に調停委員会の案に近づけるというケースを想定してみたい。申立人には「相手方から 100 万円を出させようと思うが」と意向を尋ね，相手方には「120万円支払うという約束はできないか」と申し出る。すると今度は，申立人には「もう少し上乗せしてもらいたい」と譲歩させ，相手方からは「もう 10 万円減額してもらいたい」という了承を取り付けて，最終的には 110 万円で合意させるというような方法である。説得する相手の出方を見ながら，多少の駆け引きはやむを得ない場合もあるかもしれないが，このようないわば「掛け値」をする方法は，それが余りに極端であり，前述した事例の場合，申立人には「50 万円」，相手方には「200 万円」と提示するようなことは，調停委員会としては不誠実な行為であり，たとえ結論が妥当であっても，信義則に反して許されないというべきであろう。

調停においても，「公正」という価値からは，「中立性」と「公平」が導かれる。調停における妥当なる解決とは，生活現象たる紛争自体を直接かつ全体的に対象とし，条理を判断基準とした公正な解決であるといえる。公正という法価値は裁判における場合だけでなく，調停においても重要な位置を占める。

(a) ルールが初期の公正な合意に基づいて形成された限り，すべて公正であると判断（判断基準）

全員が同じような状況に置かれており，特定個人の状態を優遇する諸原理を誰も特定できないがゆえに，正義の諸原理が公正な合意もしくは交渉の結果もたらされる。原初状態とは適切な契約の出発点をなす現状であって，そこで到達された基本的な合意は公正なものとなる。こうして公正な初期状態において合意されるものが，正義の諸原理である[55]。

(i) 確定判決における判断内容は真実とみなす＜Topos-4＞

「確定判決における判断内容は真実とみなされなければならない」という法命題について言えば，実体判決は，いったん確定すると，その判断内容が真実とみなされ，もはや争うことが許されなくなる。それが，実体判決の既判力といわれるものである。既判力が生じると，その作用として，同一の事件を裁判所に提訴することが許されなくなる。既判力が，後訴を遮断するのである。この効果をさして，一事不再理といわれる。既判力の制度，したがって，一事不再理の制度は，裁判制度そのものに内在する要請である[56]。

(ii) 簡易迅速低廉性

解決の「簡易迅速低廉性」について，訴訟においては，内容面からも手続面からも，適正が重視されるため，手続が複雑かつ技術的になり，主張を法律的に整理・構成し，それを裏付ける証拠の提出は当事者の責任とされている。これに対し，調停では訴訟のような厳格な規制はなく，自由な形で主張を述べることができ，事件の実情を明らかにするための事実の調査等も，調停機関が必要と認めるものを職権で行うとされている。このため，特に法律の知識を持たなくても自分で調停を申し立て，手続を進めることが可能であり，費用負担も比較的軽く，事件終了までの期間が長期に渡らない[57]。他方，訴訟の場合は，複雑性（煩雑性）・緩慢性・高価性は，その性質上，避けられな

---

55) ジョン・ロールズ（川本隆史ほか訳）『正義論』18・19頁（紀伊国屋書店，改訂版，2010年）。
56) 野中俊彦ほか『憲法Ⅰ』429・430頁（有斐閣，第4版，2006年）。
57) 最高裁事務総局・前掲注［45］『民事調停委員のための民事調停法規の概説』4頁。

322 第2部　AIによる紛争解決支援の基礎研究

いであろう。しかし，簡易性・迅速性・低廉性は民事調停だけの理論的存在理由というわけではないとの考え方も存在する[58]。いずれにしても，「調停実務において，簡易迅速低廉性は裁判に比べると優先されている（メタ・ルール9)」といえよう。

(ⅲ)　明白な場合の訴訟手続簡略化＜Topos-64＞（効率性)

「明白な場合における訴訟手続簡略化の可能性」という法命題について言えば，この法的トポスは「迅速」と深く関わり，不当に停滞・遅延しない，適正な解決に向けて充実した手続進行を行うため，手続的正義が侵害されないことが明白な場合は，訴訟手続の簡略化が認められる。

民事調停において交互方式が重視する価値が，この効率性である。交互方式を支持する立場からは，調停人が親身になって個別に当事者の主張や事情を聞くことができ，それによって当事者から本音を聞くことができ，解決を促進できるとされる。さらに，同席方式では当事者の力関係に左右されるばかりか，無口な人や対話の上手でない人が不利になって，かえって不公平になると主張する。わが国では効率性を重視して交互方式を支持する人が多いが，最近では欧米が交互方式を一部採り入れ，わが国でも同席方式にウィングを伸ばし，いずれも調停技法の能力を高めている傾向があると指摘されている。すなわちケース・バイ・ケースで，交互方式と同席方式双方の利点を使って解決する志向が強まってきたというのである[59]。私自身の経験からいえば，利害の対立や，感情上の問題を配慮して，原則として相手方のいない席で別々に聞くことにしている。もちろん，当事者が過敏に反応して自分が不公平に扱われているのではないかという不安を抱かないように注意していることは言うまでもない。また，相手に他方が譲歩したことを伝える場合にも，「先方が非を認めて譲歩した」というような言い方をしないで，双方の体面を保つような形で合意が成立するように心掛けている。この「効率性」という価値から「解決の簡易迅速低廉性」が導かれる。

---

58)　佐々木吉男『民事調停の研究』124頁（法律文化社，増補版，1974年）。
59)　廣田尚久『民事調停制度改革論』59・60頁（信山社，2001年）。

（b）　**公平/中立**　　　「公平」とは，判断や行動が公正で偏っていないことと定義され，「公正」「中立性」とも深く関わる。「正しく公平に思考する者とは，社会通念に従う者を指す」[60]。

　公平という法価値は，調停においても判断や行動が公正で偏っていないことと定義でき，「公正」「中立性」と関わっている。

　紛争解決者に期待される中立性は，公正の主要な要素の1つともいわれている[61]。「中立性」の中には，「反対当事者の言い分も等しく聴くべし＜Topos-7＞」，「何人も自己の争訟事件の裁判官となることはできない＜Topos-8＞」といった法命題が含まれる。

　調停で実情を聴取する場合，当事者双方を同席させて行う場合（同席方式あるいは対席方式）と，相手方のいない席で別々に聞く場合（交互方式あるいは個別方式）とがある。当事者が対話をすることによって相互理解と解決促進をするのが真の合意に到達する道であるから，当事者双方の同席のもとで調停を進めるべきであると考えるのが同席方式である。欧米では，公正，中立性を重視して，同席方式へのこだわりが強いとも言われている。この同席方式が重視する価値が，公正と中立性である。交互方式では相手方が何を調停人に話したかわからず，調停人が偏った情報で心証を形成する危険性があると，同席方式の立場からは評される。さらに交互方式では，当事者が調停人を説得しなければならなくなったり，ときには調停人が当事者を無理やり説得するといった問題点も指摘される。

　調停委員が余裕のある態度で接していれば，当事者の気持ちも自然となごみ，冷静な判断が可能になる。つねに調停委員は当事者と同じ立場に立たず，冷静な第三者的立場を維持すべきであるといわれている。特に，調停委員として熱心さの余り，意気込みすぎて，無意識のうちに一方の当事者の立場に偏ったり，強引に調停委員会の案を押しつけるような形になったりして，当事者に余裕のない気持ちを持たせ，調停の場を堅苦しい雰囲気のものとして

---

60) Canaris, a.a.O., S. 150.
61) ゴールディング・前掲注［21］146頁。

324　第2部　AIによる紛争解決支援の基礎研究

しまうことのないようにするためにも中立性は重要である。第三者的立場から中立性という価値に繋がっているが，調停委員は実務に当たって中立・不偏であることを自ら認め，かつ，当事者にも中立・不偏であると語るのが常である。

（i）　何人も自己の争訟事件の裁判官となることはできない＜Topos-8＞

「何人も自己の争訟事件の裁判官となることはできない」という法的トポスについて言えば，裁判官が事件と特別な関係にあり，公正な裁判が妨げられることを未然に防ぎ，裁判に対する市民の信頼を確保するため，裁判官を事件の担当から外す制度が設けられている。これには，除斥（民訴23条），忌避（民訴24条），回避（民訴規12条）制度がある。

（ii）　反対当事者の言い分も等しく聞くべし＜Topos-7＞

「反対当事者の言い分も等しく聴くべし」という法命題について言えば，裁判手続それ自体が，当事者にとって1つの説得力になる。裁判は，紛争処理手続の中で最も厳格なプロセスを経て判断が下され，原告・被告双方の「言い分」を十分に聞いて行われるが，「言い分を聞いたこと」が，当事者をして十分な満足となる場合が多い（従って，裁判官の中立性が極めて重要になってくる）。原告と被告は平等な形で審理が行なわれ，たとえ相手が国や大企業であっても，対等な立場で審理が行われる。英米における法の諺にも「相手側からも聴くべし」「双方に耳を貸す（Audi et Alteram Partem）」というものがあるが，これらの諺はすべて「手続的正義」の重要性を示唆している。

Ⅳ　実体的正義

「実体的正義」とは，問題となっている結論が，内容として正義を実現しているときに正しいとみなす正義観であり，正義の実体は，形式によって確定され，その実質が検討される。手続的正義が，公認された手続きを経て得られた結論は，その内容が何であれ正しいとみなすことと対立する正義観である。

第5章　法的価値の重み付け　*325*

1．形式的正義

「形式的正義」は法に普遍的な形式を採ることを要求するという点で，有用である。正義の普遍妥当性（すべての人に普遍的に適用），適用における平等性（「等しきものは等しく，等しからざるものは等しからざるように取り扱え」），2つの事例を個体的差異に基づいて差別的に扱ってはならない，普遍的特徴における重要な差異が必要とされるという内容を有する。

(1)　普遍妥当性

正義の「普遍妥当性」とは，固有名詞や特定の条件（場所や時間）に依存せず，いかなる場合にも常に真であるという性質を指す。

(a)　すべての人に普遍的に適用　「すべての人に普遍的に適用」という考え方はローマ法に由来する概念であり，全ての人に対して適用される法・法体系を万民法（Ius Gentium）と呼び，市民法（Ius Civile）に対立する概念である。ユスティニアヌス『法学提要』第1巻第2章「自然法，万民法及び市民法」の中で「自然的理性がすべての人びとのうちに定めたものが，一切の国民に等しく遵奉せられそして各国民の用いる法のようにして万民法と呼ばれる」と定義されている[62]。

(2)　何人も自己が所有する以上の権利を他人に移転（譲渡）することはできない＜Topos-16＞

「何人も自己が有する以上の権利を他人に移転（譲渡）することはできない（Nemo plus juris ad alium transferre potest, quam ipso habet. 出典／Ulpianus, 46 ed. D. 50.17.54, 29 Sab. D. 41.1.20pr.；Paulus, 11 Plact. D. 50.17.175.1；Broom, Max. 363, 305, 546；Wingate, Max. 56)」という法的トポスは，『ローマ法大全』（6世紀に編纂）にしばしば登場する法格言である。本来は法定相続人の相続財産占有に関する法務官の告示の註解において，包括承継に関する説明として説かれていたが，

---

62)　吉原ほか・前掲注［46］24・25頁。

326　第2部　AIによる紛争解決支援の基礎研究

その後，一般に権利の承継に適用される原則を認められるようになった。権利移転の意思表示により，つねに移転者の有した権利のみが移転され，譲受人が善意の場合もそれ以上の権利を取得しないことを意味している[63]。

　債権譲渡の通知がなされたとき，債務者はその通知を受けるまでに譲渡人に対して生じた事由を譲受人に対抗できるとの規定（民法468条2項）は，この法的トポスを注意的に確認した規定であると言われている。債務者が異議をとどめないで承諾をしたときには譲受人に対抗できないとの規定（民法468条1項）は不文の法命題を前提としたうえで，その例外規定と位置付けられる。即時取得（民法192条）も，動産取引の安全の見地から規定されたこの法命題の例外である。

(3)　平等＜Topos-22＞

　哲学の支配的伝統は正義の核心的意味を「平等」の観念に結びつけているが，アリストテレスの「等しきものは等しく，等しからざるものは等しからざるように取り扱え」という法命題は有名である。平等は正義の形式的要素である。「平等」の中には，「疑わしいときは平等に分配しなければならない＜Topos-14＞」といった内容のものが含まれる。

　調停に関して「平等」について言えば，当事者の一方の本人や代理人とは，他方のいる前で親しそうな態度で話すようなことは避けるべきである。当事者や代理人の呼び方についても，双方を同じように扱わなくてはならない。一方にのみ弁護士の代理人がついている場合には，調停委員が平等に両当事者を見ていないのではないかという疑義を持たれないためにも，「○○代理人」という呼び方をするのが適当であるといわれている。

　実情聴取の時間にも，ほぼ同じくらいの時間配分にするとか，一方を長く待たさなければならないときには，その旨を連絡し了解を得ておくこととか，同一期日には，両当事者から同じ回数だけ事情を聞くように配慮すべきである。

63）吉原ほか・前掲注［46］360頁。

(a) **疑わしい時は平等に分配しなければならない＜Topos-14＞** 分配に関しては次の3つの分配原理があると言われている。第1は衡平原理（Equity Principle），第2は平等原理（Equality Principle），第3は必要原理（Needs Principle）である。衡平原理は「各人の貢献度に応じて報酬を分配することが公正である」とする分配原理である。平等原理は「あらゆる条件を無視して均等に分配することが公正である」とする分配原理である。必要原理は「必要としている者がより多くの成果を受け取ることが公正である」とする分配原理である[64]。ドイチュ（1975）によると，生産を行うことを目的とし，そこにいる人間同士で競争関係がある場合は衡平原理を公正とし，育成・維持を目的として協同関係を重視する場合は平均原理が公正であり，そして，福祉のような生活向上を目的とする場合は必要原理が公正とされる。「疑わしい時は平等に分配しなければならない」というのは，平等原理は「あらゆる条件を無視して均等に分配することが公正である」とする分配原理である。

2．実質的正義（具体的正義）

実定法の一定の内容やそれに基づく決定などの正当性を判定する実質的な価値規準というレヴェルで問われる。平等性だけでなく差異をも包摂する概念であり，いかなる点で平等なのか，いかなる点で差異があるのかを問題とする。

(1) 交換的正義

アリストテレスにおいては，交換的正義は諸々の人間交渉，具体的には，随意的なものとして，販売，購買，貸与があり，また不随意的なものとして，窃盗，暗殺，殺人，強奪などがあって，そこにおいて，矯正の役目を果たすものであった[65]。また，イマニュエル・カントによって代表される交換的正

---

64) Deutsch, M. "Equity, Equality, and Need : What Determines Which Value Will Be Used as the Basis of Distributive Justice," *Journal of Social Issues*, 31（1975）pp. 137-149。

328　第 2 部　AI による紛争解決支援の基礎研究

義は，契約などの相互関係において，他人の権利を互いに不正に侵害しない
ことを指す。

(a)　**匡正（矯正）的正義**　　　　アリストテレスは，裁判官は均等を回復する際に，いわば 1 つの線分が不均等な両部分に分たれている場合に，大きな部分が全体の半分を超えているそれだけのものをそこから取り除いて，小さいほうの部分へ付け加えてやる場合の正義を，匡正（矯正）的正義と呼んでいる。この匡正（矯正）的正義は，アリストテレスによれば平均を回復することにある。一方が損失を被り，他方が利得を得る場合，一方から過多としての利得を奪い，現実に不均衡が存在する場合に，その不均等を矯正する調整の正義である[66]。

（ⅰ）　損害賠償（違法な行為によって生じた損害を填補）

匡正（矯正）的正義の例として，損害賠償や不当利得がある。各人は不正に失ったり受け取ったりしたものを，算術的計算によって再受領ないし返還しなければならないことになる。匡正（矯正）的正義は，不法行為や不当利得における，算術的な等しさを回復させるためのものであり，矯正的正義は損害賠償を命じる（事後的救済）。

（ⅱ）　補償（適法な行為によって生じた損害を填補）＜Topos-13＞

「補償」という法的トポスについて言えば，補償は適法な行為によって生じた損害について損害を填補するものである。この点で，違法な行為によって生じた損害を填補する賠償とは異なる。

（ⅲ）　法的理由なく得たものは返還しなければならない（不当利得）＜Topos-12＞

「法的な理由なくして得たものは返還しなければならない」という法的トポスについて言えば，不当利得とは，契約などの法律上の原因がないにもかかわらず，本来利益が帰属すべき者の損失と対応する形で利益を受けること，またはその受けた利益そのもののことであり，本来帰属すべきだった者に対

65）高橋一行「交換的正義論」政経論叢 81 巻 5 = 6 号（2013 年）199・200 頁。
66）ニコマコス倫理学については，アリストテレス（高田三郎訳）『ニコマコス倫理学(上)』181〜184 頁（岩波文庫，1971 年）。

して自身が不当に得た利益を返還させる法理・制度（不当利得法，不当利得制度）。民法703条から708条に規定されている。

(b) 応報的正義　応報的正義は「やられたらやり返してよい」という言葉に表される「やられた者の権利」であることもあるし，「やられたらやり返せ」という言葉に表されている「やられた者の義務」であることもある。義務としての応報の具体例としては，同胞が直接の被害者であり，同じ部族の一員として自分にも直接の加害者ないしその部族に対する報復の義務がかかってくるケースが想定されている。

(ⅰ)　法務官は些事を配慮せず（デ・ミニミス・ルール）＜Topos-5＞

「法務官は些事を配慮しない」という法命題について言えば，ごく軽微な法律違反は実体法上の犯罪を構成せず，可罰的違法性についての考え方に通じる法命題である。

(ⅱ)　疑わしきは被告人の利益に＜Topos-9＞

「疑わしいときは被告人の利益に」という法命題は，すべての被告人は無罪と推定されることから，刑事裁判では，検察官が被告人の犯罪を証明しなければ，有罪とすることができない。1つ1つの事実についても，証拠によってあったともなかったとも確信できないときは，被告人に有利な方向で決定しなければならない原則を，「疑わしきは被告人の利益に」という。刑事訴訟における原則であるが，「無罪の推定」とほぼ同義と考えられている。

(ⅲ)　1度しか無いことは無きに等しい＜Topos-10＞

「1度しか無いことは無きに等しい」という法的トポスについて言えば，刑事裁判の判決で執行猶予が付く条件として，初犯であること，特に重罪ではないこと，十分に反省していることが挙げられるが，このことと関係しているように思われる。

(ⅳ)　単に疑わしいだけでは決定的とはいえない＜Topos-11＞

「単に疑わしいだけでは決定的とはいえない」という法的トポスについて言えば，1つ1つの事実について，証拠によってあったともなかったとも確信できない（単に疑わしいだけ）ときは決定的とはいえないため，被告人に有利

330　第2部　AIによる紛争解決支援の基礎研究

な方向で決定しなければならない原則を,「疑わしきは被告人の利益に」という。

(v)　沈黙は何事も義務付けない＜Topos-25＞

「沈黙は何事も義務づけない」という法命題について言えば,憲法38条1項は「何人も,自己に不利益な供述を強要されない」と「自己負罪拒否特権」を保障しているが,「沈黙は何事も義務付けない」はその根底にある考え方である。そして,憲法の下位法である刑事訴訟法198条2項では「自己の意思に反して供述すること」の強要が禁止され,刑訴法291条3項では「終止沈黙し,又は個々の質問に対して陳述を拒むことができる」とされ,同法311条では「終止沈黙し,又は個々の質問に対し,供述を拒むことができる」とされている。

(vi)　人はすべて善良（または無実）であると推定される＜Topos-27＞

「無罪推定原則」と「疑わしきは被告人の利益に」の原則は互換的に使用されている[67]。「無罪推定原則」は,被疑者や被告人について,刑事裁判で有罪が確定するまでは「罪を犯していない人」として扱わなければならないとする原則である。「無罪の推定」は,世界人権宣言や国際人権規約に定められている刑事裁判の原則であり,憲法31条によっても保障されている。

(vii)　法は制裁を必要とする＜Topos-32＞

社会のルールや慣習などに反した行動主体に対し,法律に則って下される罰や対抗措置を意味する表現。所得の不正申告や無申告,法人の使途秘匿金などを防止するため,違反者に対して懲罰的な税金を課すことを制裁課税という。

(2)　配分的正義（利益と負担の配分）

アリストテレスは,特殊的正義のなかには,配分的正義と匡正（矯正）的正義とがあるとし,共同的な資財に基づいて配分が行なわれる場合でも,その正しい配分は当事者たちの寄せた資財の相互間に存在する比率とまさに同じ

---

67)　酒巻匡『刑事訴訟法』476頁（有斐閣,2015年）。

比率に即して行なわれる場合に配分的正義が問題になるとする。この配分的正義は，ある共同体，例えばポリス（都市国家）の構成員が共同体に寄せた財産が，共同体全体の財産のうちで占める割合に応じて配分されることを求め，寄与した割合に応じた見返りがあるべきと考える[68]。

アリストテレス『政治学』によれば，「配分的正義」とは，名誉や財産をどう配分するのが正義に適っているかということを問題とし，アリストテレスは各人の有する価値に応じた比例的配分が正義であるとする[69]。

(a) 分割に際して他に方法がない時はくじ引きによる＜Topos-15＞

「分割に際して他に方法がないときはくじ引きによる」という法命題について言えば，くじを引かない人は「選択権放棄」と見られ，権利を失う。最終手段として，くじ引きは公平で秩序ある割り振りであり，曖昧さも消える。

(b) 必要かつ損害最少の原則（民211条1項）

民法211条は次のように規定している。第1項「前条の場合には，通行の場所及び方法は，同条の規定による通行権を有する者のために必要であり，かつ，他の土地のために損害が最も少ないものを選ばなければならない。」第2項「前条の規定による通行権を有する者は，必要があるときは，通路を開設することができる。」過失責任主義のもとでの，私たちの行動原理である「必要なことはしてよい。しかし，損害を最少にするような注意を払うべきである」という行動基準が，民法211条1項に結実している。

(i) 最も被害の少ない方法を用いる義務がある＜Topos-43＞

「最も被害の少ない方法を用いる義務がある」という法命題について言えば，民法211条1項で採用された「必要かつ損害最少の原則」は，ゲルハルト・シュトルック教授が作成したトポイカタログの第43番目と第44番目のトポスを組み合わせたものとなっている[70]。

---

68) アリストテレス・前掲注［66］160～181頁。
69) 吉原ほか・前掲注［46］22頁。

332　第 2 部　AI による紛争解決支援の基礎研究

(ii)　必要なことは許される＜Topos-44＞

　「必要なことは許される」という法命題について言えば，民法 211 条 1 項で採用された「必要かつ損害最少の原則」は，ゲルハルト・シュトルック教授が作成したトポイカタログの第 43 番目と第 44 番目のトポスを組み合わせたものとなっている。

(c)　事故による損害は所有者が負担する＜Topos-19＞

　「事故による損害は所有者が負担する」という法命題について言えば，交通事故加害者の未成年者が責任無能力者である場合，その加害者以外に損害賠償請求できる相手方を探さなければならないが，その交通事故が自動車による人身事故であった場合，その自動車の運行供用者に対して，自動車損害賠償保障法 3 条の運行供用者責任に基づいて損害賠償請求をすることができる。さらに，未成年者による交通事故の場合，その加害自動車の所有者が親や家族であるという場合が少なくなく，その場合，その所有者である親や家族に対して損害賠償を請求できる。

(d)　発生原因との対応の原則＜Topos-20＞

　「発生原因との対応の原則（負担の適正配分決定のためのドイツ所得税法上の原則）」という法命題について言えば，国税には応能負担の原則が適用され，地方税には応益負担の原則が適用されるという一種の公理である。応能負担原則とは，納税義務者がその負担能力に応じた納税義務を負うという原則⇒所得税などについて用いられる超過累進税率は，応能負担原則の具体化である。応益負担原則とは，受益者負担論的な構成をとり，能力ではなく，納税義務者が公共サービスなどから得た利益に応じて納税義務を負うという原則⇒消費税などの間接税の多くについて，この考え方がとられ，比例税（率）や均等税（率）となって具体化される[71]。

---

70)　加賀山茂「故意又は過失，因果関係における定量分析の必要性―過失に関する『ハンドの定式』の誤解の克服，および，因果関係におけるベイズの定理の応用を中心に―」明治学院大学法科大学院ローレビュー 15 号（2011 年）28 頁。

71)　森稔樹『租税法講義ノート』大東文化大学法学部講義ノート 2009 年（http://kraft.cside3.jp/steuerrecht04-2.html, 2017 年 10 月 27 日最終閲覧）。

(e) **優先権（最初に来た者が最初に利益にありつく）** 「優先権（最初に来た者が
　　＜Topos-21＞ 最初に利益にありつく）」と
いう法命題について言え
ば，このルールはごく単純なもので，最初に来たものが利益にありつく（権利
を獲得する）というもので，ここに公正さがあり予測も可能，その場限りのや
り方が避けられる。

利益衡量を行う際に，利益という法的トポスが重要なことはいうまでもな
い。権利濫用法理に基づく法的推論の場合，「権利者個人の利益が小さく，か
つ，相手方の不利益または社会全体に及ぼす害悪が大きい【客観的要件】」か
つ「権利行使者が加害意思・加害目的を持っている【主観的要件】」ならば，
「権利の濫用が成立」し「権利の行使は無効あるいは違法となる」[72]。ここで
も，利益という法的トポスが重要な役割を果たしている。この「利益」を体
系化するに際して，「優先権＜Topos-21＞」[73]から「利益＜Topos-58＞」と「均
衡＜Topos-42＞」に枝分かれし，「利益」をさらに「一般利益＜Topos-59＞」
と「経済的利益＜Topos-61＞」に分類される。

(f) **「各人に彼のものを」キケロ** 「各人に各人のものを帰属させること，
それこそが最高の正義である」（Suum
cuique tribuere, ea demum summa justitia est. 出典／Cicero）。アリストテレス『政治学』
によれば，配分的正義とは，名誉や財産をどう配分するのが正義に適ってい
るかということを問題とし，アリストテレスは各人の有する価値に応じた比
例的配分が正義であるとする[74]。

---

72) 平田勇人「信義則をめぐる背景知識の体系的整理（改訂版）」科研費「法律エキスパート」『平
　　成5～9年度研究成果報告書』196頁（明治学院大学，改訂版，2000年）。
73) 加賀山茂『現代民法 担保法』24・25頁（信山社，2009年）によれば，優先弁済効の優先順位
　　は，原則として「保存」「供給」「環境提供」の順で定まり，保存に関しては「後の保存者が前の
　　保存者に優先する」（民法330条1項2文）という「優先権の順位決定のルール」に従うことが明
　　らかにされ，担保法に関しても，優先権という法的トポスが重要な役割を果たしていることが分
　　かる。加賀山教授が先取特権と抵当権の両者を等質と考えることに成功し，物的担保の優先順位
　　決定のルールを明らかにしたことで，両者が同一のルールに従う両立しうる存在であることが
　　判明し，担保法に関する一貫した体系を創設することに成功したことを考えるとき，「優先権」
　　という法的トポスの重要性が認識出来ると考える。
74) 吉原ほか・前掲注［46］22・23頁。

334 第2部 AIによる紛争解決支援の基礎研究

(g) 利益＜Topos-58＞ 「利益」という法的トポスについて言えば，利益の類義語として，「利得」「報酬」「収益」「（誰かの便宜や恩恵のために）味方」「（何かをやり遂げたいと思う）理由」「（何かをやり遂げたいと思う）目的」があげられる。法律の趣旨，法的保護の必要性，裁判時の社会通念等，諸事情を総合考慮した上で，裁判所が法的保護に値すると判断すれば「法律上の利益」となり，そうでなければ「事実上の利益」と表現する。法律上の利益：①期限の利益，②現存利益，③逸失利益，④反射的利益，⑤訴えの利益，⑥信頼利益などがある。「法律上の利益」というのは，その利益が法律で「明確」に定められていたり，法律の趣旨解釈によって定められるものである。「事実上の利益」というのは，その利益が法律で明確に定められておらず，趣旨解釈によっても導けないものである。

「利益＜Topos-58＞」は，「法律上の利益」，「一般利益＜Topos-59＞」，「経済的利益＜Topos-61＞」に細分化でき，また「社会の保護＜Topos-60＞」とも密接に関係している。

（i）法律上の利益（期限の利益，現存利益，逸失利益，反射的利益，訴えの利益，信頼利益）

「法律上保護された利益」にいう「利益」とは，ある個人の何らかの「私益」でなくてはならず，単なる不特定多数の「公益」ではない。最高裁は平成17.12.7判決で，小田急高架事業が実施されることにより一定範囲の「騒音，振動等による健康又は生活環境に係る著しい被害を直接的に受けるおそれのある者」に，当該事業の認可の取消を求める原告適格を認めて，原告適格を拡大した。行政事件訴訟法9条は，取消訴訟の原告適格について規定するが，同条1項にいう当該処分の取消しを求めるにつき「法律上の利益を有する者」とは，当該処分により自己の権利若しくは法律上保護された利益を侵害され，又は必然的に侵害されるおそれのある者をいう[75]。当該処分を定めた行政法規が，不特定多数者の具体的利益を専ら一般的公益の中に吸収解消させるにとどめず，それが帰属する個々人の個別的利益としてもこれを保護すべきも

75) 小田急高架訴訟判決（最大判平成17年12月7日民集59巻10号2645頁）。

のとする趣旨を含むと解される場合には，このような利益もここにいう法律上保護された利益に当たり，当該処分によりこれを侵害され又は必然的に侵害されるおそれのある者は，当該処分の取消訴訟における原告適格を有するものというべきである。

 (ⅱ) 一般利益/事実上の利益＜Topos-59＞

「一般利益」という法的トポスについて言えば，社会一般のためになる利益（公益），債権者の一般の利益，等で用いられている。

 (ⅲ) 経済的利益＜Topos-61＞

「経済的利益」という法的トポスについて言えば，一般的な民事事件において，経済的利益とは，金銭等の具体的利益を得た場合の金額，もしくはその支払を免れた場合の金額のことを意味する。

 (ⅳ) 社会の保護＜Topos-60＞

「社会の保護」という法的トポスについて言えば，「社会の保護」の類義語として，「利益の損失や危害から守る」「保全」「維持」「防御」がある。

 (h) **過失を犯した者はその結果について責任を**
  負わなければならない＜Topos-23＞

「過失を犯した者はその結果について責任を負わなければならない」という法命題について言えば，民事訴訟では本来「過失責任」論から原告（被害者）が被告（加害者）の故意・過失を立証しなければ責任を問えず，敗訴してしまう。しかし，航空機事故などの科学技術的問題や公害問題などで，被害者が加害者（大企業）の技術的なことを含めた故意・過失を立証することは困難であり，その救済策として「無過失責任」論が登場した。すなわち，加害者の被告大企業などが自分たちに故意・過失が無かったことを立証すれば責任に問われないという原則。

 (i) **自己の利益をなおざりにして有責的に損害惹起に**
  協力した者は保護されない＜Topos-24＞

不法行為とは，不法に（違法かつ有責に）他人の権利または法律上保護される利益（法益）を侵害して損害を加える行為である。民法は，不

法行為の加害者はその行為によって生じた損害を賠償すべき責任を負うと定めている。この法的トポスは，不法行為と関わりが深い。大正期以降，ドイツ法学の影響を強く受けた日本の民法学は，「理念型としての不法行為としては有責に基づく違法行為による損害惹起を考え，実定法上の不法行為は有責に基づく権利侵害行為による損害惹起」と解されていた[76]。しかし，学説は昭和期に入り「権利侵害」から「違法性」へと展開し，「権利侵害」は違法行為の徴表にすぎず，厳格な意味での「権利侵害」がなくても，保護に値する他人の利益を違法に侵害したという違法性があれば不法行為が成立するとの理論が支配的となった。被侵害利益の性質・種類と侵害行為の態様との相関関係から違法性を判断してゆこうとする相関関係説は，戦後になって学説の到達点とされ，多くの学説の支持を受けて通説的な地位を獲得するに至った。近時，権利拡大説とか，新過失論とか，違法性一元論とか，類型論などの種々の有力な見解が提唱され相関関係説への批判が強くなっているが，いずれの説も未だ通説としての相関関係説にとってかわるに至っていない[77]。

V 適法的正義（法的安定性）＜Topos-63＞

適法的正義は，法の内容そのものの正・不正は問わず，実定法の規定するところが忠実に遵守され適用されているか否かを問う。

「法的安定性」という法価値は，同種の紛争に関して同一に解決することを要請し，「例外は厳格に解釈されなければならない＜Topos-3＞」から導かれる。法的安定性を保つために，英米法系の「一定の紛争を解決したときに，後の紛争については，前の紛争と同一かどうかを判断して，同一と判断したときには前の判断を踏襲する」というやり方と，大陸法系の「紛争の同質性に着眼しながら一定の同質的なものを，概念を抽象化しながら取り出してい

---

76) 曽根威彦「不法行為法における『違法性』概念─もう一つの〈比較法学〉の試み」早稲田法学85巻1号（2009年）28頁。

77) 加賀山茂「一般不法行為法」2007年5月2日更新版（仮想法科大学院 http://lawschool.jp/kagayama/material/civi_law/ex_contract/2007/12tort_law.html, 2017年10月27日最終閲覧）。

き，抽象的な法規範の体系を構築した上で，個々の具体的紛争解決にそれを適用する」という方法がある[78]。

法的安定性という法価値の中には，「可動的体系は固定的法律要件よりも法的安定性を欠く」[79]，「可動的体系は法理念のさまざまな要請の間で特に都合の良い妥協を示し，法的安定性は，常になお裸の衡平条項の場合よりもずっと強く保障されている」[80]，「より高度な法的安定性が必要とされる領域では，無条件に不動的体系が優先されるべきである（メタ・ルール）」[81]，「法的安定性と並んで，正義も可動的体系と矛盾する場合がある。正義の一般化傾向は平等条項から生じるが，この一般化傾向は個別事例の状況についてのあらゆる考慮や，一般的に確立している諸要素の衡量に際して妨げになる」[82]といった内容のものが含まれる。

1．一貫性

「一貫性」の中には，「例外は厳格に解釈されなければならない＜Topos-3＞」，「法的推論において，法体系を柔軟に理解しながらその統一性を維持し，また満足の行く解決を追求しなければならない」[83]といった法命題が含まれる。裁判においては，一貫性は法的安定性へと繋がるため，非常に重要な法価値である。しかし「調停においては，和を前提とした議論と説得に意味があり，一貫性の原則は裁判に比べて後退する（メタ・ルール）」と言えよう。

⑴　秩序の維持＜Topos-62＞

クラウス−ウィルヘルム・カナリス教授の考え方に基づいて「秩序の原則」を体系化すると，「トピク的思考」，「体系思考」，「一般条項」に大別され，「体系思考」はさらに「不動的体系」と「可動的体系」とに細分化できる。カナ

78）加藤雅信『民法ゼミナール』278・279頁（有斐閣，1997年）。
79）Canaris, a.a.O., S. 82.
80）Ebenda, S. 84.
81）Ebenda, S .82.
82）Ebenda, S. 83.
83）ペレルマン・前掲注［34］154頁。

338　第2部　AIによる紛争解決支援の基礎研究

リス教授は，カール・ラーレンツ教授の後継者であり，今日なお有力なドイツの法学者や裁判官に多大な影響を及ぼし続けている研究者である。カナリス教授によれば，法律学における体系が考慮されることなく紛争事案ごとに利益衡量が行われ，その紛争解決の結果，理論が構築されるとすれば，そのような個々の紛争解決を目指す利益衡量論は相互に整合性も一貫性も無いことになる。立法者が下した基本的価値判断および原則に即して徹頭徹尾考え抜く方法論がカナリス教授により明らかにされている[84]。そして，カナリス教授が説くように，トピク的思考は体系的思考と排他的関係にあるのではなく，相互に補完し合っている。既存の価値体系の構造やそれに基づく諸々の価値判断の相互関係を明らかにすることで，人は，どのような価値判断が特定の価値体系（および価値判断の体系）と矛盾するかしないかを判断し，さらに将来，裁判所によって与えられるであろう価値判断を予見することができるのである[85]。

(2)　トピク的思考

「トピク的思考」の中には，「法体系・法原則の成立発展段階においてトポイが決定的役割を果たす」[86]，「トピク的思考は社会通念・常識に根拠を置く」[87]，「ドイツの判例は『正しくかつ公平に思考するすべての者』という場合，社会通念に従う者を指す」[88]，「トピク的手法では，まず手探りで様々な観点を摘出し，問題に対して試験的に適用し，比較衡量する」[89]，「コモンセンスを引合いに出したり，衡平を理由として判断したりする場合はトピク的思考が適している」[90]，「トピクは個別事情を問題にする場合に適している」[91]

84）Canaris, a.a.O., S. 151.
85）川島武宜『「科学としての法律学」とその発展』51 頁（岩波書店，1987 年）。
86）Canaris, a.a.O., S. 153.
87）Ebenda, S. 159.
88）Ebenda, S. 150.
89）Ebenda, S. 150.
90）Ebenda, S. 150.
91）Ebenda, S. 151.

といった法命題が含まれる。

(3) 体系思考

「体系思考」の中には，「体系思考とトピク的思考は排他的に対立している
わけではなく，相互に補完・浸透している」[92]，「体系思考は正義の一般化傾
向に属し，個別問題を抽象化し，議論の余地のある観点は初めから除去す
る」[93]，「法律の欠缺（十分な法律上の価値判断が欠けている）の場合，トピクが応
急処置を施す」[94]，「法律の欠缺の場合，速やかに不安定なトポイを明確な価
値判断に置換し，体系に組み込むべきである」[95]，「法体系は，前法律的な事
前の価値判断の適宜介入を求める」[96]といった法命題が含まれる。

(a) **不動的体系**　「不動的体系」の中には，「不動的体系の徹底的な細分
化で，ある程度の個別化は可能である。可動的体系も無
制限な個別化を許さない」[97]という法命題が含まれる。

(i) 法解釈・適用の「客観性」

「客観性」の中には，「法的決定が社会の関心に応える場合，相当性の判断
は間主観的になされている」[98]，「再現可能性は客観性の証拠となる」[99]といっ
た法命題が含まれる。紛争解決基準の客観性から見ると，裁判では法という
客観的な紛争解決基準があるのに対して，調停にあっては民事調停法1条に
「条理[100]にかない実情に即した」解決という抽象的な紛争解決基準が示され
ているにすぎず，それは客観的で具体的な基準とはいえない。

(i-1) 例外は厳格に解釈されなければならない＜Topos-3＞

「例外は厳格に解釈されなければならない」という法命題について言えば，

---

92) Ebenda, S. 160.
93) Ebenda, S. 151.
94) Ebenda, S. 160.
95) Ebenda, S. 151f..
96) ペレルマン・前掲注［34］153頁。
97) Canaris, a.a.O., S. 83.
98) ペレルマン・前掲注［34］151頁。
99) Rawls, John., *A Theory of Justice*, Harvard Univ. Press, Cambridge, (1971) pp. 516-519.

340　第 2 部　AI による紛争解決支援の基礎研究

貸金業規正法が第 1 条において〝業務の適正な運営の確保〟〝資金需要者の利益保護〟を目的としていること，また，17 条書面，18 条書面の不交付（あるいは不備書面，虚偽書面）には罰則規定が設けられていることからも，みなし弁済という例外については，実態から判断するのではなく，法を形式的，かつ，厳格に適用し判断することが法の趣旨に合致している。

（i-2）　法は注意深い者のために書かれている＜Topos-29＞

不注意は，宥恕（相手方の非行を許容する感情の表示）の理由とはなりえないということを意味している法格言である。

（b）　可動的体系　　「可動的体系」の中には，「可動的体系は，固定的法律要件と一般条項の中間に位置する」[101)]，「可動的体系は硬直した規範とも異なり，曖昧な衡平条項とも一線を画する」[102)]，「個別事例でどの解決を優先すべきかは，対象の構造と中核の価値に依存し，可動的体系が特に重要な役割を果たす（メタ・ルール 13）」[103)]，「可動的体系は，極めて重要な諸要素の混合比率を変えて事例の状況に適合させる」[104)]，「人としての裁判官は，可動的体系の中で比較的多数の諸要素を比較衡量することは，荷が重すぎる」[105)]。すなわち，Magical Number 7±2 の要素しか短期記憶で処理できないことと関係が深い法命題である。「可動的体系は，正義の一般化傾向と個別化傾向の対極性を調整する」[106)]，「可動的体系は，法理念の様々な要請の中に均衡点を見出すことを可能にする」[107)]，「可動的体系は正義の判断諸基準

100）条理とは「物事の筋道」の意味。出典は「孟子」万章編。裁判事務心得（明治 8 太告 103）3 条に「民事ノ裁判ニ成文ノ法律ナキモノハ習慣ニ依リ習慣ナキモノハ条理ヲ推考シテ裁判スヘシ」とある。この規定が現在なお有効か否かは明確でないが，イタリア法例 3 条が「法の一般原則」，スイス民法 1 条 2 項が「裁判官が仮に立法者であったら制定するであろうような準則」に従って裁判せよと規定しているのと同趣旨と解され，さらにラテン語の naturalis ratio（自然の道理），ドイツ語の Natur der Sache（事物の本性）の意味とも解されている（金子宏ほか編『法律学小辞典』（有斐閣，第 3 版，1999 年））。

101）Canaris, a.a.O., S. 157.

102）Ebenda, S. 84.

103）Ebenda, S. 85.

104）Ebenda, S. 82.

105）Ebenda, S. 83.

106）Ebenda, S. 157.

107）Ebenda, S. 84.

を一般的に確定することができる反面，個別事例において様々な観点を考慮に入れることも可能にする」[108]，「正義は一般化傾向のみならず個別化傾向も同時に有しており，可動的体系の正統化のために個別化傾向を引合いに出すこともできる」[109]といった法命題が含まれる。前述の最後の法命題と関連して，「プラトンの思想を要約すると，正義論は，一方では，正義に関する正しい一般的準則を立てねばならない。他方では，正義論は，具体的な個別事例をも含んでいなければならない」[110]がある。

(4) 一般条項

　「一般条項」の中には，「一般条項は価値の充填を要する」[111]，「一般条項は，その具体化に必要な判断基準を示さず，判断基準が原則として個別具体的事例に関してのみ確定される」[112]，「一般条項の具体化に際しては，トピクは単なる応急処置以上のものである」[113]，「一般条項は，必ずしも全面的に衡平やトピク的思考に委ねられているわけではない」[114]，「一般条項は『衡平への入り口』と呼ばれ，この呼び方は部分的には正当である」[115]，「一般条項も正義の個別化ならびに一般化の両傾向を持ち，一般化傾向は絶えず体系化を指向する」[116]，「一般条項もまた常に，全法律秩序の観点から，それゆえ法体系を背景として解釈されなければならない」[117]，「一般条項は社会通念に基づいて解釈されるべきではない」[118]，「一般条項の具体化は，体系的な確定を指向しながら類型化を通して行われ，部分的には明確な法律要件の構築によって行

---

108) Ebenda, S. 83.
109) Ebenda, S. 83.
110) ヤン・シュレーダー（石部雅亮編訳）『トーピク・類推・衡平―法解釈方法論史の基本概念』90頁（信山社，2000 年）。
111) Canaris, a.a.O., S. 82.
112) Ebenda, S. 82.
113) Ebenda, S. 152.
114) Ebenda, S. 153.
115) Ebenda, S. 82.
116) Ebenda, S. 153.
117) Ebenda, S. 152.
118) Ebenda, S. 152.

342　第 2 部　AI による紛争解決支援の基礎研究

われる」[119]，「各規定の適用において信義則が顧慮されなければならないとすると，裁判官が一般条項へ逃避する虞がある」[120]，「制度目的，構成要件の内容を茫漠としたものにすることにより，紛争解決の結論を裁判官等に白紙委任することは望ましいことではない」[121]といった法命題が含まれる。

Ⅵ　個別的正義（衡平）

「衡平」とは，法をそのまま適用することが妥当でない場合，各事件の個別性を考えて，道徳律に従ってバランスをとり修正する原理であり，「具体的妥当性＜Topos-41＞」とも深く関わる。ポンポニウス（Pomponius）の平均的正義の命題「何人も他人の損失において利得せざることは，自然に従い衡平である」[122]からもわかるように，衡平の観念が平均的正義の中核に位置している。「衡平」の中には，「トピクは正義の個別化傾向（衡平）に属する」[123]，「衡平は原則性を欠く」[124]，「常識や衡平を理由に判断する場合はトピク的思考が適する」[125]，「一般条項は衡平やトピク的思考以外にも関わる」[126]，「一般条項には衡平への入口という側面がある」[127]，「法的推論は衡平だけに偏らず，現行法体系に基づくべし」[128]，「法的推論は解決を現行法体系に組入れることができるかどうかを度外視しない。また法的推論は，単に衡平な解決を追求するだけのものではない」[129]，「衡平という言葉によって問題処理の基準を曖昧にすべきではなく，裁判などにおいても，現実的な判断基準である具体的な実定法に密着した判断を示すべきである」[130]といった内容のものが含まれ

---

119)　Ebenda, S. 152.
120)　曽野和明＝山手正史『国際売買法』〔現代法律学全集 60〕73 頁（青林書院，1993 年）。
121)　加藤雅信『新民法体系Ⅴ　事務管理・不当利得・不法行為』97 頁（有斐閣，2002 年）。
122)　加藤・前掲注［78］291 頁。
123)　Canaris, a.a.O., S. 151.
124)　Ebenda, S. 82.
125)　Ebenda, S. 150.
126)　Ebenda, S. 153.
127)　Ebenda, S. 82.
128)　ペレルマン・前掲注［34］151 頁。
129)　ペレルマン・前掲注［34］151 頁。

る。さらに，「一般的規定によって把握されない事例が生じるときは，規定し残されたところを，立法者自身の考えに立って修正する，というのは，正しいことであり，これが衡平である」すなわち「衡平とは，法律がその一般的表現ゆえに欠缺をもつ場合の法律の修正である」[131]，「成文の法規をこえて正義であることを衡平と表示する」[132]，「衡平はその機能を喪失し，自然法と融合する。自然法と衡平が同一であること，あるいは，自然法と並べれば衡平は意味を持たない」[133]，「衡平の占める場所は自然法にはない」[134]，「衡平とは自然法そのものであって，ただ実定法の観点から，衡平と呼ばれるにすぎない」[135]，「黄金律が衡平の原理である」[136]といった個別命題が含まれる。これらの法命題のいくつかは，シュレーダーの『トーピク・類推・衡平』から抽出したものであるが，自然法と衡平の関係について以下のような具体例が挙げられている。すなわち，「汝の債務を弁済せよ」という場合に，例外事例として衡平を持ち出さずとも，履行による義務の消滅に関する諸準則（自然法の下部構造）から説明できると指摘している。また，一定の損害を発生させる行為に関する責任が排除されているのは，帰責性がないためであり，衡平を根拠に責任が排除されるのではないことも指摘されている。このような具体例を示しながら，前述のように「衡平とは自然法そのものである」との法命題が抽出されている[137]。

1．解決の柔軟性

当事者の合意を基礎とする調停にあっては，紛争解決の内容を自由に定め

---

130) 加藤雅信『財産法の体系と不当利得法の構造』843 頁（有斐閣，1986 年）。
131) アリストテレス（加藤信朗訳）『アリストテレス全集〈13〉ニコマコス倫理学』177・178 頁（岩波書店，1988 年）。
132) アリストテレス（戸塚七郎訳）『アリストテレス 弁論術』136・137 頁（岩波文庫，1992 年）。
133) シュレーダー・前掲注［110］113 頁。
134) シュレーダー・前掲注［110］113 頁。シュレーダーは，プーフェンドルフの 1672 年の『大自然法論』（Samuel Pufendorf : *De jure naturae et gentium libri octo*（1672））から引用している。
135) シュレーダー・前掲注［110］113 頁。
136) シュレーダー・前掲注［110］113 頁。
137) シュレーダー・前掲注［110］111～113 頁。

344　第 2 部　AI による紛争解決支援の基礎研究

ることが可能である。紛争をいかに解決するかを当事者の自由意思で幅広く柔軟に選択することができるので，個々の事件の実情に即して具体的に衡平妥当な解決を図ることができる。たとえば交通事故による損害賠償事件で 1000 万円の賠償が相当とされる場合，裁判ではその金額の即時支払を命ずることしかできないのに比べて，調停では，加害者の支払能力を考慮して長期の分割弁済を認めるなどして（但し支払総額は増加），具体的な事情に即した柔軟な解決方法をとることが可能である[138]。

(1)　妥当（具体的妥当性）＜Topos-41＞

　「妥当」という法的トポスについて言えば，妥当とは，法的判断がその場合だけでなく，同類のすべてに当てはまる正しいことを意味する。

　この法価値の中には，「法的に妥当なルールだけが，妥当性のある結論に導く」，「信義則は法の適用に際して，適用の結果が『妥当』であるかどうかを最終的にチェックする機能を有する」[139]という法命題が含まれる。本稿では「妥当」という法的トポスを「具体的妥当性」という法価値として体系化した。

　次に，この具体的妥当性が民事調停でどのように考えられているか見てみよう。民事調停においては，「解決の具体的妥当性」という形で重要視されている。裁判の基準となる法律は，一般的・抽象的な法規範として制定されているため，様々な事情の下で発生する具体的な紛争に法規範を適用した結果，実情に即した結果とならないことがある。法律の制定当時は合理的であった法律も，社会の進展とともに現実に適合しなくなり，あるいは，新たに社会に生起した問題を適切に規律する法律が存在しないという場合に，個々の紛争の具体的な実情に応じて問題を解決する際，この妥当（具体的妥当性）という法価値が前面に出る。ただ，「妥当」という法的トポスは調停においてのみ真価を発揮するわけではなく，訴訟においても真価を発揮することは前述し

---

138)　最高裁事務総局・前掲注〔45〕『民事調停委員のための民事調停法規の概説』2・3 頁。
139)　松浦好治「一般条項とエキスパートシステム」平成 8 年度科研「法律エキスパート」研究成果報告会用報告レジュメ（1997 年 2 月 22 日）。なお，松浦好治『法と比喩』〔法哲学叢書 5〕（弘文堂，1992 年）も参考にした。

第 5 章　法的価値の重み付け　*345*

たとおりであり，調停一般における紛争解決の具体的妥当性を根拠にして，無制限に法から乖離することが許されるわけではない。

(a)　**目的合理性/合目的性＜Topos-57＞**　「合目的性」という法的トポスについて言えば，「合目的」は「目的合理性」という法価値と深い関係がある。

「合理性」の中には，「異なるトポス間で衝突が生じた場合，当該事例に対してより重要であり，最も合理性のある解決に導くトポスを優先すべし（メタ・ルール4)」[140]という法命題が含まれる。その他，「合理性」の中には，「特定社会で社会的，倫理的に承認され得る解決につき人々が事前に抱いている前理解は非法律的な考慮に属するのではなく，決定の相当性に関する価値判断が指針となる」[141]，「どのような解決が公正，合理的で，人々に承認され得る解決かについての前理解が裁判官の指針となる」[142]，「価値に関する思考は，前理解と判決の合理性についての合意を通じて，法解釈学に指針を与える」[143]，「完全合意性は合理性の証拠となる」[144]，「対話的合理性」[145]といった内容のものが含まれる。そして個人や集団の持つ目的に適合しているという意味での合理性は「合目的的合理性」と呼ばれており，合目的性が関わっている[146]。

「合目的性」という法価値の中には，「裁判官は，解決の価値と法適合性の総合を目的とする」[147]，「法的推論において，法体系を柔軟かつ統一的に捉え，満足行く解決を追求しなければならない」[148]という法命題が含まれる。合理

---

140)　Struck, a.a.O., S. 47.

141)　ペレルマン・前掲注［34］150・151 頁。

142)　ペレルマン・前掲注［34］150 頁。

143)　ペレルマン・前掲注［34］153・154 頁。

144)　Rawls, *op. cit.*, pp. 142-150.

145)　田中成明『法的思考とはどのようなものか』245〜258 頁（有斐閣，1989 年）。

146)　三宮真智子「情報に対する合理的判断力を育てる教育実践研究の必要性：大学で何をどう教えるべきか」日本教育工学会論文誌 26 号（2002 年）235〜243 頁。三宮氏によれば，論理学や統計学といった客観的な法則に合致しているという意味での合理性を「合法則的合理性」と呼び，個人や集団の持つ目的に適合しているという意味での合理性を「合目的的合理性」と呼んで区別している。紛争解決という目的に適合しているという観点から見ると，合目的性が導かれるであろう。

147)　ペレルマン・前掲注［34］151 頁。

346 第2部 AIによる紛争解決支援の基礎研究

性は，満足の行く解決にとって必要不可欠であるが，個人や集団の持つ目的に適合しているという意味での合理性が「合目的的合理性」と呼ばれているように，合理性から合目的性が導かれる。

　解決の合理性について調停に関して見ると，調停は，比較的簡易で当事者の対立もそれほど深刻ではない紛争解決に特に適している。日常生活での種々の紛争を，できる限り理性的，合理的に解決するために調停制度は十分に活用されるべきである。民事調停においても当然，合理性は重視される。合理性がゴールを念頭に置いている場合，合目的性（Topos-57）が導かれる。詳しくは，前述したように合目的的合理性という言葉があるくらいである。

　(b)　和の精神　前述の最優先メタ・ルールで述べたように，わが国の最初の憲法とされる十七条の憲法（604年）も，「国のかたち」として，紛争の解決について，武力ではなく，議論によるべきことを明文で規定していた[149]ことからも分かるように，法の手段は「和」を前提とする議論と説得である[150]。そして，「和」と区別される「同」とは，「付和雷同」のことであり，「多数の人が賛成しているから正しい」という論理は，論拠として使うことはできないのであり[151]，その理由も，前述したように岩田氏が的確な指摘をしているのでここでは割愛したい[152]。和の精神は，「合意」，「相互理解・協調」，「全体的な紛争解決」に大別でき，また「信頼は保護に値する＜Topos-39＞」とも深い関係があるので，以下において見て行きたい。

　(i)　合意

　合意という価値は，和の精神から導かれる。和の精神が調停実務において，どのように発現するか見てみよう。「調停は当事者の互譲と合意による円満な紛争解決方法である」という法命題の背景にある基本的価値体系の中には，和の精神が存在しているといえよう。実情聴取の際に和の精神がどのように

148）ペレルマン・前掲注［34］154頁。
149）加賀山・前掲注［14］2頁。
150）加賀山・前掲注［14］2頁。
151）加賀山・前掲注［14］3頁。
152）岩田・前掲注［16］18・19頁。

現われるかといえば，感情的な面の強い紛争に関しては，双方の感情の融和に重点を置く形で現れる（もちろん常に感情の融和だけを重視するわけではなく，利害得失を考える人には，この解決方法がいかに有利であるかを重点的に説明し，筋を通すことを重視する人に対しては，その解決方法がいかに理にかなっているかを丁寧に話すといったように，当事者の性格に合わせて実情聴取されていることは言うまでもない）。したがって，民事調停は解決の円満性のみをもって存在理由とする紛争解決制度ではないといえよう。

　当事者間には，利害や感情の対立がある。合意という価値を導く説得の方法は，ある程度パターン化することはできても，定石は存在しないように思われる。説得を上手に行い合意に至るためには，対立当事者間の相互理解の促進，対立する主張を合意に向けて調整した解決案の提示と討議，そして討議のための環境づくりが重要であるが，調停委員が当事者のよき理解者であり，公正な第三者であるという信頼を当事者双方から得ることが最も大切である。その意味で，信頼という法価値とも深い関係にあるといえよう。ただ，調停の本質は合意であるにしても，合意の成立によって調停条項それ自体の違法性がカバーされ，すべての法乖離が許されると解することはできないと考える。

(ⅱ)　相互理解・協調

　ここでは，協議会による労働争議の調停について見てみたい。労働組合の進展に伴って階級対立思想に基づく労使紛争が激発する中，多数の会社は協議会の協力を得つつ，労使の話し合い，「相互理解」のスタイルを確立していき，施策としては穏健な労働組合を育成していく点で協調主義的施策であるが，その解決方法は労使一体理念に基づくような労使の相互理解の土壌を作っていくものでもあった[153]。

(ⅲ)　全体的な紛争解決

　「全体的な紛争解決」は，両当事者も，専門家も，世論も納得できる解決であり，和の精神から導かれる。

---

[153]　橘川武郎＝島田昌和『進化の経営史—人と組織のフレキシビリティ』98頁（有斐閣，2008年）。

348　第2部　AIによる紛争解決支援の基礎研究

民事紛争は，必ずしも経済的な利害の対立のみからなるものではなく，感情の対立等も伴いがちなため，合意の成立を目的とする調停による紛争解決は，人間関係の面をも含めて，争いを全体的に解消させ，実効性のある安定した解決をもたらすことが可能とされている[154]。

(c)　信頼は保護に値する＜Topos-39＞

「信頼は保護に値する」という法命題について言えば，権利外観理論（表見法理）は，権利者が真実に反する外観を創出した場合，その外観を信頼した者を保護するため，権利者に対して外観どおりの責任を負わせる法原則である。

信頼保護の法的トポスも，権利失効の理論基礎になる。Savignyの説明によれば，信義則（Bona Fides）は「すべての人間の取引がその存続の基礎とする信頼を，不道徳な侵害から保護すること」を内容とするものであり，したがって，信頼保護も信義則の核心的な視点である[155]。

権利者といえども権利を無条件に自由に行使できるわけではなく，取引の当事者は権利の行使や義務の履行において，互いに相手方の信頼を裏切らないで誠意をもって行動しなければならず，取引社会全体の秩序を守る上からも当然のことといえる。私人の法律関係において相手方からの信頼に応え，誠意をもって行動すべきであるという信義則と共通の法価値を表明したものである。

調停に関して言えば，調停委員および両当事者の信頼と協力に基づくものでなければならない。調停委員が応対している間におのずから当事者の信頼感が醸成され，胸襟を開いて，ともに紛争解決の方途を見出そうという雰囲気が生まれれば，調停は半ば成功したともいわれている。そのためには，調

---

154) 最高裁事務総局・前掲注［34］『民事調停委員のための民事調停法規の概説』3頁。

155) 呉従周「台湾民法における『権利失効論』の継受とその展開―『建物を収去して土地を返還する』類型を中心に」（http://www.google.co.jp/url?sa=t&rct=j&q=&esrc=s&source=web&cd=1&ved=0ahUKEwiFi5ydqpDXAhUCxrwKHfnaA60QFggmMAA&url=http%3A%2F%2Fwww.oc.kyoto-u.ac.jp%2Fsymposium%2Fku-ntu-symposium2014%2Fwp-content%2Fuploads%2Fsites%2F2%2F2014%2F07%2Fc57fb3742bfc49e49e75d546c6916542.docx&usg=AOvVaw0UthL43LW2pXGN4_ulvoAP, 2017年10月27日最終閲覧）。

停に当たる者の側に当事者を尊重する誠意があり，当事者の抱える問題を自分の問題として解決に努めようとする熱意がなければならない[156]。この法的トポスには，権利の濫用＜Topos-56＞が含まれる。

　一般に紛争当事者は，自分の言い分を十分に聞いてもらうことを強く望んでいる[157]。自分が話しをしているときは，誰でも相手に反応を求め，理解してほしいと思っている。相手の人から理解されたと思うとき，①感情的理解（自分の感情を理解してもらったと感じるとき）と②理性的理解（自分の言っている内容を理解してもらったと思ったとき）という分け方があるという[158]。要所で話の要点を整理して当事者に確認することで当事者が安心し，おのずと調停委員への信頼感も生まれてくる。レビン久子氏の言葉を借りれば，傾聴（アクティブ・リスニング）の中のパラフレイジング（話を聞いたら，その要旨をまとめ，内容を変えずに言い換える）という調停技法の1つである[159]。また，当事者と真正面に向き合い，開いた姿勢をとり（腕や足を組まない），体を前に乗り出し，視線の接触（アイ・コンタクト）は当事者を自然に見つめ，緊張せず，継続的に行うことで信頼という価値を生み，また楽な姿勢をとることで，当事者に対して心を開いているということのシグナルになる[160]。こうした理解が信頼へとつながる[161]。

　また，調停中に解決方針などについて，いくつかの異なった考えが出てくることがある。このような場合にはいったん当事者を退席させて，間をおいて評議し，調停委員会としての意思統一を確認したうえで進行するのが効果的である。この調停委員会の意思統一というのは当事者に与える信頼という面で重要な役割を果たすと考える。

---

156) 最高裁事務総局・前掲注［45］『民事調停委員のための民事調停法規の概説』48 頁。
157) 最高裁事務総局・前掲注［45］『民事調停委員のための民事調停法規の概説』47 頁。
158) ロバート・M. ブラムソン（鈴木重吉＝峠敏之共訳）『「困った人たち」とのつきあい方』62 頁（河出書房新社，1997 年）。
159) レビン小林久子『調停者ハンドブック―調停の理念と技法』69〜72 頁（信山社，1998 年）。
160) 石川明『調停法学のすすめ―ADR 私論』147〜154 頁（信山社，1999 年）。
161) 平田勇人「当事者の視点に立った調停技法」加賀山茂先生還暦記念『市民法の新たな挑戦』65〜91 頁（信山社，2013 年）。

350 第 2 部　AI による紛争解決支援の基礎研究

(i)　禁反言＜Topos-28＞

「禁反言（矛盾挙動の禁止）」という法的トポスについて言えば，信義則は，訴訟行為の適法性や有効性の判断基準となる。訴訟の過程において一定方向の態度をとってきた一方当事者が，相手方がその先行行為を信頼して自己の訴訟上の地位を築いた後に，従前の態度と矛盾する後行行為をした場合，もしその矛盾挙動を容認すると相手方の訴訟上の地位が不当に崩される結果となるときは，矛盾挙動の効力は，信義則により否定される。禁反言（Estoppel）ないしは矛盾行為禁止の原則（Venire Contra Factum Proprium）はわが国やドイツにおいて，信義則の個別的法命題の 1 つとして考えられている。

(ii)　闘争手段の目的に反すること＜Topos-34＞

悪意的訴訟状態を創出するなど，アンフェアに法律要件を騙取したり回避したりして裁判闘争することを禁じることも，わが国やドイツにおいて，信義則の個別的法命題の 1 つと考えられている。

(iii)　シカーネの禁止＜Topos-33＞/権利の濫用の危険＜Topos-56＞

「濫用の危険（訴訟上の権利濫用の禁止）の原則」は訴訟行為の適法性や有効性の判断基準となる信義則から派生する代表的な原則の 1 つである。「シカーネ」すなわち他人に損害を与えることのみを目的とする権利行使は禁止するという法命題も，わが国やドイツにおいて，信義則の個別的法命題の 1 つと考えられている。権利濫用法理の根底にはこの「シカーネの禁止」という法命題が横たわっている。

権利濫用法理は「信義則はローマ法における一般悪意の抗弁および誠意訴訟に起源を持つ，権利行使の制約原理から発展してきた」[162]法理である。いかなる場合に権利濫用となるかは，行為者の主観だけでなく，その権利行使によって生ずる権利者個人の利益と，義務者または社会全体に及ぼす害悪とを比較衡量して決めるのが相当であると考えられている。

調停に関して言えば，当事者が誠実（Good Faith）なネゴシエーションをしなかったことによって，調停の手続を濫用していることが調停委員に明らか

162）菅野耕毅『信義則および権利濫用の研究』35, 81 頁（信山社，1994 年）。

な場合，あるいは当事者が重要な情報を提供しないか，よりよき理解または解決を達成しようとする意図をもたずに，もっぱら何らかの目的外の利益を得ようとして手続を利用するような場合，調停委員は調停を続けることが適切であるか否かを問題にしなければならない。権利濫用の禁止は，調停においても重要な位置を占める。

(iv)　失権＜Topos-52＞

「失権」という法的トポスについて言えば，「権利失効の原則」は信義則から派生する代表的な原則の１つである（権利者が信義に反して権利を長い間行使しないでいると，権利の行使が阻止されるという原則）。

「訴訟上の権能失効の原則」は当事者が訴訟上の権能を長期に行使せず，相手方が行使しないとの正当な期待を有し，それを前提とした行為をとるようになった場合に，訴訟上の権能を行使することはできないという，訴訟上の信義則の１類型である。信義則は，訴訟行為の適法性や有効性の判断基準となる。

失権は，民事訴訟では信義則の個別的法命題の１つである。この失権に関しては，「失権の抗弁は，可動的法律要件である」[163]という法命題が含まれる。訴訟上の権能の失効（失権）とは，「訴訟上の権能が行使されずに放置されたため，行使されないであろうとの正当な期待が相手方に生じ，相手方がそれに基づいて行動している場合には，その後に至って権能を行使しようとしても，信義則上，その権能はすでに失効したものとして許されない」というルールである[164]。失効の原則についての最高裁判決の判示する要件[165]は，①多年権利行使をせず，②権利不行使につき権利者に帰責事由があり，③権利者が権利のあることを知っており，④債務者側がもはや権利は行使されないと信じ，⑤かく信じるにつき正当事由があり，⑥いまさら権利を行使することが信義則に反することである。

---

163)　Canaris, a.a.O., S. 152.
164)　中野貞一郎「民事訴訟における信義則および禁反言」三ケ月章＝青山善充編『民事訴訟法の争点』（法律学の争点シリーズ５）（有斐閣，1979 年）44 頁。
165)　最判昭和 51 年 4 月 23 日（株）TKC LEX/CD 文献番号 27000325 の判例全文 28 頁。

352 第2部 AIによる紛争解決支援の基礎研究

(2) 均衡（バランス）＜Topos-42＞

均衡という法価値の中には，「可動的体系は，法理念の諸要請の中に均衡点を見出させる」[166]という法命題が含まれる。「均衡」を「バランス」と読み替えると均衡という法価値は，利益衡量に際して関与するのみならず，「衡平」という法価値とも深く関っていることがわかる。

調停手続における両当事者の手続権保障の観点から均衡（バランス）の問題について考えてみたい。当事者間に明らかに力の差があると考えられる場合，この格差の解消のために弱者たる当事者に積極的に助力すべき義務を負うか否かが問題となる。すなわち，互角に主張を提出する機会の保障が必要となってくるのである。調停委員又は当事者が，調停を効果的に継続するための力の均衡が著しくとれていないことを認めた場合，調停委員は当事者にその事実を告知して，調停を終結することができるであろう。両当事者に力の不均衡があって，しかも調停委員が消極的立場をとれば，強者が弱者を圧倒するのは当然だからである。

(a) 取引安全の保護＜Topos-37＞

「取引安全の保護」という法的トポスについて言えば，取引安全の保護は，真実の権利者と，契約を介して権利取得しようとする第三者とのどちらを優先的に保護するかという利益衡量の問題である。民法は原則として，取引の安全を，真実の権利者よりも優先的に保護する。個々の取引においては，禁反言によって相手の所有物として信頼された取引目的物の所有権取得そのものが保護される必要があり，その結果，反射的に真実の所有者が所有権を失ってもやむを得ないためである。

(i) 第三者に義務を負わすような契約の締結は禁じられている＜Topos-17＞

「第三者に義務を負わすような契約の締結は禁じられている」について言えば，契約責任は原則として契約当事者間でのみ適用されるが，信義則（民1条2項）上，他の契約関係に無い者を危険にさらしてはいけない義務は認められ，信義則上バランスが求められる。

---

166) Canaris, a.a.O., S. 84.

第 5 章 法的価値の重み付け 353

(ii) 意欲され表示された意思が重要である＜Topos-30＞

「意欲され表示された意思が重要である」という法的トポスは，重要なのは何が意欲されたかであって，何が望ましかったかではないことを意味する。重要なのは表示された意思であって，表示されない目的ではないということを説いている。「隠された意図は何も生じさせない（Intentio in mente retenta nihil operator. 出典/CJ. 4.6.7)」という法格言がある[167]。ローマ法には現代に言う心裡留保の法源はないと言われる。これはカトリック教会法において，虚言に対する罪悪に関する神学上の理論から発展したものとされている。行為者の内心は，意思理論抜きに語ることができない。意思理論とは，法律効果を生ぜしめるべき旨の意思表示があれば，行為者が欲したために法律効果を発生させるという理論である。19世紀のドイツ法学において，行為者が内心的効果意思を決定し，表示意思を有し，表示行為をするという3つの要素からなると分析されていたが，ここで動機は，内心的効果意思の縁由に過ぎないとして，要素からはずされた。このような分析から，意思表示の本体を内心の意思に置き，意思と表示の不一致を原則として無効にするという分析枠組みが生まれ，これを意思表示と呼んでいる[168]。

(iii) 信義則違反と当事者の意思＜Topos-31＞

「信義則違反と当事者の意思」という法的トポスについて言えば，条件の成就・不成就の権利を有したか否か，当該行為が信義則に反するか否かは，行為時の当事者の意思に依存することを意味している。そこでは，信義則は訴訟行為の適法性や有効性の判断基準となる。「条件の成就・不成就の権利を有したか否か，当該行為が信義則に反するか否かは，行為時の当事者の意思に依存する」という法命題を当事者意思の尊重との関係で見てみよう。民事調停における合意は，あくまでも当事者の自由意思によるもので，調停機関が強制することはできない。調停機関は，当事者に対して自主的な紛争解決への意欲を呼び起こして自発的な合意へと導くために説得すべきである。強制

167）吉原ほか・前掲注［46］331・332頁。
168）吉原ほか・前掲注［46］331頁。

354 第2部 AIによる紛争解決支援の基礎研究

されていると当事者に感じさせるような説得による場合は，客観的に妥当な
解決であっても調停として成功したとはいえない。真に納得した合意にこそ
価値がある[169]。ただ裁判においても，事案にもよるが，一般には和解は判決
よりもベターであると考えられ，その理由として，判決が画一的な法律の適
用であるのに比べて，個々の事件の具体的な内容・状況に応じた適切な解決
を柔軟に構成することができ，当事者間にしこりを残さず，迅速に権利の実
現を図ることができることから[170]，裁判所は訴訟がいかなる程度にあるかを
問わず和解を試みることができる（民訴89条）。そのため，これをもって調停
の法律乖離性の根拠とすることはできない。

(b) 極めて不幸な場合は例外が許される＜Topos-46＞　「極めて不幸な場
　　　　　　　　　　　　　　　　　　　　　　　　　合には例外が許され
る」という法命題について言えば，原則は尊重されなければならないが，極
めて結論が容認しがたい場合に例外を認めることで，社会正義に則した妥当
な結論を導くことができる。

Ⅶ　おわりに

　法的価値の重み付けをすることで，法的価値の数理的な計算ができる道が
開かれ，法律AIが法的価値判断をする際に必要なものとなるであろう。前
述した拙稿「紛争解決の基層にある法的価値体系」を執筆中に，"Balance of
Various Values in the Conciliation" というタイトルの筆者の英文論文が，ハ
ンガリーのブダペスト・エトヴェシュ・ロラーンド大学（Eötvös Loránd Tudo-
mányegyetem（ELTE）/University of Budapest）が刊行する「法理論雑誌（*Journal of
Legal Theory*）」（HU, ISSN 1588-080X）に受理され，2017年3号（9月27日刊行）[171]

---

169) 最高裁事務総局・前掲注［45］『民事調停委員のための民事調停法規の概説』5頁。

170) 中野貞一郎『民事裁判入門』165・166頁（有斐閣，2002年）。

171) Hayato HIRATA, "Balance of Various Values in the Conciliation," *Jogelméleti Szemle* (*Journal of Legal Theory*) 2017/3 (September 27, 2017) pp. 112〜117. (http://jesz.ajk.elte.hu/, なお，http://jesz.ajk.elte.hu/2017_3.pdf は PDFファイルへの直接リンク。2017年10月27日最終閲覧)。

に掲載された。

　法的価値の重み付けは，現在，筆者が研究を推進しているテーマであるが，読者諸氏のご意見を聞きながらさらに研究を進めていきたい。

356 第2部 AIによる紛争解決支援の基礎研究

資料「トポイカタログ（シュトルック教授による）」
※本資料はトポイカタログを，法命題文あるいはその内容を筆者が加筆したものである。

Topos 番号	法的トポスの内容	Topos 番号	法的トポスの内容
Topos-1	同じ法形式の2つの法の間では，後法が前法に優先する。	Topos-33	シカーネの禁止（他人に損害を与えることのみを目的とする権利行使は許されない） 　シカーネのように，単に他人に対する嫌がらせのために，あるいは不当な目的獲得のために行う権利行使は，権利濫用の端緒的形態であり，権利に内在する制約の倫理的要請でもあった。権利濫用の法理の根底にはこの法格言が横たわっている。
Topos-2	特別法は一般法に優先する。	Topos-34	闘争手段の目的に反すること。 　一方当事者が奸策を巡らせて，訴訟法規の要件にあたる状態を故意に創出して法規の適用を図り，あるいはそのような訴訟状態の成立を故意に妨害して法規の適用を不当に回避する場合には，信義則により，期待している事柄の効果が否定されるという，信義則の個別的法命題の1つと深く関係する法的トポスである。
Topos-3	例外は厳格に解釈されなければならない。 　貸金業規正法が第1条において「業務の適正な運営の確保」「資金需要者の利益保護」を目的としていること，また，17条書面，18条書面の不交付（あるいは不備書面，虚偽書面）には罰則規定が設けられていることからも，みなし弁済という例外については，実態から判断するのではなく，法を形式的，かつ，厳格に適用し判断することが法の趣旨に合致している。	Topos-35	いかなる同権者も他の同権者を最終的に排除することは許されない。 　国連憲章の前文は「基本的人権と人間の尊厳及び価値と男女及び大小各国の同権とに関する信念」を確認し，その目的及び原則の章で，「人民の同権及び自決の原則の尊重に基礎をおく諸国間の友好関係」の発展を規定している。国の大小にかかわらず諸国民の民族自決権を尊重し，その同権を犯さないということは，国連活動の全体を貫く基本精神である。

第5章　法的価値の重み付け　　*357*

Topos-4	確定判決における判断内容は真実とみなされなければならない。　実体判決は，いったん確定すると，その判断内容が真実とみなされ，もはや争うことが許されなくなる。それが，実体判決の既判力といわれるものである。既判力が生じると，その作用として，同一の事件を裁判所に提訴することが許されなくなる。既判力が，後訴を遮断するのである。この効果をさして，一事不再理といわれる。既判力の制度，したがって，一事不再理の制度は，裁判制度そのものに内在する要請である。	Topos-36	標準（日常用いる判断基準）　判断基準は，法律家が法的判断をする際に重要な役割を果たす。裁判において用いる判断基準（Criteria［単数形は Criterion］）を明確にしていくことは恣意性の排除＜Topos-51＞に繋がるであろう。
Topos-5	法務官は些事を配慮しない（デ・ミニミス・ルール）。　ごく軽微な法律違反は実体法上の犯罪を構成しない。可罰的違法性についての考え方に通じる表現である。	Topos-37	取引安全の保護　取引安全の保護は，真実の権利者と，契約を介して権利取得しようとする第三者とのどちらを優先的に保護するかという利益衡量の問題である。
Topos-6	訴えを越えて審判せず。　裁判所は，当事者の求めに応じて紛争を解決しあるいは権利保護を与えるのであり，審判対象の決定権は当事者にある（処分権主義）。	Topos-38	正当性　特定の判断が「正しい」か「正しくない」かを問題にするのが「正当性」（Justness）である。
Topos-7	反対当事者の言い分も等しく聴くべし。　裁判官や調停委員会の中立性が極めて重要になってくる。原告と被告は平等な形で審理等が行なわれ，たとえ相手が国や大企業であっても，対等な立場で審理が行われる。英米における法の諺にも「相手側からも聴くべし」「双方に耳を貸す（Audi et alteram partem.）」というものがある。	Topos-39	信頼は保護に値する。　権利外観理論（表見法理）は，権利者が真実に反する外観を創出した場合，その外観を信頼した者を保護するため，権利者に対して外観どおりの責任を負わせる法原則である。

Topos-8	何人も自己の争訟事件の裁判官となることはできない。 　裁判官が事件と特別な関係にあり，公正な裁判が妨げられることを未然に防ぎ，裁判に対する市民の信頼を確保するため，裁判官を事件の担当から外す制度が設けられている。これには，除斥（民訴23条），忌避（民訴24条），回避（民訴規12条）制度がある。	Topos-40	権利は権利の侵害に対して譲歩してはならない。 　個人の権利が絶対化されていた時代ではいやしくも権利者の権利行使であるかぎり，たとえ他人に損害を加えたとしても，権利侵害に対して譲歩する必要はなく，やむを得ないことであると考えられていた。
Topos-9	疑わしいときは被告人の利益に。 　すべての被告人は無罪と推定されることから，刑事裁判では，検察官が被告人の犯罪を証明しなければ，有罪とすることができない。1つ1つの事実についても，証拠によってあったともなかったとも確信できないときは，被告人に有利な方向で決定しなければならない原則を，「疑わしきは被告人の利益に」という。	Topos-41	妥当（具体的妥当性） 　妥当とは，法的判断がその場合だけでなく，同類のすべてにも当てはまる正しいものであること。
Topos-10	1度しか無いことは無きに等しい。 　刑事裁判で執行猶予が付く条件として，①初犯であること，②特に重罪ではないこと，③十分に反省していることが挙げられるが，①と関係している。	Topos-42	均衡 　「均衡」を「バランス」と読み替えると均衡という法価値は，利益衡量に際して関与するのみならず，「衡平」という法価値とも深く関っていることがわかる。
Topos-11	単に疑わしいだけでは決定的とはいえない。 　1つ1つの事実について，証拠によってあったともなかったとも確信できないときは決定的とはいえないため，被告人に有利な方向で決定しなければならない（「疑わしきは被告人の利益に」）。	Topos-43	最も被害の少ない方法を用いる義務がある。 　民法211条1項で採用された「必要かつ損害最少の原則」は，ゲルハルト・シュトルック教授が作成したトポイカタログの第43番目と第44番目のトポスを組み合わせたものとなっている（加賀山教授の説明を引用）。

Topos-12	法的な理由なくして得たものは返還しなければならない。 　不当利得とは，契約などの法律上の原因がないにもかかわらず，本来利益が帰属すべき者の損失と対応する形で利益を受けること，またはその受けた利益そのもののことであり，本来帰属すべきだった者に対して自身が不当に得た利益を返還させる法理・制度（不当利得法，不当利得制度）。	Topos-44	必要なことは許される。 　民法 211 条 1 項で採用された「必要かつ損害最少の原則」は，ゲルハルト・シュトルック教授が作成したトポイカタログの第 43 番目と第 44 番目のトポスを組み合わせたものとなっている。
Topos-13	補償 　補償は適法な行為によって生じた損害について損害を填補するものである。この点で，違法な行為によって生じた損害を填補する賠償とは区別されている。	Topos-45	時宜を得た行為は許される。 　民事訴訟において，各当事者は攻撃防御方法を訴訟の進行状況に応じて，適時提出しなければならない（民訴 156 条。適時提出主義）。訴訟遅延防止に適するため，1996 年の民事訴訟法改正で随時提出主義から適時提出主義に改められた。
Topos-14	疑わしいときは平等に分配しなければならない。 　平等＜Topos-22＞は正義の形式的要素である。平等の中に「疑わしいときは平等に分配しなければならない」といった内容のものが含まれる。	Topos-46	極めて不幸な場合には例外が許される。 　原則は尊重されなければならないが，極めて結論が容認しがたい場合に例外を認めることで，社会正義に則した妥当な結論を導くことができる。
Topos-15	分割に際して他に方法がないときはくじ引きによる。 　くじを引かない人は選択権放棄と見られ，権利を失う。最終手段として，くじ引きは公平で秩序ある割り振りであり，曖昧さも消える。	Topos-47	法においては明確に定められたことのみが適切である。 　法律の明確性という憲法上の要請から，法律は明確でなければならない。

Topos-16	何人も自己が有する以上の権利を他人に移転（譲渡）することはできない。 　「何人も自己の有する以上の権利を他人に譲渡することはできない」という法命題はローマ法に由来すると言われており，英米法にも見られ，法諺にもなっている，いわば公理のようなものである。	Topos-48	実行可能な事柄 　「武力紛争の際の文化財の保護に関する1954年のハーグ条約の第二議定書」第8条によれば，紛争当事国たる締約国は，実行可能な最大限度まで，（a）動産の文化財を軍事目標の付近から移動させ，又は当該動産の文化財に対しその所在地において適当な保護を与えること，（b）文化財の付近に軍事目標を設けることを避けることを行うとされている。
Topos-17	第三者に義務を負わすような契約の締結は禁じられている。 　契約責任は原則として，契約当事者間の問題となる。ただし，信義則（民1条2項）上，他の契約関係に無い者を危険にさらしてはいけない義務は認められる。	Topos-49	大まかな判断 　信義則は，訴訟行為の適法性や有効性の判断の際に，大まかな判断基準となる。
Topos-18	味方になる者は同時に敵にもなる。 　この種の格言はいくつかある。「率直な敵にまさる味方はない」（ダゴバート・ルーンズ（哲学者／米）） 「無能な味方よりも有能な敵のほうが役に立つ」（マキャベリ（君主論著者／伊））	Topos-50	何人も不可能なことは義務づけられない。 　予見可能性を前提に，行為者に課される結果回避義務の違反があった場合に，過失が認められるという考え方の根底にある法的トポスである。
Topos-19	事故による損害は所有者が負担する。 　交通事故加害者の未成年者が責任無能力者である場合，その加害者以外に損害賠償請求できる相手方を探さなければならないが，その交通事故が自動車による人身事故であった場合，その自動車の運行供用者に対して，自動車損害賠償保障法3条の運行供用者責任に基づいて損害賠償請求をすることができる。	Topos-51	恣意性の排除 　法の制定によって，特定の人間の「恣意性」を排除する「法の支配」による制約が重要視されている。法というものは干渉の形式をとるが，それは必ずしも特定の人間による恣意的な働きによるものではない。

Topos-20	発生原因との対応の原則 　国税には応能負担の原則が適用され，地方税には応益負担の原則が適用されるという一種の公理である。	Topos-52	失権 　「権利失効の原則」は信義則から派生する代表的な原則の１つである。
Topos-21	<u>優先権（最初に来た者が最初に利益にありつく）</u> 　このルールはごく単純なもので，最初に来たものが利益にありつく（権利を獲得する）というもので，ここに公正さがあり予測も可能，その場限りのやり方が避けられる。	Topos-53	<u>不適当で要求できないことは要求されるべきではない。</u> 　「不適当」の類義語には，「目的にそぐわない」「不均衡」「妥当でない」がある。
Topos-22	<u>平等</u> 　平等は正義の形式的要素である。アリストテレスの「等しきものは等しく，等しからざるものは等しからざるように取り扱え」という法命題は有名である。	Topos-54	<u>人として堪えがたいことを法は求めることができない。</u> 　騒音，振動，煤煙等の環境権，または人格権の侵害や公害訴訟において，一般人が社会通念上，受忍できる範囲内であれば不法行為は成立せず，損害賠償や差止めは認められない。
Topos-23	<u>過失を犯した者はその結果について責任を負わなければならない。</u> 　民事訴訟では，原告（被害者）が被告（加害者）の故意・過失を立証しなければ責任を問えず敗訴してしまう。しかし，科学技術的問題や公害問題などで，被害者側が故意・過失を立証することは困難なため，その救済策として無過失責任論が登場した。	Topos-55	<u>限界のない請求は認めることができない。</u> 　債務の履行の請求に一定の限界があることは，債権債務関係の最も基本的なルールの１つである。
Topos-24	<u>自己の利益をなおざりにして有責的に損害惹起に協力した者は保護されない。</u> 　民法は，不法行為の加害者はその行為によって生じた損害を賠償すべき責任を負うと定めている。この法的トポスは，不法行為と関わりが深い。	Topos-56	濫用の危険 　「濫用の危険（訴訟上の権利濫用の禁止）の原則」は信義則から派生する代表的な原則の１つである。

Topos-25	沈黙は何事も義務づけない。 憲法38条1項は「何人も，自己に不利益な供述を強要されない」と「自己負罪拒否特権」を保障しているが，「沈黙は何事も義務付けない」はその根底にある考え方である。そして，憲法の下位法である刑事訴訟法198条2項では「自己の意思に反して供述すること」の強要が禁止され，刑訴法291条3項では「終始沈黙し，又は個々の質問に対して陳述を拒むことができる」とされ，同法311条では「終始沈黙し，又は個々の質問に対し，供述を拒むことができる」とされている。	Topos-57	合目的性 「合目的性」という法的トポスについて言えば，「合目的」は「目的合理性」という法価値と深い関係がある。
Topos-26	意思の独立 近代民法は，自由で独立の意思を法律の基礎に置いている（私的自治の原則）。法律行為の効果は当事者がそれを意欲するから発生するという考え方に立っている。	Topos-58	利益 法律の趣旨，法的保護の必要性，裁判時の社会通念等，諸事情を総合考慮した上で，裁判所が法的保護に値すると判断すれば「法律上の利益」となり，そうでなければ「事実上の利益」と表現する。
Topos-27	人はすべて善良（または無実）であると推定される。 「無罪の推定」は，世界人権宣言や国際人権規約に定められている刑事裁判の原則であり，憲法31条によっても保障されている。	Topos-59	一般利益 社会一般のためになる利益（公益），債権者の一般の利益，等で用いられている。
Topos-28	禁反言（矛盾挙動の禁止） 訴訟の過程において一定方向の態度をとってきた一方当事者が，相手方がその先行行為を信頼して自己の訴訟上の地位を築いた後に，従前の態度と矛盾する後行行為をした場合，もしその矛盾挙動を容認すると相手方の訴訟上の地位が不当に崩される結果となるときは，矛盾挙動の効力は，信義則により否定される。	Topos-60	社会の保護 「社会の保護」の類義語として，「利益の損失や危害から守る」「保全」「維持」「防御」があげられる。

Topos-29	法律は注意深い者のために書かれている。 　たとえば「示談書」に「宥恕の意思」という項目があり，被害者がそれに署名すると「加害者を寛大な心で許す」という意思表示になり，刑事処分・裁判において，加害者に有利な証拠となる。「宥恕」のような，一般に意味が分かりにくい内容の文が含まれていた場合は，注意深く確認する必要がある。	Topos-61	経済的利益 　一般的な民事事件において，経済的利益とは，金銭等の具体的利益を得た場合の金額，もしくはその支払を免れた場合の金額のことを意味する。
Topos-30	重要なのは何が意欲されたかであって，何が望ましかったかではない。重要なのは表示された意思であって，表示されない目的ではない。 　これはカトリック教会法において，虚言に対する罪悪に関する神学上の理論から発展したものとされている。	Topos-62	秩序の原則 　クラウス−ウィルヘルム・カナリス教授の考え方に基づいて「秩序の原則」を体系化すると，「トピク的思考」，「体系思考」，「一般条項」に大別される。
Topos-31	条件の成就・不成就の権利を有したか否か，当該行為が信義則に反するか否かは，行為時の当事者の意思に依存する。 　信義則は，訴訟行為の適法性や有効性の判断基準となる。	Topos-63	法的安定性 　適法的正義は，法の内容そのものの正・不正は問わず，実定法の規定するところが忠実に遵守され適用されているか否かを問う。
Topos-32	法は制裁を必要とする。 　所得の不正申告や無申告，法人の使途秘匿金などを防止するため，違反者に対して懲罰的な税金を課すことを制裁課税という。	Topos-64	効率性 　この法的トポスは「明白の場合における訴訟手続簡略化の可能性」とも表現され，不当に停滞・遅延しない，適正な解決に向けて充実した手続進行を行うため，手続的正義が侵害されないことが明白な場合は，訴訟手続の簡略化が認められることを意味する。

364 第 2 部 AI による紛争解決支援の基礎研究

第 6 章 IT 先進国シンガポール

Ⅰ 司法アクセスの理念

　シンガポールの司法アクセスの理念は，先端技術を駆使し，積極的に挑戦することである。2016 年 1 月，シンガポール政府は研究開発戦略「RIE（Research Innovation Enterprise）2020」を発表し，大学・政府機関・民間企業の研究開発をこれまで以上に支援していく構えである。産業用 IoT やロボティクス，クラウドコンピューティングなど最新の先端製造技術分野の研究支援には，今後 5 年間で 32 億 S$ が投資される予定である[1]。

Ⅱ シンガポール司法制度のインフラストラクチャ

1．シンガポールの裁判所制度[2]

　シンガポールの裁判所は，最高裁判所（Supreme Court），国家裁判所（State Courts of Singapore）に大別される。最高裁は，第 1 審に対する上訴や訴額が高

---

[1] シンガポール経済開発庁（EDB：Singapore Economic Development Board）「世界に広がる産業用 IoT が拡大の潮流：その先端を走るシンガポール」Bridge magazine vol. 01（2017 年 3 月 20日）5 頁（https://www.edb.gov.sg/content/edb/ja/resources/downloads/bridge/mar-jp-article-01.html, 2017 年 8 月 1 日最終閲覧）。
　　なお，本稿におけるシンガポールの司法に関する内容は，日本比較法研究所・共同研究 G「司法アクセスの普遍化の研究」（2015 年〜執筆現在）において，平田勇人が「シンガポールにおける司法へのアクセス」を執筆担当しており，その研究に負うところが大きい。ただ日本比較法研究所の共同研究 G は，あくまで法律制度・司法制度がメインであるため，主に司法手続のコンピュータ化に関連した部分を抽出して本稿に掲載した。
[2] Singapore Academy of Law Website（http://www.singaporelaw.sg/sglaw/, 2017 年 8 月 1 日最終閲覧）。

額なケース等を審理する高等法廷（High Court）と，その上級審である上訴法廷（Court of Appeal）に分かれており，後者が事実上の最終上訴審となる。2015年1月，この高等法廷の専門部として，シンガポール国際商事裁判所（Singapore International Commercial Court：SICC）[3]が設置された。他方，国家裁判所は，以前は下級裁判所（Subordinate Courts）と呼ばれていたが，2014年3月7日に改名された[4]。国家裁判所は，民事・刑事事件を扱う28の地区法廷（District Court）と4の治安裁判官法廷（Magistrates' Court）[5]，専門法廷（すなわち，家庭法廷，少年法廷等），少額法廷等に細分化され，国家裁判所が司法の取扱件数の95％以上を処理している[6]。

　なお，シンガポール憲法93条により司法権限は，前述のように最高裁判所と国家裁判所に付与されており，裁判は第1審と上訴審の2審制である[7]。

2．シンガポールの民事司法[8]

　シンガポールの裁判所における民事訴訟第1審の手続の概略は以下のとおりである。

(1)　訴訟の開始，訴答手続（Pleadings）[9]

　シンガポールにおける民事訴訟第1審手続は，原告が，被告に対して，召喚令状または訴訟開始召還状を送達して，訴訟を通告することにより開始する。召還令状には，原告の請求及び主張する事実が記載された訴状が通常添

3）谷口安平＝鈴木五十三（編）『国際商事仲裁の法と実務』（丸善雄松堂，2016年）38・39頁。なお，シンガポール国際仲裁センター（Singapore International Arbitration Centre 以下「SIAC」という）については，谷口＝鈴木・同書68〜70頁参照。

4）2017 Singapore Academy of Law Website。野原俊介「シンガポールの裁判所」AsiaX Vol. 293（2015年12月）。

5）国際労働財団「シンガポールの基本情報」最終更新日2017年6月5日（http://www.jilaf.or.jp/country/asia_information/AsiaInfos/view/17, 2017年8月1日最終閲覧）。

6）野原・前掲注［4］。

7）在シンガポール日本大使館・前掲「シンガポールの司法制度の概要」24頁。

8）Mercury General LPC & Partners「シンガポールにおける紛争解決」2016年12月26日更新版（http://www.mercury-law.com/singapore-funso, 2017年8月1日最終閲覧）。

9）Mercury General LPC & Partners・前掲注［8］。

付される。送達された書面に記載された内容を被告が争う場合，被告は，受領後8日以内に，出廷予告状を裁判所に提出し，出廷が認められる期間の最後の日から14日以内に，答弁書を提出する。被告は，答弁書と合わせて反訴状を提出することができる。被告が，期間内に応答しなかった場合，原告は，裁判所に対して，欠席判決を求めることができる。

被告の答弁書が送達されてから14日以内に，原告は，反論書を提出する。訴状・答弁書・反論書には，主として争点についての当事者の主張が記載されており，争点を明確にするためにこれらの書面を交換する手続は，訴答手続と呼ばれる。かかる訴答手続は，反論書の送達から14日後に終了したものとみなされる。

⑵　文書開示・閲覧（Discovery and Inspection）[10]

訴答手続の終了後，文書の開示および閲覧の手続が行われることが一般的である。かかる手続では，両当事者は，争点に関連する自身の書証を，相手方に開示する。

まず，両当事者が，自身が保持する文書のうち，訴訟の争点に関連性を有し開示義務を有する全ての文書についてリストを作成する。かかるリストは相手方に交付され，相手方はリストに記載された文書から，必要と判断する文書の写しを交付するように請求する。

一方当事者の文書の開示が不十分な場合，相手方当事者は，裁判所に対して，開示が必要と思われる文書の開示を申立てることができる。

⑶　証言録取書（Affidavits of Evidence-in-Chief）の交換[11]

口頭弁論の開始前に，両当事者は，召喚する予定の全ての証人について，証言録取書を作成し，相手方当事者と交換する。証言録取書が交わされていない証人の陳述は，原則として証拠とすることができない。

---

10) Mercury General LPC & Partners・前掲注［8］。
11) Mercury General LPC & Partners・前掲注［8］。

第6章　IT 先進国シンガポール　*367*

⑷　**口頭弁論**（Trial）[12]

　口頭弁論手続は，被告側が立証責任を負う事案を除き，一般に，原告側の手続が先に行われる。原告側は，証人に証言をさせる前に，裁判所に対して，事実及び争点を説明することができる。既に全ての証人について証言録取書が交換されているため，通常，主尋問は短時間で終わることが多い。その後，被告側の反対尋問が行われる。この後，原告側は，自身の証人について，再尋問を行うことができる。原告側の全ての証人の再尋問が終了すると，原告側の手続は完了し，被告側の手続が開始する。被告側の手続も，主尋問→反対尋問→再尋問の順に進行する。全ての証人尋問が終わると，最終弁論が書面又は口頭で行われる。

⑸　**判決**（Judgment）[13]

　判決は，口頭弁論の終了時において裁判所が言い渡すことも可能であるが，通常は，最終弁論から 2〜4ヵ月後に下される場合が多い。

　以上が，シンガポールの裁判所における民事訴訟第 1 審の手続の概略である。シンガポールの裁判所は，迅速に裁判手続を進行させることに努めており，実際にも，訴訟提起から 1 年以内に第 1 審手続が終結することも少なくなく，事件は迅速に処理されている。

3．民事手続のコンピュータ化と司法アクセスの改善

⑴　シンガポール司法の総合化の歩み

　1990 年 10 月，電子文書の使用は，すべての刑事トライアルと選択された民事トライアルに拡張された。裁判所のハイテク化と電子文書の使用によって，IT 技術の裁判所への導入の基礎が築かた。

　1994 年にハイテク・コートの青写真が描かれた。ハイテク・コートは，裁判官と弁護士に，法廷での IT 技術活用を経験させ，科学技術がもたらす恩

---

12) Mercury General LPC & Partners・前掲注 [8]。
13) Mercury General LPC & Partners・前掲注 [8]。

368　第 2 部　AI による紛争解決支援の基礎研究

恵を認識させた。最初のハイテク・コートは 1995 年 7 月に完成した。テレビ会議・その他の AV 設備や，デジタル記録システムのような先端科学技術が完備したハイテク・コートは，裁判所の IT 化に拍車をかけた。川嶋教授らの報告によると，多数の事件が「第 1 テクノロジー法廷」で審理され，この成功は「第 2 テクノロジー法廷」の建設へと駆り立てた。この法廷の主な特徴は，裁判所手続進行のコントロール，証拠の提示，進行の記録，テレビ会議の方法による証言の録取を高めたことにあると言われている[14]。

　1997 年 3 月に，民事訴訟における関係者のニーズに迅速に対応するため，電子ファイリング・システム（Electronic Filing System：EFS）が導入された。最高裁によると今日，シンガポールの法律事務所の 3 分の 2 近くが EFS を利用している。

　1998 年の 8 月からは，控訴裁判所でのすべての上訴と，刑事事件における裁判長の面前での治安判事の上訴が，電子文書を用いてなされるようになった。

　2000 年 3 月から，民事訴訟はすべて電子申請が義務づけられ，紙ベースでの訴状は受け付けられなくなった。紙ベースの訴状は，裁判所の機関であるサービス・ビューロー（Service Bureau）に持参して電子化手数料を支払い，電子化した上で電子申請（電子ファイリング）しなければならなくなった[15]。シンガポール最高裁 Web サイトによると，電子訴訟システム（Electronic Litigation System：ELS）は，裁判所における高度技術化のための新たな一歩と言われた。

　国家裁判所（旧下級裁判所）では，2000 年 9 月にオンライン調停システム（e-Alternative Dispute Resolution：e@dr）が開設され，電子商取引に関する紛争や知的財産権に関する紛争処理がオンライン上で調停できるようになった。

　2001 年 7 月から，裁判官と司法委員にラップトップ・パソコンが与えられ，Citrix サーバーを経由して，自宅から最高裁のネットワークへの遠隔のアク

14）川嶋四郎ほか「『e-サポート裁判所』の創造的システム構築に関する比較法的基礎研究」電気通信普及財団研究調査報告書 23 号 75 頁（2008 年）。
15）日野修男「司法の IT 化（電子裁判手続）について」知的財産協会発行知財管理 2014 年 1 月号 4・5 頁。

セスが確保されている。このことで，彼らは自宅で判決理由を書くために法律調査を行いながら，ヒアリングの準備のために電子事件記録を読みながら，仕事をすることができるようになり，遠隔アクセスは，最高裁の補助裁判官に拡張された[16]。

2002 年には，Justice OnLine と呼ばれるシステム（ウェブサイト上の双方向テレビ会議システムを利用して事前審理などを行う）が世界で初めて試験的に導入され，国家裁判所，最高裁判所の両院で利用されている。こうした取り組みは弁護士が裁判所に出向くことなくオフィスで業務遂行ができるようなり，利便性・経費削減にも大きな威力を期待できる。

2014 年には，新しい ELS が導入され，総合電子訴訟制度（Integrated Electronic Litigation System：iELS）と呼ばれている。iELS の主な利点として，①Singpass を介して web ベースのサービスを安全に利用でき，②出願をオンラインで完了または後日提出のために保存でき，③PDF ファイルの代わりに裁判所のダイナミックな電子フォームが利用でき，④積極的にある事案に係るすべての文書にアクセスでき，⑤電子メールと SMS 通知機能でファイル管理ができ，⑥予定表やヒアリングの日付の選択の柔軟性を可能にするヒアリング管理モジュール（Hearing Management Module）が挙げられ[17]，eLitigation ホームページにアクセスするとサービスが受けられる[18]。

ELS の進化型としての iELS も，電子訴訟ロードマップ（Electronic Litigation Roadmap）を念頭に置き，EFS 導入後のテクノロジーの進歩に合わせる形でリニューアルされた。iELS には 3 本の主な柱がある。①電子事件簿リポジトリー（electronic case-file repository）として用いられる文書またはファイル管理システム，②意思決定または決定過程の複雑さを保存するワークフロー・エンジン（work flow engine），③EFS で現在見られるスキャンされた文書に対する過度の依存を克服するため複式記入なしに情報源の構造化データ入力を

---

16) 川嶋ほか・前掲注［14］78 頁。
17) シンガポール最高裁 Web サイトの E-Litugation より引用（http://www.supremecourt.gov.sg/services/services-for-the-legal-profession/elitigation, 2018 年 2 月 24 日最終閲覧）。
18) E-Litigation Web サイト（https://www.elitigation.sg/home.aspx, 2018 年 2 月 24 日最終閲覧）。

370 第 2 部　AI による紛争解決支援の基礎研究

可能にする電子書式ソフトウェア・システム（Electronic-Forms Software）がそ
れである[19]。

(2)　裁判手続の IT 化

　裁判手続の IT 化の目標と正統性の基盤は，国民の裁判を受ける権利にあ
り，さらにこうした IT 化は単なる利便性を超えて，審理の充実と迅速化に
寄与することによって，国民に分かりやすく利用しやすく頼りがいのある民
事訴訟の実現にあるとの川嶋教授らは評している[20]。

(a)　e ディスカバリ制度　　　　　紛争当事者間の種々の行為が，デジタル情報に
基づいてなされる時代において，事実究明につい
ても IT 化が進んでいる。シンガポールでは，自らが保有する証拠文書のリ
ストを互いに開示し（弁護士とのやりとりなどの情報は例外的に保護される），相手
方に対して希望する文書の開示を求めることができるディスカバリ制度が採
用されており，手続の迅速化・効率化が図られている[21]。ディスカバリを支
える理念は，コモン・ロー諸国に共通するため，現実に，証拠開示の手続は，
程度の差こそあれ，コモン・ロー諸国に採用されている（英国やシンガポールで
も電子文書がディスカバリの対象となることを前提としている）。

　この分野で最先端を行く米国のクラウドを利用した e ディスカバリ・プロ
バイダー（カタリスト）は，210 万点もの情報開示用文書をすべてレビューする
時間も資金もないクライアントと弁護士に代わって，e ディスカバリ・テク
ノロジーを利用してレビュー費用を 94％ 削減したことは有名である[22]。1990
年代初期，カタリストは米国中部の大手法律事務所 Holland & Hart の一部

---

19)　国連公共管理ネットワーク（United Nations Public Administration Network：UNPAN）「The
　　Electronic Filing System in Singapore—Tackling the "Human" Elements」PDF 資料（http://
　　unpan1.un.org/intradoc/groups/public/documents/UNPAN/UNPAN031797.pdf, 2017 年 8 月 1
　　日最終閲覧）。世界銀行 Doing Business 2016, p. 95-96.

20)　川嶋ほか・前掲［14］70 頁。

21)　高橋宏行「シンガポールの裁判は世界一？」AsiaX Vol. 294（2016 年 1 月）。

22)　2015 Catalyst Repository Systems（https://catalystsecure. com/jp/pdfs/case_studies/Cata
　　lyst_CaseStudy_Major_Bank_Slashes_Review_Costs.pdf, 2017 年 8 月 1 日最終閲覧）。

第6章 IT先進国シンガポール　*371*

としてスタートし，2000年にカタリストの前身となる会社組織が設立され，今日，カタリスト・レポジトリー・システムズとして，世界中でeディスカバリやその他の複雑な法律上の問題をテクノロジーの面から支援するに至っている[23]。このカタリストの事例報告では，クライアントは開示要求に応えて大規模な調査を実施し，様々な技術を使って不要文書の選別除去を行ったが，それでも開示が必要かどうか検討すべき文書の数が210万点強に及んだ。キーワード検索を行えば，文書数はもっと減らせると考えられたが，弁護士はそのやり方では見逃される文書が出るのではないかと不安に感じ，独自のテクノロジー支援型レビュー（第2世代TAR）エンジンであるInsight Predictの継続能動学習（CAL[24]）プロトコルを利用して，レビュー対象文書の数を効果的に減らすことができ，独自のアルゴリズムによって，ランキングが上位の文書ばかりを集めた文書群からレビューを始めることが可能になった[25]。

2010年10月27・28日にシンガポールで開催されたeディスカバリ・エクスチェンジ・プラットフォーム・カンファレンスが開催され，複雑なビジネス環境やさまざまな管轄区域でeディスカバリを管理するための最善策と戦略を共有するために，主要なコーポレートカウンセラー，法律専門家，調査員，eディスカバリの専門家，法務技術コンサルタントが集まって情報交換したことからも，eディスカバリに対する意識の高さが伺える[26]。今後，世界中で，訴訟案件との関連が高そうな文書を重点的にレビューできるため，弁護士チームが短期間で重要性の高い文書を把握し，案件の分析の精度を高めるために，eディスカバリはその重要性を増していると言えよう。

23）カタリストWebサイト（https://catalystsecure.com/jp/about/who-we-are/history，2018年3月9日最終閲覧）。

24）Gordon V. Cormack & Maura R. Grossman, Evaluation of machine-learning protocols for technology-assisted review in electronic discovery, *Proceedings of the 37th international ACM SIGIR conference on Research & development in information retrieval*（2014）153-162.

25）カタリストWebサイト（https://catalystsecure.com/jp/pdfs/case_studies/Catalyst_Case Study_Major_Bank_Slashes_Review_Costs.pdf，2017年8月1日最終閲覧）。

26）カタリストWebサイト（https://catalystsecure.com/resources/news/news-releases/news-releases-2010/103-catalyst-leads-workshops-at-singapore-e-discovery-exchange-platform-conference，2017年8月1日最終閲覧）。

372　第2部　AIによる紛争解決支援の基礎研究

(b) eトライアル　　　証拠開示手続が終わり，正式事実審理（Trial）に入ると，公開法廷で証人に対する尋問が行われる。シンガポールでは各証人に対してそれぞれ2〜3日程度かけてじっくりと証人尋問が行われ[27]，この点では，手続の迅速化よりも適正化が重視されている。これが終わると，日本と同様，公開法廷にて判決が言い渡され，判決に不服がある当事者は上訴ができる。ハイテク・コートのテレビ会議システム（Justice Online）は，証人が地理的，物理的その他，何らかの理由で出廷できない場合に証言を得るための便利な手段である。このテレビ会議システムによって，世界のどこからでも証言を得ることができ，そのことは時間と費用の節約に直結している。

なお，2002年に導入されたJustice Onlineは，ウェブサイト上の双方向テレビ会議システムを利用して事前審理も可能にしており，国家裁判所，最高裁判所の両院で利用されている。これにより弁護士は裁判所に出向くことなくオフィスで業務を行うことが出来るようなり，利便性の向上はもちろん，経費の削減にも大きな役割を果たしている。

電子的なトライアル（eトライアル）と電子的なヒアリング（eヒアリング）は，テクノロジー法廷すなわちハイテク・コートの重要な要素である。効率的で質の高いハイテク・コートは，裁判所の設備もさることながら，裁判官や弁護士など，関係者にとって使いやすいものでなければならない。

川嶋教授らの報告では，シンガポールの裁判所事務官は，カラー・タッチ・スクリーン・パネルを使うことで，法廷の機能を幅広くコントロールすることができ，具体的には法廷の音声と光のレヴェルをコントロールすることができる。タッチ・スクリーン・パネルを使うことによって，カメラでパノラマ効果を出すために法廷に置かれた全8個のカメラで視点移動したり，特定の箇所をズームしてコントロールでき，そうした電子環境が録音システム，電話・テレビ会議の設備との相乗効果で，事件の提示と証言の録取を，より容易かつ効果的に行えるようになった[28]。

---

27) 高橋・前掲注 [21]。

（c）**電子ファイリング・システム**[29]　シンガポールの電子ファイリング・システム（EFS）は，国家裁判所が最高裁判所に先行する形に導入された。シンガポールでは，国家裁判所も最高裁判所も，政府の LAWNET[30]（法情報提供制度）の恩恵を受けて，司法の IT 化が進んできた。LAWNET はオンラインで，法令，判例，破産，特許，不動産登記等のサービスを行うシステムである。シンガポールの EFS は，幾多の見直しの上にバージョンアップされてきている。2000 年施行の Phase1，Phase2 で電子申請が強制され，その後，Phase3，Phase4 と改良が続けられ，2013 年には EFS Phase8 へ進んでいる[31]。また，国連公共管理ネットワークの報告でも，シンガポールでの EFS は，全国的な裁判所文書出願・処理システムであり，1997 年導入から段階的に展開され，EFS は今日，シンガポールで民事訴訟手続の全てをカバーしており，EFS で弁護士は，訴訟開始や裁判手続を進めるために，紙ベースで文書を提出する必要がなく，1 日 24 時間，1 週につき 7 日間，訴え提起ができ，オフィス，自宅，海外のホテルからどんな文書でも送達することができて，地理的または交通状況に左右されなくなった[32]。さらに同報告書によると，EFS は，以下の 4 つの特徴を持っている。

（i）フロント・エンド・システム

フロント・エンド・システム（Front End System：FES）のフロント・エンドとは，Web サイト等の画面越しにユーザーが見て触れる部分である。法律関係者が，電子申立て，ファイリング，電子閲覧，電子送達（当事者送達），電子情報提供をする場合に，こうした IT 化が実現されている。

28）川嶋ほか・前掲注 [14] 75 頁。
29）UNPAN（United Nations Public Administration Network）Web サイト内の 'The Electronic Filing System in Singapore―Tackling the "Human" Elements'（http://unpan1.un.org/intradoc/groups/public/documents/UNPAN/UNPAN031797.pdf，2017 年 8 月 1 日最終閲覧）。
30）SAL LAWNET の Web サイト（https://www.lawnet.sg/lawnet/web/lawnet/home，2017 年 8 月 1 日最終閲覧）。
31）日野・前掲注 [15] 5 頁。
32）UNPAN Web サイト・前掲注 [29]。

374 第2部 AIによる紛争解決支援の基礎研究

弁護士は，ウェブ上でEFSポータルサイトに登録することによってEFSが法律事務所のPCですぐに使えるフロント・エンド（FE）ソフトウェアのダウンロードができる[33]。

(ii) ドキュメント・イメージ並びにワークフロー・システム

ドキュメント・イメージ並びにワークフロー・システム（Court's Document Imaging and Workflow System）において，まずドキュメント・イメージ・システムについて説明すると，紙ベースの文書を電子化し，高速な検索・表示，他のプログラム（メール連携や文書管理システム等）と連携でき，情報共有や情報伝達を可能にするシステムである。文書作成ソフトで作った文書，表計算ソフトで作った表，プレゼンテーション・ソフトで作った図，スキャナで読み込んだPDFを全て纏めて1つのファイルにすれば電子メールでやり取りが楽になり，さらに複合機で瞬く間に両面印刷して会議資料にできれば，労力と時間の削減が期待できる。

他方，ワークフロー・システムは，電子申請書や通知書を予め決められた決裁ルートに従って決裁処理を行うことができ，申請から決裁までの期間が短縮でき，また決裁履歴が保存でき，内部統制の強化が期待できる。また，法律事務所からの提出物や裁判所からの回答を受領するためのFESならびに裁判所のワークフロー・アプリにあるゲートウェイ・アプリは，適切な当事者にそれを送り，そして，取引のために法律事務所が支払う手数料を計算して差し引いてくれる[34]。

(iii) ケース・クエリ・システム

ケース・クエリ・システム（Case Query System）のクエリ（Query）とは，データベース管理システムに対する問合せを意味する。検索エンジンについて考えてみれば，検索エンジンは，キーワードの集合を受け取って，それに関連したページのリストを返すように作られているため，キーワードを空白で区切るなどしたリストをクエリとして与えることになる。法律家がコンピュー

---

33) UNPAN Webサイト・前掲注［29］。
34) UNPAN Webサイト・前掲注［29］。

タに対して，主に情報を得るために入力する質問や問い合わせがクエリなので，その形式は対象によっていろいろ異なることになる。なお，川嶋教授らの報告では，事件照会，情報提供を含んでいる[35]。

(iv) 独立型キー管理システム

独立型キー管理システム（Standalone Key Management System）は，文書がEFS によって提出される時，裁判官は，スマート・カード上で法律事務所にデジタル証明書を交付することで彼らのアイデンティティを確かめて，認証することができるシステムである[36]。

EFS 専用のネットワークの安全を確実にするため，一般的な鍵設備を要求する。電子署名技術は，当該システムを使って文書を提出する人を同定するものである。キー管理システムは，先に述べたスマート・カードと電子証明書の発行と管理に携わっている。EFS のユーザーに登録されたすべての弁護士は，固有の ID とパスワードが付されたスマート・カードが発行される[37]。

(d) EFS 以外の IT 化

(i) Justice Online テレビ会議システム

最高裁における科学技術利用は，2005 年に完成した新最高裁判所合同庁舎のデザインと建設において，最高潮に達した。無線 LAN と無線ブロードバンド設備を取付け，裁判所の建物の至る所に無線設備を拡張する計画が推進された。また，裁判所の手続を記録するためのマルチメディアのデジタル記録設備も備えられた。音声・画像・文書の３層による手続の記録化も可能になった。裁判手続におけるリアルタイムの証言の書き取りも可能になった。最高裁のインターネット・システムは，すべての知識管理ツールと利用可能なアプリケーションを，よりユーザーフレンドリーかつ有用性のあるものへ高めた。建物全体が，ブロードバンドやビデオ・ストリーミングのアプリケー

---

35) 川嶋ほか・前掲注［14］72・73 頁。
36) UNPAN Web サイト・前掲注［29］。
37) 川嶋ほか・前掲注［14］78 頁。

376　第2部　AIによる紛争解決支援の基礎研究

ションへの高速のリンクを促進するネットワーク・システムによって，サポートされているのである。

　公共の場所における，電子掲示，完全に対話方式の情報キオスク，デジタル・ビデオのウォール・ディスプレイは，最高裁の全方位の情報へのアクセスを容易にする。このように，新しい最高裁の建物は，どんな意味においても高度な処理能力を有するものとなったのである。このように，国家的規模で，「司法のIT化」を短期間に実現して，順調な実績をあげてきたシンガポールの改革事例とその具体的な諸方策は，日本における「e-サポート裁判所」の構築に際しても，有益な比較と実践の視座を提示してくれる[38]。

　(ii)　ウェブ上の法律事務所直通システム

　このシステムは，法律事務所に，彼らのパソコンで裁判関係文書を準備し，同時にインターネットを経由して電子的にそれを裁判所に提出することを可能にする。このシステムは，また，法律事務所に，それらの提出結果についての情報を受け取ることを可能にし，同様に，裁判所から原本の副本のデータを引き出すことを可能とする。法律事務所は，裁判所に電子文書を提出することに加え，他の法律事務所に裁判関係文書を直通システムによるインターネット経由で提供することができる。

　(iii)　宣誓供述管理官システム

　宣誓供述管理官システム（Commissioner for Oaths System）は，宣誓供述管理官の面前での宣誓供述書の誓いと確認を，電子的に行うことを許すものである。それは，司法部と非司法部，両方の宣誓供述管理官の面前での宣誓供述書をカバーしている。

(3)　オンラインADR[39]

　シンガポールにおける電子行政の推進は，ADRにおいても電子化による

---

38)　川嶋ほか・前掲注［14］79頁。
39)　SIMC (Singapore International Mediation Centre) Webサイト内のMediation e-Form (http://simc.com.sg/online-mediation-form, 2017年8月1日最終閲覧)。

効率化や質の向上のみならず，厳しい世界競争を勝ち抜くための国家戦略の一環として行われてきた。

　前述したように，国家裁判所では2000年9月にオンライン調停サービス（e@dr）が開設され，商業，インターネット関連の問題をオンラインで調停するこのサービスは，紛争処理のスピード化，秘密の保守，利用料金がケースにより無料又は低廉であることを特徴としている。

　具体的に調停eフォーム（Mediation e-Form）を見てみると，①調停の当事者数を「2人，3人，4人，それ以上」の中からプルダウンで選択。②当事者と代理人弁護士に関しては，本人または代理人弁護士の名前，会社名，電話番号，E-mailアドレス，住所，郵便番号，国（世界196国の中からプルダウンで選択），本人訴訟か弁護士を付けるかを選択。③手続を開始した場合に，手続の種類として，訴訟か仲裁かその他を選択。④損害賠償額については，0～25万S$，25～50万S$，50～100万S$，100～250万S$，250～500万S$，500～1,000万S$，1,000～5,000万S$，5,000万S$を超える，の中からプルダウンで選択。⑤紛争のタイプに関しては，代理店，航空/空港，銀行/金融，会社/株主，名誉棄損，雇用，家族/遺言の検認，情報技術/通信，インフラ/建設/エンジニアリング，保険，知的財産/商標/著作権，投資，合弁会社/パートナーシップ，鉱業，石油＆ガス，個人的な傷害，専門職過誤，不動産，販売/物品とサービスの供給/商品の所有権，スポーツとエンターテイメント，出荷，テナント，不法行為，信託，その他からプルダウンで選択する。⑥事件の要点の詳細について，最大1500語以内で記述させ，添付資料があれば送信させる。⑦調停に合意しているかについては，「両当事者は，書面または調停条項に従って調停に合意」か「両当事者は書面ではなく調停に合意」か「当事者は，調停に同意していない」をプルダウンで選択。⑧調停の希望の期間を「1日」か「2日」か「それ以上」の中からプルダウンで選択。⑨調停の希望日を記述させ，両当事者が希望日に合意しているかどうかを選択させる。⑩担当する調停人で良いかどうか選択させる。⑪調停人の名前を記述させる。⑫調停のための言語を選択させる。⑬調停地に関しては，「両当事者は，マク

378 第2部　AIによる紛争解決支援の基礎研究

スウェル商工会議所または SIMC を調停地に選ぶことに合意」か「両当事者は，自分たち自身が選んだ調停地に合意」かを選択させる。そして最後に，⑭合意及び宣言として，提供したすべての情報が正確，完全，かつ真であることを確認させ，SIMC の調停プロセスに関連してさらなる情報提供の要請があれば要請に従うことに同意してもらい，提供された情報が虚偽または不正確な場合は手続が拒否されることと，任意情報が虚偽，不正確または誤解を招く場合，SIMC に通知することに同意させるといった内容である[40]。このように，かなりユーザーフレンドリーな内容であることが分かる。このオンライン調停は，今後急増が予想される多岐にわたる紛争にも対応され，しかも世界中のどの国との紛争にも対応されている点で，画期的なインフラとして注目を集めている。

Ⅲ　おわりに

　シンガポールは多民族国家ゆえに抱える問題があるものの，情報化時代の到来をいち早く察知し，高度情報化社会に対応した取り組みを着実に進めてきている。司法の IT 化は，手続の利便性や処理の迅速化だけでなく，司法当局が負担する経費削減にも大いに役立つものとなっている。電子メールによる書類提出が認められ，IT を活用して手続が効率化され[41]，書類や証拠が全てデータ化されて，オンラインで裁判所に提出され，審理中は主張書面や証拠が，法壇上，各当事者席及び傍聴席にあるスクリーンに映しだされ，その場にいる全員が内容を確認することができる[42]といった裁判手続における IT 化は，シンガポールの特徴であると同時に，将来の司法の在り方を考えさせるものといえるであろう。日本に目を転じると，裁判書類の提出は紙媒体で求められ，電話や FAX が通信手段として用いられており，現時点で司法

---

40) SIMC の Web サイト・注［39］。
41) 高橋・前掲注［21］。
42) 野原・前掲注［4］。

のIT先進国とは言い難い。

しかし，シンガポールのように裁判手続のIT化が進んでいても，フェイス・トゥ・フェイス（Face-to-Face以下「FTF」という）司法サービスと，コンピュータを利用したコミュニケーション（Computer-mediated Communication以下「CMC」という）による司法サービス[43]の両立を大切にしていることを我々は忘れてはならないであろう。

シンガポールのDorcas QuekとSeah Chi-Lingの2人の地裁判事によると，両当事者のFTFの交流は最大限尊重されるべきとされている[44]。中立評価（Neutral Evaluation）[45]において，両当事者は常に，お互いの面前でグループ会合（Group Session）に同席する。グループ会合間に，各当事者は自分に有利な請求または防御物を提示し，専門家も彼ら自身の意見を表明する。両当事者には質問をし，また質問に答える問合せに応じる機会が与えられているだけでなく，相手方を観察する機会が与えられている。一方当事者が手続を進める自己の判断に大きな自信を持ったり満足したりする前に，相手方当事者の陳述を観察することが重要な場合に，中立評価は特に有益である。反対に，当事者は相手方の陳述を個人的に見たり，証人が証言をしているのを見たり，鑑定人が相手方の主張の強さを確信する前に相手方の主張がどれくらい説得力があるかを判断することに対しても役立つであろう[46]。

こうしたことも踏まえて，AIによる紛争解決支援を考える際に，シンガポールは参考にすべき点が多い。

---

43) Nicole Gabrielle Kravec, *DOGMAS OF ONLINE DISPUTE RESOLUTION*：*Symposium on Enhancing Worldwide Understanding through Online Dispute Resolution*, 38 U. Tol. L. Rev. 125.

44) Dorcas Quek & Seah Chi-Ling, Finding the Appropriate Mode of Dispute Resolution：Introducing Neutral Evaluation in the Subordinate Courts, *Singapore Law Gazette*（November 2011）p. 23.

45) *Ibid.*, p. 21〜26.

46) *Ibid.*, p. 23.

380 第2部　AIによる紛争解決支援の基礎研究

第7章　人工知能（AI）の活用可能性

　既に AI の活用はなされており，今後本格的に AI がシンガポールのみならず世界の司法に活用されてくると予想される。e ディスカバリ，e プリーディング[1]，e トライアルにおいて，今後 AI が司法制度に活用されていくこと可能性は高いと考える。

I　プリーディングス・ゲーム（Pleadings Game）

　議論プロトコルの代表的研究として，原告と被告間の争点検出システム「Pleadings Game」がある[2]。Gordon によれば，Pleadings Game では，原告と被告の2者間の論争モデルとして論争プロトコルが定義されており，当事者は，プロトコルに従って論争を行う。Pleadings Game の論争プロトコルは，Toulmin ダイアグラム[3]に基づいて定義されている。すなわち，Claim（主張），Data（事実），Warrant（論拠），Backing（裏付け），Rebuttal（反論）の5つを要素として，論証の1ステップが構成される。このダイアグラム構造を積み重ねていくことで，全体の論証が組み立てられる。Gordon は，原告の最初の訴答（Plaintiff's Declaration）⇒被告の最初の訴答（Defendant's Plea）⇒原告の第2の訴答（Plaintiff's Replication）⇒被告の第2の訴答（Defendant's Rejoinder）⇒原告の第3の訴答（Plaintiff's Surrejoinder）⇒被告の第3の訴答（Defendant's Rebuttal）⇒原告の第4の訴答（Plaintiff's Surrebuttal）と訴答の応酬がなされ，Attacks または Surrenders 行為の応酬を繰り返すことで，論争が行われると定義さ

---

1) e ディスカバリになぞらえて，e プリーディングという言葉を本稿ではじめて使用した。
2) Thomas F. Gordon, *The Pleadings Game: An Artificial Intelligence Model of Procedural Justice*, Kluwer Academic Publishers（1995）.
3) Stephen E. Toulmin, *The Uses of Argument*, Cambridge University Press（1958）p. 94.

れている[4]。論争プロトコルは，提案の提示（Claim），譲歩（Concede），否定（Denial），ルールの提示（Formula），論証の提示（Argument），反論の提示（Rebuttal），提案の取り下げ（Retract）から成るとされる。

1．Gordon の Pleadings Game の概要

Gordon の Pleadings Game は非単調論理への最近の議論ベースのアプローチの延長線と見ることができる。すなわち，①ゲームはモノラルではなく対話的であり，②逸脱可能な［破棄できる］ルール（Defeasible Rules）の妥当性と優先度が議論の対象となり，③リソースの制限は，プレーヤー間の事実表明（Representation）と証明責任（Burden of Proof）を公平に分配するルールによって認められるとされる[5]。

2．プリーディングの機能

裁判手続にもいろいろな段階が含まれるが，Pleading の機能として，①争点が絞られ，②事実審理にかけるべき事実の争点がないと判明したときは，事実審理を行うことなく事件を処理し，③両当事者は相手方の主張をそれぞれ知ることができ，適切な訴訟準備をする事が出来るようになり，④裁判所に，両当事者の主張を知らせ，訴答を通して紛争の内容を理解させることができ，⑤訴訟の対象および争点について訴答記録が残るため，既判力の範囲を確定できる[6]。

3．AI への応用

Gordon によれば，民事訴訟手続は，Pleading $\Rightarrow$ Discovery $\Rightarrow$ Trial $\Rightarrow$ Appeal と進み[7]，事実上または法律上の争点（Issue）についての審理（Trial）において，今後活用されていくであろう。コモンローにおける訴答（Common

---

4) Gordon, *op. cit.,* p. 111.
5) *Ibid.,* p. ix.
6) 丸山英二『入門アメリカ法［第 3 版］』弘文堂 73・74 頁（2013 年）。
7) Gordon, *op. cit.,* p. 110.

382　第 2 部　AI による紛争解決支援の基礎研究

Law Pleading）においては，訴訟を法律または事実に関する単一の争点（Issue）に収斂させることを目的とし，訴答は依拠する法原則に応じて，法技術的な用語を用いることが求められ，Issue Pleading と呼ばれる。そのため，訴答で依拠する法原則を選択せず，不適切な法原則を誤って選択すると，本来勝てる事件においても敗訴することになる。こうした意味でも，AI の活用は不可欠と考える。AI であれば，Dilatory Plea（原告の訴状に対して被告が，管轄の欠如，必要的当事者の欠如，などの訴訟提起に関する準則違反を理由に却下を求める訴答），Special Demurrer（原告の訴状に対して被告が，訴状の形式的瑕疵を指摘する訴答），General Demurrer（訴状に書かれていることが真実だとしても，原告はいかなる救済も得られないことを指摘して訴えの却下を求める被告の訴答），Travers（原告の訴状に対して被告が，訴状中で申し立てられている事実を否認する訴答），Confession and Avoidance（原告の訴状に対して被告が，被告を免責する他の事実を申し立てる訴答）において[8]も，訴答で不適切な法原則を誤って選択しても大丈夫であり，選択的主張や，矛盾する主張も回避でき，強力に弁護士をサポートできるであろう。

Ⅱ　事例ベース推論と対話事例推論

1. 事例ベース推論

　事例ベース推論（Case-Based Reasoning 以下「CBR」という）は，過去の類似問題の解法に基づいて類推して新たな問題を解く推論の手法・過程であると言われている。法律家が裁判で過去の類似する判例に基づく主張を展開したり，熟練した調停委員が過去に経験した類似する解決事案の解決手法に基づいて調停に臨むのも，一種の事例ベース推論である。CBR は，システムに問題が与えられると，その問題と類似した事例を事例データベースの中から検索し，最も類似した過去の事例を問題に適用して解決案を提示する。解決案の適用

8）丸山・前掲注［5］74・75頁。

でその事案が解決できれば，問題と解のペアを１つの新事例として事例ベースに登録し，逆に解決にまで導くことができなければ，失敗事例として事例ベースに登録する[9]。

２．対話事例推論

対話事例推論（Conversational Case-Based Reasoning 以下「CCBR」という）は，ユーザーと対話を繰り返すことで，ユーザーの検索したい事例に対する情報を見つけて，最終的に問題解決が期待できる事例を事例データベースの中から検索する。ユーザーの負担をいかに少なくして事例を聞き出すかがポイントの１つとされている[10]。

テキストデータに，HTML や XML タグなどの付加的情報を加えることで，特に XML は多くの構造データを記述できるだけでなく，データ交換フォーマットとしても利用できるし，XML で記述された時点でかなり豊かな属性が与えられるため，CBR の事例を XML 化する研究[11]も行われている。次に，法学分野における CBR システムとして HYPO と CATO について説明する。

Ⅲ　法的論争システム HYPO[12]

法的論争システム HYPO（Legal Reasoning System with Cases and Hypotheticals 以下「HYPO」という）は，CBR システムを利用して，判例に基づいて論争を自動生成する法的推論システムである。HYPO の類似検索機能は，論争中にあ

---

9 ）田中貴紘「事例に基づいたオンライン調停支援システムの研究」工学博士論文（東工大，2006年）。

10）田中・前掲注［9］。

11）Conor Hayes and Padraig Cunningham, Shaping a CBR view with XML, In Proceedings of ICCBR-99（1999）.

12）Ashley, K.D；*Modeling Legal Argument*：*reasoning with cases and hypotheticals*, MIT Press（1990）. Ashley：Reasoning with cases and hypotheticals in HYPO, *Int. J. ManMachine Studies 34*, pp753-796（1991）

384　第2部　AIによる紛争解決支援の基礎研究

る問題が持つ Dimension に対して，同じ Dimension を有している類似の事例を検索し，さらに Dimension の強弱を示す焦点スロットの値を加味することで，直面している問題に対して差異的な類似の事例を探し出すことができる[13]。

このように，HYPO では法的な性質を示す Dimension という概念を用いて法的推論を行う。この Dimension は，「安全対策」など13の要素に分類され，各 Dimension を有するための前提条件を全て満たした事例に対して，その Dimension が与えられるという仕組みである[14]

HYPO では，論点リストは Factor と呼ばれ，事例ベースに格納された判例に，この Factor を元にしたインデックスが作成されている。田中氏によれば，各事例には，特徴である論点の番号と，原告・被告のどちら側が勝訴したか，どちらに有利な要素かがデータとして付加されている。このようにHYPO における論争の自動生成は，システムが原告と被告の双方の立場から事例ベース内にある判例を検索し，類似する最適の判例を検索し，主張し合うことで争点が生成される[15]。

Ⅳ　CATO 学習支援システム[16]

CATO 学習支援システム（Case-Based Argumentation Through a Model and Examples 以下「CATO」という）は法学教育のための知的学習支援システムであり，判例を用いた議論構築の基本スキルを身につけることができる。そして，CATO は CBR に基づく論争システム HYPO の拡張として位置づけられ，判例法主義の法的推論をモデル化したものといわれている[17]。ただ，事例間に類似点さえあれば何でも類推されるわけではなく，法的な論点に関する類似

---

13) 新田克己「法律における事例ベース推論と論争」人工知能学会誌 13 巻 2 号（1998 年）181～188 頁。
14) 松村憲和「木構造診療録類似検索手法の開発」NAIST-IS-MT0251115（2004 年）8 頁。
15) 田中・前掲注［9］。
16) Vincent Aleven : Teaching Case-Based Argumentation Through a Model and Examples, *University of Pittsburgh*（1997）.

点・相違点のみを考慮して類推を行っている。HYPO が，論点間の関係について定義していないのに対して，HYPO の Factor に論点間の関係を取り入れて，ファクタ階層を用いて論点に関する目的指向の類似性に基づいた（Issue-Based）議論を行うことができ，マルチ争点，マルチ判例引用も実現している[18]。

V　おわりに

　人工知能の研究は 1950 年代から続いており，ブームとそうでない時代が交互に訪れてきた経緯があり，現在は第 3 次のブームとして関心が集まっている（第 1 次人工知能ブーム（探索と推論）⇒第 2 次人工知能ブーム（知識表現）⇒第 3 次人工知能ブーム（機械学習））[19]。特に今日，脚光を浴びているディープラーニング技術は，何が知識であるかを機械学習によってコンピュータ自身が見つけ出すこと（特徴量の抽出）を可能にした点で画期的な技術である。しかし，ディープラーニングといえども，万能の人工知能までを生み出すことはできないと言われており，個別の分野における具体的な問題に対応できる人工知能を個々に実用化していくための研究がより重要になっていくと言われている[20]。

　これまで，AI が司法制度に活用されていく可能性について見てきたが，事例ベース推論や対話事例推論の研究，さらに法学分野における法的論争システム HYPO や CATO 学習支援システムといった着実な研究が人工知能の研究者によって進められてきており，今後，法律家やベテラン調停委員の勘や暗黙知まで含めた知見や経験を「見える化」し，AI 専門家と，裁判所や法律

---

17)　角田篤康＝原口誠「法的推論と類似性—対話と議論の観点から—」人工知能学会誌 17 巻 1 号（2002 年 1 月）16 頁。

18)　角田＝原口・前掲注［17］17 頁。

19)　総務省『平成 28 年版情報通信白書《PDF 版》』（http://www.soumu.go.jp/johotsusintokei/whitepaper/ja/h28/pdf/n4200000.pdf，2018 年 5 月 13 日最終閲覧）の「人工知能（AI）の現状と未来」235 頁。

20)　総務省・前掲注［19］236 頁。

家が積極的に交流しながら AI サービスの向上を共に作り上げていくことが大切であると考える。そのような環境になれば，法律人工知能（AI）の実用化は明るいと言えよう。

付録「英文論文のアブストラクト」

1. Balance of Various Values in the Conciliation
   Hayato HIRATA,
   Prof. Dr. iur., Asahi University
   Jogelméleti Szemle（*Journal of Legal Theory*）2017/3（September 27, 2017）pp. 112〜117. Eötvös Loránd Tudományegyetem（ELTE）/University of Budapest）が刊行するアカデミック・ジャーナル「法理論雑誌（*Journal of Legal Theory*）（HU, ISSN 1588-080X）

Abstract：

The court brokered civil mediation is called "Civil Conciliation" and it is distinguished from the private initiative civil mediation. According to the Civil Conciliation Act, the civil conciliation can be classed 8 groups. And the civil conciliation is intended to resolve disputes over civil affairs in accordance with the rules of the reason and the circumstances of the disputes by a compromise between the parties. The ADR system called civil conciliation is not our country's original, but civil and family conciliation are common at the following points. Both systems are common to the point of planning resolution of disputes in accordance with the rules of reason and the circumstances of the disputes by a compromise between the parties. The considerable values in the civil conciliation can be organized as follows：(1) Justice, (2) Logic（Legal inference and value judgment）, (3) Judgment criteria, (4) Exclusion of arbitrariness, (5) Equity, (6) A spirit of harmony, (7) Efficiency, (8) Rationality of dispute resolution, (9) Fairness, (10) Equality, (11) Appropriation. Through this analysis, the following conclusions can be drawn. Balance of many values is important in the conciliation.

Key words : civil mediation ; civil conciliation ; the rules of the reason ; justice ; logic (legal inference and value judgment) ; judgment criteria ; exclusion of arbitrariness ; equity ; spirit of harmony ; efficiency ; rationality ; fairness ; equality ; appropriation

2. The Reframing Detection Focused Attention on Topic Flow
   Hayato HIRATA
   2015 年 4 月発行
   経営実務法研究第 17 号 85〜96 頁所収。

Abstract :

Reframing is one mediation technique used in conciliation court. It requires an experienced conciliator to understand the claimers'conflictions as well as their interests to implement it well. Since conciliation court is restricted from the public, and the tape of the narratives from claimers are hard to gain, it is hard for a lay person to grab the real situation in the court process and learn when and how to use the reframing method ; therefore a computer assisted reframing training program is desperately needed. I have been conducting a collaborative research with Professor Katsumi NITTA at the Interdisciplinary Graduate School of Science and Engineering, Tokyo Institute of Technology. To solve this problem, we focused attention on topic flow. In this process, we performed some mock conciliations to accumulate data for analysis. We paid our attention to seven kinds of reframing by Hall and Bodenhamer. This enables our system to detect and output a point and classification of the reframing with the help of computer software. When a user inputs argument log and does tagging on it, the system outputs a point and classification of reframing. The system will narrow down "Transition Pattern Filter of Utterance Role" and "Pattern Filter of Argument Structure

& Issue Transition", and finally detect and output a point and classification of reframing. We used two analytical tools. The first tool mounts an editor building "Toulmin's Diagram" expressing logical structure of arguments to detect the reframing. The second tool analyzes the structure of character data of mock conciliation using "KeyGraph", which characterizes reframing as topic shift and visualizes, and then detects the reframing by use of these two analytical tools. We performed two experiments in this paper. As a result, we think these tools were effective. We want to pursue accuracy more in future.

Keywords：Reframing, Timing, Mediation, Conciliation, Toulmin's Diagram, Argument Structure, Issue Transition, Topic Flow, Pattern Filter.

＜著者紹介＞

平田勇人（ひらた・はやと）

　香川県生まれ。中央大学法学部法律学科卒業。広島大学大学院法学研究科修士課程修了（法学修士）。名古屋大学大学院法学研究科博士後期課程単位取得退学（民法専攻）。東京工業大学大学院総合理工学研究科博士後期課程単位取得退学（知能システム科学専攻）。博士（法学・明治学院大学）。裁判所民事調停委員。元・愛知産業大学教授。現在、朝日大学法学部（兼）大学院法学研究科教授。法学部長（兼）大学院法学研究科長を歴任（2013 年 4 月 1 日〜 2017 年 3 月 31 日）。日本経営実務法学会副理事長。2度の在外研究（ケンブリッジ大学）。

＜主要論文＞

　「憲法と手続的正義をめぐる諸問題」木川古稀祝賀『民事裁判の充実と促進〔上巻〕』（判例タイムズ社、1994 年）。「信義則をめぐる背景知識の体系的整理」吉野一ほか編『法律人工知能—法的知識の解明と法的推論の実現』（創成社出版、2000 年）。「国際契約法における信義則」（広島法学 27 巻 2 号、2003 年）。「民事調停のあり方について—法乖離型と法志向型の対立をめぐって」小島武司編『ADR の実際と理論Ⅱ』（中央大学出版会、2005 年）。「トピク的思考の観点からの信義則の法解釈学的考察」（名古屋大学法政論集 207 号、2005 年）。法学博士論文『信義則とその基層にあるもの』（成文堂、2006 年）。「調停の科学—信義則と調停の基層」（朝日法学論集 44・45 合併号、2013 年）。「民法の基盤にある信義則」加藤古稀記念『21 世紀民事法学への挑戦〔上巻〕』（信山社、2018 年）。「紛争解決の基層にある法的価値体系」『朝日大学法学部開設三〇周年記念論文集』（成文堂、2018 年）ほか多数。

AI による紛争解決支援——法律人工知能

2018 年 8 月 1 日　初　版第 1 刷発行

著　者	平　田　勇　人
発行者	阿　部　成　一

〒 162-0041　東京都新宿区早稲田鶴巻町 514 番地

発 行 所　　株式会社　**成文堂**

電話 03(3203)9201(代)　FAX 03(3203)9206
http://www.seibundoh.co.jp

製版・印刷　三報社印刷　　　　　製本　弘伸製本
© 2018　H. HIRATA　　　Printed in Japan
☆乱丁・落丁本はおとりかえいたします☆ 検印省略
ISBN 4-7923-2720-0　C 3032

定価（本体 7,500 円＋税）